21世纪经济管理新形态教材·会计学系列

会计学原理

叶忠明　李晓东 ◎ 主　编
刘　辉　王海东　王佳凡 ◎ 副主编

清华大学出版社
北京

内 容 简 介

本书以提供有效会计信息的会计目标作为逻辑起点，遵循和执行我国现行的《企业会计准则》和会计制度要求，对照和借鉴国际财务会计改革的最新成果，以高端制造工业企业价值运动为对象，按照财务报表信息形成的过程，重点阐述会计行为对价值运动进行信息加工的原理、规则、方法和技巧，同时兼顾介绍会计组织管理的知识与技能，以便读者从中获得会计基本概念、基本理论、基本原理和基本技能等完整的入门知识与技能训练。

本书可作为高等学校会计学、财务管理、审计学等商科专业的本科教材，也可同时作为经济学、管理学的本科生、专科生以及会计实务工作者学习"会计学原理"课程的参考用书。

本书封面贴有清华大学出版社防伪标签，无标签者不得销售。

版权所有，侵权必究。举报：010-62782989，beiqinquan@tup.tsinghua.edu.cn。

图书在版编目（CIP）数据

会计学原理/叶忠明，李晓东主编. —北京：清华大学出版社，2023.2
21世纪经济管理新形态教材. 会计学系列
ISBN 978-7-302-62794-4

Ⅰ. ①会… Ⅱ. ①叶… ②李… Ⅲ. ①会计学－高等学校－教材 Ⅳ. ① F230

中国国家版本馆 CIP 数据核字 (2023) 第 022528 号

责任编辑：付潭娇　刘志彬
封面设计：汉风唐韵
版式设计：方加青
责任校对：宋玉莲
责任印制：沈　露

出版发行：清华大学出版社
网　　址：http://www.tup.com.cn, http://www.wqbook.com
地　　址：北京清华大学学研大厦 A 座　　邮　编：100084
社 总 机：010-83470000　　邮　购：010-62786544
投稿与读者服务：010-62776969, c-service@tup.tsinghua.edu.cn
质 量 反 馈：010-62772015, zhiliang@tup.tsinghua.edu.cn

印 装 者：天津安泰印刷有限公司
经　　销：全国新华书店
开　　本：185mm×260mm　　印　张：21.5　　字　数：495 千字
版　　次：2023 年 3 月第 1 版　　印　次：2023 年 3 月第 1 次印刷
定　　价：65.00 元

产品编号：100129-01

前言 PREFACE

当今世界正处于大数据、人工智能、移动互联、云计算、区块链等多种现代信息化技术交织引领和推动经济社会高速发展的时代，新一轮信息化技术已经掀起了国家核心竞争力整体性重构、产业技术路线革命性变化和商业模式突破性创新的浪潮。会计在数字化时代的洗礼中，也随之发生了组织方式去中心化、信息共享化、技术智能化、业财融合一体化等一系列重大变革，呈现出全新的发展态势。同时，我国的会计时至今日已基本实现国际趋同，正在发挥推动当代中国企业真正走向世界、融入世界的一种制度性工具作用。新时代、新使命、新技术的冲击，不仅深刻影响着当代会计理论和实务的变革，也向传统的会计人才培养提出新的挑战，催生了会计教学内容和会计教材的改革创新。

《会计学原理》教材是培养会计学、审计学、财务管理专业人才的入门课程教材。本书把培养初学者如何使用会计专业语言、认知会计基本理论、遵守会计工作流程、训练会计基本技能、养成会计专业思维作为核心内容，全书以提供有效会计信息的会计目标作为逻辑起点，遵循和执行我国现行的《企业会计准则》与会计制度要求，对照和借鉴国际财务会计改革的最新成果，以高端制造工业企业价值运动为对象，按照财务报表信息形成的过程重点阐述会计行为对价值运动进行信息加工的原理、规则、方法和技巧，同时兼顾介绍会计组织管理的知识与技能，以便读者从中获得会计基本概念、基本理论、基本原理和基本技能等完整的入门知识与技能训练。

本书编写具有如下特点。

第一，时代性。本书紧扣当前会计与信息技术相结合的特征，在会计凭证、会计账簿、会计信息处理流程等方面增加对信息化会计、智能化会计相关内容的介绍，并与手工会计原理进行比较，奠定读者具备适应未来学习信息化会计一般原理的认知基础。

第二，易读性。为了让内容更加直观、易读、易懂，让读者快速入门，本书在编写中尽量淡化专业术语，缩短初学者认知的专业距离，对每一个重要的内容都使用图或表进行概括性的描述，对会计凭证、会计账簿尽量采用实物原图方式。同时本书每一章开头均设计一个贴近生活、深入浅出的小型导入案例，各章内重点内容也设计有专门的研讨案例，引导读者参与分析和思考各章的重点问题。为了帮助读者理解和提高学习兴趣，本书各章均设计一定数量的拓展阅读知识。

第三，渐进性。本书内容力求遵循由简单到复杂、由具体到抽象的逻辑思维渐进过程，即从导入会计概念和传授会计语言入手，帮助读者认知会计基本理论和基本原理，训练读者熟悉会计应用技术、技能与方法的学习规律，最终全面系统掌握会计知识体系。

本书由叶忠明、李晓东负责框架设计和提出编写大纲，由刘辉、王海东和王佳凡协助拟定大纲与审定书稿。全书共十章，各章执笔人员为：第一章刘辉，第二章雷会锋，第三章王佳凡，第四章王佳凡和李晓东，第五章、第六章叶忠明，第七章、第八章王海东，

第九章张俊霞，第十章陈新宁。

  本书初稿形成后，专门组织作者进行相互审核、校对、修改，力求呈现精品。由于编者水平有限，书中尚有不足之处，敬祈读者批评指正。对于您的建议和意见，本书全体编写人员将致以诚挚的感谢。

编　者

2022 年 10 月

目录 CONTENTS

第一章　绪论 / 1
　　第一节　社会发展中的会计变迁 / 1
　　第二节　会计目标与会计信息 / 7
　　第三节　会计假设与会计核算基础 / 23
　　第四节　会计核算基本程序 / 26
　　第五节　会计核算基本方法 / 31

第二章　会计对象与会计要素 / 36
　　第一节　会计对象 / 36
　　第二节　交易和事项 / 40
　　第三节　会计要素 / 42
　　第四节　会计等式 / 57

第三章　会计科目与会计账户 / 69
　　第一节　会计科目 / 69
　　第二节　会计账户 / 76

第四章　借贷记账法及应用 / 84
　　第一节　借贷记账法 / 84
　　第二节　借贷记账法在制造业的应用 / 96

第五章　会计信息载体 / 127
　　第一节　原始凭证 / 128
　　第二节　记账凭证 / 141
　　第三节　会计账簿 / 152

第六章　会计信息核算流程 / 186
　　第一节　会计信息核算流程设计 / 187
　　第二节　单一方式的会计信息核算流程 / 190
　　第三节　汇总方式的会计信息核算流程 / 216
　　第四节　电算化会计信息核算流程 / 224

第七章　财产清查 / 229
　　第一节　财产清查的意义与分类 / 229
　　第二节　财产物资的盘存制度 / 232

第三节 财产清查的程序和方法 / 235
第四节 财产清查结果的账务处理 / 242

第八章 会计信息列报与披露 / 246
第一节 财务会计报告 / 247
第二节 资产负债表 / 260
第三节 利润表 / 266
第四节 现金流量信息的披露 / 273

第九章 会计工作的组织保障 / 280
第一节 会计工作组织架构设计 / 280
第二节 会计队伍建设 / 292
第三节 会计信息档案管理 / 298

第十章 会计行为约束体系 / 305
第一节 会计规范体系构成 / 305
第二节 会计法律法规 / 309
第三节 会计核算规范 / 314
第四节 会计管理规范 / 320
第五节 会计职业道德规范 / 329

参考文献 / 337

第一章 绪 论

学习提示

重点： 会计定义，会计目标，会计功能，会计核算基本前提，会计信息质量特征，会计方法。

难点： 会计假设，权责发生制，会计信息质量特征，会计核算方法。

导入案例

情况1：张先生拿出自己的积蓄20 000元在某大学校园内申请办了一个售报亭，其中10 000元从邮局购买了售报刊的亭子，余款用来购买可供出售的报纸杂志，其工作人员只有两个人，一个是投资办报亭的张先生，另一个是张先生从老家聘请的一个亲戚，该报亭每天营业额约500元。

情况2：经批准，校园超市每年向学校支付租金40万元，在该大学校园内租用学校2 000m^2的铺面开设了一家连锁店，经营日用百货商品，商品由校园超市统一配送。校园超市除派遣一名经理和两名副经理外，还雇用了20名售货员和2名收银员。每天营业额约20万元。

分析和讨论：

（1）你认为这两家商户需要会计吗？需要设置专门的会计人员吗？为什么？

（2）你认为会计和会计人员相同吗？为什么？

（3）你认为什么是会计呢？

第一节 社会发展中的会计变迁

会计是从人类生产实践活动中所产生的，为了反映生产活动中的物质资料耗费和劳动成果而逐渐发展起来的一种商业语言。它具有技术性和社会性的双重属性。它是按照特定的会计处理规则，对企业投资、筹资、分配等环节的资金运营过程和结果进行反映，为企业及相关利益方提供对决策有用的信息，是企业经济管理活动中必不可缺的一项基础工作。

一、会计产生的动因

会计产生于何时，发源于何地，至今为止尚无定论。但是，人们在研究会计历史的过程中已经认识到，会计的产生最终与人类社会生产实践活动以及经济管理的客观需要是分不开的。物质资料的生产是人类社会存在和发展的基础，但相对不足的物质资源与人类绝对增长的需求导致了物质资源的稀缺性，这种稀缺性驱使人们更多地考虑如何以尽可能少的劳动消耗（包括生产和生活资料消耗、劳动时间消耗），创造出尽可能多的物质财富。会计正是为了满足对劳动成果与劳动耗费进行计算和记录的需求而逐渐发展起来的。

在原始社会早期，人类社会生产实践活动极其简单，生产力水平极其低下，主要是通过采集野果、狩猎等简单的生产活动谋生，劳动产品所剩无几，这时仅靠人脑记忆和计算即可满足需要，因此，没有发现有任何记录的遗迹留下。人类社会出现了第一次、第二次大分工之后，社会生产有所发展，劳动产品开始出现剩余，有了交换劳动产品的条件。于是便出现了伏羲时期的结绳记事、简单刻记，黄帝、尧舜时期（原始社会后期）书契（即用文字、数码刻记）的简单记录和计算方法，这就是最原始的处于萌芽状态的会计记录与计量行为。据有关考古发掘证实，距今 18 000 多年前的北京山顶洞人时代，已有了这种刻记书契记事的会计萌芽行为。当然，这时的会计还只是作为"生产职能的附带部分"，生产还未曾社会化，独立的会计并未产生。由此可见，人们进行生产实践活动的同时，客观上需要对生产耗费和生产成果进行观察、记录、计量和比较，这就是会计产生的根本原因。

总之，会计是为适应社会生产实践和经济管理的客观需要而产生的，是生产发展到一定阶段的产物，并随着生产的发展而发展。会计正是在人类物质资料生产活动中，为满足人们对管理生产和分配的需要而产生的。

二、会计发展的历史阶段

纵观整个会计发展历史，会计的发展与社会环境的发展变化是紧密相连的。马克思在《资本论》中指出：生产"过程越是按社会的规模进行，越是失去纯粹个人的性质，作为对过程的控制和观念总结的簿记就越是必要；因此，簿记对资本主义生产，比对手工业和农民的分散生产更为必要，对共有生产，比对资本主义生产更为必要"。马克思所讲的"簿记"指的就是会计，这段话所包含的意思可以通俗地概括为"经济越发展，会计越重要"。

会计从产生到今日，经过了漫长的发展演化过程，按人们对历史划分的时间观念，一般将其发展分为古代会计、近代会计和现代会计三个阶段，如表 1-1 所示。

表 1-1 会计发展阶段一览表

会计发展阶段	时间	标志	特点
古代会计	旧石器时代中晚期至 1494 年	会计专职人员出现、宫廷会计机构的设立	单式簿记
近代会计	公元 15 世纪末至 20 世纪 50 年代初期	复式记账法	复式簿记

续表

会计发展阶段	时 间	标 志	特 点
现代会计	公元20世纪50年代初期至今	"财务会计"与"管理会计"分化	会计电算化兴起和发展；管理会计单独成科；会计理论日益丰富

（一）古代会计阶段

古代会计阶段的起始时间至今无法考证，有人认为是旧石器时代的中晚期，但截止时间一般都认为是1494年世界上第一部专门论述复式簿记的书籍——《算术、几何、比及比例概要》出现之前，这是会计发展史上最漫长的一段时期，与社会发展阶段是相适应的。

1. 中国古代会计

中国是世界文明古国之一，我国封建社会经过了春秋战国、秦、汉、三国、两晋、南北朝、隋唐五代、辽、宋、西夏、金、元、明、清，逐步将封建社会政治经济推向了最高潮，会计也不断得以利用和发展。中国古代会计在世界会计发展史上曾一度处于领先地位，有以下标志为证：公元前1 000多年前的夏代，"会计"一词率先有文字记载；到了周朝，就有专门掌管中央、地方政府钱粮收支的政府官员"司会"出现在官厅组织中，使会计成为一个独立的经济职能部门，进行"月计岁会"工作；春秋时期开始普遍使用筹算（算盘的雏形）；汉代已出现用珠子计算的珠算方法及理论，东汉《数术记遗》一书有记载；唐宋时代，我国封建社会发展到了顶峰，于是就出现了"四柱清册"（即"旧管＋新收＝开除＋实在"），与现今的"期初余额＋本期增加发生额＝本期减少发生额＋期末余额"的结账方法已基本接近，形成了让中国引以为豪、让世界为之赞誉的中式簿记的早期形态；宋代的《谢察微算经》将算盘正式命名；封建社会末期的明末清初，又出现了能够满足盈亏计算需要的"龙门账""四脚账"等较为完善的中式会计。这些客观历史表明，中国封建社会早期的强盛，为中国会计初始发展提供了肥沃的土壤，并为世界会计发展做出了杰出贡献。

2. 国外古代会计

在国外，著名的文明古国巴比伦，由于商业的发展，爱好组织管理的巴比伦人，大约在4 000多年前，就开始在金属或瓦片（黏土版）上记录大部分与会计记录有关的楔形文字。古埃及与巴比伦大体相同，并且还建立了较为严格的内部控制制度，如仓库记录官与仓库监督官的设置等。公元前5世纪前后是奴隶社会发展的顶峰时期，产生了著名的古希腊文化和古罗马文化等地中海沿岸的文明，会计也达到了一定的水平。如公元前630年古希腊发明了铸币，并应用到会计记录中。古罗马的国家档案中已经有将政府收入、支出分设项目的记载，并在政府设有会计官员。13世纪以后，意大利沿海城市率先出现了资本主义的萌芽，借贷资本家开始以"借主""贷主"的形式登记债权、债务项目，为以后借贷记账法的产生奠定了记账符号的基础和由单式簿记向复式簿记过渡的基础等。

3. 古代会计的特征

由于这一阶段的社会经济形态仍处在原始社会、奴隶社会和封建社会，生产发展缓慢，生产力水平比较低下，商品经济尚不发达，商品货币的交换关系没有全面展开。因此，会计的发展自然也十分缓慢，古代会计仍处于会计实践阶段，其特征表现为：会计发展十分缓慢；会计并没有真正独立，难以与统计、数学等学科划分清楚；会计方法非常原始、简单，且没有单独存在；缺乏会计理论的支持；民间会计发展较多，但缺乏文字记载；会计与官厅财政关系密切。因此，这时的会计只有实践的摸索和零散的方法，无理论，与封建的官厅制度相连，还构不成科学，只是处于朦胧的初始状态。

（二）近代会计阶段

1. 近代会计形成的标志

关于近代会计的时间段，有较多人认为应该是从15世纪末至20世纪50年代初期。在这一时期，西方国家的商品经济得到了快速发展。中世纪末，十字军的东征，沟通了中西方经济的贸易往来，使得地处地中海沿岸的一些城市的经济空前繁荣，尤其是意大利沿海城市佛罗伦萨、热那亚、威尼斯等地，商业和金融业率先得以发展，成为当时世界经济贸易中心，奠定了社会形态向资本主义迈进的关键一步。为了经济发展的需要，人们开始将原来借贷资本家所用的"借主""贷主"的记录方式进行改进和提高，形成了早期的借贷复式记账方法，并在这些城市广为流行。1494年，意大利传教士、数学家、会计学家卢卡·帕乔利（Luca Paciolo）在威尼斯出版了一部耗费他30年心血的世界名著——《算术、几何、比及比例概要》（也被译为《数学大全》），其中有一章为"簿记论"，对意大利威尼斯簿记和借贷记账法做了全面系统的理论描述和总结，并使复式记账法在欧洲甚至全世界推广开来。卢卡·帕乔利的这本著作不仅系统地介绍了复式记账的会计技术方法，还提出了会计主体、会计分期和会计要素等重要的会计概念，为财务会计理论体系构建了雏形。《算术、几何、比及比例概要》成为当今人们赞誉的第一部会计理论书籍，并为会计由自然存在推向科学奠定了重要基石，被后人称为近代会计发展史的第一个里程碑，卢卡·帕乔利也被史学家尊称为"近代会计之父"。

从16世纪末到19世纪，意大利经济逐渐走向衰落，资本主义在荷兰、德国、法国、英国等欧洲国家得到迅速发展，使得意大利的复式簿记在欧洲也得以迅速传播和发展。17世纪初，荷兰借助强大海军所进行的大规模海外殖民掠夺，成为当时最为发达的商业中心，被马克思称为"17世纪标准的资本主义国家"，因此，荷兰曾一度成为意大利复式簿记在欧洲传播和发展的中心。17世纪初，荷兰王子的教师西蒙·斯蒂文（Simon Stevin），出版了一本杰出的会计著作《数学惯例法》，所论述的复式簿记部分，被会计史学界称为"王子簿记"，有人甚至将他与卢卡·帕乔利相提并论。1600年世界上第一个公司制企业——英国东印度公司的诞生，将社会经济生活中委托和受托关系真正摆在了人们面前，对会计公正性的要求随之日益增强，促使公共会计惯例和公认会计原则得以提出和研究。1853年，英国在苏格兰又成立了世界上第一个注册会计师专业团体——"爱丁堡会计师协会"，并于1854年被授予皇家特许证，允许它的会计师冠以"特许会计师"的头衔，会计开始成为一种社会性专门职业和通用的商务语言，这被称为会计发展史上的第二个里程碑。

在这一时期，会计在西方国家迅速发展。然而，在中国，会计几乎没有多大进展。到了 1905 年，中国第一个注册会计师谢霖，才从日本引进并在大清银行第一次运用了西方的借贷复式记账法，以后外国商人在中国开办工厂，带来了西方的会计文明。

2. 近代会计的特征

综观近代会计发展历史，随着封建社会的消亡、资本主义的建立与发展，会计迅速发展起来。其主要标志除了《算术、几何、比及比例概要》以及以后簿记、会计书籍的不断出现，使其由实践到理论，从而真正发展成为一门科学之外，会计实践水平也得到了迅速提高，会计职业开始走向社会化、专门化，会计的内容也从单一的复式簿记，发展到了成本会计、损益会计、资产负债会计、折旧会计、会计报表、公认会计原则等更高的层次，会计理论与方法日趋成熟起来，逐步形成了一门独立的科学，会计活动不再仅是官厅会计，而是开始向社会民间普及，尤其是企业会计开始取代官厅会计的主导地位。

（三）现代会计阶段

现代会计阶段可以从 20 世纪 50 年代以后起直到今天。在这一阶段，虽然历史较短，但会计发展极为迅速，最终原因仍应归于社会生产的迅速发展和进步所带来的社会全方位的变化。

1. 现代会计发展的主要特征

在这段时间里，资本主义高速发展，社会主义迅速崛起，生产力水平快速提高，市场经济席卷全球，信息时代、知识经济时代、数字化时代接踵而至，人们的文化水平、思维方式、道德观念、创新能力等都发生了巨大变化，会计在经济发展中的作用日益增强。这个阶段会计发展的主要特征表现如下。

（1）会计方法技术日益先进。1946 年，第一台电子计算机在美国诞生；1953 年，计算机便在会计中得以运用，形成了现代电子技术与会计融合的"会计电算化"系统。这一结果使得会计核算手段发生质的飞跃，会计信息的处理更加及时、速度更快、准确率更高，大大地提高了会计信息质量。

（2）管理会计的出现。20 世纪 30 年代以后，股份有限公司开始出现并迅速发展。在这种经济组织形式下，会计不仅要为公司股东提供与投入资金保值增值有关的信息，还要为内部经营管理者提供各种与生产经营决策相关的信息。1952 年世界会计学会正式批准使用"管理会计"一词，由此将会计一分为二，形成了以服务于企业外部信息使用者为主要目的的"财务会计"和以服务于企业内部管理为主要目的的"管理会计"两大门类，从此"财务会计"与"管理会计"在企业经营管理活动中并驾齐驱，被认为是会计发展史上的第三个里程碑。

（3）会计理论日益丰富。随着经济环境越来越复杂，新的商业模式和交易手段越来越多，会计研究领域不断扩展，会计学科的名称也不断增多，如物价变动会计、标准成本会计、跨国公司会计、衍生金融工具会计、国际会计、外币折算会计、环境会计、社会会计、责任会计、行为会计、质量会计、人力资源会计、增值会计、法学会计、伦理会计、公允价值会计等，不胜枚举。

2. 我国现代会计的发展

中国自 1978 年改革开放以来，社会主义市场经济体制得到正式确立和迅速发展，为中国会计的巨大变革和发展也带来了强大的动力，会计的科学化、规范化、现代化步伐不断加快。

首先，在会计准则的国际趋同方面。以 2006 年 2 月 15 日我国新的会计准则体系的正式确立和发布为标志，中国会计准则与国际会计准则实现了实质性趋同，完成了跨世纪、宏伟的会计变革工程。在此基础上，我国又紧随国际会计准则的改革步伐，密切跟踪国际会计准则理事会（International Accounting Standards Board，IASB）相关具体准则的重大修改和制定工作，持续保持了与国际会计准则的同步趋同。（我国现行会计准则体系见本书第九章第三节"会计核算规范"部分的具体介绍）

扩展阅读1-1

国际会计准则趋同的历史

其次，在会计信息化的推进方面。1998 年 4 月，美国注册会计师霍夫曼（Hoffman）等对用于电子财务报告的可扩展标记语言（extensible markup language，XML）技术进行研究，后又得到美国注册会计师协会（American Institute of Certified Public Accountant，AICPA）的大力资助，使之发展成为可扩展商业报告语言（extensible business reporting language，XBRL），并成立专门的 XBRL 国际组织，随之世界许多国家以及国际会计准则委员会都纷纷地颁布了以各自公认会计原则（generally accepted accounting principle，GAAP）为基础的 XBRL 明细分类标准，2010 年 5 月 6 日，XBRL 国际组织宣布批准 XBRL 中国地区组织成为正式地区组织成员。2010 年 10 月，我国国家标准化管理委员会和财政部联合发布 XBRL 技术规范系列国家标准和企业会计准则通用分类标准，全面推进我国会计信息化水平的提升，使会计信息质量及其监控发生质的飞跃。

三、经济社会发展与会计的关系

纵观会计的整个发展历程，可以看到会计的产生和发展与经济社会发展是紧密联系的。

一方面，社会生产的发展是会计得以产生和发展的主要驱动因素。会计是顺应经济社会发展的需要，在一定的经济环境中产生和发展起来的，经济社会不同阶段的不同生产力水平、文化水平、科技水平乃至政治意识形态等，决定了会计的形式、内容与发展，也决定了会计理论研究的水平。并且经济发展水平越高，经济活动越复杂，会计实务也就越复杂，会计发展水平也会越高。

另一方面，会计的发展反过来又促进了社会生产的发展和进步。会计信息无论是为企业内、外部经营管理活动，还是为国家的宏观经济发展与调控都起到了重要的支持作用，是经济社会各项经济活动决策的基础和依据。"经济越发展，会计越重要"，已成为会计发展的历史规律。

随着第四次产业技术革命的到来，大数据、人工智能、移动互联网、云计算、物联网和区块链等先进的信息技术手段正渗透进我们经济活动的方方面面，以大数据为中心、以人工智能为手段的万物互联经济状态正在逐步形成，人类经济社会面临着前所未有的历史大变革。在数字时代，科学技术的发展带来了外部商业环境的巨大变化和企业内部的流程再造，在新的经济模式下，企业所需要的会计信息不仅仅是对过去已发生业务的确认、计量、报告，而是希望会计能与企业的业务活动相结合，利用会计信息来指导业务和解决管理问题，即实现"业财融合"，传统的会计职能面临着转型升级。会计已有的理论和实践在当前的经济技术背景下面临着新的冲击与挑战，以会计信息的数据化、智能化为特征的智能会计已开始出现，并成为未来会计的重要发展趋势。

扩展阅读1-2
智能财务的定义及特点

第二节　会计目标与会计信息

一、经济组织及其分类

经济组织是一定的社会集团为了保证经济循环系统的正常运行，通过权责分配和相应层次结构所构成的一个完整的有机整体，具体形式有家庭、企业、公司等。会计活动正是以经济组织为对象，通过特有的方法和语言对其各项经济活动进行反映和输出。根据经济组织的性质和目的不同，我们可以将其分为企业、政府和非营利组织等，了解不同的经济组织类别和特征，是学习会计相关知识的基本前提。

（一）企业

企业是指从事生产、流通、服务等经济活动，以产品或服务满足社会需要并获取盈利，依法设立，自主经营、自负盈亏、自我发展、自我约束的经济组织。它通过劳动、资本、土地和企业家才能等生产要素的投入，生产商品或提供服务，实现资本的增值。

扩展阅读1-3
企业存在的原因

按照组织类型的不同，企业可划分为独资企业、合伙企业和公司。

1. 独资企业

独资企业是指由一个自然人投资，全部资产归该投资人所有的营利性组织。它是产生时间最早的一种企业形式，至今仍广泛应用，其主要特征为投资人个人自负盈亏、自担风险，且承担无限责任。

2. 合伙企业

合伙企业是指由自然人、法人或其他组织订立合伙协议而设立的，由合伙人们共同出资、共同经营、共享收益、共担风险的经济组织，它又包括普通合伙企业和有限合伙企业两种形式。普通合伙企业由普通合伙人组成，合伙人对合伙企业债务承担无限连带责任；有限合伙企业由普通合伙人和有限合伙人组成，普通合伙人对合伙企业债务承担无限连带责任，有限合伙人以其认缴的出资额为限对合伙企业债务承担责任。

3. 公司

公司是指以盈利为目的,从事商业经营活动或某些目的而成立的组织,主要形式有无限责任公司、有限责任公司、两合公司、股份有限公司、股份两合公司。《中华人民共和国公司法》(以下简称《公司法》)中规定的公司主要包括有限责任公司和股份有限公司。有限责任公司中,公司全体股东对公司债务仅以各自的出资额为限承担责任;而股份有限公司则是把公司资本划分为等额股份,全体股东仅以各自持有的股份额为限对公司债务承担责任。公司是适应市场经济社会化大生产的需要而形成的,是当代经济活动中主要的经济组织形态。

扩展阅读1-4

《中华人民共和国公司法》中对"公司"的基本界定

(二)政府

从经济学意义上来讲,政府是指管理和使用公共经济资源、履行政府职能的组织体系。经济学意义上的政府除包括全部政府权力机构以外,还包括公立非营利组织。政府的资金运行特征不同于企业,首先在资金来源上,政府的资金来源主要是税收或行政性收费,而企业则是所有者投入或者债权人借款;其次在产品生产上,政府主要是向社会提供免费或低收费的公共服务产品,而企业则是通过销售商品或提供劳务实现资金增值而获取利润。

(三)非营利组织

非营利组织是指不以获取利润为目的,而从事商品生产、流通和提供公共服务的民间组织。它一般以公共服务为目的,所获得的盈余不以投资者分配或者员工回报为主要目标,而是用来为社会提供更多的服务,且一般都在税收上享有一定的优惠。非营利组织一般涵盖艺术、慈善、教育、学术、环保等领域。

二、商业语言的表达与会计

(一)商业语言的表达

会计产生于对经济活动投入、产出进行度量的基本需要。为了满足这一需要,会计以定量的方式,采取一定的会计核算方法,把日常的经济事项转换成相应的会计数据信息,来反映和描述经济业务的增减变化情况及其结果。在会计核算过程中,会计对资产、负债、费用、收入、利润等要素进行了统一严格的定义,使得最终输出的会计信息成为一种通用的商业语言,保证了各种经济活动信息可以在企业内部、企业之间、企业和外部其他经济组织之间顺畅、无歧义地传递和交流。可以通俗地理解为,会计其实就是将经济活动事项"翻译"成为专业、统一的会计语言的过程。

也正是由于商业语言的这一特点,我们才需要制定统一的会计规范体系,保证会计信息的一致性;我们也才需要将我国的会计准则与国际会计准则趋同,保证国际贸易活动的顺利进行。

（二）会计的定义

据会计史学者的考证，"会计"一词在我国最早出现是夏代。我国著名的《史记·夏本纪》一书中记载了这样一段话："自虞、夏时，贡赋备矣。或言禹会诸侯江南，计功而崩，因葬焉，命曰会稽，会稽者，会计也。"战国时期，《周礼》和《孟子》两部先秦时代的著作曾出现过"会计"一词。《周礼》一书中在记述周王朝"司会"（掌管中央、地方政府钱粮收支的官员）的职责时曾写道："凡在书契、版图者之贰，以逆群吏之治，而听其会计。"《孟子》一书描述孔子经历时也称："孔子尝为委吏矣，曰'会计当而已矣'。"但我国著名的会计史学家郭道扬教授则认为，以上两个时期虽然字面上说的是"会计"，但并不是真正对会计的命名，真正从会计意义上给会计命名应是起源于西周时代。清代学者焦循所著《孟子正义》一书中，针对西周时代的会计解释为："零星算之为计，总合算之为会。"至此可以认为是站在会计意义上对"会计"一词所进行的命名或定义。当然，受当时历史条件的制约，这一解释与现在的要求还相差甚远。

随着会计的不断发展，人们对会计的认识程度也在不断加深，对会计定义的讨论也越来越激烈，加之会计学属于社会科学的范畴，必然体现出社会科学的共同特性，即受人们视觉、思维方法、社会发展的需要等约束，对其定义总是难以取得完全统一，"百花齐放，百家争鸣"的局面在会计定义的讨论中至今仍然体现得非常充分。但整体上来说出现了"信息系统论"和"管理活动论"两大主要流派。

（1）信息系统论。信息系统论认为会计是一个以提供财务信息为主的经济信息系统。"会计系统是指确认、计量、记录、报告、分析、预测（计划）、评估等一系列元素（环节）有机构成的集合，它们共同实现着独特的目标，跟踪着生产和经营的全过程，捕捉应由会计系统处理的数据，通过加工转换，使之成为可用于评估企业生产经营效率和效益，反映企业的经济与财务实力，可用货币予以量化的信息"（葛家澍、刘峰，1999）。这种观点，将会计看成是为经济管理提供价值信息服务，但本身并不是经济管理活动，以信息服务管理来对会计定性，这与西方国家流行的说法相似。然而，在指明会计信息用途时，还是没有离开管理。

（2）管理活动论。管理活动论是我国会计理论界于20世纪80年代初提出的，认为"会计不仅仅是管理经济的工具，它本身就有管理的职能，是人们从事管理的一种活动"（杨纪琬、阎达伍，1980）。并认为会计管理的对象是企业乃至社会资金运动，管理的目的是提高经济效益，管理的方法主要是以价值管理为主的计划、控制、分析、考核、评价等。但是，会计管理无论如何是离不开会计所提供的价值信息。

我们认为，对会计本质进行界定时需要注意以下几个方面。

（1）会计活动的结果表现是一系列有机构成的以货币反映的价值信息，最终以财务会计报告的形式汇总表现出来。

（2）形成会计信息时需要有一系列的专门方法和程序。

（3）会计信息的特征是货币性、连续性、系统性、全面性、综合性。

（4）会计信息的使用者是各种与单位有利害关系的利益阶层，会计的目的是为这些利益阶层的有效决策提供信息服务，最终使之效益和财富能够实现最大化。

鉴于以上分析和认识，我们试图对会计定义为：会计是以货币为主要计量单位，运用一系列专门方法，通过对主体的生产经营活动过程进行连续、系统、全面的确认、计量、记录和报告，形成各种富有经济意义的会计信息，为提高经济效益和增大经济财富所从事的各种管理活动提供决策服务的一门科学。可以说，会计是一门具有技术、信息、管理与艺术等特征的学问。

美国会计学会（The American Accounting Association，AAA）在 1962 年发布的《基本会计理论》（*A Statement of Basic Accounting Theory*）中把会计定义为：会计是为了使信息使用者能够做出有根据的判断和决策而确认、计量和传递经济信息的程序，它的目标是提供有用的会计信息。

（三）会计领域

1. 会计业务领域

现代会计按照会计业务内容的不同，主要分为两大领域：财务会计和管理会计。财务会计是指运用簿记系统的专门方法，以通用的会计原则为指导，对企业已经发生的交易和事项进行确认、计量，并为投资者、债权人等提供信息的对外报告会计。管理会计是为了加强内部经营管理，运用各种方法将财务会计及其他有用的信息进行整合、加工，并以此为基础进行预测、决策、控制和评价，最终达到改善企业经营管理、提升经济效益的目的。两者的区别如下。

（1）服务目标不同。财务会计主要是为企业所有者、债权人、政府等提供对决策有用的会计信息，主要的服务面向是企业外部；而管理会计则主要是为企业经济管理者提供内部经营管理决策所需的各种信息，主要是为企业内部管理服务。

（2）作用时效不同。财务会计主要是对已经发生的交易和事项进行确认、计量、记录、报告，主要功能在于反映过去；而管理会计则主要是运用各种财务信息进行预测、决策、控制，主要功能在于控制现在和规划未来。

（3）遵循原则不同。财务会计是以通用的会计准则为指导，以保证不同企业之间提供的会计信息的一致性和可比性；而管理会计则不受统一的会计准则约束，在工作中，可以根据企业的具体情况，从基本的商业逻辑出发，灵活设定各项管理制度。

2. 会计服务领域

按照会计服务对象的不同，可以划分为企业会计、政府会计与非营利组织会计。

（1）企业会计，又称为营利组织会计，它是以企业这一盈利为目的的经济组织形式为核算对象，反映其经营资金在生产、流通领域的运转情况。

（2）政府会计，根据国际会计准则委员会的规定，政府会计是指用于确认、计量、记录和报告政府和事业单位财务收支活动及其受托责任履行情况的会计体系，主要包括政府总预算会计和行政单位会计。政府会计是政府管理活动的重要组成部分。

（3）非营利组织会计，是以企业和政府以外的非营利组织的交易或者事项为对象，来记录和反映该组织本身各项经济活动的会计活动。在我国特指以民间非营利组织的交易或者事项为对象，记录和反映该组织本身的各项经济业务活动。

扩展阅读1-6

政府与非营利组织会计的特征

3. 会计学科领域

从会计教育中所设置的会计知识体系、课程体系来看，会计领域可分为主干学科体系、辅助学科体系和边缘学科体系。其中，主干学科体系主要包括：会计学基础（初级会计学或会计学原理）、财务会计学（中级会计学）、成本会计学、管理会计学、财务管理学、审计学、会计信息系统、高级财务会计学等；辅助学科体系主要包括政府与非营利组织会计、税务会计、国际会计、金融会计、会计制度设计、行业会计比较、会计政策与法规、会计史学等（目前对此的看法还不太统一）；边缘学科体系主要包括行为会计、人力资源会计、环境会计、伦理会计、法学会计、社会会计、质量会计、会计教育学等，目前这些仍处于不断发展中。

以上这些内容中，会计学基础是会计领域大家族中最具基础性的学科分支，主要阐述会计学的基本理论、基本知识、基本方法和基本技能等。

三、会计的目标与职能

（一）会计的目标

1. 会计目标的定义

会计目标也称会计目的，是会计在实施行为过程中所期望达到的目的或标准。会计目标是会计理论的逻辑起点，对会计实践起着决定性的作用。

会计目标在不同的经济发展阶段，随着环境因素的变化而有着不同的内容。在古代会计阶段，会计主要是为了满足企业主自我收支核算需要，核算方式为单式簿记，因此这一时期的会计目标主要是核算收支。到了近代会计阶段，会计由单式簿记发展到复式簿记，企业的经济业务活动也更为复杂，这时的会计目标就主要是为企业的经营者提供更多有关资金使用过程及结果的信息。后来发展到现代会计阶段，公司产生并成为经济活动中主要的经营组织形式，在这一经济组织形式下，所有权和经营权分离，会计目标随着发展为向股东提供管理者受托履行责任的会计信息。随着经济的继续发展，证券市场越来越成熟和完善，企业股东越来越分散，会计信息的受众群体也越来越广，此时的会计目标，又在反映管理者受托履行责任的基础上，发展出了新的内容，即为潜在投资者、债权人等企业内、外部会计信息使用者提供决策有用会计信息。

2. 会计目标的内容

随着会计理论与实践的不断发展，现代会计目标主要表现为以下两种观点。

第一，"受托责任观"。这主要是针对投资者相对较少且不以资本市场进行资本筹措的企业来说的，即在企业经营资源的所有权和经营权分离的情况下，企业经营者（受托方）接受企业所有者（委托方）交付的经济资源，从事生产经营活动，从而就承担了有效管理与应用受托资源使其保值增值的责任，并有义务定期如实向委托方报告受托责任履行过程与结果。因此，会计的目标主要是通过财务报告向投资者解释受托者业绩，并用来解除过去经营期间的受托责任。德国提出这种观点。

扩展阅读1-7

委托代理理论

第二，"决策有用观"。这主要是针对日益发达的资本市场的需要来说的，即在所有权与经营权分离、资源的分配是通过资本市场进行的情况下，委托方与受托方的关系不是直接而是通过资本市场建立起来的。因此，对会计的目标强调的是通过适当、公正、充分地揭示和表述会计信息，以便帮助会计信息使用者尽可能更好地做出经济决策。美国提出这种观点。

扩展阅读1-8

国际会计准则理事会对会计目标的解释

3. 会计目标的类型

虽然从整体上来说，会计目标可以总结为"受托责任观"和"决策有用观"，但在实际经济活动中，具体又根据不同的核算对象和业务类别，而赋予了不同的具体内容。

1）企业财务会计目标

我国财政部2006年2月15日修订发布的《企业会计准则——基本准则》首次明确了财务报告的目标，即："向财务会计报告使用者提供与企业财务状况、经营成果和现金流量等有关的会计信息，反映企业管理层受托责任履行情况，有助于财务会计报告使用者做出经济决策。"这一会计目标就是从企业财务会计角度出发而设立的，采用的是双目标论，是与我国国情发展相适应的。

2）政府会计目标

政府所涉及的经济活动包含非商业活动和商业活动。对于非商业经济活动，即预算业务活动，政府会计的基本目标应反映政府受托责任的履行情况；而对于政府的商业活动，则应视同企业财务活动，采用与企业财务会计相同的会计目标。

3）非营利组织会计目标

非营利组织是从事社会公益性、服务性的非盈利经济组织，提供的产品是公共物品，且不以获取利润为目的，但也需要对其经济资源投入、债务、净资产及其变动情况进行反映，重点判断其资金的投入使用效率，因此其会计目标主要是反映非营利组织资金的受托履行情况。

（二）会计的职能

会计的职能是指会计在经济管理活动中所固有的、内在的本质功能。会计最基本的职能就是核算和监督，但如果与会计目标相联系，会计又具有报告传递、决策支持和受托责任解除的作用。会计职能随着经济社会发展以及会计作用的扩大而被不断赋予新的内容。

1. 基本职能

按照《中华人民共和国会计法》（以下简称《会计法》）的要求，会计的基本职能包括会计核算和会计监督。

(1) 会计核算。会计核算职能也称会计反映职能，是指通过会计的确认、计量、记录、报告等会计行为，主要以货币计量方式，运用专门方法，从价值量上反映会计主体已经发生或完成的各项交易或事项及其结果，为会计信息使用者提供具有连续、系统、全面、综合的会计信息的功能。这是会计职能中最基本的职能，是会计履行其他职能的基础。

(2) 会计监督。会计监督职能是指利用会计核算所提供的各种会计信息，按照一定的目的和要求，对会计主体的经济活动过程进行控制、指导和纠错，使之达到预期经营目标的功能。会计监督包括合法性监督和效益性监督两大方面，并且贯穿于经济活动的全过程。最终目的都是为了保证会计主体在合法、合规运营的前提下，力求提高经济效益。

2. 与会计目标相关的会计职能

我们认为会计功能的发挥是保证会计目标实现的必需途径，因此，从会计目标的角度讲，理解会计功能更有利于理解会计。从保证会计目标实现的角度来说，会计的功能主要是报告传递、决策支持和受托责任解除等。

1）报告传递

会计系统的运行，将会计主体所发生的各项经营业务以货币的形式全部记录下来，并加以归类汇总，形成了反映财务状况及其利用情况的财务会计报告这样一种会计信息，这就是会计的核算过程。而会计信息最终的使用者并不是会计本身，这就如同商品的生产者并非该商品的消费者一样，会计加工生产出的会计信息是供会计信息的使用者来使用的。因此，及时地向有关会计信息使用者报告和传递会计信息，如同将生产出的商品尽快提供给市场一样，以便能够被会计信息使用者及时有效地利用，将成为会计所具备的首要功能。

2）决策支持

会计系统产生的以财务报告为主要载体的会计信息，不仅对会计主体的财务状况及其利用情况以财务报表的形式进行了结构性描述，而且还以报表附注的形式说明了这些会计信息产生所面临的会计政策环境及其变化，对会计主体未来经营发展趋势进行了必要的预测。这样，一方面方便了会计信息使用者对会计信息的阅读和理解，另一方面也为会计信息使用者据此做出合理判断和有效的决策提供了依据，从而使会计具有了不可或缺的决策支持功能。

3）受托责任解除

会计向资源委托者报告和传递的会计信息，说明了会计主体目前持有的财务状况、报告期内财务状况的利用及其效果（即利润），并以现金流量表的形式进一步说明了财务状况及其利用效果的质量，资源的委托者据此就可以判断所委托资源的安全性及其增值情况，从而决定是否可以解除该报告期间资源受托者的受托经营管理责任。因此，会计自然就具有了帮助解除资源受托者受托经营管理责任的功能。

以上三个会计功能的关系如图1-1所示。

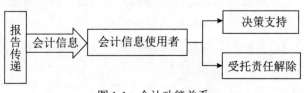

图1-1　会计功能关系

四、会计信息及其类型

（一）会计信息及其定义

信息是指包含新知识、新内容，并可以进行传递的消息。在现代社会里，数据已发展成为人们经常依赖的信息，因此，信息又成为人们利用数据的约定而对数据赋予意义的东西，如信息库、信息源、信息社会、信息资源、信息经济、信息服务、信息高速公路等。信息在传递过程中是由信源、信道、信宿三个基本要素构成的。其中，信源是指信息发生的来源，信道是指信息传递所经过的通道，信宿是指信源发出信息后的接收者。信息是任何一个事物的运动状态及其形式的变化，如日出日落、花开花谢、股市涨跌、物价变动等，是一种客观存在，是一种接收主体所感觉到并能被理解的东西，具有新颖性、可传递性、可复制性、可利用性等特征。如今我们已经进入信息技术高度发达并被普遍应用的信息时代，信息时代的到来为各门科学的快速发展提供了一种新的契机，会计科学同样如此。

会计信息是指通过会计活动所形成并可用来传递的、分类集中体现某会计主体的、主要以货币表现的有用的价值信息。除了价值信息，会计信息还包括生产经营所需要的厂场、设备、各种商品及材料物资甚至技术等非货币性的资产，这些非货币性资产还需要用货币形式予以表现。其信息的形成过程非常复杂，需要采取专门的会计方法、一系列的会计标准规范，进行复杂的会计确认、计量、记录，并将其分类汇总后，报告传递给投资者、贷款人、政府机构、企业经营管理者等更广泛的会计信息使用者，以便他们利用此有用的价值信息进行更长远、更重大的经济决策。

【案例1-1】 远东飞机工业有限公司（以下简称"远东公司"）拥有其合资子公司博安飞机工业有限公司（以下简称"博安公司"）接近25%的股权，2018年博安公司销售A型号飞机5架，净利润接近1亿元，为远东公司贡献投资收益2 500万元左右。2019年6月，博安公司与飞天航空集团公司谈判销售A型号飞机的业务，8月31日博安公司与飞天航空集团签订了50架A-1支线客机的销售合同，合同目录总价值约为11亿元，在2019年9月1日对外发布公告称，从2020年9月开始到2022年年底交付这些飞机。

分析： 这是一条财经新闻，包含了会计信息、营销信息、生产信息等一系列信息；也包含了现在的信息和潜在的信息。其中会计信息的内容包括远东公司对其合资子公司的股权结构、远东公司的投资收益状况、远东公司未来3年（2020—2022年）的预期投资收益等。

（二）会计信息的作用

会计信息是会计的生命线和赖以存在的基础，也是会计的价值所在。会计信息一旦形成并公布，在一定范围乃至社会上将具有直接的经济后果，即会计信息一旦公布和发挥作用，将会影响社会资源的有效配置和社会财富的重新分配，并影响有关利益相关者的决策行动。

（三）会计信息的类型

会计信息随着报告主体的不同，又可以分为企业会计信息、政府会计信息和非营利组织会计信息。

1. 企业会计信息

企业主要对外提供有关企业财务状况、经营成果以及现金流量等有关的会计信息。

1）财务状况类信息

为了反映企业资金的来源和分布状况，我们需要向会计信息使用者披露某一时点上的资金使用情况，这类有关企业资金来源和使用方面的信息就是财务状况类信息，具体包括企业的资产、负债和所有者权益。

2）经营成果类信息

有了资金的投入和使用，我们还需要用一定的会计方法核算出某一会计期间的耗费和收益情况，来反映资产的使用效果。这类有关企业某期业绩成果类的信息就是经营成果类信息，具体包括有企业的收入、费用和利润。

3）现金流量类信息

在现行的会计核算方法中，权责发生制是会计核算的基础，即对外披露的会计信息都是在权责发生制基础上计算出来的。但是，权责发生制下的会计信息不能反映企业的支付能力、偿债能力和周转能力，因此，在财务状况类和经营成果类信息之外，我们还要提供有关企业现金流量的会计信息，为经营决策提供依据。

2. 政府会计信息

政府会计所涉及的交易和事项，既有纳入预算管理的事项，也有非预算管理事项。对于纳入预算管理的事项，我们需要提供政府预算会计信息，反映预算资金的收入和支出情况；对于没有纳入预算管理的事项，我们则需要像企业一样，也提供反映其非预算资金财务状况、经营成果和现金流量的会计信息。

3. 非营利组织会计信息

非营利组织的会计信息使用者主要包括资金提供者、财政部门、纳税人等，出于对资金使用效率考量的需要，非营利组织也需要进行会计核算，并且向会计信息使用者提供有关资金分配使用、经营责任履行、经济资源投入、使用及变动方面的会计信息。

（四）非会计信息

非会计信息是指以非货币形式反映的、与企业的生产经营活动有着直接或间接联系的各种信息资料，一般而言，最终可以在财务报表中反映的财务信息，是可以通过会计确认、计量、记录、报告进行反映的会计信息，但并不是企业所有的经济活动和状况都可以通过会计核算，以会计信息的形式反映出来。为了更好地为会计信息使用者服务，我们就需要在基本的会计信息之外，披露有关企业内部控制、经营战略、公司治理、社会责任等不能用会计信息表示，却能帮助会计信息使用者进行经济决策的非会计信息。

五、会计信息需求

（一）会计信息需求者

会计信息的加工者是会计人员，提供者是企业管理当局，使用者却是与主体利益有关的利害关系者。会计信息使用者为了自身决策的需要，将会对会计信息的提供提出各种各样的需求。对于企业来说，会计信息的使用者非常广泛，对会计信息的需求也是多样化的。会计信息使用者主要包括以下几类。

1. 投资者

投资者是企业开始进行生产经营所需资本的提供者，包含现有的投资者和潜在的投资者。投资者将其资本投入企业后，与企业的经营者就形成了资源的委托和受托关系，并承担其资本运用所带来的风险及其获得报酬。投资者为了保证其投资的安全性，并尽可能获得更多的投资报酬，减少投资风险，就需要借助于会计信息，分析评估投资企业的盈利和成长能力以及利润分配、支付股利等，从而帮助他们决定是否追加新投资（买进新的股票），或继续持有，或收回投资（卖出手中的股票）。

2. 雇员

雇员是企业聘用的各类员工以及为了维护员工利益所成立的代表性组织（如工会等劳工组织）。雇员为了保证在企业工作的稳定性，并获取尽可能多的劳动报酬以及丰厚的福利待遇，将会利用会计信息来关心有关雇主的稳定性和获利能力，并评估企业提供报酬、退休福利和就业机会的能力。

3. 贷款人

贷款人是为企业经营提供长短期贷款的金融机构或个人等。企业经营所需的资金首先来自投资者投入的资本，但资本的投入将会受到法律等限制，而企业经营所需的资金有时可能超过甚至远远大于资本的数额，这时就需要通过向投资者以外的银行等借入资金。而这些借入资金一方面要按约定的借款期限偿还，另一方面还要定期支付约定的利息。为此，贷款人就需要利用会计信息来了解企业的偿债能力，从而判断确定自己的贷款和贷款利息能否按期得到支付的情况。

4. 供应商和其他商业债权人

供应商和其他商业债权人即向企业销售材料物资等的供应者以及企业在购买材料物资等过程中因欠款而形成的债务收款人。他们需要利用会计信息，了解企业的营运能力，判断商业合作的诚信度、资金偿还保障度等，从而确定是否可以继续进行供货合作等。

5. 顾客

顾客是企业产品或商品的购买者以及劳务的接受者。他们通过会计信息，试图了解产品的质量和经营的可持续性，特别是在与企业有长期性联系或是依赖关系的情况下，确定是否具有可信赖和建立长期购货关系。

6. 政府机构

政府机构所关心的是企业成长性及资源分配，将利用会计信息来判断企业的税收支付情况、对社会贡献大小，并为政府宏观管理、决定税收政策和国民收入计算等提供依据。

7. 社会公众

企业通过各种方式，如对当地经济的贡献、可雇用人数、对当地供应商的惠顾等会影响到社会公众，因此，企业兴衰趋势、近期发展和活动范围等资料都可对公众有所帮助。

8. 企业管理者

企业管理者不仅对编制和提供财务报告负首要责任，而且也需要通过会计信息以及财务分析资料，判断企业计划执行、决策和控制等效果和经济效益，为绩效考核和未来的管理决策提供依据。

我国 2006 年修订的《企业会计准则——基本准则》中，指出的企业会计信息使用者包括：投资者、债权人、政府及其有关部门和社会公众等。

（二）会计信息需求类型

依据不同的使用目的，会计信息需求又可以分为决策支持型会计信息需求和管理评价型会计信息需求。

1. 决策支持型会计信息需求

企业股东、潜在投资者、债权人等需要了解企业的财务状况、经营成果和现金流量，以利用这些会计信息来做出是否进行资金配置、投资、资金回收等经济决策，所以这类会计信息的需求是属于决策支持型会计信息需求。

2. 管理评价型会计信息需求

企业的管理者需要利用企业的收益、成本、费用等信息，来对经济活动进行预测、决策、控制和评价，以更好地做出各种经营管理决策，所以，这类会计信息的需求是属于管理评价型会计信息需求。

六、会计信息质量特征

（一）会计信息质量特征的含义

会计信息质量特征，也称财务信息质量特征，是指财务报告提供的会计信息对使用者有用的那些性质，是为实现会计目标而对财务报告所提供的信息提出的约束性要求，因此，也称为会计信息质量要求或会计信息质量标准。会计信息使用者以报告主体的财务报告信息（财务信息）为基础做出有关报告主体的决策时，利用有用的会计信息质量特征，能够识别哪种类型的信息最为有用。会计主要以提供信息的方式对有关方面的经济决策产生效用。这种信息与其他信息相比，从形式上看主要体现在经济活动的价值方面；而从决策有用性上来看，重点是讲究信息质量。会计信息质量具有明显的特征和层次性，这些特征是财务会计实践过程中不断总结出来的，也是财务报告使用者对会计信息质量的基本要求。

（二）会计信息质量特征的内容

会计信息质量特征在国际会计准则中属于财务报告概念框架中所规定的范畴，财务报告概念框架统领着会计准则的制定、修订和使用。随着2005年以来会计准则国际趋同的不断推进，会计准则将发生着颠覆性的国际变革，财务报告概念框架是其最重要、难度最大的变革项目，IASB将其拆分成8个项目进行修订，目前已发布了阶段性成果。以下将主要介绍IASB已发布的"有用财务信息的质量特征"和我国现行《基本准则》所规定的会计信息质量要求的相关内容。

1. 国际财务报告准则的会计信息质量特征

作为国际财务报告准则改革的重要项目之一："财务报告概念框架"由IASB与财务会计准则委员会（financial accounting standards board，FASB）联合进行修订。2010年9月28日，IASB与FASB联合发布了概念框架第一阶段工作成果——通用目的财务报告的目标和有用财务信息的质量特征，其中，"有用的财务信息质量特征"是作为财务报告概念框架的第二章发布的。在表述这些质量特征时指出，财务报告提供的信息，是关于报告主体经济资源、对报告主体的要求权以及改变上述资源和要求权的交易、其他事项和环境的影响方面的信息（在本框架中，上述这些信息是指经济现象方面的信息）。部分财务报告还包括管理层对报告主体的预期和战略方面的解释性资料以及其他类型的预测信息。财务信息要有用，它就必须相关，而且还必须忠实地陈报意欲陈报的现象。财务信息如果可比、可验证、及时且可理解，其有用性会得以放大和增强。有用财务信息的质量特征分为以下三个层次：基本质量特征、强化质量特征和有用财务报告的成本约束。

1）基本质量特征

财务信息的基本质量特征是相关性和忠实陈报。

（1）相关性。相关性，是指财务信息可以让使用者做出差别决策时，财务信息就具有相关性，纵使部分使用者未充分利用信息或者已经从其他渠道获得信息，但并不影响信息具有做出差别决策的能力。若让财务信息具有做出差别决策的能力，财务信息应具有预测价值、确认价值或者二者兼而有之；反之亦然。

财务信息的预测价值，是指使用者在预测未来结果时，如果能够将财务信息作为加工处理的输入变量，该财务信息就具有预测价值。具有预测价值的财务信息，本身并不一定就是预言或者预测，只有当使用者运用它做出各自的预测时，它才具有预测价值。

财务信息的确认价值，是指如果财务信息能够对以前的评估提供反馈（即确认或改变），即具有确认价值。

财务信息的预测价值和确认价值相互关联，具有预测价值的信息通常也具有确认价值。例如，本年度的收入信息既可以作为预测未来年度收入的基础，也可以与以前年度所做的本年收入预测数进行比较。比较的结果能够帮助使用者更正和改进预测的过程与方法。

在相关性中，与特定主体有关的一个方面是重要性。如果信息被遗漏或误报影响使用者基于特定主体财务信息所做出的决策，信息即为重要。换言之，重要性是相关性中与特定主体有关的一个方面,它基于某一主体财务报告中与信息相关的经济业务性质或强度(或二者兼而有之)。但是,准则制定者无法为重要性规定一个统一的数量界限,也无法预先裁定特定情况下的重要性,重要性取决于需做判断的项目大小或在出现省略或发生误报的特定情况下,所导致差错的大小。因此,重要性与其说是信息要成为有用所必须具备的基本质量特征,倒不如说是提供一个分界线或取舍点。

（2）忠实陈报。忠实陈报,是指财务信息要具有有用性,它不仅要陈报相关的现象,而且还必须忠实地陈报意欲陈报的现象。要实现完美的忠实陈报,财务报告的描述应具有三项特征,即完整、中立、无误。当然,完美的陈报几乎很少能够实现,准则制定者的目标是最大限度地提升这些质量。

完整,是指在财务报告的描述中,应包括使用者理解所描述现象所必需的所有信息（含所有必需的描述和解释）。例如,对一个资产组的描述,至少应该包括对资产组性质的描述、对资产组中所有资产金额的描述以及对金额代表的含义所进行的说明（例如,原始成本、调整成本还是公允价值）。对于某些经济业务,完整的描述还需要包括对重要事实的解释,如经济业务的特征和性质、影响经济业务特征和性质的因素和环境以及确定金额的方法和过程。

中立,是指财务信息的选择或表述不存在偏见。中立的描述既不有所偏向,也不故意拔高;既未过分强调,也未轻描淡写,更不存在通过人为操纵而让使用者有利地或不利地获取财务信息。中立的信息,并不意味着它漫无目的,也不意味着它对行为毫无影响。恰恰相反,相关的信息理应具有导致使用者的决策产生差别的能力。

无误,是指对现象的描述不存在错误或遗漏,在生成报告信息的过程中,方法的选择和应用不存在错误。无误并不意味着在所有方面都精确完美。例如,对一个可观察的价格或者价值的估计,就无法确定其是否精确。但是,如果对所估计金额的描述清晰准确,说明了估计方法的性质和局限,而且做出估计时选择并运用了恰当的方法,对该估计的陈报当属忠实。

但是,忠实陈报本身并不必然生成有用的信息。例如,报告主体可能通过政府补助而收到不动产、厂房、场地和设备。显然,报告主体无偿地获得资产,忠实地陈报了其成本,但该信息却没有多少有用性。一个更为恰当的例子是：为反映资产价值的减损,一项资产的账面价值应予调整,需要估计其金额。如果报告主体使用了正确的方法,恰当地描述了估计,解释了影响估计的重大不确定性,该估计当属忠实陈报。但是,如果估计的不确定性水平太高,该估计则不具有特定有用性。换言之,被忠实陈报的资产,其相关性值得怀疑。当然,如果没有其他视为忠实的陈报方法,该估计也提供了可供利用的最佳信息。

在运用上述基本质量特征时,应当注意这些特征的相互关系。即要使信息有用,它必须具有相关性而且还要忠实陈报。忠实陈报不相关现象,或者未忠实陈报相关现象,都无助于使用者做出满意的决策。运用上述基本质量特征最有效率、最有效果的方法通常是：第一,识别那些对报告主体的财务信息使用者具有潜在有用性的经济现象;第二,辨别该经济现象的哪些信息最为相关（前提是信息可以获得而且能够忠实地陈报）;第三,确定该信息是否可以获取，是否能够忠实地加以陈报。如果没有问题，这个过程结束时，即可满足基本质量特征的要求。否则，就应再从具有次相关性的信息开始重复上述过程。

2）强化质量特征

强化质量特征，是指有助于提升那些相关且忠实陈报信息的有用性的质量特征，这些质量特征包括可比性、可验证性、及时性和可理解性。如果描述现象的两种方式具有同等的相关性和忠实陈报，强化质量特征还有助于确定应该采用何种方式。

（1）可比性。可比性，是指能够让使用者识别和理解不同经济业务的相似性与差别点。使用者进行决策，就是在不同备选方案之间做出抉择。例如，出售还是持有一项投资，投资于此报告主体还是彼报告主体。因此，倘若能够与其他主体的类似信息具有可比性，能够与同一主体不同期间或不同时日的类似信息具有可比性，报告主体的信息将更为有用。与其他质量特征不同，可比性并非与单项经济业务有关，因为比较至少需要两个项目。

为了保证财务信息的可比性，还需要一致性的支持。一致性，是指对于相同的经济业务，一个报告主体的不同期间或者相同期间的不同主体采用相同的方法进行会计处理。尽管一致性与可比性有关，但毕竟不同。可比性是目标，一致性将是为实现这一目标提供帮助。

但是，可比性不等于统一性。可比的信息必须使相同的事物看起来相同，不同的事物看起来不同。把不同的东西统一化使其具有貌似的相似性，与把相同的东西故意差异化一样，财务报告信息的可比性丝毫没有增加。

如果基本质量特征得以满足，某种程度的可比性即可实现。因为一个主体对相关经济现象的忠实陈报，自然地与其他报告主体忠实陈报的类似相关经济现象具有某种程度的可比性。

忠实陈报单一经济现象的方式多种多样。但是，如果对相同的经济现象允许采用不同的备选会计方法，将会有损可比性。

（2）可验证性。可验证性，是指具有不同知识水平的独立观察者，对一项特定描述的忠实陈报能够达成共识（当然没有必要完全一致）。可验证性有助于让使用者确信该信息忠实地表达了意欲表达的经济现象。定量信息要可被验证，未必一定是单一的点估计，一个可能的金额范围及对应的概率，同样能够验证。

验证可以是直接的，也可以是间接的。直接验证，是指通过直接观察来验证金额或者其他陈报，如盘点现金。间接验证，是指通过核查模型、公式或其他方法输入变量并使用相同的方法重新计算结果。通过使用相同的成本流转假设（如先进先出法），检查输入变量（数量和成本）并重新计算期末存货金额来验证存货的账面金额，就是间接验证的一个例子。

但是，附注信息可能无法验证，而且除非到未来，预测信息也可能无法验证。为帮助使用者决定他们是否希望使用此类信息，通常必须披露基础假设、编报信息的方法以及支撑信息的其他因素和情况。

（3）及时性。及时性，是指使决策制定者及时地利用能够影响他们决策的信息。一般地，信息越是陈旧过时，其有用性越是微乎其微。但是，某些信息可能在报告期结束后长时间内持续具有及时性,例如,某些使用者可能需要分析和评估发展变化趋势。

(4)可理解性。可理解性,是指财务报告所提供的信息应便于使用者理解。为了便于理解,财务信息的描述应当清晰、简洁地分类、描述和列报。现实中某些现象本身就复杂难懂,如果从财务报告中剔除这些复杂现象的信息,或许就会使财务报告易于理解。但是,这样的报告可能残缺不全,因而具有潜在的误导性。

为保证可理解性的实现,信息的使用者应具有合理的商业和经济活动知识且勤奋地研究和分析。但是,即使知识渊博和勤勉有加的使用者,有时也需要寻求咨询师的帮助,以理解那些涉及复杂经济现象的信息。

运用上述强化质量特征时需要注意两点:第一,强化质量特征的运用是以基本质量特征为前提的。虽然强化质量特征应尽最大的可能使其最大化,但是,如果信息不相关或者未被忠实陈报,一项强化质量特征或者全部强化特征,都不可能使信息变得有用。第二,运用强化质量特征是一个反反复复的过程,并不遵循规定的次序。有时,为了提升一项质量特征不得不牺牲其他质量特征。例如,为长期改进相关性和忠实陈报而采用一项新的财务报告准则,即使因运用未来适用法使可比性暂时降低,新的财务报告准则仍然值得采用。恰当的披露,可部分地弥补信息的不可比。

3)有用财务报告的成本约束

有用财务报告的成本约束,是指财务信息的提供和使用都需要花费成本,因此,无论是财务信息提供者还是使用者都将受到成本的普遍约束。

报告财务信息必定花费成本。财务信息提供者的绝大部分耗费,涉及财务信息的收集、处理、验证和发布,但是,这些成本将以降低回报的方式,最终由使用者来承担。因此,财务信息的提供者根据所报告信息的效益来判断成本的适当性是至为重要的,而成本和效益存在着若干不同类型,这是需要考虑的。

财务信息的使用者分析和解释所提供的信息,也要花费成本。如果缺乏所需要的信息,使用者为了从其他来源获得信息或者进行估计,还要花费额外的代价。

报告相关的财务信息并忠实陈报意欲陈报的事实,有助于使用者做出决策时更有信心。其结果是,资本市场的功能发挥更有效率,整体经济的资本成本更为低廉。通过做出更有信息含量的决策,个别投资者、贷款人和其他债权人亦将获益。但是,通用目的财务报告不可能提供每一个使用者认为相关的全部信息。

准则制定者在考虑成本约束时,将把提供和使用信息所发生的成本与报告特定信息的效益进行比较,以评估成本是否合理。当制定新的财务报告准则时,为考虑成本约束,准则制定者将从财务信息的提供者、使用者、审计师、学术界和其他方面,搜寻新准则预期的效益、成本在定性和定量两个方面的信息。在绝大多数情况下,评估既要基于定量信息,也要考虑定性信息。

2. 我国会计准则的会计信息质量要求

我国现行的《企业会计准则——基本准则》第二章,专门规定了以下 8 项关于会计信息质量要求的内容,按顺序分别介绍如下。

(1)可靠性。企业应当以实际发生的交易或者事项为依据进行会计确认、计量和报告,如实反映符合确认和计量要求的各项会计要素及其他相关信息，保证会计信息真实可靠、内容完整。

(2) 相关性。企业提供的会计信息应当与财务会计报告使用者的经济决策需要相关，有助于财务会计报告使用者对企业过去、现在或者未来的情况做出评价或者预测。

(3) 可理解性。企业提供的会计信息应当清晰明了，便于财务会计报告使用者理解和使用。

(4) 可比性。企业提供的会计信息应当具有可比性。

同一企业不同时期发生的相同或者相似的交易或者事项，应当采用一致的会计政策，不得随意变更。确需变更的，应当在附注中说明。

不同企业发生的相同或者相似的交易或者事项，应当采用规定的会计政策，确保会计信息口径一致、相互可比。

(5) 实质重于形式。企业应当按照交易或者事项的经济实质进行会计确认、计量和报告，不应仅以交易或者事项的法律形式为依据。

(6) 重要性。企业提供的会计信息应当反映与企业财务状况、经营成果和现金流量等有关的所有重要交易或者事项。

(7) 谨慎性。企业对交易或者事项进行会计确认、计量和报告应当保持应有的谨慎，不应高估资产或者收益、低估负债或者费用。

(8) 及时性。企业对于已经发生的交易或者事项，应当及时进行会计确认、计量和报告，不得提前或者延后。

我国会计准则与国际会计准则关于会计信息质量表述对比见表1-2。

表1-2 我国会计准则与国际会计准则关于会计信息质量表述对比表

我国会计准则表述	国际会计准则对应表述	内涵
可靠性	忠实陈报	完整、中立、无误
相关性	相关性	反馈价值、预测价值
可理解性	可理解性	准确分类、界定和报告
可比性	可比性	一致性
实质重于形式	无	以经济实质而不是法律形式为依据
重要性	有用财务报告的成本约束	重要性
谨慎性	无	不应高估资产或收益、低估负债或费用
及时性	及时性	信息及时提供
无	可验证性	直接验证、间接验证

第三节　会计假设与会计核算基础

一、会计假设

（一）会计假设的定义

会计假设又称为会计核算的基本前提，是指为了保证会计核算的正常进行而事先设定的合乎逻辑的推理、判断或者先决条件。

会计所面临的会计环境是错综复杂、不断变化的，要将现实经济活动用会计语言予以反映和报告，就必须先依据经济环境的有限事实做出的合理判断，设立一些基于事实基础上的基本假定。会计假设是一种为了进行会计核算而建立的一种理论架构，但这种理论架构并非凭空想象，而是从会计实践活动中总结和归纳形成的会计核算惯例，这些惯例经过了会计实践活动的反复检验、修正和完善，成为会计确认、计量、记录和报告的基本前提条件。会计假设确认了以后，因其与财务报表目标的一致性，从而在会计实践中长期奉行，成为会计理论和会计实务发展中无须证明的一项基本公理。

（二）会计假设的构成内容

公认的会计基本假设有四个，分别是：会计主体、持续经营、会计分期和货币计量，如图 1-2 所示。

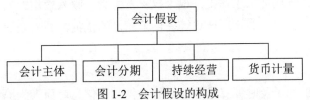

图 1-2　会计假设的构成

1. 会计主体

会计主体也称为会计个体、报告主体，是指需要独立进行会计核算的特定经济组织，包括国家机关、社会团体、公司、企业、事业单位和其他单位等。

会计主体假设对会计活动的空间范围所进行的限定，解决了为谁记账的基本问题。会计主体假设要求只能对会计主体本身的生产经营活动进行会计确认、计量和报告，而不能核算会计主体以外的其他经济组织或者企业投资者个人的经济活动。这就需要我们在会计处理时将不同企业之间、企业与所有者之间的经济活动区别开来，分别核算。例如，企业所有者进行的、与企业无关的个人收支活动不应被纳入企业会计核算的范围，但是企业所有者投入到企业的资本或者企业向所有者分配的利润，则属于企业会计主体所发生的交易或事项，应当纳入企业会计核算的范围。

会计主体既可以是一个企业，也可以是若干个企业组织起来的集团公司，既可以是法人，也可以是不具备法人资格的实体。也就是说，会计主体和法律主体是不尽相同的。大多数情况下，法律主体都必然是会计主体，但是，会计主体不一定是法律主体。法律主体以能够独立承担法律责任为确定依据，可以是自然人，也可以是法人；而会计主体以是否需要进行独立会计核算，以及是否其经济活动能够与主体的剩余部分的经济活动客观地区分，并且与主体该部分有关的财务信息对于是否应向其提供资源是潜在决策有用的为确定依据。例如，一个企业是独立法人，需要进行会计核算，自然应当成为会计主体；但企业正在考虑购买主体的一个分支机构或者部门，该分支机构或者部门就可以作为一个报告主体，却构不成法律主体。也就是说，企业作为独立法律主体的只有一个，但作为会计主体的可能有多个。企业集团不是独立法人，但为了编制合并财务报表，也应当作为会计主体。

扩展阅读1-9

会计主体假设的冲击

2. 持续经营

持续经营，是指某一会计主体在可预见的将来，如果没有明显证据证明其会发生破产、清算等终止经营的现象，就认为企业是能够持续不断经营下去的。在市场经济条件下，作为企业来说，虽然永远的持续经营愿望将会受到市场的种种威胁而难以全部实现，停业、兼并、破产的现象时有发生，但任何一个企业决不会因此而"自我休战"，都在为持续经营而不断抗争。为此，会计核算就应当服务于这个现实，除非清算来临。

我国《企业会计准则——基本准则》规定：企业会计确认、计量和报告应当以持续经营为前提。会计以此为前提，在正常的会计活动中就将会计建立在非清算的基础上，运用一系列的会计原则、程序、方法、政策、规定，连续不断地进行会计核算。

持续经营为会计分期提供了前提，也为权责发生制、收入费用的配比、债权债务的处理、资产的合理计价、损益的合理计算等提供了充足的依据，并为企业的持续经营做好了各种服务。

3. 会计分期

会计分期，是指为了及时计算盈亏和对外提供会计信息，而人为地将可预见的持续经营划分为若干相等的时间区间，是持续经营前提的必要补充。《基本准则》规定，企业应当划分会计期间，分期结算账目和编制财务会计报告。

企业需要及时考核经营业绩，发现和改进经营中的问题，会计信息使用者需要及时了解财务状况、经营成果、现金流量等方面的信息，会计就应当满足这种要求，将长期的持续经营期间再划分为若干较短的期间，这就是会计分期。划分会计期间的基本单位是"年度"，称为"会计年度"。一般地说，各国的会计年度都是按政府财政预算年度来确定的。我国《会计法》第11条规定："会计年度自公历1月1日起至12月31日止。"在会计年度的基础上，还可分为半年度、季度、月份等，称为"中期"。按照习惯，按年度编制的财务会计报告称为"年报"或"决算报告"，按短于一个完整的会计年度编制的财务会计报告称为"中期报告"。

4. 货币计量

计量是用一个规定的标准已知量测定同一类型的未知量的过程，是定量的影像，是日常生活中极为常见的现象。计量必然需要计量单位，即计量时所采用的标准已知量。

由于会计核算的主要功能是进行资产计价和盈亏计算，因此，会计计量构成了会计活动的主要内容之一。随着社会的不断发展与进步，货币逐步发展成为经济交换的主要媒介。会计核算是一种价值核算，而货币为价值核算提供了可以统一的价值量度，因此，现代会计均以货币作为统一的计量单位，从而使会计计量的结果能够建立在统一可比的基础上。具体说，货币计量就是指对会计主体的交易活动计列为财务报表要素而确定其金额的过程。

但是，随着经济的全球化发展，经济交易出现了多货币性，因此就需要选定一种货币作为统一的计量单位，否则，又会出现新的不可比的价值信息，财务报表也难以编制。如在同一期间，一个企业既向国内出售商品获得了按人民币计价的销售收入100万元，又向国外出售商品获得了按美元计价的销售收入20万美元，那么该期间的销售收入总额是多少呢？我们不能将100万元人民币收入和20万美元收入直接相加，而需要选用一种货币作为计量单位（如人民币），将另一种货币（美元）计量的收入折算为该计量单位的货币，再进行相加。这种在会计上被选用的统一计量货币，称为统一的记账本位币。选用记账本位币时，一般是依据会计主体所面临的经济交易的主要货币环境，即主要是以何种货币进行交易。通常情况下会计主体所面临的是本国货币环境，所以，一般都首选本国货币作为计量单位。但是，根据不同货币交易数量的多少，考虑会计核算的简便性，也允许选用交易量较多的某一外国货币作为记账本位币。

会计以货币为计量单位，一般是指观念上的货币，并非现实的货币。观念货币与现实货币的差别主要在于，前者只是作为一种计量工具，而不用作交易，所以，可以不考虑币值变动因素；后者是一种交换媒介，必须面对币值变动的现实。会计上若以现实货币计量，就需要经常对会计核算资料进行调整，这几乎是做不到的。但是，现实货币如果发生较大变动时，会计上完全无视这种现实，必然会导致会计信息失真，引起决策失误，这就需要考虑币值变动的影响对会计信息做出必要的修正，这又涉及物价变动会计（即通货膨胀会计）的计量问题。会计计量属性问题将在本章第四节进行详细阐述。

二、会计核算基础

会计核算基础也称会计处理基础，是指在确认和归属一定会计期间的收入、费用时所采用的处理原则和标准。这是合理确认当期损益的基础或前提。会计核算基础有两个，即应计制和现金制，但国际会计准则将应计制归属于会计核算的基本前提，而我国则习惯称为会计核算基础。

（一）权责发生制

权责发生制，又称应计制或应收应付制，是指在交易或事项发生时（而不是在收到或支付现金或现金等价物时），如果产生了应该取得收入的权利或应该承担费用的责任（义务），就应当在交易或事项发生当期确认为收入或费用，进而计算当期损益，并在该期间的财务报告中予以报告。据此编制的财务报告，不仅告诉会计信息使用者过去发生的、关系到现金收付的交易，而且告诉他们未来支付现金的义务和代表未来将要收到现金的资源。

这是以盈利为目的的经济组织中进行会计核算时设定的一个重要会计处理基础，目的在于阐明确认收入和费用归属期的基本原则。我国《企业会计准则——基本准则》规定，企业应当以权责发生制为基础进行会计确认、计量和报告。

【案例 1-2】一个学生在学校的一个报亭购买了几种杂志，共计 30 元，但由于该学生留下生活费后只有 20 元可以支付，征得报亭老板的同意，在下月该学生家长将钱寄来后再偿还剩余的 10 元钱。那么，该报亭的老板应该按 30 元计列这笔收入呢，还是应该按 20 元计列这笔收入？

分析：如果该报亭一直在持续经营，那么，站在交易完成的角度，杂志已售出，就应该按 30 元计入本月的收入，而不是实际收到的 20 元；并且，这样记录的结果，还表明该报亭下月即使没有再卖给这位学生报刊，但仍将收到该学生需要偿还的 10 元欠款。

（二）收付实现制

收付实现制，又称现金制或现收现付制，是指交易或事项发生时，如果引起现金或现金等价物的实际收付，就应当在实际收付现金或现金等价物的当期确认为收入或费用，并在该期间的财务报告中予以报告。企业现金流量表的编制就是采用现金制。

【案例 1-3】一个学生班不是一个以盈利为目的的组织，本学期按照学校的资金预算可以分配给 500 元作为其活动经费，该班级只有在收到这 500 元时，才可以作为本学期的收入，并按 500 元的限额安排本学期各项活动所需的支出。如果本学期学校因资金紧张，将所有班级的活动经费暂按 400 元拨付，剩余 100 元并入下学期，那么，该班级本学期只能按 400 元作为收入，而不能按 500 元。

在我国传统的政府和非营利组织的会计中一直采用收付实现制，目的在于阐明可用的收入，体现收支平衡的基本原则。但近几年的会计改革中，这些机构也都引入了权责发生制。

第四节 会计核算基本程序

一、会计核算基本程序的定义

会计活动是一个把经济活动转变成会计语言，进而进行处理的行为过程，经济活动各个内容具体应该反映为什么样的会计语言，我们又应该怎么样对其进行加工、处理，使其转换为有用的会计信息，再传递给会计信息使用者？这其中的过程就是会计核算的基本程序。因此，会计核算的基本程序就是指对发生的经济业务进行会计数据处理与信息加工的程序，其核心是收集、加工、处理、汇总并对外报告会计信息，有的也称为会计行为。简单地说，会计核算基本程序分类为：会计确认、会计计量、会计记录和会计报告，如图1-3所示。

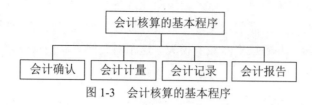

图1-3　会计核算的基本程序

二、会计确认

（一）会计确认定义

会计确认是指将会计主体发生的符合财务报表要素定义并能可靠计量的交易或事项，进一步明确认可纳入财务会计报告的过程。具体说，就是对会计主体所发生的各种交易或事项，明确应作为资产、负债、所有者权益、收益、费用、利润等的哪项内容，并经过正式记录或记载程序，用文字和数值加以表现，最终使之能够进入财务报表的过程。

（二）会计确认流程

会计确认是进行会计核算的第一个基本程序，也是进行后续处理程序的基础。具体又分为初始确认、后续确认和最终确认三个阶段。

1. 初始确认

初始确认是指在一项交易或事项发生之后，明确其所涉及的会计要素，即认定为资产、负债、所有者权益、收入、费用和利润中的一项，然后对其所涉及的会计要素变动在会计账簿中以文字和货币的形式反映出来的过程。初始确认中具体有四个需要解决的核心问题。

第一是发生的交易或事项能否使用货币价值进行计量，即需要确认能否利用会计的计量属性进行核算。

第二是发生的交易或事项是否引起其价值的转移（包括增加或减少）。

第三是转移的价值能否按照会计要素的特征进行归类。

第四是交易或事项归入各会计要素的价值分别是多少，呈什么方向变化（增减）。

【案例1-4】一个班级举办文艺活动，让某位同学用100元买回来了一些彩纸、鲜花等物品，那么，负责班级账目的同学如何对这项交易活动进行记录呢？

分析：在该项最基本的会计确认中，实际发生的成本是100元，这100元能够引起班级现金（资产）的减少，同时导致班级当期费用的增加，因此，这笔业务符合初始确认的条件，可以按照会计要素的特征、实际支付的价款在相关会计账簿中进行反映。

2. 后续确认

后续确认是指对已确认的项目，在持有期间发生了调整事项或新的情况，从而使其资产、负债、所有者权益的类型或者金额发生改变，则需要对其确认类型和确认金额进行重新调整的过程。比如在资产负债表日，如果企业准备对外销售的库存商品（存货）发生减值迹象，我们就要对这项商品的可变现净值进行估计，如果它的可变现净值低于成本，则应计提存货跌价准备，并确认资产减值损失，这个对资产重新估价确定其现时账面价值的过程就属于后续确认。

3. 最终确认

最终确认是指各个会计科目在最终报出的资产负债表中，以什么样的方式反映的问题。当会计核算系统中的会计科目不再符合会计要素的确认条件时，它就需要退出会计核算程序，我们就要将其在账务系统中转销掉，这个过程我们称为终止确认。

三、会计计量

会计计量是指对会计确认的交易或事项运用货币计量单位进行量化确定其金额的过程。

会计信息是一种用货币表现的价值信息，因此，必须将会计主体发生的交易或事项通过会计计量进行量化表达。而会计计量的前提则是通过了会计确认，否则计量也无意义。也就是说必须先通过会计确认解决了质的问题，才能再通过会计计量解决量的问题。当然，如果能使会计确认有意义，还必须保证可以进行会计计量。所以，会计确认和会计计量是一对孪生的会计行为，并且，二者存在着完全的依赖性。

（一）会计计量要求

会计计量过程中，为了保证计量结果的质量，我们要求会计计量做到以下几点。

（1）客观性。客观性是指会计计量过程必须以真实、客观发生的业务和凭证为依据，计量过程和结果都必须是可验证的。

（2）有用性。有用性是指计量方法和属性的选择都必须服务于经营管理决策的需要，必须对经济决策有用，而不能为了计量而计量。

（3）经济性。经济性是指在选取计量方法时，除了考虑理论上的科学性，还要考虑实践经济活动中的可行性。从重要性的角度出发，如果不影响会计信息使用者的经济决策，可以选择更加现实可行的计量方法。

（二）会计计量单位

会计计量单位是指经济业务活动用会计计量时所选择的标准量。人类长期经济发展历史决定了会计计量必须要以货币为计量单位，这是确定各个交易、事项之间关系的纽带。通常来说，可以作为计量单位的货币通常都是某国的法定货币，比如我国的记账本位币就是人民币。并且出于核算经济性的考虑，我们一般以名义货币来对经济事项进行计量，而不考虑通货膨胀的因素。

（三）会计计量属性

会计计量属性是会计要素计量特性的外在表现形式，即确定会计要素计量金额时的内在逻辑基础。主要包括历史成本、重置成本、可变现净值、现值和公允价值等。

1. 历史成本

历史成本是指企业取得某项资产时所支付的现金或现金等价物。在历史成本计量下，资产需要按照购置时支付的现金或者现金等价物的金额，或者按照购置资产时所付出的对价的公允价值计量；负债需要按照因承担现时义务而实际收到的款项或者资产的金额，或者承担现时义务的合同金额，或者按照日常活动中为偿还负债预期需要支付的现金或者现金等价物的金额计量。

2. 重置成本

重置成本又称现行成本，是指在现时市场条件下，重新取得一项相同资产所需要支付的现金和现金等价物。在重置成本计量下，资产按照现在购买相同或者相似资产所需支付的现金或者现金等价物的金额计量，负债按照现在偿付该项债务所需支付的现金或者现金等价物的金额计量。

3. 可变现净值

可变现净值是指资产按照其正常对外销售所能收到现金或者现金等价物的金额扣减该资产至完工时估计将要发生的成本、估计的销售费用以及相关税费后的金额。

4. 现值

现值是指现在和将来某一时点或若干个时点上的货币量，扣除货币的时间价值，折算到现在所对应的金额。在现值计量下，资产按照预计从其持续使用和最终处置中所产生的未来净现金流入量的折现金额计量。负债按照预计期限内需要偿还的未来净现金流出量的折现金额计量。

5. 公允价值

公允价值是指市场参与者在计量日发生的有序交易中，出售一项资产所能收到或者转移一项负债所需支付的价格。

（四）会计计量过程

由于会计确认和会计计量是相伴相生的，随着会计的初始确认、后续确认和最终确认，会计计量过程也相应地分为初始计量、后续计量和最终计量。初始计量解决的是资产或负债应该以多少金额入账的问题；后续计量解决的是在持有资产或负债过程中，其内在价值发生变化或者予以摊销的计量问题；最终计量解决的是将该项不再符合会计要素特征的资产、负债或所有者权益，应按照什么价值从账面上予以转销的问题。

（五）会计计量模式

以上面五种会计计量属性为基础，在会计要素计量过程的具体使用中，依据计量规则的不同，我们主要会使用到两种会计计量模式，分别是历史成本计量模式和公允价值计量模式。

在历史成本计量模式下，初始计量时，要求资产或负债以其发生时的实际取得成本来入账，后续计量时，也需要以此为基础来对资产进行摊销。历史成本的客观性和可验证性，保证了资产和负债计量时的可靠性。但是，历史成本计量模式不能反映资产负债表日资产的现时价值，为了提高会计信息的相关性和有用性，在对资产使用历史成本计量模式时，我们要充分考虑资产在资产负债表日的现时价值，并依据谨慎性原则进行会计处理。

在公允价值计量模式下，资产和负债应始终以该项科目的公允价值进行计量。即初始计量时应以取得时的公允价值入账，后续计量时，应按照该项资产或负债在资产负债表日的公允价值对其账面价值进行调整。对资产和负债按照公允价值进行计量，大大地提高了会计信息的有用性，但是由于公允价值确定时在客观条件的基础上，需要加入大量的主观判断，所以可靠性和真实性就有所降低。

扩展阅读1-11

公允价值的前世今生

总之，历史成本是对过去价值的反映，真实性较高，相关性较低；公允价值是对现实价值的反映，相关性较高，可靠性较低。选择不同的计量模式会形成不同的财务状况和经营成果。在实际经济活动中，我们需要根据经济事项的主要经济逻辑，来进行会计计量模式的选择。

四、会计记录

经过了会计确认和会计计量，明确了会计主体发生的交易或事项应作为何种财务报表要素以多少金额加以反映，而如何进行反映呢？这就需要进行下一个会计行为，即会计记录。会计记录是指在会计确认与计量的基础上，通过设置相应的会计账簿，采用专门的方法在会计账簿中加以记录的过程，是会计确认与计量结果的书面表达。

会计必须有记录，无记录称不了会计。而会计记录的载体是专用的，称之为会计账簿。所以，会计记录就是在会计账簿中所进行的记载。通过会计记录，将会计主体发生的交易或事项不断地转换为以会计语言表达的会计信息，并加以分类汇总，从而为编制财务报告收集所需的会计信息。会计信息的最终表现形式是财务报告，会计行为的最终目的也是通过编制和提供财务报告，为会计信息利用者所应用。因此，会计记录以及所用的会计账簿，实际上相当于为财务报表所登记的备忘录和财务报告系统中的数据库。

五、会计报告

会计的最终目的是为会计人员以外的会计信息使用者提供所需的会计信息，而实现这一目的的方式就是会计报告。会计报告是指在会计确认、计量和记录的基础上，采用专门的方式向会计信息使用者传递、报送和告知会计信息的过程。其中，专门的方式就是指财务报告，即对外提供的反映会计主体某一特定日期的财务状况和某一会计期间的经营成果、现金流量等会计信息的文件，包括财务报表及其附注和其他应当在财务报告中披露的相关信息和资料。

通过上述会计确认、计量、记录与报告,完成了会计行为在一定期间的循环过程。每个会计期间都需要循环完成这些会计行为,并随着会计期间的不断延续,这种循环都会重复无穷地不间断进行,从而使会计永远富有生命力。

第五节 会计核算基本方法

一、会计方法的组成

会计方法是从事会计活动,实现会计功能和会计目标的过程中所采用的适应性技术手段。现代会计方法体系,根据从事会计活动的内容不同以及所承担的职能不同,主要分为会计核算方法、会计监督方法、会计分析方法、会计预测方法和会计决策方法等。其中,会计核算方法是信息基础,会计监督方法是质量保证,会计分析方法是信息利用前提,会计预测方法和决策方法是会计功能的扩充。

(一)会计核算方法

会计核算方法是指对会计主体发生的交易或事项进行会计确认、计量、记录、报告,借以反映财务状况、经营成果和现金流量的过程中所采用的专门方法。会计核算方法以会计凭证、会计账簿、财务会计报告等会计信息载体的设计以及使用为核心,主要由设置账户、复式记账、填制和审核会计凭证、设置和登记会计账簿、成本计算、资产清查、编制财务报告七种有机联系的专门方法与技术所组成。其目的是收集、整理、加工、汇总和对外提供会计信息。

(二)会计监督方法

会计监督方法是指依据会计法律、法规、准则、制度及其他相关经济法规,对会计信息的真实性、完整性、准确性、合法性、效益性进行检查、判断和纠正所采用的一系列专门方法。由于实施会计监督时往往离不开对会计凭证、会计账簿、财务会计报告的审核和检查,因此,有人将其称为会计监督与检查。会计监督方法又分为以会计主体的会计机构和会计人员为主所进行的内部监督、以政府职能部门为主所进行的政府监督和以注册会计师等中介机构为主所进行的社会公众监督。其中,社会公众实施的会计监督已经形成了一门专门的学科——审计学。会计监督的目的主要在于查错防弊,保证会计信息的真实完整,维护会计信息使用者的合法权益。

(三)会计分析方法

会计分析方法是指以会计信息为主要依据,对一定时期会计主体经济活动过程及其结果进行剖析与评价，及时发现经营管理中存在的问题及缺陷，总结经验教训，以便在以后的经营活动中进一步加强管理，提高经济效益所采用的专门方法。会计分析方法主要由比较分析法、因素分析法、技术分析法等所组成，其目的主要在于发现问题、总结经验、评价业绩、改进提高。

（四）会计预测方法

会计预测方法是以会计核算和会计分析资料为依据，结合市场等其他相关的信息，对未来经营活动所做出的科学判断和推测所采用的方法。它主要运用的是预测学、数学、计算机科学等相关学科的成果与会计信息结合所形成的方法，其目的主要是为预测未来发展趋势和科学决策提供客观依据。

（五）会计决策方法

会计决策方法是依据会计核算、会计分析、会计预测等所提供的资料，针对将要开展的某项经营活动确定可能存在的各种备选方案，进行可行性分析和选优判断，以供有关决策者进行决策所采用的方法。例如，企业进行固定资产购建或更新、对外进行投资、产品结构调整等，事先都需要围绕投资额度、投资回报等，采用如回收期法、盈亏平衡法、投资报酬率法等专门的方法进行测算、分析和选优，从而形成了会计决策的专门方法。会计预测、决策、控制等已经形成了一门专门的学科，称为管理会计学，其目的主要是为单位内部科学决策与管理提供服务。但是，会计从事的决策活动，从功能范围上看还只能是参与性的决策。

在以上五种会计方法中，会计核算方法主要是企业进行财务会计活动所使用的方法，其目的是通过会计核算，对外向会计信息使用者提供决策有用的会计信息；而后四种方法即监督、分析、预测、决策方法，则主要是在企业管理会计中使用的方法，其目的是利用会计信息，为内部经营管理活动决策服务。

二、会计核算方法

由于会计核算方法是其他会计方法的基础，从而构成了基础会计学的主要内容，其他的会计方法基本上都已独立形成学科，所以，在此仅就会计核算方法进行专门说明。会计核算的基本方法如图1-4所示。

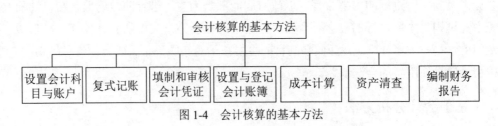

图1-4 会计核算的基本方法

（一）设置会计科目与账户

组织会计核算，首先应当设置会计科目并根据会计科目设置相关账户，这是会计核算方法中首要的方法。会计科目是对财务报表要素的具体内容按照其规律、特性进行具体分类后所形成的具体项目，是设置账户以及对账户命名的依据。账户是根据会计科目开设的具有专门格式和结构，用来分类记录交易或事项的一种会计核算载体。例如，"从银行提取一笔现金1 000元"这一事项，会计上就应分别设置"银行存款"和"库存现金"两个会计科目，并按此开设两个账户，在"库存现金"账户上记录增加1 000元，同时在"银行存款"账户上记录减少1 000元。如果不开设这两个账户，会计就无从记录。设置会计科目和账户为以后的会计核算方法提供了基础。

（二）复式记账

复式记账，是指对单位发生的每一项交易或事项所引起的财务报表要素的增减变动，均应在两个或两个以上相互联系的账户中，采用专门的记账符号，做出金额相等、资金变动方向相反的全面记录的一种专门的记账方法。例如，上述从银行提取现金的事项，在记账时要涉及"库存现金"和"银行存款"两个账户，一个记录增加，一个记录减少，增加和减少的金额均为1 000元，至于采用什么记账符号来反映其增加和减少，待以后讲述记账方法时再予详细说明。通过这种记录，可以将交易或事项按照会计语言全面、相互联系地在会计上再现出来。由于这种记录方式至少要涉及两个账户才能保证记录的全面性，因此，称为复式记账。复式记账因采用的记账符号不同分为借贷记账法、增减记账法、收付记账法等，目前国际上通行的是借贷记账法。

（三）填制和审核会计凭证

填制和审核会计凭证，是指对发生的每一项交易或事项，经过对证明其发生和完成的原始凭证进行合法、合规性审核确认后，按照复式记账的要求填制出记账凭证，以便于确定应记入何种会计账簿的一种方法。它是会计核算工作和会计记录行为的首要环节。会计凭证是记录交易或事项的发生和完成情况，明确经济责任并作为记账依据的书面证明，是重要的会计资料，包括原始凭证和记账凭证。会计记录的首要特征是必须有凭有据，这是保证会计资料真实、完整的基础。

（四）设置与登记会计账簿

设置与登记会计账簿，就是依据会计科目开设会计账簿，并依据会计凭证在有关会计账簿中做出进一步分类登记和汇总的一种方法。它是会计核算和会计记录行为的中心环节。会计账簿是由一定格式和相互联系的账页所组成，用来分类、序时、全面记录和反映某一会计主体发生的交易或事项的会计簿籍，是会计科目和账户的统一体，是会计信息的核心载体。通过登记会计账簿，可以将分散的交易或事项进行分类汇总反映，并为编制财务报告提供依据。

（五）成本计算

成本计算，是指围绕存货采购以及生产过程，按照有关成本计算对象对其应负担的成本费用进行归集与分配，并计算出每一成本计算对象的总成本和单位成本的一种方法。它是会计核算的重要环节，也是正确进行资产计价和盈亏计算的基础。

（六）资产清查

资产清查，是为了确定某单位在一定日期资产的实存数，并核查实存数与账存数是否一致，保证会计资料真实完整，充分挖掘资产利用潜力，发现资产管理漏洞而采用的一种方法。这是编制财务报告前的一项重要的基础工作。资产清查方法有实地盘点法、账目核对法、技术推算法等。

（七）编制财务报告

编制财务报告，是指依据真实准确的会计账簿资料，采用专门的编制方法，将会计信息集中综合地反映在财务报告中所采用的一种方法。它是会计核算和会计行为的最后环节，也是会计核算的工作总结。编制和提供财务报告，是连接会计信息与会计信息使用者、实现会计目标的桥梁。

上述七种方法前后衔接，互相支持，共同构成了会计核算方法的有机整体。会计核算离不开记账，若要记账，首先应设置会计科目和账户；每一笔账目记录都必须有凭有据，这就必须填制和审核会计凭证；填制和审核会计凭证时需采用专门的复式记账法，来对交易或事项做出相互联系的全面记录；之后再记入事先设置的有关会计账簿中，系统、综合地归类会计信息；一定期间结束时需计算盈亏，就应根据有关会计账簿的记录，先计算出成本；为了编制真实完整的财务报告，就必须进行资产清查；财务报告编制完成并能够对外合法、合规提供后，一定期间的会计核算工作即告终结。每一会计期间都需要按照这些方法有序往复地进行会计核算，因此，会计核算也称为会计核算的循环，或简称会计循环。

练 习 题

练习题1

一、目的：

练习对会计信息及其影响的初步认识。

二、资料：

2016年12月7日，洛阳玻璃发布公告称，根据洛阳市中级人民法院裁定书（2007）洛执字第18-32号，于当年12月6日，洛玻集团公司持有本公司的199 981 758股A股股份被强制注销。据此，中国洛阳浮法玻璃集团有限责任公司及其有关附属企业占用本公司的资金已全部偿清。

洛阳玻璃是中国玻璃行业最大的浮法玻璃生产商和经销商。从20×4年以来，由于重油、煤、电等原材料价格猛涨，以及国内新增产能过快，我国玻璃行业整体进入低谷。而在行业天灾的背景下，大股东占款的人祸也对公司形成较大打击。据有关资料，大股东洛玻集团及其附属企业通过代收款、拆借资金、委托贷款、垫支费用四种方式合计占用了洛阳玻璃6.299亿元的资金，在沪市上市公司被占资金排行榜上居第三位。该公司通过向洛阳仲裁委员会申请仲裁追讨，最终裁定以股抵债的方式偿还，采用市场法，以评估基准日20×6年11月3日洛阳玻璃A股每股价格为3.15元确定以股抵债的价格，据此，洛玻集团抵债股份数量应为19 998万股。在法院主持下，以股抵债的方案终获实施，大股东洛玻集团持有的洛阳玻璃1.999亿股A股被强制注销，用以抵偿对洛阳玻璃的6.299亿元资金占用，大股东占资由此全部得以清偿。据测算，此次注销后，洛阳玻璃的股本总额由7亿股变更为5亿股，洛玻集团所持股份由原来的37 900万股变更为17 901.82万股，持股比例由原来的54.14%变更为35.80%。由此，其他中小股东的权益则明显增长，当日股价一度出现涨停。

三、要求：

根据上述资料，请回答下列问题：

（1）上述资料中提供了哪些会计信息？

（2）这些会计信息对哪些会计信息使用者产生了影响？

（3）以股抵债的公告发出后，洛阳玻璃的股价为什么会出现快速上涨？

（4）以股抵债的方案实施后，对洛阳玻璃会产生什么影响？

练习题2

一、目的：

练习对会计假设的理解和判断。

二、资料：

某有限责任公司是由甲、乙、丙三人出资成立的，该公司的记账本位币是人民币。202×年12月，发生了以下经济事项，公司会计根据自己的理解做出了相应处理。

（1）公司股东甲于12月3日从公司取出1万元为自己配置了一部手机，让会计人员计入了公司当期的管理费用。

（2）12月10日，公司发生了一笔外币销售业务，共收到收入2万美元，会计人员直接按照2万美元登记入账，没有换算成人民币。

（3）12月20日，公司预计未来不会发生金额重大的收入和支出事项，于是在当日编报出了202×年的年度资产负债表、利润表和现金流量表。

（4）公司对一台生产用机器设备按照直线法，以5年的折旧期间来计提折旧，截至202×年12月31日，该项固定资产剩余折旧年限为3年。没有任何资产毁损、减值和其他公司不能持续经营的迹象，公司将该项固定资产的账面价值于12月31日全部转销掉。

三、要求：

请分析上述资料里各种交易或事项的会计处理是否正确，为什么？

第二章
会计对象与会计要素

学习提示

通过本章学习，熟悉交易和事项，掌握六大会计要素及其特征、构成和分类，掌握会计等式的不同表现形式，以及不同的交易和事项对会计等式的影响。

重点： 会计对象，会计要素，交易与事项，会计等式。

难点： 会计要素，会计等式。

导入案例

远东飞机工业公司是一家新成立的公司，202×年7月1日，企业从银行取得借款800万元，股东投入1 000万元。7月10日公司接到一批订单，订购A101配件10 000件。为完成该订单，公司采购钢材，价款300万元，支付加工费用280万元。7月31日，A101配件顺利加工完成并销售，单价700元，共取得收入700万元。

分析和思考：

（1）本案例中，涉及的采购业务、加工业务和销售业务有何不同？

（2）202×年7月份的业务涉及的会计要素有哪些？这些要素之间的关系如何？

第一节　会　计　对　象

一、会计对象概述

会计对象是指会计核算和监督的内容。具体来说，会计对象是每一个会计主体的资金运动或价值运动。资金是社会再生产过程中各项财产物资的货币表现以及货币本身，企业要开展生产经营活动是从取得并拥有一定数量的资金开始的。伴随着企业经营活动的进行，资金必然不断地改变形态并发生数量上的变化，也体现着一定的经济关系，这个过程就是资金运动。由于不同类型的单位经济活动的内容不同，其资金运动形式也有差异。以制造业为例，资金在不同的业务活动阶段循环与周转，资金的运动形式从货币资金依次转换为储备资金、生产资金和成品资金,最后又到货币资金,如图2-1所示。

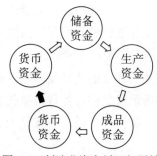

图 2-1　制造业资金循环与周转

二、企业业务活动和资金运动

企业主要从事商品(实体产品、劳务服务)的研发、制造、流通或提供服务等,在满足不同顾客日益增长的物质、文化生活需求的同时,不断创造价值,实现价值增值。基本业务活动内容是:营业活动、投资活动、筹融资活动。营业活动的具体业务活动内容在不同行业的企业是不同的,如工业企业主要是科研和供、产、销活动,商品流通企业主要是供应和销售。下面以制造业为例说明其资金运动。

扩展阅读2-1

再生产理论与价值运动

在制造业企业,生产经营活动过程主要分为筹资活动、营运活动、分配活动和投资活动四大类,不同的活动内容,资金的表现形式和变化也不一样。

(一)筹资活动的资金运动

成立一个企业,维持其运转都需要一定的资金,因此,企业首先要筹集资金。在筹资活动中,主要有两种途径获得资金:借入资金和所有者投入资金,如图2-2所示。企业通过这两种途径筹措到经营所需的各种资金,称为资金的筹措或投入,即资金流入企业。投资者向企业投入资金,目的是通过企业的有效经营赚取利润后从分配中获得投资报酬。向金融机构等借入款项后,一方面要按期支付利息,另一方面在借入款项到期还需支付其本金。这样,向投资者分配利润和偿还债权人的本金与利息,资金就会流出企业。

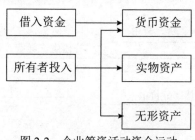

图 2-2　企业筹资活动资金运动

(二)营运活动的资金运动

企业有了资金以后,就可以开展经营活动。在营运活动中,企业主要经过供应、生产和销售三个过程,随着这些生产经营过程的不断开展以及不断循环和周转,资金也将随之发生形式上的不断变化,并同样出现不断循环和周转。

供应过程是为生产过程做准备,开展的活动是一项基础性工作。企业为了给生产和销售做好各种物质准备,就需要用货币资金购买各种材料物资,购置和建造厂房设备等,即企业必须有劳动对象和劳动工具,从而使货币资金转化为储备资金,这是资金存在形态在空间上的并存性。

生产过程既是产品的制造过程,也是各种财产物资的耗费过程,开展的活动是企业一项最基本的经营活动。在这一过程中,企业一方面要用设备在工厂加工并消耗各种材料物资,另一方面需要支付工资薪金以及其他费用,使有关的储备资金和货币资金转化为生产资金;当商品加工完成达到可销售状态但未销售时,生产资金就转化为成品资金。这个过程既转移了劳动资料、劳动对象的价值,又创造了新的价值。

销售过程是产品价值的实现过程,在此期间,企业通过市场将产品销售出去获得销售收入,收回货款,成品资金便又转化为货币资金。

这样,企业的资金随着供应、生产、销售的不断进行,由货币资金依次转化为储备资金、生产资金、成品资金,最后又回到货币资金的过程,称为资金的循环。这种循环具有内容上的阶段性、时间上的继起性、过程上的连续性、价值上的增值性等特征。资金随着企业再生产过程的不断往复进行而不断进行的循环,称为资金的周转。企业就是在这种生产经营不断进行、资金不断循环和周转的过程中,实现资金的价值增值,达到增加企业财富的目的。企业从事的生产经营活动,不仅是商品的生产创造过程,也是商品的消耗过程;不仅是价值的消耗过程,也是价值的创造过程;在资金循环与周转过程中,不仅补偿了消耗的资金,也实现了价值的增值。企业营运活动资金运动如图 2-3 所示。

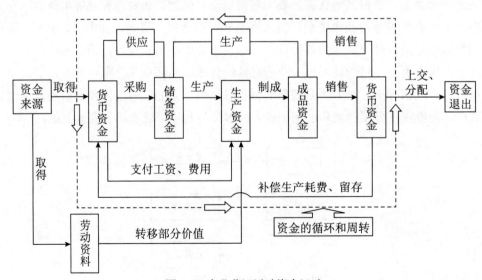

图 2-3　企业营运活动资金运动

（三）分配活动的资金运动

经过营运活动，企业实现了价值增值，用收回和增值的资金，支付各种税金、向投资者分配利润、偿还到期债务，或者按法定程序返还投资者出资等，从而导致一部分资金退出企业。企业分配活动资金运动如图 2-4 所示。

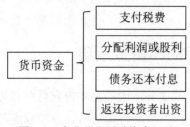

图 2-4　企业分配活动资金运动

（四）投资活动的资金运动

在投资活动中，企业出于某种目的，将资金用于购买其他企业发行的债券、股票等有价证券，从中收取投资收益，并于到期收回资金，称为对外投资及其收回。企业投资活动资金运动如图 2-5 所示。

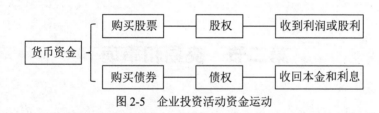

图 2-5　企业投资活动资金运动

因此，会计对象就是核算和监督不同阶段的资金运动。企业的经营活动从资金运动的角度来说，应分为筹资活动中资金的筹措与偿还、营运活动中资金在企业内部的循环与周转、不同来源渠道资金的相互转化，分配活动中的税费支付与收益分配、投资活动中资金的投出与收回等。

三、政府业务活动和资金运动

政府是国家进行统治和社会管理的机关，政府业务活动是围绕为社会提供公共产品和服务，满足社会及其成员各种社会性需求，从事政府预算管理和各种运行活动。政府业务活动具有法律或行政的强制性，通过预算管理行使政务活动和事务活动，其资金来源主要是国家财政拨款，预算支出不需要补偿。其资金运动形式按照资金拨入到资金付出直线进行，如图 2-6 所示。

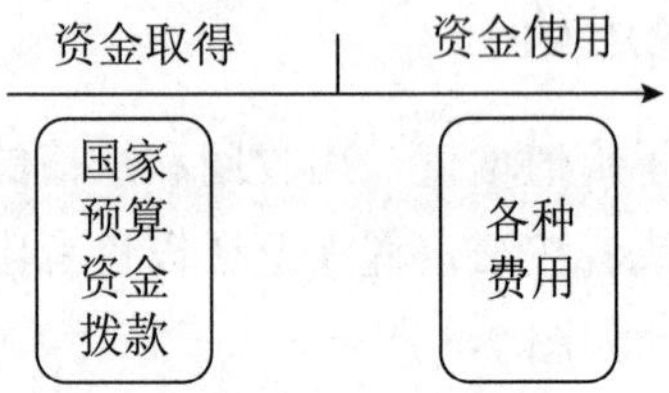

图 2-6 政府业务活动资金运动

四、非营利组织业务活动和资金运动

非营利组织形式多样化，其业务活动的基本内容可概括为如下几种：①为社会成员提供中介服务和直接服务，如出国留学的咨询服务、各种养老院、民办学校。②为政府与企业、政府与社会之间的沟通充当桥梁，如各种行业协会。③对生产、消费品做出公正的评价，如各种调查机构。④调解社会成员之间的纠纷，如消费者权益保护协会。⑤从事法律允许范围内的各种宗教活动。

非营利组织资金主要来源于募集捐赠收入、会费收入、提供服务收入、政府补助收入、投资收益、商品销售收入和其他收入等公益性资金，同时按照有关规定管理和使用好资金，加强资金规范使用管理、资产管理和成本费用管理，发挥最大的资金使用效益。

第二节　交易和事项

交易、事项等概念用于会计工作源于英文会计文献。美国财务会计准则委员会在第6号"财务会计概念公告"——《财务报表要素》中，对需要进行会计记录的内容进行了全面讨论，提出了"事项""交易"的概念。认为，事项是"某一实体所遭遇的结果"，其既可以是"内部事项"，也可以是"外部事项"；交易是"在两个（或几个）实体之间转交价值物的外部事项"。

在经济社会中，企业每天都会发生各种各样的业务，但并不是所有的业务都需要进行会计处理，只有会计事项才需要由会计人员进行会计处理。所谓会计事项，是指企业日常所发生的、有赖于会计确认、计量、记录，并最后汇总报告的经济活动。在我国，对会计事项应从"交易"和"事项"两个角度进行理解。

一、交易

交易是指一个会计主体与其他主体之间发生的，以商品（或劳务）为主要内容的交换行为，即涉及两个或两个以上的主体之间的、有经济资源转移的价值交换（或者需要通过结算活动进行了结）。交易的主体行为除了商品或劳务的购销以外，还有对外筹资、投资等理财行为，因此，一个企业与其他经济实体之间所发生的商品或劳务交换、资产转移、款项结算等每一项往来活动，只要这些往来含有会计信息，能够用货币形式加以计量、记录和反映，都称为交易。例如，企业向供应商购货、向客户销货、向银行借款、向投资者融资、偿还各种债务、对外投资等。交易的发生，涉及两个或几个经济实体，即所有的交易均为对外的会计事项。

二、事项

事项是指不涉及企业本身以外个体，对内形成的，可以用货币形式加以计量、记录和反映的内部经济业务，即仅发生在一个主体内部，不同部门之间有经济资源转移但不会发生价值交换，只涉及会计账目之间的相互结转。如生产产品耗用原材料，原材料（储备资金）转化成了生产成本（生产资金）；产品加工完成，生产成本（生产资金）转化成了库存商品（成品资金）。事项主要是指发生在主体内部各部门之间的资源转移，即所有的事项均为对内的会计事项。

远东飞机工业有限公司交易和事项判断举例见表 2-1。

表 2-1　远东飞机工业有限公司交易和事项判断举例

序号	业务活动内容	交易	事项	会计事项
1	3 日与东华公司签订销货合同 50 000 元	×	×	×
2	6 日按合同向西华公司购买材料 80 000 元入库	√		√
3	10 日转账支付职工李华报销差旅费 9 000 元	√		√
4	15 日计算并通过银行发放工资 200 000 元	√	√	√
5	15 日一车间生产 A101 产品从仓库领用材料 70 000 元		√	√
6	16 日向保险公司转账支付财产投保费 30 000 元	√		√
7	17 日大火烧毁仓库确认损失 3 000 000 元		√	√
8	18 日向银行借款 900 000 元	√		√
9	20 日因债务人破产，确认所欠货款 50 000 元无法收回		√	√
10	25 日按合同销售 A101 产品 800 000 元发货但未收款	√		√
11	26 日计算应交所得税 70 000 元并缴纳	√		√
12	27 日发现仓库的 60 000 元货物被盗		√	√
13	29 日因 100 000 元的经济合同纠纷收到法院起诉书	×	×	×

三、会计业务

企业的业务活动多种多样，按照是否具有价值特征，即是否可以用货币进行计量和反映，可以分为价值性业务活动和非价值性业务活动。价值性的业务活动将使会计要素发生变化，从而需要在会计上进入确认、计量、报告等程序，企业价值性的业务活动主要有筹资活动、投资活动、营运活动和分配活动，如用银行存款偿还短期借款，属于筹资活动引起的资产和负债要素同时减少；而非价值性业务活动则不会引起会计要素的变化，不会进入基本程序，如企业签订的合同和制订的计划，在合同或计划没有执行前，不会引起会计要素的变化，属于非价值性业务活动。

经济业务又称会计事项，是指在经济活动中使会计要素发生增减变动的交易或者事项，其可分为对外经济业务和内部经济业务两类。对外的经济业务即表现为上述的交易，对内的经济业务则表现为上述的事项。

会计业务采用货币计量方式对经济业务的价值性内容进行核算，即需要以货币方式来计量的交易或事项。根据《会计法》的规定，需要进行会计核算的业务有：①款项和有价证券的收付；②财物的收发、增减和使用；③债权债务的发生和结算；④资本、基金的增减；⑤收入、支出、费用、成本的计算；⑥财务成果的计算和处理；⑦需要办理会计手续、进行会计核算的其他事项。

第三节 会 计 要 素

一、会计要素及其性质

（一）财务报表的构成要素

会计的目标是向信息使用者提供有关的会计信息，反映企业管理层受托责任履行情况，有助于信息使用者做出经济决策。能从总体上反映企业某一特定时期的财务状况和经营成果，并用一定的形式呈现给信息使用者，这个形式就是财务报表，编制并提供财务报表是会计工作的最终结果。

财务报表是对企业财务状况、经营成果和现金流量的"结构性表述"。根据国际惯例，企业对外提供的财务报表是通用的，可以满足那些无权要求企业按其特定需求提供信息的使用者的要求。

按照我国《企业会计准则第30号——财务报表列报》（以下简称《财务报表列报准则》）的要求，一套完整的财务报表至少应当包括下列组成部分：资产负债表、利润表、现金流量表、所有者权益（或股东权益）变动表和附注。

为了在财务报表中反映交易或事项造成的财务影响，根据交易或事项的经济特性把它们分成大类，这些大类称为财务报表要素（即财务报表的构成要素）。在我国，习惯称之为会计要素。

1. **资产负债表的构成要素**

资产负债表又称财务状况表，是指反映企业某一时点资产、负债和所有者权益的情况，揭示企业某一特定日期财务状况的会计报表。资产负债表是按照资产、负债和所有者权益三个大类项目要素来反映发生交易或事项带来的财务状况信息,其结构样式见表 2-2。

表 2-2　资产负债表结构样式

编制单位　　　　　　　　　　　　　年　月　日　　　　　　　　　　　　　单位:元

资　产	期末余额	年初余额	负债及所有者权益	期末余额	年初余额
流动资产 … 非流动资产 …			流动负债 …… 非流动负债 …… 负债合计 实收资本(股本) …… 所有者权益合计		
资产合计			负债及所有者权益合计		

2. 利润表的构成要素

利润表是反映企业在报告期内的收入、费用和利润情况的会计报表,它揭示了企业在一定时期(如年度、季度、月份)内的经营成果,也称损益表。利润表是按照收入、费用和利润三个大类项目要素来反映发生交易或事项导致的经营成果信息,其结构样式见表 2-3。

表 2-3　利润表结构样式

编制单位:　　　　　　　　　　　　　年　月　　　　　　　　　　　　　单位:元

项　目	本期金额	上期金额
一、营业收入 　减:营业成本等各种费用		
二、营业利润 　加(减):营业外收入或支出		
三、利润总额 　减:所得税费用		
四、净利润(或净亏损)		
五、其他综合收益的税后净额		
六、综合收益总额		

(二)会计要素的性质

会计要素是会计对象的具体化,是用于反映会计主体财务状况、确定经营成果的基本单位。

企业的资金运动有静态表现和动态表现。静态表现是资金在某一特定时点拥有的资产及权益(投资者的投资及借款等各种债务)情况,是资金运动相对静止状态时的表现。动态表现是指企业在一定时期从事生产经营活动所取得的最终成果,是资金运动显著变动状态的主要体现，即资金循环与周转。静态会计要素在财务上的反映，分为资产、负债、所有者权益三大类，动态会计要素在财务上反映为收入、费用、利润三大类，如图2-7所示。

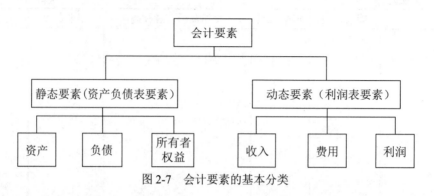

图2-7　会计要素的基本分类

二、资产

（一）资产的定义

任何一个企业从事生产经营活动，必须具备相应的物质资源或物资条件，如现金、银行存款、厂房、机器设备、材料物资等，它们是企业从事生产经营活动的物质基础，统称为资产。

我国的《基本准则》将资产定义为：资产是指企业过去的交易或者事项形成的，由企业拥有或控制的、预期会给企业带来经济利益的资源。该资源在未来一定会给企业带来某种直接或间接的现金或现金等价物的流入。资产可以具有实物形态，如房屋、机器设备、材料物资、商品、现金等，也可以不具有实物形态，如以债权形式出现的各种应收款项、以特殊形态出现的专利权、商标权等。

【案例2-1】远东飞机工业公司在1月1日与供应商签订了一项100 000元的购货合同，1月5日按合同约定支付价款，供应商将货物全部发送到企业，经验收后存放在仓库以备企业生产中使用或以后对外销售，该批货物经本企业对外出售时标注的售价为120 000元。请分析：

（1）上述条件是否满足资产的确认条件？若满足，企业何时确认资产？

（2）假设在以后期间内（如1月25日）因为一场水灾使该货物遭到浸泡而严重毁损，无法再对外出售，则该批货物能否再确认为资产？

分析：（1）案例中的条件满足资产定义的三个条件，企业付出价款并得到的这100 000元货物在对外出售之前就构成了企业的一项资产。

（2）1月25日，该批货物严重毁损，无法再对外销售（预期不能再给企业带来经济利益），此时，该货物作为资产的意义已经丧失，会计上就不能再将其作为资产。

(二)资产的特征

(1)资产从本质上讲是一种经济资源,该资源是有潜力产生经济效益的一项权利。即资产可以作为要素投入到生产经营中,由此将资产同一些已经不能再投入作为生产经营要素的耗费项目区分开来,如购入的原材料是资产,而支付的广告费则是耗费。

(2)资产是由企业过去的交易或事项所形成的。资产是过去已经发生的交易或事项产生的结果,预期在未来发生的交易或者事项不形成当前资产。例如,已经发生的购买原材料的交易形成企业的资产,而计划中的原材料购买交易则不会形成企业的资产。

(3)资产的产权特征是由企业拥有或控制。一项经济资源要成为企业的资产,其所有权必须属于企业,企业依法享有占有、使用和处置的权利,包括对该资产享有报酬和承担风险。对于所有权不属于企业而为企业以特殊方式所实际控制的资产,如融资租入固定资产,虽然只有使用权,但由于企业承担了与其相联系的收益和风险,应作为本企业的资产。

(4)资产的持有目的是有潜力为企业带来未来的经济利益流入。这种潜力可以来自企业的日常生产经营活动,也可以来自非日常生产经营活动。经济利益可以是直接或间接地流入企业的现金或现金等价物,也可以是转化为现金或现金等价物的形式,或者是可以减少现金或现金等价物流出的形式。如果企业已经取得的某项资产,但由于各种原因不会为企业带来未来经济利益,或者作为经济资源的服务能力已消耗殆尽,如陈旧毁损报废的机器,就不能再作为企业的资产。

(三)资产的构成及分类

1. 企业的资产按其流动性不同,可分为流动资产和非流动资产两大类(图2-8)

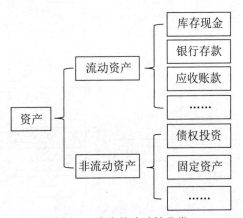

图2-8 资产按流动性分类

流动资产是指可以在一年或者超过一年的一个营业周期内变现或耗用的资产,包括现金、银行存款、交易性金融资产、应收及预付款项、存货等。其中:交易性金融资产是指企业为交易目的而持有的债券投资、股票投资和基金投资等;应收及预付款项是指企业在日常生产经营过程中发生的各项债权,包括应收票据、应收账款、其他应收款和预付账款等;存货是指企业在日常的活动中持有以备出售的产成品或商品、处在生产过程中的在产品、在生产过程或提供劳务过程中耗用的材料和物料等。

正常营业周期，是指企业从购买用于加工的资产起至实现现金或现金等价物的期间，通常短于一年。但由于生产周期较长等原因导致正常营业周期长于一年的，尽管相关资产往往超过一年才变现、出售或耗用，仍应划分为流动资产。正常营业周期不能确定的，应当以一年（12个月）作为正常营业周期。

流动资产需满足下列条件之一：①预计在一个正常营业周期中变现、出售或耗用；②主要为交易目的而持有；③预计在资产负债表日起一年内（含一年，下同）变现；④自资产负债表日起一年内，交换其他资产或清偿负债的能力不受限制的现金或现金等价物。

非流动资产是指可以在一年或者超过一年的一个营业周期以上变现或者耗用的资产，包括债权投资、长期股权投资、固定资产等。其中：债权投资是指企业购入的到期日固定、回收金额固定或可确定，且企业有明确意图和能力持有至到期的各种债券；长期股权投资是指通过投出各种资产取得被投资企业股权且不准备随时出售的投资；固定资产是指企业为生产产品、提供劳务、出租或经营管理而持有的，使用寿命超过一个会计年度的资产，如房屋、建筑物、机器、机械、设备、运输工具等。

扩展阅读2-2

人力资源能否确认为资产

2. 资产按其是否具有实物形态分为有形资产和无形资产

有形资产是具有一定实物形态，能够看得到的资产，如房屋、建筑物、机器设备、原材料、库存商品；无形资产是指企业拥有或者控制的、不具有可辨认的实物形态、可以长期使用的非货币性资产，主要是企业在法律上依法享有的一些权利，如土地使用权、非专利技术、专利权、商标权、著作权、特许经营权等。如图2-9所示。

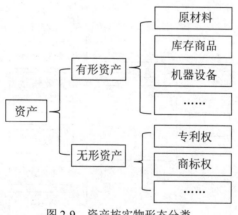

图2-9　资产按实物形态分类

（四）资产的确认

一项资源被确认为资产，需要符合资产的定义，还应同时满足资产的确认条件。

（1）与该资源有关的经济利益很可能流入企业。从资产的定义可以看出，能为企业带来经济利益是资产的一项本质特征，但在现实生活中，经济环境瞬息万变，与资源有关的经济利益能否流入企业或者能够流入多少具有不确定性。因此，资产的确认还应与经济利益流入企业的不确定性程度的判定结合起来。如一台先进的机器设备，虽然能大大提高生产效率，但使用会给环境造成一定的破坏，根据相关法律被禁止使用，这台设备不能为企业带来经济利益，不能确认为资产。

（2）该资源的成本或价值能够可靠地计量。可靠性是会计要素确认的前提，只有当有关资源的成本或者价值能够可靠地计量时，资产才能予以确认。如空气是一项资源，但该资源还不能用货币计量，因此不能作为资产入账。

扩展阅读2-3

客户关系能否确认为无形资产

（五）资产的计量

资产的计量是为了将符合资产确认条件的资产登记入账并列报于财务报表而确定其金额的过程。企业应当按照规定的会计计量属性对资产进行计量，确定其金额。从会计角度，计量属性反映的是资产金额的确定基础，主要包括历史成本、重置成本、可变现净值、现值和公允价值等。

在历史成本计量下，资产按其购买时支付的现金金额，或者按照购置资产时所付出对价的公允价值计量。在重置成本计量下，资产按照现在购买相同或相似资产所支付的现金金额计量。在可变现净值计量下，资产按其正常对外销售所能收到现金金额，扣减该资产完工时估计将要发生的成本、估计的销售费用以及相关税费后的金额计量。在现值计量下，资产按照预计从其持续使用和最终处置中所产生的未来净现金流入量的折现金额计量。在公允价值计量下，资产按照在公平交易中，熟悉情况的交易双方自愿进行资产交换的金额计量。

三、负债

（一）负债的定义

负债是指企业过去的交易或者事项形成的、预期会导致经济利益流出企业的现时义务。其中：现时义务是指企业在现行条件下已承担的义务。企业承担一项义务就有可能确认为一项负债。

负债是企业取得资产的一种资金来源，通常表现为债务人通过某种举债取得资产后对债权人所承担的经济责任。如企业赊购材料，即构成对销货方的一项负债。由于企业部分资产是通过举债取得的，债权人具有对该项资产的索取权，债务人负有满足此项权利要求的义务，因而负债也是债权人付出资产或劳务后取得的、使得债务人承诺履行相应义务的一项权益，被称为债权人权益。

（二）负债的特征

（1）负债的本质是一种现时义务。义务是主体不具有实际能力避免的职责或责任，必然是欠另一方（或数方）的。现时义务是现行条件下已承担的义务，未来发生的交易或事项形成的义务,不属于现时义务,不应当确认为负债。

（2）负债是主体过去的交易或事项所形成的。负债是现时存在的债务,它是由企业过去或当前的经济活动所引起的一种经济义务,需要企业在未来一定时期内进行偿还,如从银行借入资金、赊购商品或劳务等,都会形成企业的负债。而尚未发生的经济业务,如签订合同或协议,即使将来可能会形成需要偿付的经济义务,也不能确认为企业当前的负债。

（3）义务解除方式是需要转移经济资源。由于负债需要企业在未来以受偿人接受的方式进行清偿,通常以资产或劳务偿还,清偿负债会导致企业未来经济利益的流出。具体方式可能是：支付现金、交付商品或提供劳务、以不利条款与另一方交换经济资源、在特定的不确定未来事项发生时转移经济资源、发行金融工具。也可通过协商解除、转移给第三方、通过达成新交易而以另一义务取代等而非转移经济资源。即导致经济利益流出企业的方式多种多样,可以是转移资产或提供劳务,也可以是将债务转为股东权益。

（4）负债一般具有明确的受偿人和偿付日期。确认一项负债时,一般都有确定的受偿人和偿还日期,到期企业以资产或劳务清偿。但在特殊情况下,企业可能无法确定受偿人和偿还日期,但可以合理估计出受偿人和偿还日期,此时也应将其确认为负债,如企业销售商品进行质量担保所引起的负债即为无确定的受偿人和偿付日期的负债。

（三）负债的构成及分类

企业的负债按其流动性分类,可分为流动负债和非流动负债两大类,如图2-10所示。

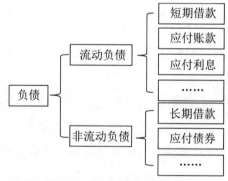

图2-10　负债按流动性分类

流动性是指负债偿还期限的长短。流动负债是指在一年（含一年）或者超过一年的一个营业周期内需要偿还的债务。主要包括短期借款、应付票据、应付账款、预收账款、应付职工薪酬、应交税费、应付利息、应付股利等。

流动负债满足下列条件之一：①预计在一个正常营业周期中清偿；②主要为交易目的而持有；③自资产负债表日起一年内到期应予以清偿；④企业无权自主地将清偿推迟至资产负债表日后一年以上。

企业正常营业周期中的经营性负债项目即使在资产负债表日后超过一年才予清偿的,仍应划分为流动负债。经营性负债,是指应付账款等构成企业正常营业周期中使用营运资金的一部分的负债项目。

非流动负债是指偿还期在一年或者超过一年的一个营业周期以上的债务，主要包括长期借款、应付债券、长期应付款等。

对于在资产负债表日起一年内到期的负债，企业有意图且有能力自主地将清偿义务展期至资产负债表日后一年以上的，应当归类为非流动负债；不能自主地将清偿义务展期的，即使在资产负债表日后、财务报告批准报出日前签订了重新安排清偿计划协议，该项负债仍应归类为流动负债。

企业在资产负债表日或之前违反了长期借款协议，导致贷款人可随时要求清偿的负债，应当归类为流动负债。贷款人在资产负债表日或之前同意提供在资产负债表日后一年以上的宽限期，企业能够在此期限内改正违约行为，且贷款人不能要求随时清偿，该项负债应当归类为非流动负债。

扩展阅读2-4

售出商品提供一定期限内的售后保修服务是否属于企业负债？

（四）负债的确认

一项现时义务被确认为负债，需要符合负债的定义，还需要同时满足负债的确认条件。

（1）与该义务有关的经济利益很可能流出企业。从负债的定义可以看出，预期会导致经济利益流出企业是负债的一个本质特征。实务中，企业履行义务所需流出的经济利益带有不确定性，尤其是与推定义务相关的经济利益通常需要依赖大量的估计。因此，负债的确认应当与经济利益流出企业的不确定程度的判断结合起来。如企业签署购销合同中规定了双方的责任义务条款，如果因企业没有履行合同给对方带来损失，按照合同条款规定并经司法裁定，则企业因违约责任带来的经济义务赔偿会使经济利益流出企业，应当确认为负债。

（2）未来流出的经济利益的金额能够被可靠地计量。未来流出经济利益的金额，通常可以根据合同或法律规定的金额予以确定，但有时未来期间较长，有关金额的计量需要考虑货币时间价值等因素的影响。与推定义务有关的经济利益流出金额，应根据履行相关义务所需支出的最佳数额进行估计。

（五）负债的计量

负债的计量是为了将符合负债确认条件的债务登记入账并列报于财务报表而确定其金额的过程。企业应当按照规定的会计计量属性对债务进行计量，确定其金额。

在历史成本计量下，负债按其因承担现时义务而实际收到的款项或资产的金额，或者承担现时义务的合同金额，或者按照日常活动中为偿还负债预期需要支付的现金金额计量。在重置成本计量下，负债按照现在偿还该项债务所需支付的现金金额计量。在现值计量下，负债按照预计期限内需要偿还的未来现金流出量的折现金额计量。在公允价值计量下，负债按照在公平交易中，熟悉情况的交易双方自愿进行债务清偿的金额计量。

四、所有者权益（净资产）

（一）所有者权益的定义

所有者权益也称股东权益，是企业所有者在企业资产中享有的经济利益，也是企业资产扣除负债后由所有者享有的剩余权益。从量的方面来看，所有者权益是资产扣除负债后的余额，这种余额也称为净资产。所以，所有者权益也等于净资产。净资产是衡量企业财务状况好坏的一个重要经济指标。

企业的资产除部分来自债权人之外，主要来源于所有者，即债权人和所有者对企业的资产都具有要求权。其中，属于所有者的要求权称为所有者权益。通常，广义的权益是对企业全部资产的所有权，包括债权人权益和所有者权益；而狭义的权益则是指资产的剩余权益，即所有者权益。

（二）所有者权益的特征

（1）数量特征：资产减去所有负债后的余额。

（2）请求权特征：所有者对企业的要求权位于债权人之后。在通常情况下，债权人对企业的要求权（即要求支付利息和偿还本金的权利）在所有者之前，所有者对企业的要求权在负债之后。但在日常持有期间所有者只追求报酬而非偿还，请求权不可行使只能转让或在有足够准备时（足够的留存收益）可向持有人进行分配，只有在企业终止经营发生时可行使且要后于负债。

（3）保值特征：所有者权益的增减变动受所有者增资、减资以及企业经营成果的积累即留存收益多少等影响。

（4）概念特征：所有者权益无具体实物对应，仅是一种经济和管理观念。

（5）期限特征：所有者权益一般无偿还期。所有者投资所形成的资产是可供企业长期使用的，除非发生减资和清算，企业不需要偿还所有者权益。所有者以其出资额享有获取企业利润的权利，并承担相应的风险。

（三）所有者权益的构成及分类

所有者权益包括所有者投入的资本、留存收益等，如图 2-11 所示。

图 2-11　所有者权益分类

所有者投入的资本是指企业实际收到的、所有权归属于所有者的资本，既包括投资者按照合同、协议或企业章程的约定实际投入企业、构成企业所有者权益主体的法定注册资本（即实收资本或股本），也包括投资者投入企业、所有权归属于投资者但投入金额超过法定注册资本的部分，如资本溢价或股本溢价等。

扩展阅读2-5

何为去杠杆与债转股

留存收益是指企业实现的净利润在企业内部的积累，是企业经营活动所得的税后利润的留存部分，包括盈余公积和未分配利润。盈余公积是指企业按照国家有关规定从税后净利润中提取的各种积累资金；未分配利润是指企业实现的净利润中尚未指明其明确去向的部分。

负债和所有者权益都是企业的资金来源，都有对企业资产的求偿权。负债和所有者权益虽然同是企业权益，但二者之间存在较大的不同，具体见表2-4。

表 2-4　负债和所有者权益的区别

项　目	负债（债权人权益）	所有者权益
产权特征	债权	股权
期限特征	有偿还期	无偿还期
收益与风险	收益稳定，风险小	收益不稳定，风险大
权利差异	无经营管理权、无利润分配权，有优先受偿权	有经营管理权和利润分配权，有剩余索取权

（四）所有者权益的确认

所有者权益体现的是所有者在企业中的剩余权益，因此，所有者权益的具体确认标准取决于资产和负债的具体确认标准。

（五）所有者权益的计量

所有者权益金额的确定也主要取决于资产和负债的计量，因此所有者权益数额大小是由资产减去负债后的余额决定的。

五、收入

（一）收入的定义

收入是指企业在日常活动中形成的、会导致所有者权益增加的、与所有者投入资本无关的经济利益的总流入，包括销售商品收入、提供劳务收入和让渡资产使用权收入。其中，经济利益是指现金或最终能转化为现金的非现金资产。

收入有广义和狭义两种理解。广义的收入包括除企业净资产增加外的经济活动所导致的各种经济利益的总流入，包括偶发活动产生的利得；而狭义的收入仅仅包括企业在经常的、主体性的经营业务中取得的收入。会计上通常所指的收入是狭义收入，我国《基本准则》对收入的定义即为狭义的。

【**案例 2-2**】远东飞机工业公司下属的××分公司，主要负责生产零件 C201 配件，该配件所需的主要材料为外购的钢材。202×年年初，由于疫情的影响，××分公司仅出售 C201 配件 20 件，获得总收入 100 000 元，剩余钢材对外销售，取得收入 40 000 元，接受捐赠收入 60 000 元，闲置的厂房对外出租，获得租金收入 30 000 元。请分析：

（1）本案例中涉及不同的收入，这些收入的性质相同吗？

（2）根据收入的定义，找出哪些收入是准则范围的收入？

分析：（1）本案例中涉及的收入有销售产品收入、销售多余材料收入、接受捐赠收入和出租固定资产收入，收入性质不同。

（2）根据收入的定义，销售产品收入是主业收入，销售多余材料收入和出租固定资产收入是副业收入，主业和副业收入是准则范围的收入，即狭义的收入，而接受捐赠是非日常活动取得的收入，不是准则范围的收入。

（二）收入的特征

1. 产生原因

收入从企业的日常活动中产生，而不是从偶发的交易或事项中产生。日常活动是指企业为完成其经营目标所从事的经常性活动以及与之相关的活动，该活动具有持续性。如制造业企业销售商品属日常活动，而接受捐赠收入和罚款收入则属于非日常活动，因此前者会产生收入，而后者则不会产生收入。同时收入是与所有者投入资本无关的经济利益的总流入，所有者投入资本是投资人在企业享有的剩余权益，构成所有者权益，而不是收入。

2. 现实表现

收入可能表现为企业资产的增加或负债的减少。收入为企业带来经济利益的形式多种多样，既可能增加企业的资产，如增加企业的货币资金或者应收账款，也可能减少企业的负债，如以商品或劳务抵偿债务，还可能表现为二者的组合，如实现收入时，部分抵偿债务，部分收取现金。

3. 最终归属

收入能导致企业所有者权益的增加。由于收入是经济利益的总流入，能增加资产或减少负债或二者兼而有之，因此，根据"资产＝负债＋所有者权益"的公式，企业取得收入一定会增加所有者权益。但是，收入扣除相关成本费用后的净额，则可能增加所有者权益，也可能减少所有者权益。

4. 主要内容

收入只包括本企业经济利益的流入，不包括为第三方或客户代收的款项。企业代收的款项，如旅行社代收的门票，一方面增加企业的资产，另一方面增加企业的负债，并不增加企业的所有者权益，也不属于本企业的经济利益，不应当确认为收入。

（三）收入的构成内容及分类

1. 主营业务收入

主要业务收入也称主业收入，是企业在经常性的、主要业务活动中获得的收入。如工业企业（制造业）或商品流通企业销售商品的收入、咨询服务业提供劳务的收入、租赁公司提供的出租业务收入等。

2. 其他业务收入

其他业务收入也称副业收入，是企业在非主要业务活动中获得的收入，如工业企业（制造业）或商品流通企业出售多余材料收入、出租厂房设备等固定资产取得收入。

特别注意的是，我国《基本准则》是从狭义角度对收入进行定义的，广义的收入除了包含狭义的部分，还包括直接计入当期利润的利得，本教材将其概括为偶然所得，即营业外收入。营业外收入是企业发生的与经营活动无关的非经常性收入，包括接受捐赠和罚款收入等，该收入是偶发活动产生的、不具有持续性，如图2-12所示。

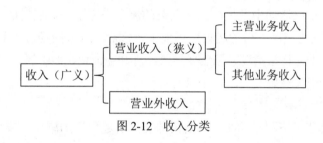

图2-12　收入分类

（四）收入的确认

财政部于2017年7月19日公布了关于修订印发《企业会计准则第14号——收入》的通知，新《企业会计准则第14号——收入》自2018年1月1日起实施。准则规定收入确认分五步进行：①识别与客户订立的合同；②识别合同中的单项履约义务；③确定交易价格；④将交易价格分摊至各单项履约义务；⑤履行各单项履约义务时确认收入。

（五）收入的计量

新《企业会计准则第14号——收入》第三章第十四条规定"企业应当按照分摊至各单项履约义务的交易价格计量收入"，因此收入的计量主要采用"交易价格"。

按照新《企业会计准则第14号——收入》规定：交易价格是指企业因向客户转让商品而预期有权收取的对价金额。企业代第三方收取的款项以及企业预期将退还给客户的款项应当作为负债，进行会计处理，不计入交易价格。由于交易的一些习惯做法等因素影响，交易价格还需要视具体情况而定，企业在确定交易价格时，应当根据合同条款并结合企业以往的习惯做法，考虑可变对价、合同中存在的重大融资成分、非现金对价、应付客户对价等因素的影响。

六、费用

（一）费用的定义

费用是指企业在日常活动中形成的、会导致所有者权益减少的、与向所有者分配利润无关的经济利益的总流出。费用是与收入相对应而存在的，也有广义和狭义两种理解。广义的费用既包括日常活动导致的经济利益的流出，也包括与日常活动不直接相关而导致所有者权益减少的事项，如对外捐赠、罚没支出、与经营过程无关的各项损失等；狭义的费用仅包括为取得一定收入或进行其他经营活动所发生的各种耗费，如工商企业为销售商品付出的成本等。我国《基本准则》对费用的定义为狭义的，不包括损失。

（二）费用的特征

1. 产生原因

费用是企业在日常活动中发生的经济利益的流出，而不是在偶发的交易或事项中发生的。如制造业企业销售产品支付的运输费用属于日常活动导致的经济利益流出，形成费用；而对外捐赠支出属于非日常活动，虽然会导致经济利益流出，但不属于费用，而形成损失。即费用有持续性，损失是偶发活动，不具有持续性。

2. 现实表现

费用会导致企业经济利益的减少。费用的发生引起资产的减少，或负债的增加，或者两者兼而有之，最终必然导致经济利益流出企业。如企业销售商品会减少库存资产，负担长期借款利息会增加企业的负债等。

3. 最终归属

费用将引起所有者权益的减少。由于费用是经济利益的总流出，因此，一般情况下，费用的增加会减少企业所有者权益。但并非企业所有的经济利益流出均形成费用，如以银行存款偿还一项负债，因其对所有者权益没有产生影响，并不作为费用反映。同时费用是与向所有者分配利润无关的经济利益的总流出，向所有者分配利润是所有者权益的抵减，不能确认为费用。

（三）费用的构成内容及分类

日常活动产生的费用通常包括营业成本（主营业务成本和其他业务成本）、税金及附加费用（消费税、城市维护建设税等）、期间费用（销售费用、管理费用和财务费用）等，如图2-13所示。

1. 主营业务成本

主营业务成本也称主业成本，是企业销售产品或提供劳务等主要活动产生的成本。成本是企业为生产产品、提供劳务发生的各种耗费，包括直接材料费用、直接人工费用和各种间接费用。该成本在产品销售或提供劳务完成时，相应转入费用类账户（主营业务成本），从当期收入中扣除，以此计算当期损益。

2. 其他业务成本

其他业务成本也称副业成本，是企业在非主要业务活动中产生的成本，如工商企业出售多余材料成本、出租厂房设备等固定资产磨损（折旧）成本等。

3. 税金及附加费用

税金及附加费用是指企业营业活动应当负担的各种税费，如消费税、城市维护建设税、教育费附加、印花税等。

4. 销售费用

销售费用是指企业在销售产品过程中发生的各项费用，包括销售过程发生的运输费、包装费、保险费、广告费，以及专设的销售机构或销售网点的办公费等。

5. 管理费用

管理费用是企业为组织和管理生产活动而发生的各项费用，包括行政管理部门的职工薪酬、办公费、折旧费、差旅费、咨询费、业务招待费等。

6. 财务费用

财务费用是企业筹资经营活动所需资金发生的各项费用，包括利息支出（减利息收入）、汇兑净损益、相关手续费等。

需要说明的是，我国《基本准则》是从狭义角度对费用进行定义的，广义的费用除了包含狭义的部分，还包括直接计入当期利润的损失，本教材将其概括为偶然支出或损失，即营业外支出。营业外支出是企业发生的与经营活动无关的非经常性支出，包括对外捐赠和赔偿金和违约金支出等，该支出是偶发活动产生的，不具有持续性。

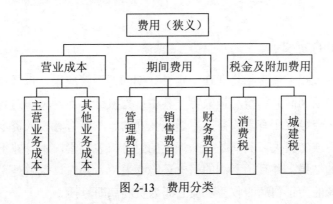

图 2-13　费用分类

（四）成本与费用的异同点

（1）相同点：成本和费用都是企业经济资源的耗费。

（2）不同点：成本和费用有一定不同，即成本是和产品相联系的，按成本计算对象归集，如甲产品成本 200 000 元，乙产品成本 300 000 元等，有实物承担者；费用是和期间联系的，按会计期间归集，如某月份或某年度销售 A 产品，该产品销售成本为 150 000 元，费用一般没有实物承担着。具体不同参考表 2-5。

表 2-5　成本和费用的区别

项目	成 本	费 用
概念	成本是企业生产产品、提供劳务发生的各项费用，是对象化的费用	费用是企业为销售产品、提供劳务等日常活动所产生的经济利益的流出
计算期	成本一般与产品生产周期相联系	费用与某一会计期间相联系
计算对象	成本的计算对象是产品	费用是按经济用途分类
计算内容	成本仅指生产费用，包括直接材料、直接人工和制造费用	费用除了包括生产费用，还有期间费用、税金及附加等

（五）费用的确认

费用确认是指费用应当按照权责发生制原则，在确认有关收入的那一期间予以确认。即费用已经发生应由当期负担，尚未实际支付的，应预提计入当期费用；虽然当期支付但应由当期和以后各期成本负担的费用，应按一定的标准（受益程度）分配计入当期和以后各期成本。

（六）费用的计量

费用是通过所使用或所耗用的商品或劳务的价值来计量的，通常的费用计量标准是实际成本。

七、利润

（一）利润的定义

利润也称结余或损益，是指企业在一定会计期间的经营成果，包括收入减去费用后的净额、直接计入当期利润的利得和损失等。其中：直接计入当期利润的利得和损失是指应当计入当期损益、会导致所有者权益发生增减变动的、与所有者投入资本或者向所有者分配利润无关的利得或者损失。利润是一个派生的财务报表要素，本身并不能独立存在，是收入和费用比较的结果。并且，利润的概念还隐含着"亏损"，也就是说，收入和费用比较后前者大于后者的为正利润即收益，反之即为负利润即亏损。

利润在数量关系上主要表现为一定期间内收入和费用相抵后的差额。尽管《基本准则》对收入和费用的界定是狭义的，但在计算利润时则要求以广义的收入与广义的费用相比较。

（二）利润的特征

（1）最终归属。利润是企业一定会计期间的最终经营成果，会导致所有者权益变动。

（2）计量要求。利润的多少是收入与费用配比的结果。一定会计期间广义的收入减去该会计期间广义的费用即为当期实现的利润或亏损。

（三）利润的构成及分类

通常利润表中的利润主要包括营业利润、利润总额和净利润三部分，如图 2-14 所示。

利润的计算公式如表 2-6 所示。其中，营业利润是指当期的营业收入减去当期的营业费用后的余额，基本是狭义的收入和费用配比的结果，但也包括了部分减值损失和公允价值变动。

利润总额是广义的收入和费用配比的结果，是指营业利润加营业外收入减去营业外支出。

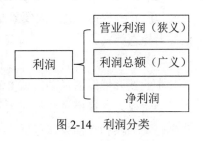

图 2-14　利润分类

净利润是指利润总额减去所得税费用后的余额。

表 2-6　利润的计算公式

项　目	计 算 公 式
营业利润	营业收入－营业成本－税金及附加－销售费用－管理费用－财务费用－资产减值损失 ± 投资收益 ± 公允价值变动损益 ± 资产处置损益
利润总额	营业利润＋营业外收入－营业外支出
净利润	利润总额－所得税费用

其中，营业收入包括主营业务收入和其他业务收入，营业成本包括主营业务成本和其他业务成本。

（四）利润的确认

利润的确认主要依赖于收入和费用以及利得和损失的确认，会计上一般有两种确认方法：一是资产负债表法，将两个不同日期的净资产加以比较，其差额即为该期间的利润；二是利润表法，对一定期间所发生的交易加以分析，计算损益。

（五）利润的计量

利润金额的确定主要取决于收入和费用、直接计入当期利润的利得和损失金额的计量。利润在数值上等于收入减去费用、利得减去损失后的净额。

第四节　会 计 等 式

会计等式也称会计恒等式或会计平衡式，是反映各会计要素之间相互关系的方程式。根据本章第一节可知，会计对象是资金运动，具体表现为不同的会计要素，不同的资金运动中必然有对应的会计要素的变化，会计要素之间的相互关系用数学形式表述，就是会计等式。

一、反映财务状况会计要素之间关系的等式

反映财务状况的会计要素是指某一特定时点或某一特定日期的静态要素，包括资产、负债和所有者权益，这三大要素是最根本的要素，它们之间的关系构成了基本的会计等式，也称为静态等式。

$$资产＝负债＋所有者权益 \qquad (2-1)$$

企业要开展经营活动，就必须拥有一定的资产。企业的资产主要来源于两个方面：投资者和债权人。投资者和债权人将他们自己拥有的资产提供给企业使用，对企业的资产自然享有要求权和求偿权，包括在一定时期收回本金和利息、获取投资报酬等。这种权利在会计上统称为"权益"，其中属于债权人的部分称为"债权人权益"（即负债），属于投资人的部分称为"所有者权益"。

$$资产＝债权人权益＋所有者权益 \qquad (2-2)$$
$$资产＝权益 \qquad (2-3)$$

一个企业拥有的资产和权益是同一事物的两个不同方面，是从不同的角度去观察和分析资产的结果。前者是从占用的具体形态和分布状况方面反映企业资产价值总量，如企业拥有的资产可以表现为机器设备、现金、银行存款等；后者是从形成、取得渠道方面来反映资产的价值总量，即企业的资产或者是借入的，或者是投资者投入的。企业有一定数额的资产，也就一定有相应的权益；反之，有一定数额的权益也必然表现为一定数额的资产。资产与权益相互依存、相互制约。由于企业所拥有的资产都是债权人或投资者提供的，因此，从数量上看资产与权益总额必然相等。

资产负债表三个要素之间存在的数量平衡关系，这种平衡关系是永远存在的，因此又被称为会计恒等式，它是设置账户、复式记账和构建资产负债表的理论依据。

二、反映经营成果会计要素之间关系的等式

反映经营成果的会计要素是指某一时期或某一会计期间的动态要素，包括收入、费用和利润，这三大要素是次要的，是人为创造出来的，也是销售活动资金运动的结果，它们之间的关系构成了的会计等式称为动态等式。

$$收入－费用＝利润 \qquad (2-4)$$

企业是一种以盈利为目的的经济组织，其利用债权人和投资者提供的资产开展经营活动，一方面要生产商品和提供劳务，以满足人们生活的各种需要，从而取得收入；另一方面，商品和劳务的提供需要付出代价，即会发生各种费用。一定期间企业的收入和费用的量是可以比较的，以确定该期间的经营成果。但企业的经营也面临各种风险，并非每一期间都能获取利润，有时也可能出现亏损，当收入大于费用时，表示企业实现利润；当收入小于费用时，意味着企业发生亏损。利润或者亏损都是企业的经营成果，西方国家一般将其简称为"损益"。

由于企业获得的利润属于企业的所有者，所发生的亏损最终也应由所有者承担，因

此，利润本质上是所有者权益的增加，亏损则是所有者权益的减少。从理论上讲，企业在经营过程中获得的收入与发生的费用，完全可以直接作为所有者权益项目的增加或减少。但是，企业在一定时期内有关收入和费用的交易或事项往往很多，这样处理会使所有者权益项目的内容复杂化，不便于将所有者投资所引起的所有者权益的变化与收入、费用所引起的所有者权益的变化进行区分。更为重要的是，企业一定期间取得的收入、费用和利润数额，是企业内外各利益关系人决策的重要信息，利润又是体现企业在一定期间经营效果的一个重要经济指标，因此，需要以上述等式（2-4）单独反映收入、费用和利润的关系。

等式（2-4）揭示了企业利润表要素之间内在联系与数量上的函数关系，反映出企业在一定会计期间内的经营成果，是体现经营成果的会计等式，从而构成了企业设计利润表的理论基础。

三、综合反映全部会计要素之间关系的等式

从前述分析可以看出，上述六个财务报表要素在经济上表现的本质特性都是体现一种经济利益，资产负债表要素之间的数量关系式反映某一时点企业的全部资产及其相应的来源，是经济利益以财务状况方式表现，也是资金运动处于相对静止状态下的表现；利润表要素之间的数量关系式反映某一时期企业的经营成果，是经济利益以经营成果方式表现，也是资金运动处于显著变动状态下的表现。经济利益讲求的是归属且具有排他性，资金运动讲求的是静态与动态的辩证统一，即企业的资金运动总是一种不断交替过程：相对静止→显著变动→新的相对静止→新的显著变动……因此，可将反映全部会计要素之间数量关系的等式的综合反映如下：

$$资产＝负债＋所有者权益＋（收入－费用） \quad (2-5)$$

或

$$资产＋费用＝负债＋所有者权益＋收入 \quad (2-6)$$

这一公式的意思是：在某一时日资产、负债、所有者权益平衡的基础上，经过某一期间的经营，发生了收入和费用并得到了利润。收入可视为是增加了企业的资产或减少了负债，而费用可视为减少了企业的资产或增加了企业的负债，利润则可视为增加了所有者的权益。此时等式（2-6）又恢复为与等式（2-1）相同的形式（但在量上和具体项目的构成上已发生了变化）。

可见，不论在任何一个时点，企业的资产与负债和所有者权益的数量总是保持平衡关系，即旧的平衡关系被打破，新的平衡关系随之建立。任何一项交易或事项的发生都不会破坏资产、负债和所有者权益的恒等关系。

【例2-1】资金运动引起会计要素变动的应用

远东飞机工业公司202×年1月1日，资产2 000万元，负债800万元，所有者权益1 200万元。

（1）1月12日，远东公司销售产品一批，取得收入300万元，该批产品成本120万元。

（2）1月15日，支付销售费用50万元。

（3）1月26日，远东公司销售产品一批，取得收入600万元，该批产品成本380万元。

（4）1月31日，确认本月利息费用20万元，本月管理费用30万元。

根据以上业务，分析静态和动态会计要素的变动及变动的结果。

（1）时间202×年1月1日该公司资金运动处于相对静止状态时，会计要素体现为反映财务状况的三要素，且三要素处于平衡状态，资产（2 000万元）＝负债（800万元）＋所有者权益（1 200万元）。

（2）时间1月1日—1月31日，该公司资金运动处于显著变动状态时，会计要素体现为反映经营成果的三要素，它们之间的关系是收入（900万元）－费用（600万元）＝利润（300万元）。

（3）202×年1月31日，该公司资金运动处于相对静止状态时，体现为六大会计要素的变动关系：

资产（2 300万元）＝负债（800万元）＋所有者权益（1 200万元）＋利润（300万元）

四、交易或事项对会计等式的影响

企业在日常经营活动中会发生各种各样的交易或事项，如购买材料、支付职工薪酬、偿还负债、向银行借款等，从而引起各个要素发生增减变动。随着交易或事项的发生，资产、负债、所有者权益、收入、费用和利润及其具体项目将发生增减变动，但不论怎样变化，都不会破坏资产、负债和所有者权益的数量平衡关系。因为一个企业的交易或事项虽然数量、形式多样，但与资产、负债和所有者权益有关的归纳起来不外乎以下四种类型，每种交易或事项的结果均会使等式成立，具体类型见表2-7。

表2-7　交易或事项对会计等式的影响类型

会计等式类型	基本会计等式	资产	负债＋所有者权益
	扩展会计等式	资产＋费用	负债＋所有者权益＋收入
交易或事项类型	交易或事项①	等式左边一增一减	等式右边不变
	交易或事项②	等式左边不变	等式右边一增一减
	交易或事项③	等式左边增加	等式右边增加
	交易或事项④	等式左边减少	等式右边减少

为便于理解，下面通过例题分析交易或事项对六大会计要素数量关系的影响。

（一）交易或事项的发生引起资产增减变化

（1）交易或事项的发生，如果引起等式左边一项资产增加，必然引起等式右边的负债增加，或所有者权益增加，或收入增加，或费用的减少，或等式左边另一项资产的减少其中之一。

（2）交易或事项的发生，如果引起等式左边一项资产减少，必然引起等式右边的负债减少,或所有者权益减少,或收入减少,或费用的增加,或等式左边另一项资产的增加其中之一。

【例2-2】李华与张强签订协议,于1月5日共同投资开办远东工业公司,该公司主要生产D201零配件。其中李华投入45万元货币资金和价值45万元的机器设备;张强投入60万元的货币资金。

该项交易反映:远东工业公司在开办之初的总资产为150万元,其中银行存款105万元,机器设备45万元,全部来自投资人,因此负债为0,此时的资产总额与所有者权益总额均为150万元,会计恒等关系成立,属于交易或事项③,可以用基本会计等式表示(表2-8)。

表2-8 交易或事项对会计等式影响(一)　　　　单位:万元

资产	负债	+	所有者权益
银行存款 105			李华投资 90
机器设备 45			张强投资 60
合计 150	0		150

【例2-3】1月10日,远东工业公司赊购甲材料30万元。

该项交易一方面导致资产增加30万元,另一方面导致负债(应付账款)增加30万元,资产总额变为180万元,负债为30万元,与所有者权益的金额合计也为180万元,会计等式关系依然成立,属于交易或事项③,可以用基本会计等式表示(表2-9)。

表2-9 交易或事项对会计等式影响(二)　　　　单位:万元

资产	负债	+	所有者权益
银行存款 105			李华投资 90
机器设备 45			张强投资 60
甲材料 30	应付账款 30		
合计 180	30		150

【例2-4】1月15日,远东工业公司用银行存款购入乙材料15万元。

该项交易导致企业的银行存款减少15万元,乙材料增加15万元。因不涉及负债和所有者权益要素,仅为资产要素的一个项目增加、一个项目减少,资产与所有者权益总额仍为180万元,不影响会计恒等关系,属于交易或事项①,可以用基本会计等式表示(表2-10)。

表2-10 交易或事项对会计等式影响(三)　　　　单位:万元

资产	负债	+	所有者权益
银行存款 90			李华投资 90
机器设备 45			张强投资 60
甲材料 30	应付账款 30		
乙材料 15			
合计 180	30		150

【例2-5】 2月1日，用银行存款30万元，偿还赊购的甲材料货款。

该交易一方面导致企业资产减少30万元，另一方面导致企业负债减少30万元，不影响会计恒等关系，属于交易或事项④，可以用基本会计等式表示（表2-11）。

表2-11　交易或事项对会计等式的影响（四）　　　　　单位：万元

资产	负债	+	所有者权益
银行存款 60			李华投资 90
机器设备 45			张强投资 60
甲材料 30	应付账款 0		
乙材料 15			
合　计 150	0		150

【例2-6】 2月5日，远东工业公司销售产品，获得收入10万元，已存入银行。

该项交易一方面导致企业资产增加10万元，另一方面导致企业收入增加10万元，从而使资产变为160万元。属于交易或事项③，可以用扩展会计等式表示（表2-12）。

表2-12　交易或事项对会计等式的影响（五）　　　　　单位：万元

资产	+	费用	负债	+	所有者权益	+	收入
银行存款 70					李华投资 90		10
机器设备 45					张强投资 60		
甲材料 30							
乙材料 15							
合　计 160		0	0		150		10

【例2-7】 2月10日，远东工业公司用银行存款支付水电费10 000元。

该项交易一方面导致企业资产减少1万元，另一方面导致企业费用增加1万元，从而使资产变为159万元，属于交易或事项①，可以用扩展会计等式表示（表2-13）。

表2-13　交易或事项对会计等式的影响（六）　　　　　单位：万元

资产	+	费用	负债	+	所有者权益	+	收入
银行存款 69		水电费 1			李华投资 90		10
机器设备 45					张强投资 60		
甲材料 30							
乙材料 15							
合　计 159		1	0		150		10

（二）交易或事项的发生引起负债增减变化

（1）交易或事项的发生，如果引起等式右边一项负债增加，必然引起等式左边的资产增加，或等式右边所有者权益减少，或费用的增加，或另一项负债减少其中之一。

（2）交易或事项的发生，如果引起等式右边一项负债减少，必然引起等式左边的资产减少，或等式右边所有者权益增加，或收入增加其中之一，或另一项负债增加其中之一。

【例2-8】2月28日,远东工业公司计算本月应付职工薪酬4万元,尚未支付。

该事项一方面导致企业费用增加4万元,另一方面导致企业负债增加4万元,资产总额不变,属于交易或事项③,可以用扩展会计等式(表2-14)。

表2-14 交易或事项对会计等式的影响(七)　　　单位:万元

资产	+	费用	负债	+	所有者权益	+	收入
银行存款 69		水电费 1			李华投资 90		10
机器设备 45					张强投资 60		
甲材料 30							
乙材料 15							
		人工费 4	应付职工薪酬 4				
合计 159		5	4		150		10

【例2-9】2月28日,远东工业公司计算应上交的所得税为1.65万元。

根据权责发生制的会计核算基本前提要求,本月应交所得税的事项虽然尚未发生,但应在本期计算并作为当期的费用反映。因此该事项一方面导致企业费用增加1.65万元,另一方面导致企业负债增加1.65元,属于交易或事项③,可以用扩展会计等式(表2-15)。

表2-15 交易或事项对会计等式的影响(八)　　　单位:万元

资产	+	费用	负债	+	所有者权益	+	收入
银行存款 69		水电费 1			李华投资 90		10
机器设备 45					张强投资 60		
甲材料 30							
乙材料 15							
		人工费 4	应付职工薪酬 4				
		所得税费用 1.65	应交税费 1.65				
合计 159		6.65	5.65		150		10

(三)交易或事项的发生引起所有者权益增减变化

(1)交易或事项的发生,如果引起等式右边一项所有者权益增加,必然引起等式左边的资产增加,或等式右边负债减少,或另一项所有者权益减少其中之一。

(2)交易或事项的发生,如果引起等式右边一项所有者权益减少,必然引起等式左边的资产减少,或等式右边负债增加其中之一,或另一项所有者权益增加其中之一。

【例2-10】2月28日,根据表2-15,远东工业公司本月收入10万元,本月费用6.65万元,计算本月净利润为3.35万元。

由于净利润是企业所有者权益的一个项目,待年终时再进行分配,因此,在本期净利润转入所有者权益,属于交易或事项②,可以用扩展会计等式(表2-16)。

表 2-16　交易或事项对会计等式的影响（九）　　　　单位：万元

资产	负债	+	所有者权益	+	（收入－费用）
银行存款 69			李华投资 90		
机器设备 45			张强投资 60		
甲材料 30					
乙材料 15					
	应付职工薪酬 4				
	应交税费 1.65		净利润 3.35		0
合计 159	5.65		153.35		

【例 2-11】3 月 5 日，假定远东工业公司确定预先向投资人李华和张强分配利润 2 万元（按出资比例进行分配）。

该事项仅确定向投资人分配利润，但尚未支付，因此一方面导致企业负债增加 2 万元，另一方面导致所有者权益减少 2 万元，属于交易或事项②，可以用扩展会计等式（表2-17）。

表 2-17　交易或事项对会计等式影响（十）　　　　单位：万元

资产	负债	+	所有者权益
银行存款 69			李华投资 90
机器设备 45			张强投资 60
甲材料 30			
乙材料 15	应付股利 2		
	应付职工薪酬 4		
	应交税费 1.65		净利润 1.35
合计 159	7.65		151.35

（四）交易或事项的发生引起收入的增减变化

（1）交易或事项的发生，如果引起等式右边的收入增加，必然引起等式左边的资产增加，或等式右边的负债减少其中之一（例 2-6）。

（2）交易或事项的发生，如果引起等式右边的收入减少，必然引起等式左边的资产减少，或等式右边的负债增加其中之一。

【例 2-12】3 月 13 日，本月初销售产品因质量问题，发生退回，冲减原确认的收入，同时退回货款 2 万元。

该交易一方面导致收入减少，一方面导致资产减少，属于交易或事项④，可以用扩展会计等式（表 2-18）。

表 2-18　交易或事项对会计等式的影响（十一）　　　　　单位：万元

资产	+	费用	负债	+	所有者权益	+	收入
银行存款 67					李华投资 90		
机器设备 45					张强投资 60		
甲材料 30							
乙材料 15							
			应付股利 2				
			应付职工薪酬 4				
			应交税费 1.65		净利润 1.35		-2
合计 157			7.65		151.35		-2

（五）交易或事项的发生引起费用的增减变化

（1）交易或事项的发生，如果引起费用的增加，必然引起等式左边的资产减少，或等式右边的负债增加其中之一。（例 2-7、例 2-9）

（2）交易或事项的发生，如果引起费用的减少，必然引起等式左边的资产增加。

【例 2-13】3 月 31 日，收到银行存款利息收入 5 万元，已转存企业账户。

该交易一方面涉及财务费用的减少，另一方面涉及银行存款的增加，属于交易或事项①，可以用扩展会计等式（表 2-19）。

表 2-19　交易或事项对会计等式影响（十二）　　　　　单位：万元

资产	+	费用	负债	+	所有者权益	+	收入
银行存款 72					李华投资 90		
机器设备 45					张强投资 60		
甲材料 30							
乙材料 15							
			应付股利 2				
			应付职工薪酬 4				
		-5	应交税费 1.65		净利润 1.35		-2
合计 162		-5	7.65		151.35		-2

（六）交易或事项的发生引起利润增减变化

（1）交易或事项的发生，如果引起利润的增加，必然引起等式右边的所有者权益增加。（例 2-10）

（2）交易或事项的发生，如果引起利润的减少，必然引起等式右边的所有者权益减少。

根据上述例题对六个会计要素的分析，可以看出交易或事项的发生可能引起同一个会计要素不同项目之间发生增减变化，也可以是不同会计要素项目之间发生增减变化，因此表 2-7 中的四种类型也可以归纳为如表 2-20 所示的九种形式（以基本会计等式为例）。

表 2-20　交易或事项对会计等式影响的九种形式

交易或事项类型	会计要素的变动形式
交易或事项①	资产项目一增一减，增减金额相等
交易或事项②	负债项目一增一减，增减金额相等
	所有者权益项目一增一减，增减金额相等
	负债项目增加所有者权益项目减少，增减金额相等
	所有者权益项目增加负债项目减少，增减金额相等
交易或事项③	资产项目和负债项目同时增加，增加的金额相等
	资产项目和所有者权益项目同时增加，增加的金额相等
交易或事项④	资产项目和负债项目同时减少，减少的金额相等
	资产项目和所有者权益项目同时减少，减少的金额相等

综上可以得出，收入、费用和利润这三个要素的变化实质上都可以表现为所有者权益的变化，九种类型实际涵盖了交易或事项的发生对会计恒等式的全部影响，资产、负债、所有者权益、收入、费用和利润这六个财务报表要素之间存在着一种恒等关系。每一项经济业务的发生，都必然引起会计等式一边或两边相互联系的要素发生等额变化，当涉及会计等式一边时，相互联系的要素金额发生相反方向的等额变动，当涉及会计等式两边时，相互联系的要素金额发生相同方向的等额变动，任何交易或事项的发生都不会破坏这种平衡关系。

练 习 题

练习题 1

一、目的：

判断经济业务的类型。

二、资料：

某企业 202× 年度发生如下经济业务。

（1）与股东签订投资协议。

（2）股东投入资金、材料物资、机器设备。

（3）与客户签订销售合同。

（4）制订生产经营计划。

（5）与供货商签订采购合同。

（6）从银行获得贷款。

（7）购买材料物资和机器设备。

（8）领用材料投入生产。

（9）对外支付加工费用。

（10）支付员工工资。

（11）产品完工入仓库。

（12）发生火灾，导致财产损失。

（13）计算与生产经营有关的各项成本费用。

（14）计算利润。

（15）交纳税金。

（16）考核材料物资、机器设备的利用情况。

（17）分析企业的财务状况和经营成果。

（18）分配企业利润。

三、要求：

请分析确定哪些业务属于交易，哪些业务属于事项。

练习题 2

一、目的：

练习财务报表要素的分类及其关系。

二、资料：

某企业 202× 年 11 月 30 日有关项目的余额如下。

（1）由出纳保管的现金 8 000 元。

（2）存放在银行的款项 20 000 元。

（3）应收某单位的销售款 7 000 元。

（4）库存生产用材料 16 000 元。

（5）库存完工的产品 20 000 元。

（6）厂房、机器设备共计 100 000 元。

（7）从银行取得的短期借款 12 000 元。

（8）应付给某供货单位的材料款 8 000 元。

（9）投资者投入资本 140 000 元。

（10）盈余形成的留存收益 11 000 元。

三、要求：

（1）根据上述资料，分别列示资产类、负债类、所有者权益类的所有项目，并分别计算资产、负债、所有者权益总额。

（2）根据（1）计算的结果，试分析三者之间存在的数量关系，并说明理由。

练习题 3

一、目的：

练习交易或事项对会计恒等式的影响。

二、资料：

某企业 202× 年 7 月发生下列经济业务，6 月 30 日的资产总额 956 000 元，负债总额 56 000 元。

(1) 2日，从银行提取现金2 000元，作为备用金。

(2) 5日，收到投资者投入资本210 000元，存入银行。

(3) 10日，以银行存款32 500元，支付前欠大众工厂的购料款。

(4) 18日，从银行取得借款23 000元。

(5) 20日，以银行存款上缴所欠税金8 500元。

(6) 23日，向M公司购料14 000元，货款尚未支付。

(7) 30日，收回A企业前欠货款35 000元，存入银行。

(8) 31日，计算应分配利润20 000元，利润未支付。

三、要求：

(1) 分析每笔业务所引起的资产和权益有关项目增减变动情况，并指出它们分别属于何种类型的经济业务。

(2) 计算资产和权益增减净额，并验证两者是否相等。

(3) 计算该企业202×年7月发生上述经济业务以后的资产总额和权益总额，并验证两者是否相等。

第三章
会计科目与会计账户

学习提示

重点： 会计科目，会计科目的设置内容，会计账户，会计账户的分类，会计账户的结构。

难点： 会计账户的分类和结构。

导入案例

郑州三全食品股份有限公司（以下简称"三全公司"）是一家以生产速冻食品为主的股份制企业。中国第一颗速冻汤圆、第一只速冻粽子都出自三全公司，公司在全国有35个分公司、办事处及分厂，产品已出口到欧美很多国家和地区。2008年，三全公司在深圳证券交易所挂牌上市。目前主要产品是以汤圆、水饺、粽子、面点、米饭为主的中式速冻及常温食品。其生产过程严格质量把关，以速冻汤圆的制作为例，原料糯米粉以及各种馅料（如豆沙馅、水果馅）入库前，要经过技术部门质量检验，合格品直接入库，不合格品则与厂家联络进行退换。各原料出库进入生产车间，采用手工或机器使汤圆成型，经检验合格后放入不锈钢盘上进入速冻机进行速冻，然后及时进行包装，再次经检验合格后的成品即可入冷库冷藏。

分析和讨论：三全公司在生产速冻汤圆过程中所用到的原材料"糯米粉及各种馅料"、产成品"速冻汤圆"、生产设备"速冻机"、存放房屋"冷库"等均符合企业资产的确认标准，可以将其确认为企业的资产。同为资产，它们在形式特点和管理方式上各有不同，在企业的会计核算上应该采用什么方法，对其进行分门别类的记录和管理呢？

第一节 会 计 科 目

一、会计科目的性质

（一）会计科目的含义

会计科目简称"科目"，是为了满足会计核算的需要，对财务报表要素进行具体分类的项目。合理地对财务报表要素具体内容按项目进行分类、设置会计科目是进行会计核算的重要基础。

（二）会计科目的作用

如果我们把发生的大量交易或事项数据仅仅分成六个财务报表要素进行核算，则显然会使会计信息过于笼统，难以体现会计信息的明晰性和层次性，也难以满足经营管理实行逐级记录、逐级考核和逐级控制的需要。并且六个财务报表要素中，利润要素是收入和费用比较的结果，无法设置对应的会计科目。因此需要根据六个财务报表要素的特性，再结合企业经济管理的需要对该六大要素进行具体分类并设置会计科目（见后文表3-1）。

这些分类项目是企业提供会计信息所要求的基本内容，也是设置会计科目的直接依据。对于设置的单个会计科目而言，每一个科目都应该能够明确地反映特定的经济内容，科目与科目之间在内容上具有排他性；对于设置的全部会计科目而言，应该能够完整、系统地反映全部财务报表要素的内容。

二、会计科目的设置

设置会计科目是根据会计核算目标，按照经营管理的特点和要求，对财务报表要素的具体项目进行分类，据以确定分类核算项目名称、项目编号和分类核算内容的过程。设置会计科目是任何企业开展会计核算之前应进行的一项基础性、规范性工作，完整地说，它包括以下三个连续的具体工作。

第一，按照财务报表要素分类后的具体项目名称及相关会计信息披露要求对应地设置会计科目。

第二，对每一个会计科目按照业务类别进行编号。

第三，规范每一个会计科目的核算内容、业务范围和核算要求。

（一）会计科目设置的意义

科学设置会计科目是会计核算方法体系中的重要内容，它对会计核算具有如下现实意义。

1. 设置会计科目是组织会计核算的首要环节和重要依据

如果不能正确设置会计科目、正确运用会计科目，会计核算将无法进行。从单独的一个会计科目核算内容上看：一个科目可以核算一定时期内对财务报表要素某一项目具有增减影响的全部交易或事项状况，这体现了会计核算的全面性要求；一个科目也可以连续地反映同类交易或事项的增减变化情况，这体现了会计核算的连续性要求。从全部的会计科目核算内容上看：不同的单个科目可以核算交易或事项对某一项目影响的增减情况，一类会计科目可以核算交易或事项对一类项目影响的增减情况，所有会计科目可以核算对财务报表要素具有影响的全部交易或事项，这种层次分明、逐级统驭的关系，符合会计核算系统性的要求。

2. 设置会计科目是人们认识和理解交易或事项的重要方式

如果人们要理解和分析某一类别交易或事项的发生和发展过程，就必须依据相应的会计科目；同样，如果人们要理解和分析全部交易或事项的发生和发展过程，就必须运用所有的会计科目。离开会计科目，交易或事项就是零乱分散的，不具有系统性；离开会计科目去分析和了解交易或事项，必然要顾此失彼，尤其是在交易或事项繁多的时候，将无所适从。

3. 设置会计科目是进行会计监督的重要手段

会计科目由于需要事前设置和规范其核算的内容与要求，实质上这也是对企业核算行为的控制和规范，即会计科目起到事前控制的作用。如果企业没有遵循会计科目的核算要求进行核算，监督检查人员可以对照要求和标准迅速地找出错误之处，及时加以纠正。同时，按照会计科目类别提供的会计信息能够为分析、考核提供准确的依据。

（二）会计科目设置的原则

企业核算使用的会计科目不能随心所欲地任意设置，必须满足提供科学、完整、系统会计信息的需要，为此，应坚持以下原则。

1. 统一性原则

设置会计科目是会计核算的首要环节和基础，对于任何企业而言无论设置什么类别的会计科目，都必须符合国家统一会计制度要求。如遇相关规范和要求进行调整变更，企业也应及时对原有设置的会计科目进行调整。为了适应国家宏观管理的需要，保证对外提供会计信息指标口径的一致性和可比性，财政部根据《企业会计准则》制定了统一的《企业会计准则——应用指南2006》（以下简称《应用指南》），规定了统一的会计科目名称，并对每一会计科目的使用进行了详细的说明。要求企业设置会计科目时，应与其保持一致。

扩展阅读3-1

中西方会计科目设置区别

2. 全面性原则

设置会计科目应全面、系统地反映和控制财务报表要素，能够明确地区分每个财务报表要素所属具体项目的核算界限，以及区分财务报表要素之间的质的差异，因此，设置会计科目必须围绕财务报表要素的特点进行设置，反映财务报表要素的经济内容，使得企业各项交易或事项能够通过设置的会计科目完整地得到反映，并按照规定方式进行报告。

3. 相关性原则

企业设置的会计科目应当为提供有关各方所需要的会计信息服务，满足对外报告与对内管理的要求。会计科目用于分类、记录和计量交易或事项内容，是会计人员处理会计信息和储存中间会计信息的媒介，成为企业形成最终会计信息——财务会计报告的基础。一方面，企业设置会计科目应适应内部实行经济管理和经济决策的需要，便于企业自身在经济管理和经济决策过程中对各项经济活动所体现的全部会计信息进行分析、评价，调整经营方式，做出经营决策；另一方面，企业提供的会计信息还要能够满足外部各种会计信息使用者的需要，包括满足国家有关部门进行宏观调控、外部投资者进行投资决策、债权人进行信贷融资决策等方面的需要。

4. 灵活性原则

灵活性是指在不影响会计核算要求和财务报表指标汇总，以及对外统一提供会计信息的前提下，企业可以根据本单位的具体情况、行业特征和业务特点，对统一规定的会计科目进行必要的增设、删减或合并，以便提高会计核算效率和质量。我国目前采用具有强制约束性的会计准则体系，该体系中的《应用指南》规范了企业应该设置的会计科目和相应的核算内容。但是，在会计实践中，往往有一些预料不到的特殊交易或事项发生，无法直接在会计准则中找到相应的会计科目进行核算。在这种情况下，可以根据这些特殊的交易或事项内容，灵活地设置新的会计科目来进行会计核算。在此基础上，还需要考虑繁简适当。

5. 稳定性原则

为了便于在不同时期分析、比较会计科目所反映的会计核算内容和核算指标，使得会计信息具有可比性，企业设置的会计科目除非确有必要变更外，一般应该保持相对稳定，不得经常变动会计科目的名称、核算内容、核算方式等。

三、会计科目的分类和编号

（一）会计科目的分类

为了充分认识会计科目的性质和作用，理解会计科目之间的相互关系，以便更加科学、规范地设置会计科目，准确从事会计核算和利用会计科目进行会计监督，必须对会计科目的类别进行深入的了解。目前，对会计科目进行分类的方式主要有三种，即按照会计科目核算的经济内容、会计科目核算信息的详略程度、会计科目的经济用途分别进行分类。

1. 按照会计科目核算的经济内容分类

由于财务报表要素是设置会计科目的依据，因此会计科目的经济内容就是它所反映信息归属何种财务报表要素的问题。会计科目按其反映经济内容分类，就是在遵循财务报表要素特性的基础上，结合现实经营管理的需要对会计科目所进行的具体分类，也称为按经济性质对会计科目所进行的分类，或简称科目的性质。这是一种基本分类方式，是了解会计科目性质的最直接依据。根据我国《应用指南》中关于"会计科目和主要账务处理"的规定，企业会计科目按照核算的经济内容可以分为：资产类、负债类、共同类、所有者权益类、成本类、损益类会计科目。一般企业会计科目的类别和名称列示如表3-1所示（2006年财政部发布的《应用指南》附录中包含156个会计科目及其会计处理，为便于本教材的学习利用，本表仅选择性列示了其中制造企业和商贸企业常用的87个会计科目，表中序号是《应用指南》附录中的科目序号）。

表3-1 一般企业会计科目表

顺序	编号	会计科目名称	顺序	编号	会计科目名称
		一、资产类	2	1002	银行存款
1	1001	库存现金	5	1015	其他货币资金

续表

顺序	编号	会计科目名称	顺序	编号	会计科目名称
8	1101	交易性金融资产	69	1901	待处理财产损溢
10	1121	应收票据			二、负债类
11	1122	应收账款	70	2001	短期借款
12	1123	预付账款	77	2101	交易性金融负债
13	1131	应收股利	79	2201	应付票据
14	1132	应收利息	80	2202	应付账款
18	1221	其他应收款	83	2221	应交税费
19	1231	坏账准备	84	2231	应付利息
25	1321	代理业务资产	85	2232	应付股利
26	1401	材料采购	86	2241	其他应付款
27	1402	在途物资	93	2401	递延收益
28	1403	原材料	94	2501	长期借款
29	1404	材料成本差异	95	2502	应付债券
30	1405	库存商品	100	2701	长期应付款
31	1406	发出商品	101	2702	未确认融资费用
32	1407	商品进销差价	102	2711	专项应付款
33	1408	委托加工物资	103	2801	预计负债
34	1411	周转材料	104	2901	递延所得税负债
40	1471	存货跌价准备			三、共同类
41	1501	债权投资	107	3101	衍生工具
42	1502	债权投资减值准备	108	3201	套期工具
42	1503	其他债权投资	109	3202	被套期项目
43	1504	其他权益工具投资			四、所有者权益类
44	1524	长期股权投资	110	4001	实收资本
45	1525	长期股权投资减值准备	111	4002	资本公积
46	1526	投资性房地产	112	4003	其他综合收益
47	1531	长期应收款	113	4101	盈余公积
48	1532	未实现融资收益	114	4103	本年利润
50	1601	固定资产	115	4104	利润分配
51	1602	累计折旧	116	4201	库存股
52	1603	固定资产减值准备			五、成本类
53	1604	在建工程	117	5001	生产成本
54	1605	工程物资	118	5101	制造费用
55	1606	固定资产清理	119	5201	劳务成本
62	1701	无形资产	120	5301	研发支出
63	1702	累计摊销			六、损益类
64	1703	无形资产减值准备	124	6001	主营业务收入
65	1711	商誉	129	6051	其他业务收入
66	1801	长期待摊费用	131	6101	公允价值变动损益
67	1811	递延所得税资产	132	6111	投资收益

续表

顺序	编号	会计科目名称	顺序	编号	会计科目名称
133	6115	资产处置收益	150	6602	管理费用
134	6117	其他收益	151	6603	财务费用
136	6301	营业外收入	153	6701	资产减值损失
137	6401	主营业务成本	154	6702	信用减值损失
138	6402	其他业务成本	155	6711	营业外支出
139	6405	税金及附加	156	6801	所得税费用
149	6601	销售费用	157	6901	以前年度损益调整

需要注意的是，这种分类原则上遵循了财务报表要素的基本特性，反映了企业的财务状况和经营成果。但是，为了企业经营管理的现实需要，在此基础上还划分出了共同类和成本类。其中共同类会计科目是各企业涉及衍生工具、套期保值业务所设定的，其性质最终需要根据其期末余额的方向归属为资产类或负债类；成本类是企业为了进行成本核算与管理的需要而专门设置的，最终应归属于资产类。另外，还需要特别注意的是，"本年利润"和"利润分配"科目，从名称上看好似损益类，但如前所述，利润是收入和费用配比的最终结果，没有直接对应的会计科目，具体体现在损益类各科目中，而这两个会计科目核算的内容，从产权归属上看，最终应归属于企业的投资者，因此，应列为所有者权益类。损益类科目是从反映经营成果的角度来看的，实际上就是代表收入、费用和利润要素。由此可见，会计科目按所反映的经济内容分类，最终还是体现了财务报表要素的内容特性。

2. 按照会计科目核算信息的详略程度分类

会计科目按照核算信息的详略程度可以分为总分类会计科目和明细分类会计科目两种。

总分类会计科目，简称总科目或总账科目，是指用于总括核算财务报表要素并提供较为概括会计核算信息的科目，又称为一级会计科目。总分类科目所核算的信息主要是为了满足外部信息使用者对会计信息的需求。

明细分类会计科目，简称明细科目，是指对某一总分类科目核算内容进行进一步分类的科目。它可以提供比总分类会计科目更为具体、详细的核算信息。明细分类科目根据明细核算的需要，可以在总分类科目下设置二级科目、三级科目、四级科目进行核算，每往下设置一个级别的科目都是对上一级科目的进一步分类。明细分类科目所核算的信息主要是为了满足企业内部经营管理对会计信息的需求。

3. 按照会计科目的经济用途分类

会计科目按照经济用途分类，可以分为：盘存类、结算类、资本类、成本计算类、费用支出类、收益类、财务成果类、集合分配类、调整类、跨期摊配类、计价对比类、待处理损溢类。各类别的含义将在本节"账户及其分类"中进行详细说明。

【案例3-1】企业明细分类科目设置案例

远东飞机工业有限公司的固定资产种类很多，公司在"固定资产"总账科目下设置"房屋建筑物""机器设备""专用工具""运输设备""管理设备""其他"等二级科目；其中在"房屋建筑物"二级科目下设置"房屋""建筑物"两个三级明细科目；在"房屋"三级科目下设"生产用房屋""生活用房屋""投资性房屋""管理用房屋""储存用房屋""其他用房屋"等四级明细科目；在"投资性房屋"下设置"建华小区""锦秀小区""丽水小区""蒙山小区""阳光小区"等五级明细科目；另外每一个"小区"五级科目下还按照房屋编号设有六级明细科目。你如何评价该企业设置的会计科目体系？

分析：该企业会计科目编码存在的严重问题是，把"投资性房屋"作为"固定资产——房屋建筑物"的三级科目，姑且不论该企业这种做法是否出于想多提折旧多计费用的目的，仅科目设置这种行为就违反《企业会计准则》关于会计科目设置的规定，应该将该类房屋单独设置"投资性房地产"，编码为1521，该科目下属的"建华小区"等五个明细科目应为一级会计科目下的二级明细科目。

结论：一般企业的明细科目设置到4级就可以满足核算需要，如果相应的账户设置过细，不仅使会计人员难以准确记忆和分类，影响核算效率，还会导致明细科目编码过长，有的编码甚至会超过会计核算软件预设的科目编码长度，从而导致会计软件不能使用。

扩展阅读3-2

房子在会计上的称呼

（二）会计科目的编号

为了便于理解和掌握会计科目，明确会计科目的性质和所属类别，同时也是为了给企业填制会计凭证、登记会计账簿、查阅会计账目、采用会计软件系统等提供便利，正确、迅速地在会计电算化中输入、调用、处理和输出会计科目，《应用指南》对总分类会计科目采用四位数码进行了统一编号，以供企业应用时作为参考。

（1）科目类别码——编码中的千位数（即从左至右的第一个位数），表示会计科目按照经济内容所属的分类类别，也是通常所讲的会计科目大类：千位数的"1"表示资产类、"2"表示负债类、"3"表示共同类、"4"表示所有者权益类，"5"表示成本类、"6"表示损益类。

（2）业务类别码——编码中的百位数（即从左至右的第二个位数），表示会计科目在大类下所属的小类代码，同一小类会计科目核算的内容在业务性质、构成要素、组织管理等方面都具有基本一致或类似的特点。

（3）科目顺序码——编码中的十位数和个位数（即从左至右的第三、第四个位数），表示会计科目在各小类别中的顺序号。我们从表3-1的会计科目中可以看出，《企业会计准则》附录提供的会计科目编码中间存在很多空号，这主要是为了企业如果发生相关类别业务，但又不能在给出的会计科目中进行核算，可以增加设置会计科目及其编号用以核算。

例如表3-1中的"原材料"科目及其编号为"1403"，其中的"1"是指第1大类即资产类科目，其中的"4"是指资产类下面的第4类资产即存货类资产，其中"03"是指该科目在存货类中的科目顺序码。

上述会计科目的编号只是给企业提供了示范性的参考，企业也可结合实际情况自行确定会计科目编号。在实际工作中，很多总分类会计科目都设置了二级、三级甚至四级明细科目，此时企业需要按照一定的规律对各级明细科目自行进行编号。对明细科目编号是在总分类科目编号后相应增加代码，一般从二级科目往下是每级科目用两位数作为代码。

第二节 会计账户

一、账户的性质

账户是会计账户的简称，是以会计科目为依据设置的具有一定格式和结构、可以按照一定方法用来系统、连续地记录交易或事项内容的记账实体或记账载体。会计科目是对财务报表要素具体项目进行再分类结果冠以的名称，在进行会计核算时，不能直接用来记录交易或事项的内容。如果要把交易或事项连续、系统、全面地按照要求记录下来，还必须借助一定的记账实体或载体，这个记账实体或载体就是我们通常所说的账户。

扩展阅读3-3

"账"与"帐"的字义辨析

（一）设置账户的意义

企业设置了相应的会计科目后，可以一一对应地设置账户。设置账户是会计核算系统中的一个专门方法。它是在满足经济管理要求的基础上，以会计科目的名称和性质为直接依据，按照每一个会计科目的核算内容，设置具有专门结构和专门格式的记账实体，规定记录各会计科目增减金额和方向的过程。在实际工作中，并没有严格区分设置会计科目和设置账户的过程，而是把两个方面的设置工作结合在一起直接来处理。因此，实际工作中也很少有人去区分会计科目和账户，有的人就认为二者是同一过程或同一方法。

（二）设置账户的原则

设置账户应遵循以下原则：

（1）够连续系统地反映财务报告要素和整个会计核算对象；

（2）能够满足企业编制和对外提供会计信息的需要，同时满足企业内部决策与管理的需要；

（3）各账户之间在形式和结构上具有统一性，在内容上具有独立性。

二、账户的分类

为了便于正确理解账户的性质，正确运用账户进行记录，有必要对账户的分类进行学习和了解。账户的类别与会计科目的类别一致，同样可以从以下三个方面进行分类。

（一）按照账户核算的经济内容分类

按照账户核算的经济内容，可以分为资产类、负债类、共同类、所有者权益类、成本类、损益类账户（表3-2）。

表3-2　账户按照核算的经济内容分类表

账户类别	代表性账户
资产类账户	"库存现金""银行存款""交易性金融资产""应收票据""应收账款""其他应收款""原材料""库存商品""长期股权投资""固定资产""无形资产""坏账准备"，各类资产的"减值准备""累计折旧""累计摊销"等
负债类账户	"短期借款""应付票据""应付账款""其他应付款""应付职工薪酬""应付利息""应付股利""长期借款""应付债券""长期应付款""专项应付款"等
共同类账户	"衍生工具""套期工具""被套期项目"等
所有者权益类账户	"实收资本""资本公积""盈余公积""本年利润""利润分配""其他综合收益"等
成本类账户	"生产成本""制造费用""劳务成本""研发支出"等
损益类账户	"主营业务收入""主营业务成本""税金及附加""管理费用""销售费用""财务费用""其他业务收入""其他业务成本""投资收益"账户"营业外收入""营业外支出""所得税费用"等

1. 资产类账户

资产类账户用于记录和反映企业资产的增减变动及其结存情况。在该类账户中，按照资产的流动性，又可以分为反映流动资产和反映非流动资产的账户，如"库存现金""银行存款""交易性金融资产""应收票据""应收账款""其他应收款""原材料""库存商品""长期股权投资""固定资产""无形资产"，包括对资产所计提的减值准备以及价值摊销账户，如"坏账准备"，各类资产的"减值准备""累计折旧""累计摊销"等账户。

2. 负债类账户

负债类账户用于记录和反映企业债务的增减变化及其实有金额情况，包括记录和反映流动负债和非流动负债的账户，如"短期借款""应付票据""应付账款""其他应付款""应付职工薪酬""应付利息""应付股利""长期借款""应付债券""长期应付款""专项应付款"等。

3. 共同类账户

共同类账户用于记录和反映企业衍生金融工具、套期保值工具等具有资产负债共同性质项目的增减变化及其实有金额情况，包括金融企业专用的"清算资金往来""货币兑换"和一般企业均可能使用的"衍生工具""套期工具""被套期项目"五个账户。

4. 所有者权益类账户

所有者权益类账户用于记录和反映企业所有者权益的增减变化及其结存金额情况，包括记录和反映有所者投入形成的权益账户："实收资本""其他权益工具""资本公积"，以及企业自身经营积累形成的权益账户："盈余公积""本年利润""利润分配"以及"其他综合收益"等账户。

5. 成本类账户

成本类账户用于记录和反映费用归集、成本计算情况。制造业企业在核算产品成本时可以使用计算直接成本的"生产成本"账户，和用于归集、计算和分配共同成本的"制造费用"账户；在核算劳务成本时可以使用"劳务成本"；在核算无形资产研发成本时可以使用"研发支出"账户；施工企业可以使用"工程施工""工程结算""机械作业"等账户进行核算。

6. 损益类账户

损益类账户用于记录和反映与当期损益有直接配比关系的收入和费用账户，包括：用来核算营业损益的"主营业务收入""主营业务成本""税金及附加""管理费用""销售费用""财务费用"等账户；核算其他业务损益的"其他业务收入""其他业务成本"账户；核算对外投资所获得的收益情况的"投资收益"账户；核算营业外损益的"营业外收入""营业外支出"账户；以及核算所得税费用的"所得税费用"账户等。

（二）按照账户的经济用途分类

按照账户的经济用途，可以分为盘存类、结算类、资本类、成本计算类、集合分配类、跨期摊配类、收益类、费用支出类、财务成果类、调整类、计价对比类等账户（表3-3）。

表3-3 账户按照核算的经济用途分类表

账户类别	代表性账户
盘存类账户	"库存现金""原材料""银行存款""交易性金融资产""库存商品""固定资产"
结算类账户	"应收票据""应收账款""其他应收款""应付票据""应付账款""其他应付款""短期借款""长期借款""专项应付款"
资本类账户	"实收资本""资本公积""盈余公积"
成本计算类账户	"材料采购""生产成本"
集合分配类账户	"制造费用"
跨期摊配类账户	"长期待摊费用"
收益类账户	"主营业务收入""其他业务收入""投资收益""营业外收入"
费用支出类账户	"主营业务成本""税金及附加""其他业务成本""营业外支出""管理费用""销售费用""财务费用""所得税费用"
财务成果类账户	"本年利润"
调整类账户	"坏账准备""累计折旧""固定资产减值准备""材料成本差异""商品进销差价"
计价对比类账户	"固定资产清理"

1. 盘存类账户

盘存类账户也称为盘点账户，用于记录和反映可以通过盘存方法确定财产物资实际结存金额的账户，如"库存现金""原材料""银行存款""库存商品""固定资产"等账户。

2. 结算类账户

结算类账户用于记录和反映企业与其他经济实体之间的债权债务发生与结算情况的账户，如：反映企业债权的"应收票据""应收账款""其他应收款"账户等，反映企业债务的"应付票据""应付账款""其他应付款""短期借款""长期借款""专项应付款"

等账户。另外还有一种具有债权债务共同性质的账户，如企业根据需要可以设置的"内部往来"账户。

3. 资本类账户

资本类账户也称为所有者投资账户，用于记录和反映投入资本增减变化和期末结余情况的账户，如"实收资本""资本公积""盈余公积"等账户。

4. 成本计算类账户

成本计算类账户用于记录和反映企业生产经营过程某一阶段发生的全部费用，并据以确定有关成本计算对象的实际成本的账户，如采购过程的"材料采购"、生产过程的"生产成本"等账户。

5. 集合分配类账户

集合分配类账户用于记录和反映企业生产经营过程中某一方面费用归集与分配过程的账户，如"制造费用"账户。

6. 跨期摊配类账户

跨期摊配类账户也称为跨期摊提账户，用于记录和反映在相连接的几个会计期间分摊费用或提取的账户，如"长期待摊费用"账户。

7. 收益类账户

收益类账户用于记录和反映企业生产经营过程中取得各项收入的账户，如"主营业务收入""其他业务收入""利息收入""投资收益""营业外收入"等账户。

8. 费用支出类账户

费用支出类账户用于记录和反映企业生产经营过程中发生费用的账户，如"主营业务成本""税金及附加""其他业务成本""营业外支出""管理费用""销售费用""财务费用""所得税费用"等账户。

9. 财务成果类账户

财务成果类账户用于记录和反映企业一个生产经营周期或一个会计期间结束后的最终经营成果的账户，如"本年利润"账户。

10. 调整类账户

调整类账户用于按照相关规定调整有关资产等要素金额的账户。对应地，作为调整对象的账户则可以称为被调整账户。通常，按照调整方式不同，调整账户可以分为备抵账户、附加账户、备抵附加账户三种。

备抵账户，也称为抵减账户，以抵减的方式对被调整户进行调整。比如"坏账准备"是"应收账款"的备抵账户，"累计折旧""固定资产减值准备"是"固定资产"的备抵账户，其他各种"减值准备"账户是对应资产账户的备抵账户。备抵账户与被调整账户之间存在以下计算关系：

被调整账户的实际余额＝被调整账户的账面余额－备抵账户的余额

附加账户，以附加的方式对被调整户进行调整。附加账户与被调整账户之间存在以下计算关系：

被调整账户的实际余额＝被调整账户的账面余额＋附加账户的余额

备抵附加账户，根据该账户的余额方向不同，以抵减或附加方式对被调整账户进行调整，如"材料成本差异""商品进销差价"账户分别是"原材料""库存商品"的备抵附加账户。备抵附加账户与被调整账户之间存在以下计算关系：

被调整账户的实际余额＝被调整账户的账面余额 ± 备抵或附加账户的余额

11. 计价对比类账户

计价对比类账户在同一账户的不同方向，按照不同的计价标准记录相关交易或事项，并将不同的计价结果进行比较用于确定业务活动成果的账户称为计价对比类账户，如"固定资产清理"账户。

（三）按照账户核算信息的详略程度分类

按照账户提供核算信息的详略程度，可以分为总分类账户和明细分类账户。相关内容可以参照本章第一节的相关内容。

除此之外，账户还可以按照所体现经济内容是否具有实体情况分为实账户和虚账户。实账户是指在核算中能够体现资产、债权债务人、投资人等具有实际存在实体，并且期末可以存在余额的经常性存在的账户。各种资产类、负债类、所有者权益类、共同类、成本类均属于实账户类。虚账户是指在核算中没有对应的实际存在实体，只是为了会计信息的需要而存在于观念上且期末不应有余额的账户。这类账户一般是指各种损益类账户，是为了反映企业一定会计期间收入、费用的实现情况，并最终确定该期间经营成果而设置的账户，待本期损益计算工作完成后所有记录的结果都将结清，无余额存在，下一会计期间使用时需要重新设置，而发生的具体内容体现在资产或负债类之中，在本类账户中没有对应的实体内容。

三、账户的结构

账户结构是指账户各组成部分的构成要素以及各要素之间的关系。会计人员可以通过使用账户结构，在每个组成部分中记录并反映交易或事项对会计科目影响的增加、减少金额及期末结余金额。

（一）账户的基本结构

账户的基本结构是指账户中各构成要素按照一定的关系或逻辑形成的组合状态，具体地说，就是账户中需要记录交易和事项的名称、时间、金额的排列布局，以及通过使用记账符号、记账方向、记账规则等使得金额能够得到连续、准确表示的逻辑关系。尽管各账户核算内容不相同，但是所有的账户都有一个共同的基本结构模式，这是账户结构的共性。账户的基本结构都可以从以下两个方面认识。

1. 一般账户基本结构

一般账户基本结构包括用于记录交易或事项增减金额的左方、右方和余额方，见表3-4、表3-5 所示结构。至于是左方记录交易或事项的增加数（或减少数），还是右方记录交易或事项的增加数（或减少数），这要由该账户的性质和记账方法来决定。

表 3-4 一般账户的结构（带数位分隔线的实体账户）

账户名称

年		凭证字号	摘要	左方									右方									借或贷	余额								
月	日			百	十	万	千	百	十	元	角	分	百	十	万	千	百	十	元	角	分		百	十	万	千	百	十	元	角	分

说明：本表账页的两条平行波纹线代表此处省缺了若干相同的行。以下各表的账页如有波纹线均同此含义。

表 3-5 一般账户结构（不带数位分隔线的实体账户）

账户名称　　　　　　　　　　　　　　　　　　　　　第　　页

年		凭证编号	摘要	左方	右方	余额方向	余额
月	日						
1	2	3	4	5	6	7	8
×	1						期初余额
×	31		本期发生额合计及余额	本期发生额	本期发生额		期末余额

注：第 1 栏和第 2 栏为"日期"栏，用来记录会计人员对交易或事项的处理时间；
第 3 栏"凭证编号"栏，用来记录交易或事项所依据的记账凭证号码；
第 4 栏"摘要"栏，用来描述对交易或事项发生情况的扼要说明；
第 5 栏和第 6 栏，用来记录增加或减少的金额；
第 7 栏"余额方向"栏，用来说明本行记录的余额所在的记账方向；
第 8 栏"余额"栏，用来登记本账户的期初期末余额。

2. 借贷记账法下账户的基本结构

具体内容参见第四章第一节的借贷记账法。

（二）账户左右方向与记录增减金额的关系

任何一个账户的左方和右方是按照相反方向来分别记录增加数和减少金额。也就是说，如果一个账户的左方记录交易或事项的增加数，那么它的右方就记录减少数。

对于每一个账户而言，可以在它的左方或右方连续地记录许许多多的交易或事项金额，会计上把记录每一个业务的金额称为业务发生额，把在一个会计期间内按照账户左方或右方所记录的各项交易或事项金额的合计数称为本期发生额。

账户的余额要根据一定期间内所记录的增减变化结果而定，包括期初余额和期末余额，本期的期末余额就是下期的期初余额。另外，按照记账要求，账户每一行只登记一个交易或事项的金额，并需要计算出本行记录交易或事项发生后的余额（即本行余额）。一般来说，一个账户正常的余额所在方向与记录增加数据的方向一致。任何一个时期的期末余额可以根据期初余额和当期发生的增加额、减少额用下列公式（称为"结账公式"）计算确定：

$$期末余额＝期初余额＋本期增加发生额－本期减少发生额$$

（三）简化式账户结构

为了教学和学习便利，可采用账户的简化格式，如图3-1、图3-2所示。这种简化格式的主体结构与中文的"丁"字或英文字母大写的"T"字相仿，因此称为"丁"字账或"T"型账，也叫"T"字账，本教材一律使用"'T'型账"。在"T"型账中，同样存在左方、右方和余额方，并且左右方按照相反方向来记录财务报表要素具体项目增加和减少金额。

（左方）	账户名称	（右方）
期初余额		
本期增加		本期减少
本期增加发生额合计		本期减少发生额合计
期末余额		

图 3-1　"T"型账户结构（一）

（左方）	账户名称	（右方）
		期初余额
本期减少		本期增加
本期减少发生额合计		本期增加发生额合计
		期末余额

图 3-2　"T"型账户结构（二）

四、账户与会计科目的关系

在实际工作中，往往对账户和会计科目两个概念不加区分，有的甚至认为二者为同一概念。从理论上看，账户和会计科目是两个既相互联系又存在区别的概念，为了规范使用会计术语和规范会计核算行为，应该正确区分这两个概念。

账户和会计科目之间的联系表现为：①二者的经济内容相同，都是会计对象的具体内容，即对财务报表要素的具体分类；②使用二者的目的相同，都是为了能够系统地记录各种交易或事项，反映财务报表要素具体项目的增减变化情况；③会计科目是账户的设置依据，一个会计科目可以对应地设置一个账户。

账户和会计科目之间的区别表现为：①二者体现为"名"和"实"的差别，即会计科目是被核算要素的名称，账户是被核算要素的实体，同样可以理解为会计科目是账户的名称，账户是会计科目的实体；②二者体现为"形式"和"内容"的差别，即会计科目是被核算要素的形式，账户是被核算要素的内容；③二者设置的依据和程序的差异，即为了核算财务报表要素增减变化情况，首先要依据财务报表要素的具体内容分类设置会计科目，然后根据会计科目再设置账户；④二者体现为结构和格式上的差异，会计科目本身不存在结构和格式问题，账户则存在一定的结构和格式。

扩展阅读3-4

会计科目和账户是一样的吗

练 习 题

一、目的：

准确理解会计科目性质及其分类。

二、资料：

远东飞机工业有限公司主要生产各种军用及民用飞机类产品。其中军用飞机类产品包括歼击机、强击机、轰炸机、直升机、预警机和军用无人机六类：歼击机包括J7、JH7、J8、J9、J10五种型号；强击机包括L10、L11、L12三种型号；轰炸机包括轰-5、轰-6、轰-7三种型号；直升机分为作战直升机和运输直升机两类，其中作战直升机包括直-6、直-5、直-8三种型号，运输直升机包括直-9、直-11、直-15三种型号；预警机包括E1、E2、E3、E10四种型号；军用无人机分为战略远程轰炸无人机和无人侦察机（各一个型号）。民用飞机类产品包括客运机、货运机和民用无人机三类：客运机包括C110、C120、C130、C150、C160五种型号；货运机包括运-7和运-9两种型号；民用无人机分为消防无人机（仅一个型号）和农业无人机：农业无人机包括无人播种机和无人农药机两类。

三、要求：

请对远东飞机工业有限公司的库存商品总分类科目及明细科目进行分类和编码。

第四章
借贷记账法及应用

学习提示

重点：借贷复式记账法的应用规则，账户格式设置要求，会计分录及其对应关系，借贷记账法在制造业的应用。

难点：筹资环节的会计业务处理，供应环节的会计业务处理，生产环节的会计业务处理，利润分配环节的会计业务处理，销售环节的会计业务处理。

导入案例

小王是会计学专业在校大学生，他利用业务时间在学校的便利店勤工俭学，主要工作就是帮助老板记账。202×年9月6日，便利店采购了一批陈列商品的货架，银行转账支付3 000元。对于这笔交易，他面临着两种不同的记录方式：一种是只记录银行存款减少3 000元；另一种是不仅记录银行存款减少3 000元，还记录固定资产（货架）增加3 000元。

分析和讨论：①这两种记录方式有何不同？②小王应该采用哪种记录方式比较合适？

第一节　借贷记账法

一、复式记账法

（一）会计记录方法及其种类

为了对财务报表要素进行核算和监督，在设置账户之后，需要采用一定的记账方法将交易或事项发生的金额登记在账户之中。记账方法是指会计在核算中利用账户记录交易或事项的具体手段和方式。会计记账方法有单式记账法和复式记账法。在近代会计产生之前，世界上普遍采用单式记账法，到12—13世纪时期，复式记账法才在单式记账法的基础上演变而来，得以萌芽和产生，到15世纪时期，复式簿记已经发展得比较完善和成熟，形成了完整的理论体系。1494年，意大利著名数学家卢卡·帕乔利在其所著的《算术、几何、比及比例概要》一书中系统地论述了复式记账法的基本理论和应用原理。同时随着复式记账法被普遍推广应用，单式记账法逐步失去了它原有的会计市场，慢慢地退出会计历史舞台。

为了更好地理解和掌握复式记账法，有必要首先简单回顾和了解复式记账法的演变基础——单式记账法。

扩展阅读4-1

复式记账法的演变

1. 单式记账法的含义

单式记账法是对发生的交易或事项引起的财务报表要素增减变化，在一个账户中进行单方面记录的一种记账方法。单式记账法通常仅用来记录货币资金、债权、债务的增减变化，而对引起这种变化的原因所表现的其他要素的变化不做记录。在单式记账法下，通常只设置"库存现金""银行存款""应收账款""应付账款"等少数账户。

【例4-1】运用单式记账法对以下业务进行记录：

业务（1）：用银行存款购买原材料60 000元。

分析：由于购买行为的发生，一方面导致银行存款减少60 000元，另一方面导致原材料增加60 000元。在单式记账法下只记录"银行存款"账户减少60 000元，而不记录"原材料"账户增加60 000元。如果需要核实原材料的结存数量和价值，只有等到对原材料盘存后方可查明。

业务（2）：销售产品100 000元，取得的款项存入银行。

分析：由于销售行为的发生，一方面导致银行存款增加100 000元，另一方面导致主营业务收入增加100 000元。在单式记账法下只记录"银行存款"账户增加100 000元，而不记录"主营业务收入"账户增加100 000元。至于说需要核实一段时期以来的主营业务收入情况，只有等到对产成品的增减结存盘点后方可查明。

可以看出，单式记账法虽然记账时仅记录一个账户，简化了会计记账工作量，但是它存在以下缺点：①不利于考核和分析有关业务数据；②各个记录的数据之间不存在牵制关系，一旦记录错误，不易查找；③不能反映每个交易或事项的来龙去脉；④由于其账户体系不完整，因此，单式记账法所记录的数据也是不完整的，不符合现代会计核算要求和信息质量要求。

扩展阅读4-2

我国古代单式记账法的发展

2. 复式记账法的含义

复式记账法是单式记账法的对称，也称为复式簿记，它是把发生的交易或事项以相等的金额，同时在两个或者两个以上的账户中相互联系、相互制约地进行登记的会计记账方法。

复式簿记应当具有下列基本特征：①采用复式会计分录，对每一经济事项都必须同时做出相对应的两笔记录；②采用科学的会计科目体系。按照会计科目体系建设账户体系，并通过这一账户体系统率一切复式记录；③采用科学系统的账簿组织；④根据经济活动的连环性，确定复式记账原理；根据复式记账原理，建立会计平衡公式；根据会计平衡公式检验全部经济账目；⑤要有比较健全的会计方法体系。

【例4-2】按照定义所述的要求，对例4-1给出的两个业务，运用复式记账法进行记账。

业务（1）分析：在复式记账法下，一方面要记录"银行存款"账户减少60 000元，同时要记录"原材料"账户增加60 000元。这样，既可以根据"银行存款"账户及时查明银行存款的结余数，又可以根据"原材料"账户查明其结存数量和价值。

业务（2）分析：在复式记账法下，一方面要记录"银行存款"账户增加100 000元，同时要记录"主营业务收入"账户增加100 000元。这样，既可以及时查明银行存款的结余数，又可以根据所记录的"主营业务收入"账户查明收入的总体实现情况。

与单式记账法相比，复式记账法具有如下优点。

（1）设置了完整的账户体系，能够完整、全面地反映交易或事项的发生情况。

（2）至少在两个对应账户中进行记录，使得交易或事项的来龙去脉关系在账面上一目了然。

（3）对于每一笔交易或事项至少在两个账户中进行"等额"记录，因此形成了账户与账户之间的数据"等额"牵制关系，有利于及时发现记录错误和进行试算平衡。

（4）有利于对交易或事项的分析、考核和控制，是现代会计监督和经济管理所采用的科学方法。

（二）复式记账法的理论依据

复式记账法是以事物相互联系的哲学原理为逻辑基础，以会计等式为理论基础演绎而成的。事物普遍联系的哲学原理告诉我们，任何一个事物的存在和发生都不是孤立的，它必然和其他事物相互联系，任何事物的形成都存在因果关系，都可以表现为内容与形式的统一。会计恒等式的基本内容告诉我们，一个交易或事项的发生必然影响一个方面财务报表要素的增减变化，同时会影响至少另一个与之相关联财务报表要素以相同金额的增减变化，只有这样才能保持各财务报表要素之间的数学恒等关系。

据此形成下列记录交易或事项的思路：①设置相应的多个相互关联的账户，直至设置全部的、科学的账户体系；②对于每一笔交易或事项的发生，在相关联的账户中分别以相同的金额做出双向记录。采用这种方法记录交易或事项不仅是科学的，而且是可行的，由此，复式记账法的核心内容就得以建立起来。

（三）复式记账法的种类

复式记账法原理形成以后，在实践中被各个国家广泛采用，并形成很多做法，这些做法后来就成为理论上所说的复式记账种类，归纳起来主要有以下几种。

1. 增减记账法

它是以"增"和"减"为记账符号，把发生的交易或事项所引起财务报表要素的增减变动，以相等的金额，同时在两个或者两个以上的账户中，相互联系、相互制约地进行登记的一种复式记账方法。其优点是容易理解掌握；其缺陷是需要借助增加减少两类账户的差额进行试算平衡，不利于会计工作检查核对。这是我国20世纪中期所创造并首先在商业企业全面采用的方法，后来曾被全国除了金融、行政事业单位、农业等以外的所有企业采用，随着我国改革开放和市场经济体制的建立，该方法因是自身存在的无法克服的缺陷而被借贷记账法所取代。

2. 收付记账法

它是以"收"和"付"为记账符号,把发生的交易或事项所引起财务报表要素的增减变动,以相等的金额,同时在两个或者两个以上的账户中,相互联系、相互制约地进行登记的一种复式记账方法。这个方法是在我国封建社会中式簿记的基础上演变而来的,新中国成立后又根据具体应用单位将其分为资金收付记账法(我国的事业单位曾经全面采用过)、库存现金收付记账法(我国的金融单位曾经采用过)、财产收付记账法(农业单位曾经全面采用过)等,目前均已停止使用。

3. 借贷记账法

它是以"借"和"贷"为记账符号,把发生的交易或事项所引起财务报表要素的增减变动,以相等的金额,同时在两个或者两个以上的账户中,以相反的记账方向,相互联系、相互制约地进行登记的一种复式记账方法。这种方法是目前世界上广泛采用的记账方法,我国1992年颁发的《企业会计准则》规定"会计记账采用借贷法记账",这是为了适应我国会计改革与国际会计惯例接轨的需要。从1993年7月1日起,我国各类企业包括事业单位等其他行业都全面采用借贷记账法。

我国引进借贷记账法的历程

二、借贷记账法的基本原理

借贷记账法与其他复式记账方法相比较,在记账符号、账户设置、账户结构、记账规则等方面都有着一定的不同。

(一)借贷记账符号的含义

根据借贷记账法的定义,其记账符号是"借"和"贷",据以记录财务报表要素的增减变化。

作为记账符号的"借、贷"二字,最初的出现与货币的借贷存在着密切的关系。12—13世纪时期意大利佛罗伦萨及其他一些城市的银行开办者(借贷资本家)把货币作为商品进行经营,他们以借主的名号作为设置"人名账户"的依据,在账页上垂直划分栏目,并上下对称确定记账地位,上方为借主之地位,下方为贷主之地位。借贷资本家把贷出的款项记录在"借主"(debitor,简写为 Dr.)的名下,表示自身债权的增加(应收款);把借入的款项记录在"贷主"(creditor,简写为 Cr.)的名下,表示自身债务的增加(应付款)。这时的借贷含义与账目的表示方法是一致的,因此当时的"借、贷"二字还不是记账符号。随着时间的推移和商品经济的日益发展,交易或事项越来越复杂,借贷资本家应记录的交易或事项不仅仅包括以前的货币借贷业务,而且还包括财产物资、经营损益、经营资本等诸多方面。为了使得对每一类业务都能进行记录,又要保证对每一个方面业务的记账方式一致,借贷资本家开始用"借"和"贷"记录货币资金和非货币资金业务。这样,"借"和"贷"二字逐渐失去了原来的经济含义,进而转化为一种纯粹的记账符号,变成专门的会计术语。在 15 世纪，借贷记账法被用来反映资本的存在形态和所有者权益的增减变化情况，使得借贷记账法得以完善。

复式记账法成熟以后，"借"和"贷"记账符号逐渐具有特定的经济含义，主要用来表示记录财务报表要素的增加金额或减少金额。至于"借"和"贷"在什么情况下表示为增加，什么情况下表示为减少，完全取决于账户性质的不同。但是，在同一账户中，当"借"表示为增加时，"贷"必然表示为减少，反之亦然。"借"和"贷"在不同性质的账户中的具体含义见表 4-1。

表 4-1　"借"和"贷"含义表

账户类别	借的含义	贷的含义	余额方向
资产类	增加	减少	借
负债类	减少	增加	贷
共同类	增加或减少	减少或增加	借或贷
所有者权益类	减少	增加	贷
成本类	增加	减少	借或无
损益类中的收入类	减少	增加	无
损益类中的费用类	增加	减少	无

说明：①共同类账户的期末余额如果出现在借方表明该账户的结存金额是一种资产实有额，如果出现在贷方表明是负债。②成本类账户如果期末有余额表明是在产品金额。对于制造企业而言，成本类的"制造费用"账户期末应无余额。

【案例 4-1】老会计的困惑案例

某小型企业 2022 年聘请了一名当年退休的会计人员记账，他在 1992 年之前曾一直在事业单位担任会计，1992 年由于工作需要调离会计岗位直至 2021 年退休。该人受聘后处理的第一笔业务是企业购买原材料业务，他把金额分别记入"原材料"收方和"银行存款"付方。他认为企业用自己的资金购买材料，不是从银行贷款购买的，因此不能将金额记入"银行存款"的贷方。你如何评价这名会计人员的意见？你认为他形成这种意见有什么历史原因？你对企业聘请该会计人员有何想法？

分析：首先企业聘请会计人员应该是具有会计岗位从业资格的，这名"老会计"在 1992 年之前就转入其他岗位，一直到 2021 年都没有从事会计工作，按照有关规定他是不具备会计从业资格的。如果企业聘请这种"会计人员"将会严重影响企业内部财务业绩评价、财务决策、对外报告、涉税事项等各项工作。

由于该会计人员在 1992 年之前从事事业单位会计工作，当时事业单位一直采用的收付记账法，在他的观念中资金收入计入"收方"，资金付出计入"付方"已经根深蒂固。1993 年我国实行会计制度改革并开始与西方财务会计接轨，根据当时我国会计准则的规定，从 1993 年 7 月 1 日起，我国各类企业包括事业单位等其他行业都开始全面采用借贷记账法。显然这位老会计由于调离财务岗位而并不清楚这种变革，所以会在若干年后的 2022 年仍试图采用他仅掌握的资金收付记账方法。

该会计人员对借贷记账法仅仅按照"借""贷"的字面意思进行理解，他的理解完全错误。

（二）借贷记账符号在各类账户应用中的含义

借贷记账法的账户主要是按照会计科目进行设置，即包括资产类、负债类、共同类、所有者权益类、成本类、损益类。如果有必要，企业还可以设置一些具有双重性质的账户，如"内部往来""其他往来"等账户，这些账户需根据它们的期末余额来确定所属类别。

借贷记账法下的账户结构需要遵循一般账户结构的规律，包括用于记录交易或事项增减金额的借方、贷方、余额方，见表4-2、表4-3所示。

表4-2 借贷记账法下账户基本结构（有数位分隔线的实体账户）

账户名称

年		凭证		摘要	借方								贷方								借或贷	余额							
月	日	字	号		百	十	万	千	百	十	元	角	分	百	十	万	千	百	十	元	角	分		百	十	万	千	百	十	元	角	分

表4-3 借贷记账法下账户基本结构（无数位分隔线的实体账户）

账户名称　　　　　　　　　　　　　　　　　　　　　　　　第　　页

年		凭证号	摘要	借方	贷方	借或贷	余额
月	日						

对于借贷记账法下设置账户基本结构需要注意以下几个方面。
（1）按照国际惯例，每个账户的左方为借方，右方为贷方。
（2）各账户的期初余额、期末余额与账户记录增加金额的所在方向一致。

三、借贷复式记账法的应用要求

（一）账户格式设置要求

以下按照各种性质的账户分别说明其结构、基本内容以及基本的记账方式。

1. 资产类账户结构

资产类账户的借方（左方）表示各类资产在本期增加的金额，贷方（右方）表示各类资产在本期减少的金额，期末余额在该类账户的借方，表示期末持有资产的实有金额。资产类账户的一般格式和基本结构可以分别参见表4-4和图4-1。资产类账户期末余额的计算公式如下：

资产类账户期末余额＝期初余额（借方）＋本期借方（增加额）合计－本期贷方（减少额）合计

表4-4 资产类账户结构的一般格式

账户名称　　　　　　　　　　　　　　　　　　　　　　　　　　　　　第　页

年		凭证号	摘要	借方（增加方）	贷方（减少方）	借	余额
月	日						
1	2	3	4	5	6	7	8

说明：其中第7栏是余额方向栏，其"借"表示为期初余额和期末余额在借方。

（左方：借方）		资产类账户名称	（右方：贷方）	
期初余额	×××			
本期增加	×××	本期减少	×××	
	×××		×××	
	×××		×××	
本期借方合计	×××	本期贷方合计	×××	
期末余额	×××			

图4-1 资产类"T"型账户的基本结构

2. 负债类账户和所有者权益类账户结构

负债类账户和所有者权益类账户结构完全一致，这两类账户的借方表示各类负债或所有者权益在本期减少的金额，贷方表示各类负债或所有者权益在本期增加的金额，期末余额在该类账户的贷方，表示期末未偿还的负债或所有者权益的实有金额。负债和所有者权益类账户的基本结构可以分别参见表4-5和图4-2。负债和所有者权益账户期末余额的计算公式如下：

负债和所有者权益类账户期末余额＝期初余额（贷方）＋本期贷方（增加额）合计－本期借方（减少额）合计

表4-5 负债和所有者权益类账户结构的一般格式

账户名称　　　　　　　　　　　　　　　　　　　　　　　　　　　　　第　页

年		凭证号	摘要	借方（减少方）	贷方（增加方）	贷	余额
月	日						
1	2	3	4	5	6	7	8

说明：其中第7栏是余额方向栏，"贷"表示为期初余额和期末余额在贷方。

（借方）		负债和所有者权益类账户名称	（贷方）
		期初余额	×××
本期减少	×××	本期增加	×××
	×××		×××
	×××		×××
本期借方合计	×××	本期贷方合计	×××
		期末余额	×××

图 4-2　负债和所有者权益类"T"型账户的基本结构

3. 共同类账户结构

由于共同类账户同时具有资产、负债账户的性质，因此在记录过程中需要根据交易或事项的发生情况以及该账户的期末余额情况分析确定。期末余额在借方，表明它是资产类账户，以后对发生的交易或事项就按照资产类账户结构进行记录；期末余额在贷方，表明它是负债类账户，以后对发生的交易或事项就按照负债类账户结构进行记录。

4. 成本类账户结构

成本类账户的结构与资产类的账户结构基本一致，在成本类账户中，"生产成本"账户与资产类账户完全一致；"制造费用"账户由于在会计期末要把汇集的各项费用按照一定的标准分配到"生产成本"账户中，所以"制造费用"账户期末一般没有余额。成本类账户的格式和结构可以参考表 4-6 和图 4-3。

表 4-6　成本类账户结构的一般格式

账户名称　　　　　　　　　　　　　　　　　　　　　　第　　页

年		凭证号	摘要	借方 （增加方）	贷方 （减少方）	借	余额
月	日						

说明：如果成本类账户有期初或期末余额的，余额在借方。

（借方）		成本类账户名称	（贷方）
期初余额	×××		
本期增加	×××	本期减少	×××
	×××		×××
	×××		×××
本期借方合计	×××	本期贷方合计	×××
期末余额	×××		

图 4-3　成本类"T"型账户的基本结构

5. 损益类账户结构

（1）收入和收益类账户结构。它们的账户结构与负债类、所有者权益类的账户结构一致，借方记录各类收入在本期减少的金额或转出金额，贷方记录各类收入在本期增加的金额，期末经结账后一般没有余额。这主要是因为到会计期末，需按规定把全部收入转出并与费用比较，计算当期最后财务成果。该类账户的格式和基本结构见表 4-7 和图 4-4。

表 4-7　收入和收益类账户结构的一般格式

账户名称　　　　　　　　　　　　　　　　　　　　第　页

年		凭证号	摘要	借方（减少方）	贷方（增加方）	贷	余额（期末无余额）
月	日						
						平	

（借方）	收入和收益类账户名称		（贷方）
		期初余额	0
本期减少	×××	本期增加	×××
	×××		×××
	×××		×××
本期借方合计	×××	本期贷方合计	×××
		期末余额	0

图 4-4　收入和收益类"T"型账户的基本结构

（2）费用和支出类账户结构。它们的账户结构与资产类、成本类的账户结构一致，借方记录各类费用和支出在本期增加的金额或转入金额，贷方记录各类费用和支出在本期减少的金额或转出金额，期末经结账后一般没有余额。同样是因为到会计期末，需按规定把全部费用转出并与收入比较，计算当期最后财务成果。该类账户的格式和基本结构见表 4-8 和图 4-5。

表 4-8　费用和支出类账户结构的一般格式

账户名称　　　　　　　　　　　　　　　　　　　　第　页

年		凭证号	摘要	借方（减少方）	贷方（增加方）	贷	余额（期末无余额）
月	日						
						平	

（借方）	费用支出类账户名称		（贷方）
期初余额	0		
本期增加	×××	本期减少	×××
	×××		×××
	×××		×××
本期借方合计	×××	本期贷方发合计	×××
期末余额	0		

图 4-5　费用和支出类"T"型账户的基本结构

（二）借贷复式记账法的应用规则

在借贷记账法下，根据其应用的基本规律，可将其记账应用规则描述为"有借必有贷、借贷必相等"。这一规则的基本内容是：①把业务发生的金额计入一个账户借方的同时，必然要计入另一个（或几个）账户的贷方；反之，把业务发生的金额计入一个账户贷方的同时，必然要计入另一个（或几个）账户的借方。②计入账户借方的金额与计入贷方的金额必然相等。

1. 对借贷记账法应用规则的论证

（1）从会计恒等式方面进行论证。会计恒等式理论告诉我们：①交易或事项的发生会引起恒等式左右两边财务报表要素同时增加或同时减少。这要求我们必须在记账时用一个账户记录等式左边财务报表要素受影响的金额，同时也要用另一个（或几个）账户记录等式右边财务报表要素受影响的金额，并且两边记账金额是一致的。②当交易或事项的发生仅影响会计恒等式左边（或右边）的有关财务报表要素时，必然是一个项目在数量上增加，同时另一个减少，在记账时仍然需要使用两个或两个以上账户进行相等金额的记录。

（2）从复式记账原理方面进行论证。作为复式记账方法的一种，借贷记账法需遵循复式记账法的一般规律，对发生的交易或事项，必须相互联系地在两个或者两个以上的账户中记录受影响的财务报表要素项目，同时记录的金额必须相等。

（3）从借贷记账法的账户结构方面进行论证。借贷记账法的账户结构告诉我们：任何一个账户分为借方、贷方和余额。按照这种账户结构，在记录交易或事项时，把交易或事项发生的金额记录到对应的账户的借方，同时必须把交易或事项发生的金额记录到另一个（或几个）账户的贷方，而且双方金额必须一致。反之亦然。

（4）从交易或事项对财务报表要素的影响和账户结构方面同时进行理解（或论证）。交易或事项对财务报告要素影响的情形如图4-6。

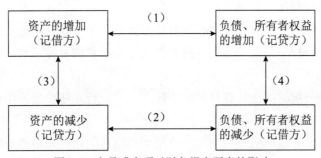

图4-6 交易或事项对财务报表要素的影响

第一类交易或事项引起资产和负债或所有者权益的同时增加。结合账户的结构分析，对这类业务进行记录时，一方面要将发生的金额记录到资产类账户的借方，另一方面同时要以相同金额记录到负债或所有者权益账户的贷方。

第二类交易或事项引起资产和负债或所有者权益的同时减少。结合账户的结构分析，对这类业务进行记录时，一方面要将发生的金额记录到资产类账户的贷方，另一方面同时以相同金额记录到负债或所有者权益账户的借方。

第三类交易或事项引起资产一增一减。结合账户的结构分析，对这类业务进行记录时，一方面要将发生的金额记录到某一资产类账户的借方，另一方面同时以相同金额记录到另一个资产类账户的贷方。

第四类交易或事项引起负债或所有者权益一增一减。结合账户的结构分析，对这类业务进行记录时，一方面要将发生的金额记录到某一负债或所有者权益类账户的贷方，同时以相同金额记录到另一个负债或所有者权益类账户的借方。

以上四个方面的理解（或论证）从不同角度说明了借贷记账规则的依据、逻辑，充分说明了"有借必有贷，借贷必相等"的科学内涵。

2. 借贷记账法应用规则下的交易或事项类型

结合财务报表要素和账户类型，可以将把交易或事项计入资产、负债、所有者权益、成本和损益类账户借贷方的情形分成图4-7所描述的四种情况。

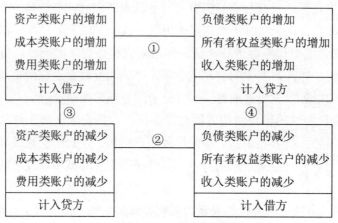

图4-7 借贷规则下的交易或事项类型

3. 借贷记账法应用规则的基本程序

第一步，正确分析交易或事项对哪些财务报表要素的增减变化具有影响。

第二步，正确分析交易或事项对各财务报表要素的哪些具体项目（即会计科目）增减变化具有影响。

第三步，正确使用这些会计科目对应的账户，并分析在哪些账户中记录增加金额、在哪些账户中记录减少金额。

第四步，正确分析这些账户的性质（类别）和结构如何，将增加金额计入在某一账户的借方（或贷方），同时将减少的金额计入在对应账户的贷方（或借方），然后进行记账。

【例4-3】远东飞机工业有限公司202×年4月份发生这样一笔交易或事项：

1日，收到M公司归还的前欠货款600 000元，存入银行。

分析：本业务影响银行存款的增加，同时影响应收账款减少，因此应分别将600 000元计入"银行存款"账户的借方和"应收账款"账户的贷方。登记到"T"型账户如下：

借方	应收账款	贷方		借方	银行存款	贷方
期初余额				期初余额		
	600 000			600 000		
本期借方发生额		本期贷方发生额		本期借方发生额		本期贷方发生额
期末余额				期末余额		

以上登记的是一种标准格式"T"型账户，为了简便起见，这种标准"T"型账户还可以画成一种极简格式的"T"型账户，仅需在"T"型账户中写出账户名称、借贷方向和本期的发生额。例如可以将【例 4-3】的交易或事项登记到如下极简格式"T"型账户。

借方	应收账款	贷方		借方	银行存款	贷方
		600 000		600 000		

四、会计分录

（一）会计分录的格式

会计分录是指对发生的交易或事项，以账户对应关系、记账方向、记账金额为主要结构和内容编制的，具有专门格式的作为记账和检查依据的一种会计处理形式。会计分录实际上也可以说是会计记账凭证的简化格式。会计分录的格式如下：

借：账户名称　　　　　（金额）

　　贷：账户名称　　　　　（金额）

在会计分录中，"借："表示借方，"贷："表示贷方，借方记录和贷方记录应分为两行，且贷方应比借方后退一个字，以示区分借贷方向。"借："和"贷："之后紧跟填写账户名称，然后后退几个字与账户名称分离填写金额，且贷方金额应与借方金额错开。在借方或贷方所用账户为两个或两个以上时，所用账户填写应按照第一个账户左对齐，而所有借方或贷方账户的金额应按个位数右对齐。按照这种格式编制的会计分录，可以清晰地看出借贷方向和账户对应关系。在西方国家的会计教材中，一般不写"借："和"贷："，而用这种错开的方式来表示。

（二）会计分录中体现的账户对应关系

账户对应关系是指采用借贷复式记账法时，交易或事项发生后影响的两个或两个以上对应账户之间的关系。在借贷记账法下，这种账户对应关系表现为交易或事项发生后影响的两个或两个以上账户之间的应借应贷关系。账户对应关系可以如实反映交易或事项的真实情况，并可以为检查会计处理和会计记录的正确性、合法性提供依据。例如，用银行存款购买原材料，此业务将影响"银行存款"账户的减少和"原材料"账户的增加，并需要在这两个账户中进行记录，此时，应借的"原材料"账户和应贷的"银行存款"账户之间具有相互对应关系。借贷记账法下会计分录中账户对应关系主要表现如下。

（1）一个借方账户与一个贷方账户相互对应，称为"一借一贷"对应关系，这是会计分录中最为常见的账户对应关系。

（2）一个借方账户与多个贷方账户相互对应，称为"一借多贷"对应关系。

（3）多个借方账户与一个贷方账户相互对应，称为"多借一贷"对应关系。

（4）多个借方账户与多个贷方账户相互对应，称为"多借多贷"对应关系。这种对应关系总体上的借方和贷方金额相同，但是对其中的一个贷方或借方账户而言，难以明确它所对应的会计科目到底是对方科目群中的哪一个，即一个账户与另一账户之间对应关系模糊，因此，在实际工作中一般应尽量避免编制这种对应关系的会计分录。

（三）编制会计分录的步骤

第一步，判断交易或事项的性质。

第二步，分析该交易或事项要使用的会计科目。

第三步，确定该会计科目的类别，分析增减变化。

第四步，确定该会计科目所对应账户的方向，是借方还是贷方。

第五步，按格式编制会计分录。

【例4-4】承例4-3，将远东飞机工业有限公司202×年4月份发生的这一笔交易或事项编制成会计分录如下：

1日，收到M公司归还的前欠货款600 000元，存入银行。

借：银行存款　　　　　　600 000
　　贷：应收账款　　　　　　600 000

第二节　借贷记账法在制造业的应用

企业是营利性组织，其从事生产经营活动需要一定的生产资料（如厂房、机器设备等）和劳动对象（如原材料、辅助材料等）。生产资料和劳动对象的获得，需要资金的投入，企业初始资金一般来自投资者的投资和债权人的借款。企业将取得的资金用于厂房、机器设备的采购或者建造，再根据经营计划，采购生产所需要的原材料及辅助材料，招聘员工进行生产，将生产出来的产品进行销售，从而收到货币资金，完成一次资金的循环。企业将赚取的利润部分用于分配，部分再次进入生产经营活动，开始新的资金循环，企业这种周而复始的资金循环也称作资金的周转。

企业资金周转是一个川流不息的过程，且不同行业有不同的行业特点和业务流程，本节以资金周转较为完整的航空制造业企业——远东飞机工业有限公司为例，对该企业202×年这一会计年度的资金筹集、物资供应、产品生产、商品销售、利润形成和分配等经济业务进行介绍，来完整理解企业的一次资金循环和业务流程，以及如何运用借贷记账法对每个环节进行具体的会计核算。

一、筹资环节的会计业务处理

（一）筹资环节的交易和事项

筹资一般有两种方式：一是通过发行公司股份的方式，接受投资者的资金，这种做法通常称作权益筹资，又称股权融资；二是通过借入银行等金融机构贷款或者发行债券等举借债务的方式来筹资，这种做法通常称作债务筹资。筹资业务给企业的价值运动产生的影响主要有两个：一是资产的增加；二是所有者权益或者负债的增加。

1. 权益筹资的交易或事项

权益筹资又分为公开募集和私下募集，公开募集是向不特定人群或机构公开发行股票来筹集资金，私下募集则是向特定的人或机构以私下协商的方式出售股份来筹集资金。

股份有限公司可以通过公开发行股票的方式进行资金筹集。股东的股权是以纸面或无纸化的股票为出资证明，股东不能退股，但其股票可以在证券市场交易、转让。股票需要设定面值，我国通常按每股 1 元人民币来表述其面值，每股股票同权同利，股票发行价格一般高于面值。

有限责任公司的资金筹集只能通过私下募集的方式进行认缴，不能向社会公开募集资金，股东的股权证明是经律师认可的出资证明书，出资证明书不能公开转让、流通，但发起人股权可以在原始股东之间转让，若要转让给非原始股东，则须征得半数以上股东（公司可自行规定）同意才能转让。有限责任公司可以约定同股不同权、同股不同利。

2013 年《公司法》修订之前，公司的注册资本是实缴制，即注册资本为 100 万元，股东需要实际缴纳 100 万元，注册资本等于实收资本。实施新修订的《公司法》后，实收资本不再作为登记事项，注册资本改为认缴制，市场监督管理部门只登记认缴的注册资本总额，不需登记实收资本。换句话说，股东认缴的资本可以在公司章程约定的时间内分期缴纳。公司注册时的注册资本可能不等于实收资本。

2. 债务筹资的交易或事项

债务筹资通常是指企业通过银行借款或者发行债券筹集资金。本书主要介绍短期借款和长期借款的核算。

短期借款是指企业为了满足其生产经营等对资金的临时性需要而向银行或其他金融机构等借入的偿还期限在 1 年以内（含 1 年）的各种借款。

短期借款的核算包括本金和利息两个部分。向金融机构或其他单位借款一般通过签订借款合同的方式取得，合同主要条款是借款金额、期限和利率的约定。对于银行借款，企业要及时正确地计算利息。其计算公式如下：

$$借款利息 = 借款本金 \times 利率 \times 时间$$

长期借款是指企业向银行或其他金融机构等借入的偿还期限在 1 年以上（不含 1 年）的各种借款。

（二）筹资环节的会计账户设置

1. 权益筹资核算的账户设置

（1）"实收资本"账户。"实收资本"属于所有者权益类账户，用来核算企业的投资者按照企业章程、合同或协议的约定，实际投入企业的资本金，以及按照有关规定由资本公积、盈余公积等转增资本的资金。该账户的贷方登记实收资本的增加额，借方登记实收资本的减少额。期末余额在贷方，反映企业期末实收资本总额。该账户可按不同投资主体形成的不同资本设置明细账户，如"国家资本""法人资本""个人资本"和"外商资本"等。

（2）"资本公积"账户。"资本公积"账户属于所有者权益类账户，用来核算投资者出资额超出其在股本中所占份额的部分，以及其他资本公积。该账户的贷方登记资本公积的增加额，借方登记资本公积的减少额。期末余额在贷方，反映企业期末资本公积的结余数额。该账户可按资本公积的来源不同，设置"资本溢价"或"股本溢价""其他资本公积"明细账户，进行明细核算。资本公积主要用于转增资本，不得用于弥补公司亏损。

2. 债务筹资核算的账户设置

（1）"短期借款"账户。"短期借款"属于负债类账户，用来核算企业短期借款的增减变动和余额。该账户的贷方登记短期借款本金的增加额，借方登记短期借款本金的减少额（偿还额）。期末余额在贷方，反映企业期末尚未归还的短期借款。该账户可按借款种类、贷款人和币种进行明细核算。

（2）"长期借款"账户。"长期借款"属于负债类账户，用来核算企业长期借款本金和利息的增减变动和余额。该账户贷方登记企业借入的长期借款本金和利息，借方登记归还的本金或者利息。期末余额在贷方，反映企业期末尚未偿还的长期借款和利息。该账户可按贷款单位和贷款种类进行二级明细核算，按本金和利息进行三级明细核算，也可直接将本金计入"长期借款——本金"账户，将利息计入"长期借款——利息"账户进行明细核算。

（3）"财务费用"账户。"财务费用"属于费用类账户，用来核算企业为筹集生产经营所需资金等而发生的筹资费用，包括利息支出（减利息收入）、汇兑损益以及相关的手续费等。该账户借方登记利息费用、手续费等的增加额，贷方登记应冲减财务费用的利息收入、期末转入"本年利润"账户的财务费用净额等。期末结转后，该账户无余额。该账户可按费用项目进行明细核算。

（4）"应付利息"账户。"应付利息"属于负债类账户，用来核算企业按照合同约定应支付的利息，该账户贷方登记应付未付利息，借方登记已支付的利息。期末余额在贷方，反映企业应付未付的利息。该账户可按存款人或债权人进行明细核算。

（三）筹资环节典型的会计业务处理

1. 权益筹资的会计业务处理

权益筹资主要根据投资主体和投资标的不同，分别设置不同的明细账进行核算。投资主体有国家、企业和个人等，将其投入的资本分为国家资本、法人资本、外商资本和个人资本。国家资本是以国家名义投资形成的资本;法人资本是以公司名义投资形成的资本;外商资本是国外公司投资形成的资本;个人资本是以个人名义投资形成的资本。

股东可以用货币出资,也可以用实物、知识产权、土地使用权等可以用货币估价并可以依法转让的非货币财产作价出资,但法律法规规定不得作为出资的财产除外。根据股东出资方式的不同,会形成相应的资产形式,如现金、银行存款、固定资产和无形资产等。

公司根据接受资产的不同形式设置不同账户,如"库存现金""银行存款""固定资产""无形资产"等;所有者权益需要将股东投入的资本分成两个部分来加以记录。由于有限责任公司和股份有限公司筹资方式不同,需要设置不同的所有者权益账户来进行核算。有限责任公司需要反映股东按注册资本所占份额实际认缴的部分和超认缴的部分,通过"实收资本"和"资本公积——资本溢价"账户进行核算。股份有限公司一方面要符合公司股本以面值表述的法律要求,另一方面又要将超过面值的部分反映为全体股东共有的资本,因此,需要设置"股本"和"资本公积——股本溢价"两个账户进行核算。股本溢价是投资者投入的超出股本面值的部分。例如,每股发行价10元,1元面值计入"股本",9元计入"资本公积——股本溢价"。

【例4-5】202×年2月5日,远东飞机工业有限公司收到红山投资公司4 000 000元的货币资金投资。

分析:本业务一方面使公司的银行存款增加4 000 000元,计入"银行存款"账户的借方;另一方面使公司的所有者权益增加,法人资本增加4 000 000元,计入"实收资本——法人资本"账户的贷方。会计分录如下:

  借:银行存款   4 000 000
    贷:实收资本——法人资本 4 000 000

【例4-6】202×年5月9日,远东飞机工业有限公司收到当地政府投入的一批机器设备,双方协议价为1 500 000元。

分析:本业务一方面使公司的固定资产增加1 500 000元,计入"固定资产"账户的借方;另一方面使公司的所有者权益增加1 500 000元,计入"实收资本——国家资本"账户的贷方。会计分录如下:

  借:固定资产   1 500 000
    贷:实收资本——国家资本 1 500 000

【例4-7】202×年10月10日,某航空专家以一项机翼性能提升专利投入远东飞机工业有限公司,专利估价500 000元。

分析:本业务一方面使公司的专利资产增加500 000元,计入"无形资产"账户的借方;另一方面使公司的所有者权益增加500 000元,计入"实收资本——个人资本"账户的贷方。会计分录如下:

  借:无形资产   500 000
    贷:实收资本——个人资本 500 000

【例4-8】为了对产品生产线进行优化,经各股东同意,202×年11月13日,远东飞机工业有限公司引入大为机械公司投资3 000 000元,但只占公司总股份的10%(大为公司投资后,远东飞机工业有限公司总股份为20 000 000元)。

分析:这是一项增资业务,大为公司作为新进股东,需要付出比原始股东更大的代价才能获得与原始股东一样的股份。大为公司投资3 000 000元,其实收资本为2 000 000元(20 000 000×10%=2 000 000),资本公积为1 000 000元。

本业务一方面使公司的银行存款增加3 000 000元,计入"银行存款"账户的借方;另一方面使公司的实收资本增加2 000 000元,资本溢价增加1 000 000元,分别计入"实收资本——法人资本"和"资本公积——资本溢价"账户的贷方。会计分录如下:

借:银行存款　　　　　　　　　3 000 000
　　贷:实收资本——法人资本　　　　　2 000 000
　　　　资本公积——资本溢价　　　　　1 000 000

2. 债务筹资的会计业务处理

长期借款与短期借款的用途不同,企业在对其利息进行核算时也采取不同的处理方法。短期借款一般用于企业日常生产经营业务,利息费用直接计入当期损益,即短期借款利息费用化。长期借款一般用于长期工程、大型机械设备制造或者研究与开发等项目,其利息在符合资本化条件时,可以将利息费用计入"在建工程""制造费用""研发支出"等科目,即长期借款利息资本化。

【例4-9】202×年3月31日,远东飞机工业有限公司向银行借入期限为3个月的借款60万元,年利率5%,该款项已存入银行。到期一次归还本金和利息。

分析:本业务分取得借款、计提利息和归还借款三部分进行处理。

(1)取得借款时,一方面使公司的银行存款增加600 000元,计入"银行存款"账户的借方;另一方面使公司的负债增加600 000元,计入"短期借款"账户的贷方。会计分录如下:

借:银行存款　　　600 000
　　贷:短期借款　　　　600 000

(2)借款期间4—6月,这三个月每个月末需要计提利息,一方面使公司每月的利息费用增加2 500元,计入"财务费用"账户的借方;另一方面使公司的应付未付利息增加2 500元,计入"应付利息"账户的贷方。会计分录如下:

借:财务费用　　　2 500
　　贷:应付利息　　　2 500

(3)6月30日,偿还借款的本金和利息时,一方面使公司的短期借款和应付利息分别减少600 000元和7 500元,计入"短期借款"和"应付利息"账户的借方;另一方面使公司的银行存款减少607 500元,计入"银行存款"账户的贷方。会计分录如下:

借:短期借款　　　　　600 000
　　应付利息　　　　　　7 500
　　贷:银行存款　　　　　　607 500

【例4-10】202×年7月31日,远东飞机工业有限公司向银行借入期限为2年的长期借款100万元,用于新厂房的建造,年利率6%,该款项已存入银行。到期一次归还本金和利息。

分析：本业务分取得借款、计提利息和归还借款三部分进行处理。

（1）取得借款时，一方面使公司的银行存款增加 1 000 000 元，计入"银行存款"账户的借方；另一方面使公司的负债增加 1 000 000 元，计入"长期借款——本金"账户的贷方。会计分录如下：

借：银行存款　　　　　　1 000 000
　　贷：长期借款——本金　　　1 000 000

（2）借款期间，每个月月末需要计提利息，该长期借款用于公司新厂房的建造，其借款利息符合资本化条件。一方面使公司新厂房的建造成本增加 5 000 元，计入"在建工程"账户的借方；另一方面使公司的长期借款利息增加 5 000 元，计入"长期借款——利息"账户的贷方。会计分录如下：

借：在建工程　　　　　　5 000
　　贷：长期借款——利息　　　5 000

（3）长期借款期满偿还本金和利息 1 120 000 元，会计分录和短期借款偿还时的处理类似。

以上筹资环节的会计处理可以汇总如图 4-8 所示。

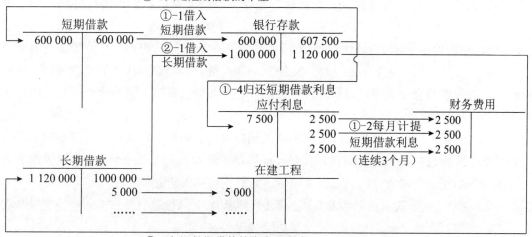

图 4-8　筹资环节的会计处理流程

二、供应环节的会计业务处理

（一）供应环节的交易和事项

供应阶段是为生产做准备的阶段，包括购建固定资产和采购生产所需的原料及辅助材料，是将货币资金转化为其他资产的过程。

1. 固定资产取得的交易或事项

固定资产是指企业为生产商品、提供劳务、出租或经营管理而持有的、使用寿命超过一个会计年度的有形资产。固定资产的金额标准由企业根据其规模和管理需要自行确定。

固定资产具有以下特征：

（1）具有实物形态，是一种有形资产；

（2）为生产商品、提供劳务、出租或者经营管理而持有，目的是使用；

（3）使用寿命超过一个会计年度。

企业可以通过外购、自行建造、投资者投入、非货币性资产交换、债务重组、企业合并和租赁等方式取得固定资产。取得的方式不同，固定资产成本的具体构成内容及其确定方法也不尽相同。外购固定资产成本是指企业购买某项固定资产达到预定可使用状态前所发生的一切合理、必要的支出，包括购买价款、相关税费、使固定资产达到预定可使用状态前所发生的可归属于该项固定资产的运输费、装卸费、安装费和专业人员服务费等。为购买固定资产支付的增值税进项税额不计入固定资产的成本。

2. 材料采购业务的交易或事项

企业要进行正常的生产经营活动就必须按照生产产品的需要采购、储备一定数量和品种的原材料。在采购材料时，向供应商支付材料的价款，以及向有关单位支付运费和挑选整理费等相关采购费用；材料运到，通过验收后放入仓库进行保管供生产经营领用消耗，同时结转采购成本。材料采购业务包括材料采购成本的计算、货款支付和材料入库三项工作。

（1）材料的采购成本。材料的采购成本是指企业从材料采购到入库前所发生的全部合理的、必要的支出，包括购买价格、运输费、保险费、装卸费、途中的合理损耗、挑选整理费、入库前的仓储费和除增值税进项税额以外的其他税费等。采购成本中有一部分成本可以直接归属某类材料，有些费用是共同发生的，需要在购入的材料中进行分配，分配基础可以是重量、体积、价格等，分配基础的选择要符合公平合理的原则。其中的损耗分合理损耗、不合理损耗和意外损耗，只有合理损耗才计入采购成本；不合理损耗无过失人的计入管理费用，有过失人的由过失人赔偿；意外损耗计入营业外支出。

（2）货款支付。货款支付涉及与供应商的合同约定，一般有三种方式：一是交货时支付；二是在交货之前提前支付；三是交货后完成支付。

（3）材料验收入库。材料运抵企业后，需由仓库验收保管，出具材料入库单，交财务部门入账。

3. 增值税的计算和处理

"增值税"，顾名思义是对增值额征税，商品（含应税劳务）在流转过程中都要涉及增值税（免税情形除外），商品或劳务的交易双方会在开具的增值税专用发票上注明交易的价款和相应的税额。

增值税纳税人分为一般纳税人和小规模纳税人。年应征增值税销售额超过国家税法规定标准的纳税人为一般纳税人，未超过规定标准的纳税人为小规模纳税人。

增值税的计税方法包括一般计税方法和简易计税方法。

（1）一般计税方法。一般计税方法适用于一般纳税人，要求在购买和销售环节按照交易金额乘以税率（通常为13%）计算增值税，其中：企业在购入货物或接受劳务时支付或者承担的增值税额称为进项税，企业在销售商品或提供劳务时按照销售额和增值税税率计算并收取的增值税税额称为销项税，然后用当期销项税减去当期进项税的差额作为当期应交的税金。计算公式如下：

$$应纳税额 = 当期销项税额 - 当期进项税额$$
$$进项税额 = 买价 \times 增值税税率$$
$$销项税额 = 销售额 \times 增值税税率$$

例如，某公司是增值税一般纳税人（适用增值税税率为13%），在购入100元商品时，支付了113元，增值税专用发票上注明的金额为100元，税额（进项税额）为13元。将该商品以200元卖出时收到226元，其中增值税专用发票上注明的金额为200元，税额（项税额）为26元。增值税应纳税额＝销项税额－进项税额＝26－13＝13（元）。也就是说，该公司的商品销售实现了增值额100元（200－100），国家对增值额征收13元（100×13%）的增值税。

（2）简易计税方法。简易计税方法适用于小规模纳税人，直接按照销售额（不含税）和增值税征收率（通常为3%）计算的增值税额作为应交税费。简易计税方法不设销项税和进项税。其计算公式如下：

$$应纳税额 = 销售额 \times 征收率$$

增值税的计税对象、范围、税率是一个非常细致、复杂的过程，如果需要真正掌握增值税的细节和全部内容将可以在后续的"财务会计"和"税务会计"课程中得到学习。

（二）供应环节的会计账户设置

1. 固定资产取得的账户设置

（1）"固定资产"账户。"固定资产"属于资产类账户，用来核算企业持有的固定资产原价。该账户借方登记固定资产原价的增加，贷方登记固定资产原价的减少。期末余额在借方，反映企业期末固定资产的原价。该账户可按固定资产类别和项目进行明细核算。

（2）"在建工程"账户。"在建工程"属于资产类账户，用来核算固定资产的建造、更新改造、安装等工程的成本。该账户借方登记企业各项在建工程的实际支出，贷方登记工程达到预定可使用状态时转出的成本等。期末余额在借方，反映企业期末尚未达到预定可使用状态的在建工程的成本。该账户可按"建筑工程""安装工程""在安装设备"以及单项工程等进行明细核算。

2. 材料采购业务的账户设置

（1）"在途物资"账户。"在途物资"属于资产类（成本计算类）账户，用来核算材料的实际采购成本。该账户的借方登记购入材料、商品等物资的买价和采购费用（实际采购成本），贷方登记已验收入库材料、商品等物资应转出的实际采购成本。期末余额在借方，反映企业期末在途材料、商品等物资的采购成本。该账户可按物资品种进行明细核算。

材料成本核算方法分实际成本法和计划成本法，实际成本法用"在途物资"账户，如果采用计划成本核算的，则使用"材料采购"账户，计划成本法的核算内容将在"财务会计"课程进行学习。

（2）"原材料"账户。"原材料"属于资产类账户，用来核算原材料的增减变动及余额。该账户的借方登记已验收入库材料的成本，贷方登记发出材料的成本。期末余额在借方，反映企业库存材料的实际成本。该账户可按材料的保管地点（仓库）、材料的类别、品种和规格等进行明细核算。

（3）"应交税费"账户。"应交税费"属于负债类科目，总括反映各种税费的应交、交纳等情况，这些税费包括增值税、消费税、城市维护建设税、资源税、企业所得税、土地增值税、房产税、车船税、城镇土地使用税、教育费附加、矿产资源补偿费、印花税、耕地占用税、契税、环境保护税等。该账户贷方登记应缴纳的各种税费等，借方登记实际缴纳的税费；期末余额一般在贷方，反映企业尚未缴纳的税费，期末余额如在借方，反映企业多缴或尚未抵扣的税费。

本账户按应交税费项目设置明细科目进行明细核算。对于增值税的核算，设置"应交税费——应交增值税"明细账户。企业在购买环节随同价款一并支付的进项税，计入"应交税费——应交增值税（进项税额）"账户的借方；企业在销售环节随同价款收取的销项税，计入"应交税费——应交增值税（销项税额）"账户的贷方；企业向税务部门实际交纳抵扣进项税后的应交增值税款计入"应交税费——应交增值税（已交税金）"账户的借方。

（4）"预付账款"账户。"预付账款"属于资产类账户，用来核算企业因购货等业务预先支付的款项。该账户的借方登记已支付的款项，贷方登记企业收到货物后应冲减的款项。期末余额一般在借方，反映企业已预付但尚未收到货物的款项。该账户可按供应商进行明细核算。

（5）"应付账款"账户。"应付账款"属于负债类账户，用来核算企业因购买材料、商品和接受劳务等经营活动应支付的款项。该账户的借方登记已偿还的账款，贷方登记尚未支付的款项。期末余额一般在贷方，反映企业应该支付而未支付的账款余额。该账户可按债权人进行明细核算。

（6）"应付票据"账户。"应付票据"属于负债类账户，用来核算企业购买材料、商品和接受劳务等经营活动而签发给供应商的银行承兑汇票或商业承兑汇票。该账户的借方登记已偿还的到期票据，贷方登记尚未到期的应支付票据。期末余额一般在贷方，反映企业应该支付而未支付的票据余额。该账户可按债权人进行明细核算。开出的票据要设置"应付票据备查簿"，详细登记商业汇票的种类、出票日期、到期日、票据面值、票面利率、交易合同号、收票人名称等资料，支付完成后加以注销。

（三）供应环节典型的会计业务处理

1. 取得固定资产的会计业务处理

【例4-11】202×年3月15日，远东飞机工业有限公司用银行存款购入10台办公用电脑，金额为80 000元。

分析： 本业务一方面使公司的固定资产增加80 000元，计入"固定资产"账户的借方，固定资产进项税额10 400元（80 000×13%），计入"应交税费——应交增值税（进项税额）"的借方；另一方面使公司的银行存款减少90 400元，计入"银行存款"账户的贷方。会计分录如下：

　　借：固定资产　　　　　　　　　　　　　　　80 000
　　　　应交税费——应交增值税（进项税额）　　10 400
　　　　贷：银行存款　　　　　　　　　　　　　　　90 400

如果购入固定资产需要安装、测试或调试的，需要先通过"在建工程"账户归集所有安装调试成本，运行稳定、验收合格后再从"在建工程"账户转入"固定资产"账户。

2. 采购材料的会计业务处理

【例4-12】202×年4月7日，远东飞机工业有限公司购入一批合金钢，价款310 000元，运费60 000元（价款和运费均不含增值税，下同），其中：制造企业的增值税税率13%，运输企业增值税税率9%，款项已用银行存款支付。

分析：本业务一方面使公司的材料采购成本增加316 000元（310 000+6 000），计入"在途物资"账户的借方，进项税额增加40 840元（310 000×13%+6 000×9%），计入"应交税费——应交增值税（进项税额）"的借方；另一方面使公司的银行存款减少156 840元，计入"银行存款"账户的贷方。会计分录如下：

　　借：在途物资——合金钢　　　　　　　　　　316 000
　　　　应交税费——应交增值税（进项税额）　　40 840
　　　　贷：银行存款　　　　　　　　　　　　　　　356 840

【例4-13】202×年4月15日，远东飞机工业有限公司购入一批超硬铝材，价款200 000元，款项尚未支付。

分析：本业务一方面使公司的材料采购成本增加200 000元，计入"在途物资"账户的借方，进项税额增加26 000元（200 000×13%），计入"应交税费——应交增值税（进项税额）"的借方；另一方面使公司的负债增加226 000元，计入"应付账款"账户的贷方。会计分录如下：

　　借：在途物资——超硬铝　　　　　　　　　　200 000
　　　　应交税费——应交增值税（进项税额）　　26 000
　　　　贷：应付账款　　　　　　　　　　　　　　　226 000

【例4-14】202×年4月22日，远东飞机工业有限公司开出一张商业承兑汇票，用于购买一批玻璃纤维增强塑料，价款150 000元。

分析：本业务一方面使公司的材料采购成本增加150 000元，计入"在途物资"账户的借方，进项税额增加19 500元（150 000×13%），计入"应交税费——应交增值税（进项税额）"的借方；另一方面使公司的负债增加169 500元，计入"应付票据"账户的贷方。会计分录如下：

　　借：在途物资——玻璃纤维增强塑料　　　　　150 000
　　　　应交税费——应交增值税（进项税额）　　19 500
　　　　贷：应付票据　　　　　　　　　　　　　　　169 500

【例 4-15】 202×年 3 月 17 日,远东飞机工业有限公司向蓝星公司预付货款 100 000 元,用于订购该公司生产的 PET 泡沫材料。

分析: 预付账款是购货方预先支付给供应商的购货款,以期购买其产品或劳务,是购货企业的一项资产。本业务的发生,一方面使公司的资产增加 113 000 元,计入"预付账款"账户的借方;另一方面使公司的银行存款减少 113 000 元,计入"银行存款"账户的贷方。会计分录如下:

借:预付账款——蓝星公司　　　113 000
　　贷:银行存款　　　　　　　　　　　113 000

【例 4-16】 202×年 4 月 27 日,蓝星公司已按约定向远东飞机工业有限公司发货,该批 PET 泡沫材料总价为 100 000 元,远东飞机工业有限公司用银行存款支付其剩余货款和增值税。

分析: 本业务一方面使公司的材料增加 100 000 元,计入"在途物资"账户的借方,进项税额增加 13 000 元(100 000×13%),计入"应交税费——应交增值税(进项税额)"的借方;另一方面冲减了公司之前的预付账款 50 000 元,计入"预付账款"账户的贷方,又使得公司的银行存款减少了 63 000 元。会计分录如下:

借:在途物资——PET 泡沫　　　100 000
　　应交税费——应交增值税(进项税额)　13 000
　　贷:预付账款——蓝星公司　　　　　　113 000

【例 4-17】 202×年 4 月 30 日,远东飞机工业有限公司 4 月份采购材料均已验收入库,汇总并结转材料采购成本。

分析: 会计人员在取得材料入库单后,将之前在"在途物资"归集的采购成本转入"原材料"账户。这笔结转事项一方面使公司的库存原材料增加,计入"原材料"账户的借方;另一方面将已入库材料的采购成本转出,计入"在途物资"的贷方。会计分录如下:

借:原材料——合金钢　　　　　　316 000
　　　　——超硬铝　　　　　　　200 000
　　　　——玻璃纤维增强塑料　　150 000
　　　　——PET 泡沫　　　　　　100 000
　　贷:在途物资——合金钢　　　　316 000
　　　　　　——超硬铝　　　　　200 000
　　　　　　——玻璃纤维增强塑料　150 000
　　　　　　——PET 泡沫　　　　100 000

以上生产环节的主要业务会计处理可汇总如图 4-9 所示。

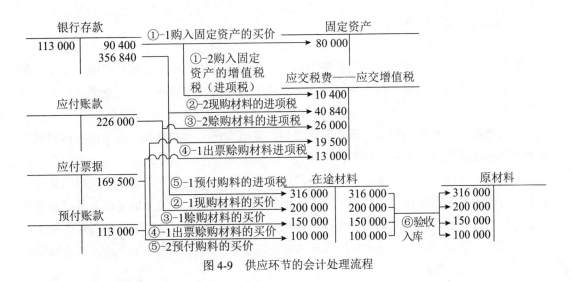

图 4-9　供应环节的会计处理流程

三、生产环节的会计业务处理

（一）生产环节的交易和事项

生产过程实际上是劳动耗费的过程，既有劳动资料的耗费，又有劳动对象的耗费；既有物化劳动的耗费，又有活劳动的耗费。生产过程是劳动耗费过程与产品生产过程的统一。生产过程中材料的耗费、人工的耗费、制造费用的耗费构成产品的制造成本，即制造企业产品的成本项目。

（1）直接材料，是指构成产品实体的原材料以及有助于产品形成的主要材料和辅助材料。

（2）燃料和动力，是指直接用于产品生产的燃料和动力。

（3）直接人工，是指直接从事产品生产人员的各种形式的报酬及各项附加费用的职工薪酬。

（4）制造费用，是指企业为生产产品和提供劳务而发生的各项间接费用，包括企业生产部门（如生产车间）发生的水电费、固定资产折旧、无形资产摊销、管理人员的职工薪酬、劳动保护费、季节性和修理期间的停工损失等。换言之，制造费用是指企业为生产多种产品而发生的间接代价，这些间接代价不能直接计入某一特定产品或劳务的成本，而是需要先行归集，然后采用合理的标准分配给相应的产品项目。

（二）生产环节的会计账户设置

1. "生产成本"账户

"生产成本"属于成本类账户，用来核算构成产品制造成本的直接材料、直接人工和制造费用。该账户的借方用来归集生产产品所发生的各项生产费用，贷方反映已完工产品成本的转出，借方余额表示尚未完工的在产品的制造成本。

2. "制造费用"账户

"制造费用"属于成本类账户,用来核算生产车间的办公费、车间管理人员的薪酬、固定资产折旧费、修理费、水电费、机物料消耗、季节性停工损失等制造费用。该账户的借方记录制造费用的增加,贷方登记转入产品成本的费用,该账户一般无余额,发生多少就分配多少。

制造费用是一种间接费用,所谓间接费用,是指与产品生产有关,但不能直接归属于某类产品计算对象,需要先行归集,再转入产品成本的费用。当费用发生时,先通过"制造费用"账户进行归集,期末再转入"生产成本"账户,以使"生产成本"账户的借方归集生产过程中发生的全部产品制造成本。定期将借方归集的全部制造成本在完工产品和在产品之间进行分配,分配基础可以选择产品数量、机器小时数、生产工人工资、产品生产成本、产品市价等。完工产品的制造成本从贷方转出,剩余部分便是在产品的制造成本。

3. "应付职工薪酬"账户

"应付职工薪酬"属于负债类账户,用来核算尚未支付的已计入成本费用的职工薪酬总额。该账户的贷方反映企业应支付未支付的薪酬总额,借方登记已支付薪酬的数额,贷方余额反映尚未支付的职工薪酬。

职工薪酬是企业支付给职工的劳动报酬,它实际上是一种活劳动的耗费,其中支付给与生产产品直接相关的生产工人工资、车间管理人员工资是产品制造成本的构成部分,支付给行政管理人员的工资计入管理费用。每期期末计算应付给职工的工资时,将工资按职工所从事的工作分别作为制造成本和管理费用处理,尚未支付的工资则构成了企业与职工之间的结算关系。如果每期实际工资额与应付工资额一致,则"应付职工薪酬"科目期末没有余额;如果实付工资额与应付工资额不一致,"应付职工薪酬"科目会出现余额。若为贷方余额,表明应付工资额大于实付工资额;若为借方余额,表明应付工资额小于实付工资额。

4. "累计折旧"账户

"累计折旧"是固定资产的备抵账户,起冲减固定资产价值的作用,用来核算固定资产的成本已转化为费用的累计金额。该账户一般只有贷方发生数和期末余额,贷方登记当期计提的折旧金额,贷方余额反映到目前为止固定资产成本已转化为费用的累计金额,只有固定资产报废或出售时才会借记"累计折旧"。

固定资产折旧费用是按使用部门来进行归集的,生产车间厂房、机器设备等的折旧计入"制造费用"账户,行政管理部门使用的固定资产的折旧计入"管理费用"账户,销售部门使用的固定资产的折旧计入"销售费用"账户。

5. "管理费用"账户

"管理费用"是损益费用类账户,用来核算企业行政管理部门为组织和管理生产经营活动所发生的管理费用(如行政管理人员的工资,行政管理部门领用的材料,管理部门的固定资产折旧费、修理费和办公费等)。该账户的借方登记企业发生的各种管理费用,期末从其贷方一次全部转出至"本年利润"账户的借方,期末无余额。

6. "库存商品"账户

"库存商品"属于资产类账户,用来核算库存商品的收、发和结存情况。该账户的借方登记已完工产品的实际制造成本或购入成本,贷方登记已销售产品的实际制造成本,期末借方余额反映尚未售出的库存商品的实际制造成本或购入成本。为了具体核算和监督各种库存商品的增减变动及库存情况,应按库存商品的品种或类别开设库存商品明细账。

(三)生产环节的典型会计业务处理

1. 材料费用的核算

材料费用的核算要分清材料的使用部门,不同部门使用的材料,计入不同的账户。车间生产领用的材料计入"生产成本"账户,行政管理部门领用的材料计入"管理费用"账户,车间一般耗费先计入"制造费用"账户,再选择适当的标准按分担的金额计入相应的成本计算对象(生产产品的品种、类别等)。

【例4-18】202×年5月31日,远东飞机工业有限公司结转分配5月份耗用的原材料费用,具体内容如表4-9所示。

表4-9 原材料耗用明细表 单位:元

受益对象	合金钢	超硬铝	玻璃纤维增强塑料	PET泡沫	辅助材料	合计
产品YDLJ01	127 500	157 060	97 760	65 200		447 520
产品YDLJ02	110 900	223 450		31 900		366 250
车间一般耗用					5 070	5 070
合计	238 400	380 510	97 760	97 100	5 070	818 840

分析:本业务一方面使产品的生产成本增加813 770(447 520+366 250)元,计入"生产成本"账户的借方,车间一般耗费增加5 070元,计入"制造费用"的借方;另一方面使得企业库存材料减少了818 840元,计入"原材料"账户的贷方。会计分录如下:

```
借:生产成本——YDLJ01         447 520
          ——YDLJ02         366 250
    制造费用                   5 070
    贷:原材料——合金钢          238 400
          ——超硬铝            380 510
          ——玻璃纤维增强塑料    97 760
          ——PET泡沫           97 100
          ——辅助材料           5 070
```

2. 职工薪酬的核算

职工薪酬是指企业为给予员工各种形式的报酬以及其他相关支出,包括职工在职期间和离职后提供给职工的全部货币性薪酬和非货币性福利。企业提供给职工配偶、子女或其他被赡养人的福利等,也属于职工薪酬。职工薪酬由于涉及非货币性薪酬(如股权)、长期职工福利(如年金)等。

短期薪酬,是指企业在职工提供相关服务的年度报告期间结束后12个月内需要全部予以支付的职工薪酬,因解除与职工劳动关系给予的补偿除外。短期薪酬主要有:①职工工资、奖金、津贴和补贴;②职工福利费;③医疗保险费、工伤保险费和生育保险费等社会保险费；④住房公积金；⑤工会经费和职工教育经费；⑥短期带薪缺勤；⑦短期利润分享计划；⑧非货币性福利；⑨其他短期薪酬。

会计根据职工提供服务的受益对象，将职工短期薪酬分别计入产品成本或劳务成本。其中，生产工人的薪酬计入"生产成本"账户，生产车间管理人员的薪酬计入"制造费用"账户，企业行政管理部门人员的薪酬计入"管理费用"账户，专设销售机构销售人员的薪酬计入"销售费用"账户。此外，应由在建工程、无形资产负担的短期职工薪酬，应计入建造固定资产或无形资产的成本。

职工薪酬的核算分为：第一步，先计算应发薪酬，将工资费计入成本费用，同时确认为应付未付薪酬的负债；第二步，发放薪酬，冲减薪酬负债并减少银行存款。

【例4-19】202×年5月31日，远东飞机工业有限公司计算5月份应付职工薪酬。其中，产品的生产工人工资300 000元，产品的生产工人工资200 000元，车间管理人员工资50 000元，公司的行政管理人员工资350 000元。

分析：本业务一方面使公司的薪酬费用增加900 000元，其中生产工人工资500 000（300 000+200 000）元，计入"生产成本"账户的借方；车间管理人员的工资50 000元，计入"制造费用"账户的借方；行政管理人员的工资350 000元，计入"管理费用"账户的借方。另一方面会使得公司应付未付的职工薪酬增加900 000元，计入"应付职工薪酬"账户的贷方。会计分录如下：

借：生产成本——YDLJ01　　300 000
　　　　　　——YDLJ02　　200 000
　　制造费用　　　　　　　　50 000
　　管理费用　　　　　　　 350 000
　　贷：应付职工薪酬　　　　　　　900 000

3. 制造费用的核算

【例4-20】202×年5月31日，远东飞机工业有限公司计算5月份固定资产折旧。其中生产部门使用固定资产折旧33 600元，行政管理部门使用固定资产折旧17 500元。

分析："折旧"一词，是指对已发生的成本的一种分摊。会计上把固定资产成本分摊称为折旧，对无形资产成本分摊称为摊销，其目的是将其成本分期分批、逐渐转移到产品中，符合权责发生制原则。折旧计算方法有加速折旧法、平均分摊法、工作量法等，具体内容见"财务会计"课程。本书只涉及最简单的分摊方法，即按照固定资产使用时间平均分摊。其计算公式如下：

每年的折旧额＝（固定资产－残值）/ 使用年限

式中，残值和使用年限需要估计，残值一般是指净残值，是固定资产报废时预计收益减去预计税费后的净额。

本业务的处理，一方面使公司的折旧费用增加51 100（33 600+17 500）元，其中生产用固定资产折旧33 600元，计入"制造费用"账户的借方，管理用固定资产折旧17 500元，计入"管理费用"账户的借方；一方面会使得固定资产账面价值减少51 100元，计入"累计折旧"账户的贷方。会计分录如下：

借：制造费用　　　　　　　　　33 600
　　贷：累计折旧　　　　　　　51 100

【例4-21】202×年5月31日，远东飞机工业有限公司计算分配5月份制造费用。按照生产工时比例分配计入产品和产品的成本，其中YDLJ01产品生产工时为140小时，YDLJ02产品生产工时为60小时。

分析： 5月份归集发生的制造费用 =5 070+50 000+51 100=106 170（元）
制造费用分配率 =106 170/200=530.85
YDLJ01产品承担的制造费用 =530.85×140=74 319（元）
YDLJ02产品承担的制造费用 =530.85×60=31 851（元）

这是一项分配结转业务，将之前归集的制造费用分配到具体的成本计算对象，一方面使公司产品的生产成本增加 106 170（74 319+31 851）元，计入"生产成本"账户的借方；另一方面全额转出制造费用，计入"制造费用"账户的贷方。会计分录如下：

借：生产成本——YDLJ01　　　74 319
　　　　　　——YDLJ02　　　31 851
　　贷：制造费用　　　　　　　　106 170

4. 完工产品生产成本的结转

【例4-22】202×年5月31日，远东飞机工业有限公司结转完工产品的生产成本。其中YDLJ01完工产品成本627 650元，YDLJ02完工产品451 230元。

分析： 这是一项结转处理事项。在产品完工、检验合格后，之前在"生产成本"账户归集的产品成本转出，转入库存可销售商品中。一方面使公司库存商品增加，计入"库存商品"账户的借方；另一方面将已完工产品的生产成本转出，计入"生产成本"账户的贷方。会计分录如下：

借：库存商品——YDLJ01　　　627 650
　　　　　　——YDLJ02　　　451 230
　　贷：生产成本——YDLJ01　　　627 650
　　　　　　　——YDLJ02　　　451 230

以上生产环节的主要业务会计处理可汇总如图4-10所示。

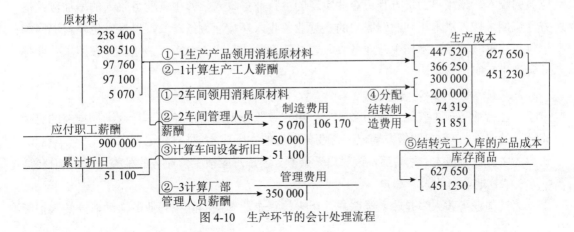

图4-10　生产环节的会计处理流程

四、销售环节的会计业务处理

(一)销售环节的交易和事项

在销售环节中,企业之前为生产产品而发生的耗费,通过商品的销售得到补偿,货币资金会再次流入企业。在销售环节中,为了销售产品,企业还会发生包装费、运输费、广告费、销售人员薪酬、销售机构日常运营费用等销售费用。在发生销售业务时,企业应按适用的增值税税率计算相应的增值税销项税额,并按国家税法规定的税率和税基(应缴纳的增值税和消费税)计算相关的税金及附加,如消费税、城市维护建设税、教育费附加等。因此,销售业务主要涉及收入确认、货款结算、结转已售产品成本、销售费用以及税金及附加的计算和缴纳。

(1)收入确认。收入确认的关键是何时确认收入。《企业会计准则》规定当企业履行了合同中的履约义务时确认收入。收入确认标准和步骤参见第二章内容。

(2)货款结算。货款结算涉及销售方式,现销直接采用"库存现金"和"银行存款"账户进行核算;赊销涉及"应收账款"和"应收票据"账户;采用预收货款销售,则需要通过"预收账款"账户进行核算。

(3)结转已售产品成本。结转已售产品成本的含义是将已出售的产品成本作为主营业务成本计入当期损益,与相关的收入进行配比,以便计算出当期的利润。

(4)销售费用处理。推广产品发生的各项支出按照实际发生的金额直接作为当期的销售费用处理。

(5)税金及附加计缴。按国家税务部门规定的税基和税率进行计算与缴纳税费。

此外,公司为了管理需要,常常将企业经营活动区分为主营业务和附属(兼营)业务,并设置"主营业务收入"和"其他业务收入"账户进行核算。

(二)销售环节会计账户的设置

1. "主营业务收入"账户

"主营业务收入"属于收入类账户,用来核算企业确认的销售商品、提供劳务等主营业务的收入。该账户的贷方登记企业实现的主营业务收入,即主营业务收入的增加额;借方登记期末转入"本年利润"账户的主营业务收入(按净额结转),以及发生销售退回和销售折让时应冲减的本期主营业务收入。结转后,该账户无余额。该账户应按照主营业务的种类进行明细核算。

2. "主营业务成本"账户

"主营业务成本"属于费用类账户,用来核算作为主营业务成本计入当期损益的已销售产品的成本。该账户的借方登记主营业务发生的实际成本,贷方登记期末转入"本年利润"账户的主营业务成本。结转后,该账户无余额。该账户应按主营业务的种类进行明细核算。

3. "其他业务收入"账户

"其他业务收入"是收入类账户,用来核算企业确认的除主营业务活动以外的其他经营活动实现的收入,包括出租固定资产、出租无形资产、出租包装物和商品、销售材料等所取得的收入。该账户的贷方登记企业实现的其他业务收入,即其他业务收入的增加额;借方登记期末转入"本年利润"账户的其他业务收入。结转后,该账户无余额。该账户应按其他业务的种类进行明细核算。

4. "其他业务成本"账户

"其他业务成本"属于费用类账户,用来核算企业确认的除主营业务活动以外的其他经营活动所发生的支出,包括销售材料的成本、出租固定资产的折旧额、出租无形资产的摊销额、出租包装物的成本或摊销额等。该账户的借方登记其他业务的支出额。结转后,该账户无余额。该账户应按其他业务支出的种类进行明细核算。

5. "应收账款"账户

"应收账款"属于资产类账户,用来核算企业因赊销商品、提供劳务等经营活动应收取的款项。该账户的借方登记企业发生的应收账款,贷方登记收回的或者注销的应收账款。该账户期末借方余额,反映企业尚未收回的应收账款。该账户应按债务人进行明细核算。

6. "应收票据"账户

"应收票据"属于资产类账户,用来核算企业因赊销商品、提供劳务等而收到的商业汇票(包括银行承兑汇票和商业承兑汇票)。该账户的借方登记企业收到的应收票据,贷方登记应收票据的收回或转让。期末余额在借方,反映企业持有的尚未到期的商业汇票金额。该账户应按债务人(开出或承兑商业汇票的单位)进行明细核算。

企业应当设置"应收票据备查簿",逐笔登记商业汇票的种类、号数和出票日、票面金额、交易合同号、付款人、承兑人、背书人的姓名或单位名称,到期日、背书转让日、贴现日、贴现率和贴现净额以及收款日和收回金额、退票情况等资料。商业汇票到期结清票款或退票后,在备查簿中应予以注销。

7. "预收账款"账户

"预收账款"属于负债类账户,用来核算企业按照合同规定预先收取,但尚未交付商品或劳务的款项。该账户的贷方登记企业向购货单位预收的款项,借方登记已交付商品或提供劳务后转为收入的预收款项。期末余额在贷方,反映企业预收的款项。该账户应按购货单位进行明细核算。

8. "销售费用"账户

"销售费用"属于费用类账户,用来核算企业发生的各项销售费用。该账户的借方登记发生的各项销售费用,贷方登记期末转出的本期销售费用发生额总额。期末结转后,该账户无余额。该账户可按费用项目进行明细核算。

9. "税金及附加"账户

"税金及附加"属于费用类账户,用来核算企业经营活动发生的消费税、城市维护建设税、资源税和教育费附加、房产税、车船税、土地使用税和印花税等相关税费。该账户的借方登记各种税金及附加的增加,贷方登记期末转出的本期税金及附加发生额总额。期末结转后,该账户无余额。

（三）销售环节的典型会计业务处理

1. 主营业务收入与主营业务成本的核算

【例4-23】202×年6月2日，远东飞机工业有限公司销售YDLJ01产品给成宇公司，售价合计365 000元，收到货款200 000元，剩余货款尚未收到。

分析：产品销售是该公司的主营业务。本业务的发生，一方面使公司的产品实现了销售，银行存款增加了200 000元，计入"银行存款"账户的借方，应收未收的账款增加了212 450元，计入"应收账款"账户的借方；另一方面使公司的收入增加365 000元，计入"主营业务收入"账户的贷方，增值税销项税额增加47 450（365 000×13%）元，计入"应交税费——应交增值税（销项税额）"账户的贷方。会计分录如下：

借：银行存款　　　　　　　　　　　　　200 000
　　应收账款——成宇公司　　　　　　　212 450
　贷：主营业务收入　　　　　　　　　　365 000
　　　应交税费——应交增值税（销项税额）　47 450

【例4-24】202×年6月12日，远东飞机工业有限公司销售YDLJ02产品给大松公司，售价合计290 000元，收到对方签发的一张银行承兑汇票。

分析：本业务一方面使公司的应收票据增加了327 700元，计入"应收票据"账户的借方；另一方面使公司的收入增加290 000元，计入"主营业务收入"账户的贷方，增值税销项税额增加37 700（290 000×13%）元，计入"应交税费——应交增值税（销项税额）"账户的贷方。会计分录如下：

借：应收票据——大松公司　　　　　　　327 700
　贷：主营业务收入　　　　　　　　　　290 000
　　　应交税费——应交增值税（销项税额）　37 700

【例4-25】202×年5月5日，收到腾达公司订货款30 000元，存入银行。

分析：本业务一方面使公司的银行存款增加了30 000元，计入"银行存款"账户的借方；另一方面使公司承担了在约定时间向对方交付商品的义务，形成一项负债30 000元，计入"预收账款"账户的贷方。会计分录如下：

借：银行存款　　　　　　　　　　　　　30 000
　贷：预收账款——腾达公司　　　　　　30 000

【例4-26】202×年6月20日，远东飞机工业有限公司向腾达公司交付YDLJ01产品，售价300 000元，剩余货款对方已转账支付。

分析：本业务一方面使公司的银行存款增加了309 000元，计入"银行存款"账户的借方，预收账款减少了30 000元，计入"预收账款"账户的借方；另一方面使公司的收入增加300 000元，计入"主营业务收入"账户的贷方，增值税销项税额增加39 000（300 000×13%）元，计入"应交税费——应交增值税（销项税额）"账户的贷方。会计分录如下：

借：银行存款　　　　　　　　　　　　　309 000
　　预收账款——腾达公司　　　　　　　30 000

贷：主营业务收入 300 000
   应交税费——应交增值税（销项税额） 39 000

【例 4-27】 202×年 6 月 30 日，远东飞机工业有限公司结转 6 月份已销商品成本，其中 YDLJ01 产品 321 050 元，YDLJ02 产品 132 670 元。

分析：这是一项会计结转事项。公司出售产品后，在减少库存商品的同时，需要将已出售商品的成本结转至主营业务成本，使其可以与收入相配比，以便计算利润。这项结转业务的处理，一方面使产品销售成本增加了 453 720（321 050+132 670）元，计入"主营业务成本"账户的借方；另一方面使库存商品减少 453 720 元，计入"库存商品"账户的贷方。会计分录如下：

借：主营业务成本——YDLJ01 321 050
        ——YDLJ02 132 670
 贷：库存商品——YDLJ01 321 050
        ——YDLJ02 132 670

2. 其他业务收入与其他业务成本的核算

制造业企业一般将其出租固定资产、无形资产、商品和包装物以及销售原材料所取得的收入计入"其他业务收入"账户进行核算。

【例 4-28】 202×年 7 月 13 日，远东飞机工业有限公司将其购入的 PET 泡沫材料转让给合作工厂，售价合计 60 000 元，货款已收到并存入银行。

分析：销售材料属于其他业务。本业务的发生，一方面使公司的银行存款增加了 67 800 元，计入"银行存款"账户的借方；另一方面使公司的收入增加 60 000 元，计入"其他业务收入"账户的贷方，增值税销项税额增加 7 800（60 000×13%）元，计入"应交税费——应交增值税（销项税额）"账户的贷方。会计分录如下：

借：银行存款 67 800
 贷：其他业务收入 60 000
   应交税费——应交增值税（销项税额） 7 800

【例 4-29】 202×年 7 月 31 日，远东飞机工业有限公司结转已售 PET 泡沫材料的实际成本 50 000 元。

分析：本业务一方面使公司的其他业务成本增加了 50 000 元，计入"其他业务成本"账户的借方；另一方面使公司的库存材料减少 50 000 元，计入"原材料"账户的贷方。会计分录如下：

借：其他业务成本 50 000
 贷：原材料——PET 泡沫 50 000

3. 销售费用的核算

销售费用是指企业为了销售商品、推广其所提供的劳务所发生的各种费用。包括保险费、包装费、展览费和广告费、商品维修费、预计产品质量保证损失、运输费、装卸费等以及为销售本企业商品而专设的销售机构（含销售网点、售后服务网点等）的职工薪酬、业务费、折旧费等经营费用。

【例4-30】202×年7月20日,远东飞机工业有限公司开出银行转账支票支付广告费20 000元(不考虑增值税)。

分析:广告费属于产品推销费用。本业务一方面使公司的广告费增加了20 000元,计入"销售费用"账户的借方;另一方面使公司的银行存款减少20 000元,计入"银行存款"账户的贷方。会计分录如下:

借:销售费用　　　　　　　20 000
　　贷:银行存款　　　　　　　20 000

4. 税金及附加的核算

税金及附加是指企业经营活动发生的消费税、城市维护建设税、资源税、教育费附加及房产税、土地使用税、车船税、印花税等相关税费。下面简单介绍三种传统的税金与附加。

(1)消费税。消费税是一种间接税,是只针对特定的消费品和消费行为征收的一种流转税,一般在生产环节征收,税率实行从价定率和从量定额以及从价从量复合计征三种方法,最低为3%,最高为56%。消费税是价内税,是价格的组成部分。

(2)城市维护建设税。城市维护建设税和教育费附加的缴纳义务人是缴纳增值税、消费税的单位和个人。计税依据均为企业缴纳的增值税、消费税的合计数。城市维护建设税按纳税人所在地的不同,税率分为7%(市区)、3%(县城、建制镇)和1%(其他)。

(3)教育费附加。教育费附加的征收比率为3%。

【例4-31】202×年12月31日,远东飞机工业有限公司计算全年的城市维护建设税为5 630元,教育费附加为2 413元。

分析:本业务一方面使公司的税金及附加增加了8 043元,计入"税金及附加"账户的借方;另一方面使公司的应交税费增加了8 043(5 630+2 413)元,分别计入"应交税费——应交城市维护建设税"和"应交税费——应交教育费附加"账户的贷方。会计分录如下:

借:税金及附加　　　　　　　　　　　　　　8 043
　　贷:应交税费——应交城市维护建设税　　　5 630
　　　　应交税费——应交增值税(销项税额)　2 413

以上销售环节的主要业务会计处理可汇总如图4-11所示(数据用"×××"表示):

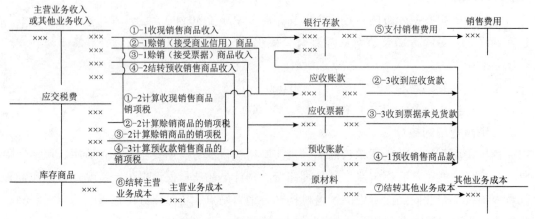

图4-11　销售环节的会计处理流程

【案例 4-2】 202×年之前 A 企业因为购买材料欠 B 企业 50 000 元，当年 1 月，A 企业销售产品 50 000 元给 B 企业，用于抵销所欠 B 企业的材料款。企业会计人员认为这笔交易或事项最后影响原先的"应付账款"减少 50 000 元，同时企业的商品减少 50 000 元，因此运用借贷记账法进行如下会计分录：

借：应付账款　　　　50 000
　　贷：库存商品　　　　50 000

你认为这个会计人员所做的会计处理是否正确？应如何正确做会计分录？

分析： 对于初学会计的人来说，有一种习惯思维是：认为该业务的发生导致企业原先的"应付账款"减少 50 000 元，同时企业的"库存商品"减少 50 000 元，所以会做出案例中的错误会计分录。

事实上，该案例中所述发生的业务并不仅仅是一个业务，而是两个业务，一个是企业销售商品，另一个是企业偿还前欠货款。企业销售商品应该是借记"应收账款"，贷记"主营业务收入"；企业偿还欠款应该是借记"应付账款"，贷记"应收账款"，表示以此项应收的货款抵充了前欠对方的货款，而非以商品抵充前欠货款。这是会计上"权责明晰"要求的表现。

会计核算销售商品业务，考虑的是商品周转过程中两个价值在运动：一个是商品的市场价值得到实现，另一个是商品的成本价值在转移。因此需要对这两个价值分别做出记录。第一，记录商品的市场价值得到实现：借记"应收账款"，贷记"主营业务收入"；第二，记录商品的成本价值在内部转移，一般是在结转该批商品销售成本时（通常是在期末）才从实物上减少该批商品的成本价值，借记"主营业务成本"，贷记"库存商品"。

案例中会计人员直接贷记"库存商品"。表面看起来是会计人员犯了会计科目使用不当的错误，更可怕的是他隐瞒了"主营业务收入"。如果是一位资深会计人员做出如此会计分录，那么他显然就是在隐瞒收入。

五、利润分配环节的会计业务处理

（一）利润分配环节的交易和事项

利润是将一定期间的各项收入与各项费用支出相抵后形成的最终经营成果，包括营业利润、营业外收支净额和所得税费用三部分。营业利润是企业营业收入减去营业成本、税金及附加和期间费用（财务费用、销售费用和管理费用）后的余额，它是企业利润的主要来源。营业外收支净额是指与企业生产经营没有直接关系的各种营业外收入减去营业外支出后的净额。属于营业外收入的项目有财产盘盈、无法偿还的应付账款等；属于营业外支出的项目有财产盘亏、毁损、自然灾害造成的损失等。所得税是对企业的所得额征收的一种税。所得税具有强制性、无偿性的特点，企业只要有所得就必须按税法规定的税率缴纳所得税，企业将其视为一种费用。利润的形成过程可以分步表示如下：

（1）营业利润＝营业收入－营业成本－税金及附加－销售费用－管理费用－财务费用

(2) 利润总额（税前利润）＝营业利润＋营业外收入－营业外支出
(3) 净利润（税后利润）＝利润总额－所得税费用

其中：

所得税费用＝利润总额（税前利润）×所得税税率

用于分配的利润分为三部分：第一部分以利润的形式分配给投资者；第二部分以盈余公积的形式留存企业，作为扩大再生产的资金；第三部分以未分配利润的形式保留在账面上，作为抵御风险能力的资金。

（二）利润分配环节会计账户的设置

1. 期间费用相关账户

企业的期间费用包括财务费用、销售费用和管理费用。其中：管理费用是指企业为组织和管理企业生产经营活动所发生的各种费用，通常包括筹建期间的开办费、董事会和行政管理部门在企业的经营管理中发生的或者应由企业统一负担的公司经费（包括行政管理部门职工薪酬、物料消耗、低值易耗品摊销、办公费和差旅费等）、工会经费、董事会费（包括董事会成员津贴、会议费和差旅费等）、聘请中介机构费、咨询费（含顾问费）、诉讼费、业务招待费、技术转让费、矿产资源补偿费、研究费用等。

"管理费用"账户属于损益类账户，用来核算管理费用的发生和结转情况。该账户借方登记发生的各项管理费用，贷方登记期末转入"本年利润"账户的管理费用金额。期末结转后，该账户无余额。该账户可按费用项目进行明细核算。

2. 投资收益核算相关账户

企业除从事生产经营活动以外，还会利用闲散资金或有计划地投资一些金融工具（如股票、债券、基金等）以获得投资收益。本节仅讲授交易性金融资产的核算。长期股权投资、债权投资、其他债权投资、其他权益工具投资等投资业务的核算详见本系列教材《财务会计学》。

交易性金融资产的核算需设以下两个账户。

（1）"交易性金融资产"账户。"交易性金融资产"属于资产类账户，核算业务模式以赚取差价为目的从二级市场购入的股票、债券、基金等。该账户的借方登记交易性金融资产的购入（增加），贷方登记已出售的交易性金融资产，期末借方余额反映尚未出售的交易性金融资产。可按金融资产的类别和品种，下设"成本"和"公允价值变动"等明细账进行明细核算。

（2）"投资收益"账户。"投资收益"属于损益类账户，用来核算各项投资业务所形成的投资收益。该账户的贷方登记实现的投资收益和期末转入"本年利润"账户的投资净损失；借方登记发生的投资损失和期末转入"本年利润"账户的投资净收益。期末结转后，该账户无余额。该账户可按投资项目设置明细账，进行明细分类核算。

3. 营业外收支相关账户

企业除了日常经营活动产生的收入以外，还有一部分是非日常活动带来的收入，比如罚没收入、获得捐赠等情形下所取得的净收入。为了与日常活动带来的收入相区别，会计上将其称为营业外收入。

有营业外收入，就会有营业外支出，当然营业外收入与营业外支出之间不像收入与费用之间存在因果关系，换句话说，一项营业外支出不是为了获得相应的营业外收入。

营业外收入与营业外支出的核算需要设置如下账户。

（1）"营业外收入"账户。"营业外收入"是收入类账户，用来核算非日常活动产生的利得，包括罚没收入、捐赠利得等。该账户的贷方登记取得的营业外收入，即营业外收入的增加额；借方登记会计期末转入"本年利润"账户的"营业外收入"本期发生额总额。期末结转后，该账户无余额。该账户应按营业外收入项目进行明细核算。

（2）"营业外支出"账户。"营业外支出"是损失类账户，用来核算非日常活动发生的损失，包括罚款支出、捐赠支出、资产盘亏损失等。借方登记营业外支出的发生，即营业外支出的增加额；贷方登记期末转入"本年利润"账户的营业外支出本期发生额总额。期末结转后，该账户无余额。该账户应按支出项目进行明细核算。

4. "本年利润"账户

"本年利润"是一个暂时性的计算损益的账户，用来核算企业实现的利润和发生的亏损。期末，将各种收入类账户的贷方发生额从其借方转入"本年利润"账户的贷方；将各种费用类账户的借方发生额从其贷方转入"本年利润"账户的借方；将本期转入的收入类和费用类账户的发生额进行比较，若为贷方余额，表示本期实现的利润；若为借方余额，表示本期发生的亏损。年度终了，将"本年利润"账户的贷方余额或借方余额全部转入"利润分配——未分配利润"账户，结转后"本年利润"账户期末余额为零。

5. "所得税费用"账户

"所得税费用"属于费用类账户，用来核算企业当期确认的所得税费用金额。该账户的借方登记本期应确认的所得税费用金额，贷方登记转入"本年利润"账户借方的金额。结转后，该账户无余额。

6. "利润分配"账户

"利润分配"属于混合性质的账户，用来核算企业实现利润的分配情况或亏损的弥补情况。在盈利的情况下，该账户的贷方登记从"本年利润"账户借方转入的利润金额，借方登记企业提取的盈余公积和已分配的利润。在亏损的情况下，该账户的借方登记从"本年利润"账户的贷方转入的亏损金额。若是期末贷方余额，表示企业留存的可供分配的利润金额；若是期末借方余额，表示尚未弥补的亏损金额。

7. "盈余公积"账户

"盈余公积"属于所有者权益账户，用来核算企业从利润中提取的盈余公积。该账户的贷方登记从利润中提取的盈余公积，借方登记已使用的盈余公积，贷方余额表示尚未使用的盈余公积。该账户设置"法定盈余公积"和"任意盈余公积"明细账，进行明细分类核算。

8. "应付利润"账户

"应付利润"属于负债类账户，用来核算企业应付给投资者的利润。该账户的贷方登记应付给投资者的利润，借方登记已支付给投资者的利润，贷方余额表示尚未支付的利润。

该账户应按投资者进行明细核算。

（三）利润分配环节的典型会计业务处理

1. 期间费用的核算

企业的期间费用包括管理费用、销售费用和财务费用。销售费用和财务费用的核算前面已有举例，这里重点举例说明管理费用的核算。

【例4-32】202×年9月11日，远东飞机工业有限公司用现金支付企业行政管理部门的业务招待费1 000元。

分析： 本业务一方面使公司的办公费用增加1 000元，计入"管理费用"账户的借方；另一方面使公司的库存现金减少1 000元，计入"库存现金"账户的贷方。会计分录如下：

借：管理费用　　　　　　1 000
　　贷：库存现金　　　　　1 000

2. 投资收益的核算

【例4-33】202×年8月1日，远东飞机工业有限公司投资100 000元购买了某上市公司的股票，另行支付佣金和税费合计1 000元。

分析： 本业务一方面使该公司的交易性金融资产增加100 000元，计入"交易性金融资产"账户的借方，交易费用直接冲减投资收益1 000元，计入"投资收益"账户的借方；另一方面使该公司的银行存款减少101 000元，计入"银行存款"账户的贷方。会计分录如下：

借：交易性金融资产——成本　100 000
　　投资收益　　　　　　　　 1 000
　　贷：银行存款　　　　　　　101 000

【例4-34】202×年10月10日出售该股票，取得价款120 000元，另支付佣金和手续费合计1 200元，净投资收益为118 800元。

分析： 本业务一方面使该公司的银行存款增加118 800元，计入"银行存款"账户的借方；另一方面使该公司的交易性金融资产减少100 000元，计入"交易性金融资产"账户的贷方，投资收益增加18 800元，计入"投资收益"账户的贷方。会计分录如下：

借：银行存款　　　　　　　　118 800
　　贷：交易性金融资产——成本　100 000
　　　　投资收益　　　　　　　　18 800

3. 营业外收支的核算

【例4-35】202×年11月2日，远东飞机工业有限公司收到客户违约金5 000元，已存入银行。

分析： 本业务一方面使该公司的银行存款增加5 000元，计入"银行存款"账户的借方；另一方面使该公司的罚没收入增加5 000元，计入"营业外收入"账户的贷方。会计分录如下：

借：银行存款　　　　　　　5 000

贷：营业外收入　　　　　5 000

【例4-36】 202×年11月20日，远东飞机工业有限公司向希望工程捐款10 000元。

分析：本业务一方面使该公司的捐赠支出增加10 000元，计入"营业外支出"账户的借方；另一方面使该公司的银行存款减少10 000元，计入"银行存款"账户的贷方。

会计分录如下：

　　借：营业外支出　　　　　10 000
　　　贷：银行存款　　　　　10 000

4. 利润总额的计算与结转

　　企业期末计算利润时，一方面将"主营业务收入""其他业务收入""营业外收入""投资收益"等账户的贷方发生额合计数从其借方转入"本年利润"账户的贷方；另一方面将"主营业务成本""其他业务成本""税金及附加""管理费用""财务费用""销售费用""营业外支出"等账户的借方发生额合计数从其贷方转入"本年利润"账户的借方，这个过程就是会计学所称的"结转本年利润"。

【例4-37】 202×年12月31日，远东飞机工业有限公司年末结账前，各损益类账户的累计发生额分别如表4-10所示。

表4-10　远东飞机工业有限公司各损益类账户的累计发生额　　单位：元

损益类账户	本期累计发生额
主营业务收入（贷方）	6 500 000
其他业务收入（贷方）	320 000
营业外收入（贷方）	9 000
投资收益（贷方）	150 600
主营业务成本（借方）	3 616 000
其他业务成本（借方）	110 000
税金及附加（借方）	32 700
管理费用（借方）	922 300
销售费用（借方）	60 000
财务费用（借方）	32 000
营业外支出（借方）	10 000

会计分录如下：

（1）结转收入类账户。

　　借：主营业务收入　　　　6 500 000
　　　　其他业务收入　　　　　320 000
　　　　营业外收入　　　　　　　9 000
　　　　投资收益　　　　　　　150 600
　　　贷：本年利润　　　　　6 979 600

（2）结转费用类账户。

　　借：本年利润　　　　　　4 783 000

贷：主营业务成本	3 616 000
其他业务成本	110 000
税金及附加	32 700
管理费用	922 300
销售费用	60 000
财务费用	32 000
营业外支出	10 000

5. 所得税费用的核算

由于所得税费用的核算比较复杂，本书采用简易方式计算所得税费用，公式为

$$\text{所得税费用} = \text{应纳税所得额} \times \text{所得税税率}$$

【例4-38】202×年12月31日，远东飞机工业有限公司应纳税所得额为2 196 600×（6 979 600－4 783 000）元，适用的所得税税率为25%。

分析：

（1）计算所得税费用。

所得税费用 = 2 196 600 × 25% = 549 150（元）

本业务一方面使公司的所得税费用增加749 150元，计入"所得税费用"账户的借方；另一方面使公司的应交所得税增加549 150元，计入"应交税费——应交所得税"账户的贷方。会计分录如下：

借：所得税费用	549 150
贷：应交税费——应交所得税	549 150

（2）实际缴纳税款。

本业务一方面使公司的应交税费减少549 150元，计入"应交税费——应交所得税"账户的借方；另一方面使该公司的银行存款减少549 150元，计入"银行存款"账户的贷方。会计分录如下：

借：应交税费——应交所得税	549 150
贷：银行存款	549 150

（3）所得税费用的结转。

公司将所得税费用749 150元结转至"本年利润"账户。这是一项结转事项。将所得税费用结转至本年利润，以清空所得税费用账户。这项结转事项一方面使公司的本年利润减少749 150元，计入"本年利润"账户的借方；另一方面使公司的所得税费用减少749 150元，计入"所得税费用"账户的贷方。会计分录如下：

借：本年利润	549 150
贷：所得税费用	549 150

6. 净利润的计算和结转

在结转所得税费用之后，如果"本年利润"账户贷方发生额合计数大于借方发生额合计数，则该差额为净利润；反之，则为净亏损。

企业设"利润分配"账户核算企业利润的分配（或亏损的弥补）情况，并反映历年分

配（或弥补）后的余额。该账户属于所有者权益类账户，借方登记实际分配的利润额，包括提取的盈余公积和分配给投资者的利润，以及年末从"本年利润"账户转入的全年发生的净亏损；贷方登记用盈余公积弥补的亏损额等其他转入数，以及年末从"本年利润"账户转入的全年实现的净利润。年末，应将"利润分配"账户下的其他明细账户的余额转入"未分配利润"明细账户，结转后，除"未分配利润"明细账户可能有余额外，其他各个明细账户均无余额。"未分配利润"明细账户的贷方余额为历年累积的未分配利润（即可供以后年度分配的利润），借方余额为历年累积的未弥补亏损（即留待以后年度弥补的亏损）。该账户应当分别设置"提取法定盈余公积""提取任意盈余公积""应付利润""盈余公积补亏""未分配利润"等明细账，进行明细分类核算。

若当年实现净利润，按"本年利润"账户贷方发生额与借方发生额的差额借记"本年利润"账户，贷记"利润分配——未分配利润"账户。这样"本年利润"账户的借方发生额与贷方发生额相等，把该账户"清空"或"结平"。若为净亏损，则做相反的会计分录。期末"本年利润"账户无余额。

【例4-39】202×年12月31日，远东飞机工业有限公司结转该年度形成的净利润1 647 450（6 979 600 − 4 783 000 − 549 150）元。

分析：这是一项结转事项。结转本年净利润时，一方面使公司的本年利润减少1 647 450元，计入"本年利润"账户的借方；另一方面使公司的未分配利润增加1 647 450元，计入"利润分配—未分配利润"账户的贷方。会计分录如下：

借：本年利润　　　　　　　　　1 647 450
　　贷：利润分配——未分配利润　　　1 647 450

7. 利润分配的核算

利润分配是指企业根据国家有关规定和企业章程、投资者协议等，对企业当年可供分配利润指定其特定用途和分配给投资者的行为。企业向投资者分配利润，应按《公司法》规定顺序进行。

（1）计算可供分配的利润。企业在利润分配前，应根据本年净利润（或亏损）与年初未分配利润（或亏损）、其他转入的金额（如盈余公积弥补的亏损）等项目，计算可供分配的利润，即

可供分配的利润 = 净利润（或亏损）+ 年初未分配利润 − 弥补以前年度的亏损 + 其他转入的金额

如果可供分配的利润为负数（即累计亏损），则不能进行分配；如果可供分配的利润为正数（即累计盈利），则可进行分配。

（2）提取法定盈余公积。按照《公司法》规定，公司应当按照当年税后利润（抵减年初累计亏损后）的10%提取法定盈余公积，提取的法定盈余公积累计额超过注册资本50%以上的，可以不再提取。

（3）提取任意盈余公积。公司提取法定盈余公积后，经股东会或者股东大会决议，还可以从税后利润中提取任意盈余公积。

（4）向投资者分配利润。可供分配利润扣除提取的盈余公积后，形成可供投资者分

配的利润,即:

$$可供投资者分配的利润 = 可供分配的利润 - 提取的盈余公积$$

企业可采用现金股利、股票股利和财产股利等形式向投资者分配利润(或股利)。

①提取盈余公积的核算。

企业提取法定盈余公积时,借记"利润分配——提取的法定盈余公积",贷记"盈余公积——法定盈余公积";提取任意盈余公积时,借记"利润分配——提取的任意盈余公积",贷记"盈余公积——任意盈余公积"。

扩展阅读4-4

盈余公积知多少

【例4-40】202×年12月31日,远东飞机工业有限公司按照该年度税后净利润10%的比例提取法定盈余公积金,6%的比例提取任意盈余公积金。

分析: 本业务一方面使可供分配的利润减少263 592元,计入"利润分配——提取盈余公积"账户的借方;另一方面使盈余公积增加263 592元,计入"盈余公积"账户的贷方。会计分录如下:

借:利润分配——提取法定盈余公积　164 745
　　　　　　——提取任意盈余公积　 98 847
　贷:盈余公积——法定盈余公积　　　164 745
　　　　　　——任意盈余公积　　　　98 847

②向投资者分配利润的核算。

企业根据股东会审议批准的利润分配方案,按应支付的现金利润,借记"利润分配——应付利润",贷记"应付利润"。

【例4-41】202×年12月31日,公司经股东会决议向股东分配现金利润600 000元。

分析:

第一步,决议通过时。本业务一方面使公司未分配利润减少600 000元(也即所有者权益减少600 000元),计入"利润分配——应付利润"账户的借方;另一方面使公司的应付未付利润增加600 000元,计入"应付利润"账户的贷方。会计分录如下:

借:利润分配——应付利润　　600 000
　贷:应付利润　　　　　　　　600 000

第二步,实际支付时。本业务一方面使公司的应付利润减少600 000元,计入"应付利润"账户的借方;另一方面使公司的银行存款减少600 000元,计入"银行存款"账户的贷方。会计分录如下:

借:应付利润　　　　　　　600 000
　贷:银行存款　　　　　　　600 000

③未分配利润的计算和结转。

资产负债表日,利润分配明细账户中只保留"未分配利润"一个明细账,其余明细反冲清零。"未分配利润"明细账的贷方余额表示累积未分配的利润,如果出现借方余额,则表示累积未弥补的亏损。

【例4-42】202×年12月31日,将"利润分配"除"未分配利润"以外的明细账结平,确定年末未分配利润。

分析：这项结转业务的发生,一方面使公司未分配利润减少,计入"利润分配——未分配利润"账户的借方；另一方面按其明细账的相反方向进行对冲,计入"利润分配——提取法定盈余公积""利润分配——提取任意盈余公积""利润分配——应付利润"账户的贷方。会计分录如下：

借：利润分配——未分配利润　　　　　863 592
　　贷：利润分配——提取法定盈余公积　　164 745
　　　　　　　　——提取任意盈余公积　　 98 847
　　　　　　　　——应付利润　　　　　　600 000

以上财务成果计算和利润分配的主要业务会计处理可汇总如图4-12所示（数据用"×××"表示）。

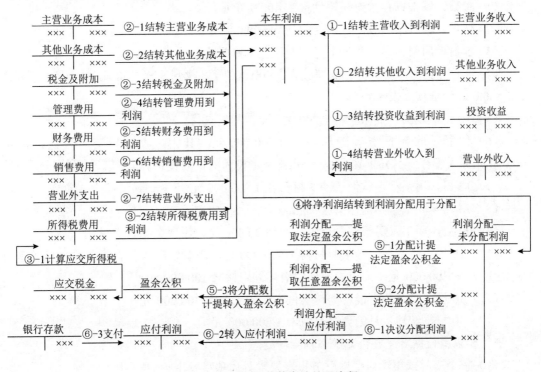

图4-12　分配环节的会计处理流程

练 习 题

一、**目的**：练习并正确运用借贷记账法则。

二、**资料**：

1.凌云航空机载设备公司202×年6月1日的各资产、负债和所有者权益类账户的余额下表（单位：元）。

资产	金额	负债及所有者权益	金额
库存现金	200 000	负债：短期借款	400 000
银行存款	1 900 000	长期借款	1 500 000
应收账款	700 000	应付账款	400 000
原材料	600 000	应交税费	100 000
库存商品	1 500 000	负债合计	2 400 000
固定资产	2 500 000	所有者权益：	
无形资产	500 000	实收资本	4 000 000
		资本公积	800 000
		盈余公积	700 000
		所有者权益合计	5 500 000
资产合计	7 900 000	负债及所有者权益合计	7 900 000

2. 该公司在202×年6月，发生以下交易或事项：

（1）1日，用银行存款偿还短期借款400 000元。

（2）2日，收到某企业归还的前欠货款500 000元。

（3）5日，用银行存款缴纳上月应交税金100 000元。

（4）8日，销售一批产品，获得收入2 000 000元，收到现款1 500 000元存入银行，其余500 000元货款尚未收到。

（5）10日，购买一批原材料1 200 000元，货款未付。

（6）12日，收到投资者追加投资2 000 000元。其中，收到投资者投入的款项600 000元存入银行，另外1 400 000元系投资者投入的机器设备。

（7）15日，用银行存款偿还购买材料款1 200 000元。

（8）18日，职工李华出差借款10 000元。

（9）20日，职工张明报销办公用品费用20 000元，用现金支票支付。

（10）20日，生产部门领用原材料1 400 000元，用于生产A产品；生产部门管理消耗领用原材料200 000元；公司管理部门消耗领用材料100 000元。

（11）30日，通过开户银行划转支付本月职工薪酬300 000元。

（12）30日，结转本月销售产品成本1 200 000元。

三、要求：根据上述资料完成下列会计处理。

（1）每个交易或事项对哪些财务报表要素具体项目发生影响？

（2）这些受影响的项目应在哪些会计科目和账户中进行核算？

（3）写明在借贷记账法下各交易或事项应记入账户的方向和金额。

（4）设置业务资料中涉及全部账户的"T"型账户，并登记期初余额。

（5）运用借贷记账法对6月份发生的每个交易或事项编制会计分录。

（6）根据所编制的会计分录，逐笔登记相关的"T"型账户，并计算出本期借、贷方发生额和期末余额。

第五章
会计信息载体

学习提示

重点：原始凭证的内容要素和填制要求，原始凭证的审核内容和要求，记账凭证的内容要素和填制要求，会计凭证的整理与保管，会计账簿的分类及内容格式，会计账簿的登记规则，日记账的特征与登记方法，分类账的特征与登记方法，对账的内容和要求，错账查找，错账更正，结账的内容和要求。

难点：记账凭证的填制方法，总分类账和明细分类账的平行登记，错账类型及其更正，科目汇总，试算平衡。

导入案例

2018年某电影明星MBB和她的公司少缴税款2.48亿元，其中偷逃税款1.34亿元，被举报后经查实，MBB所需补缴的税款、罚款以及滞纳金共计超过8亿元，MBB受到税务机关的行政处罚。在税务部门调查期间，MBB的经纪人MXG指使员工销毁了会计凭证、会计账簿，涉嫌犯罪被公安机关采取刑事强制措施。

分析和讨论：①经纪人MXG为什么要销毁会计凭证和会计账簿？②会计凭证是如何形成的，记载了什么样的会计信息？③会计账簿是如何形成的，记载了什么样的会计信息？④会计凭证和会计账簿对公司管理、税务部门、审计机构分别具有什么重要的作用？⑤销毁记载会计信息的资料将面临哪些法律与行政处罚？

会计的确认、计量、记录和报告的过程，在实践工作中可以分解为：首先要对单独的原始交易或事项是否可以按照会计核算规则进行处理加以确认，如果可以，会计人员则将记载该交易或事项发生时的凭据确认为原始凭证；然后是将该笔交易或事项及其相应的金额按照会计要素的具体项目（会计科目）进行分类，计入不同的会计账户，这实质上就是编制会计分录的过程，并将会计分录填制到记账凭证中；接下来是根据记账凭证将价值金额逐笔记录到相应的会计账簿中；最后根据会计账簿记录的信息汇总编制财务报表。在这个过程中出现了一系列的会计信息载体：①记录交易或事项原貌信息的载体——原始凭证；②记录交易或事项按照会计要素具体项目进行归类的信息载体——记账凭证；③记录一定时期以来各分类项目连续系统增减变化的信息载体——会计账簿；④反映各分类项目汇总的信息载体——财务报表。这些信息载体和产生过程可以描述如图5-1所示。

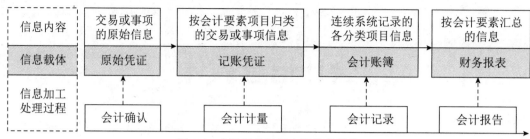

图 5-1　会计行为过程中的信息载体

第一节　原　始　凭　证

会计核算的每一笔交易或事项都需要有凭有据,这就是所谓的会计凭证。会计凭证是会计核算的初始资料。会计凭证是记录会计主体交易或事项发生或完成情况,明确经济责任并据以记账的书面证明。填制和审核会计凭证是会计核算的一项重要方法。会计凭证按照用途和内容可以分为原始凭证和记账凭证。

一、原始凭证的功能与分类

原始凭证是指在交易或事项发生或完成时取得或填制的,用以记录交易或事项的发生、完成的原始状态,并具有法律效力的会计凭证。会计主体从事的每一个交易或事项都必须按照规定办理凭证手续,例如:购物发票、火车票或飞机票、借据、银行收付款通知等,这些凭据需要由执行该项交易或事项的相关人员(以下简称"执行人")填制,需要有关经办人员签名或盖章,以确认经办人的责任。其中:经办人员包括业务执行人、付款人、收款人、开票人、复核人、记账员、负责人等,以下简称"经办人"或"经手人";盖章包括加盖公章和私人印章,公章是指具有法律效力和规定用途,能够证明单位身份或性质的印鉴,包括行政公章、业务公章、财务专用章、发票专用章、收款专用章或结算专用章等。

(一) 原始凭证的功能

1. 证明交易或事项的原貌

原始凭证记录交易或事项的执行、完成情况的原始面貌,反映事项或交易发生时的一种实物数量、经济价值状态。

2. 填制记账凭证的依据

原始凭证往往因不同交易或事项业务而设计不同的格式和内容,其格式和内容五花八门,并不统一,也没有按照会计核算要求分类记录相关信息,因此不能直接用于登记账簿,会计人员需要对原始凭证按照会计核算要求进行分类和确认,用于编制会计分录并填制记账凭证。

3. 区分经办责任

原始凭证需要有关经办人在上面签名签章，以便充分明确每一位经办人在该交易或事项发生过程中的角色和责任，也有利于后续会计检查和审计监督对发现问题的责任追溯和责任验证。

4. 证明交易或事项的合法合理程度

利用原始凭证可以检查交易或事项是否符合国家有关政策、法令、制度的规定，检查交易或事项的合理程度。

（二）原始凭证的分类

1. 按来源不同，原始凭证可分为外来原始凭证和自制原始凭证

外来原始凭证是指交易发生时由执行人从外部其他单位或个人处取得的原始凭证。如乘车时购买的"车票"、购买材料取得的"发货票"、运输时取得的"运货单"、银行转来"收款通知单"和"付款通知单"等。

自制原始凭证是指本单位内部设计格式、自行印制和自行填制的，执行人在办理有关经济事项时取得的原始凭证。如执行人向财务部门借款时由财务部门填制的"借款单"，材料验收入库时的"收料单"，材料领用出库时的"领料单"，销售产品时开出的"商品出库单"等。

2. 按填制次数，原始凭证可分为一次凭证和累计凭证

一次凭证是指在交易或事项发生时一次填制完成，用以记录一项或若干项同类交易或事项的原始凭证。如上述外来原始凭证都是一次凭证。

累计凭证是指在一定时期内可以连续多次记载若干次不断重复发生相同交易或事项的原始凭证。累计凭证可连续填制到期末，并以期间内的累计数作为记账的依据，如领用材料时填制的"限额领料单"。

3. 按记录交易或事项数量的多少，原始凭证可分为单项原始凭证和汇总原始凭证

单项原始凭证是指只记录一项独立交易或事项的原始凭证。如外来原始凭证、销货发票和借款单等。

汇总原始凭证是指按反映一定期间多个同类交易或事项的原始凭证汇总编制的原始凭证，如收料汇总表、发料汇总表、折旧计算分配表、工资结算汇总表等。

4. 按适用范围不同，原始凭证可分为通用原始凭证和单位内部使用原始凭证

通用原始凭证，是指在全国或某一地区统一格式、统一印制、统一使用的原始凭证。如"增值税专用发票"、银行结算凭证等。

单位内部使用原始凭证，是指某一会计主体自行设计印制且仅限于本单位使用的原始凭证。如"收料单""领料单""差旅费报销单""借款单"等。

5. 按照记录载体不同，原始凭证可分为纸质原始凭证和电子原始凭证

纸质原始凭证是将记录、反映交易或事项原貌的各项信息内容打印在纸张上的原始凭证。这是最传统的也是长期以来最主要的原始凭证存储载体形式。

电子原始凭证是将记录、反映交易或事项原貌的信息以电子形式存储在某一个信息系统或某一介质中的原始凭证。这类凭证通过电子拷贝、网络远程共享等方式随时快捷获取。随着信息化和网络化技术的不断发展，原始凭证已经逐转向电子化、数字化，而非传统的纸质凭证。每一张电子原始凭证都将由网络系统和大数据系统产生一个独一无二的数字编码，这个编码是会计人员识别、获取该项凭证的根本依据。

（三）原始凭证的获取

原始凭证通常由执行人在交易或事项发生时获得，并提交给会计人员进行审核处理。获取的路径包括以下两种。

（1）在手工会计核算方式下，绝大多数原始凭证是由业务执行人或经办人直接索取原始凭证的纸质版，并提交财务部门审核报销；另外一部分凭证如工资费用计算单、折旧费用计算单、产品成本计算单等是由会计人员直接填制后作为依据用于填制记账凭证。以上过程可用图5-2表示。

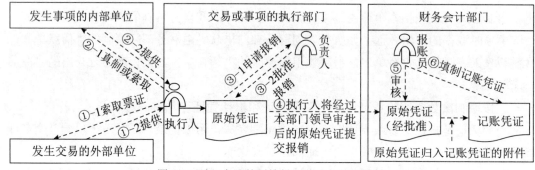

图 5-2　手工会计的原始凭证获取与处理路径

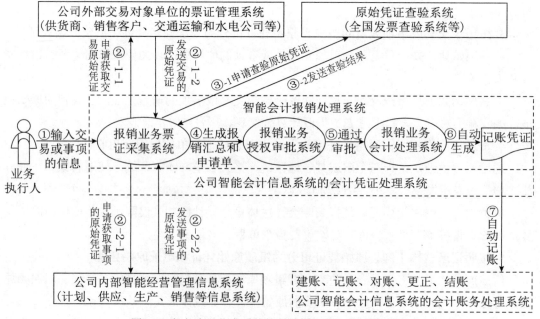

图 5-3　智能会计信息系统的原始凭证获取与处理路径

（2）在智能会计信息系统[①]中，交易或事项的执行人向财务会计部门申请报账时，仅需要登录企业的电算化会计信息系统，输入本人员工号和身份信息号、经手的业务编号、业务内容、对象单位、业务时间、金额等信息，系统将根据这些信息通过互联网和大数据挖掘技术，直接到外部交易（包括内部事项）对象单位的信息平台中，抓取有关单据票证电子版作为原始凭证提交给财务部门处理。以上过程可用图5-3表示。

【**案例 5-1**】远东飞机工业有限公司应用了智能会计信息系统，并可以利用互联网和大数据技术自动获取原始凭证电子版资料。公司技术部华伟超出差回来后需要报销路费、住宿费、会议费等，直接提交自行找来的原始凭证申请报销。请分析华伟超的做法并分析智能会计报销处理系统获取原始凭证的路径。

分析：华伟超不需要自行获取与出差有关的原始凭证，他只需要登录本公司智能会计信息系统的报销子系统，输入本人员工号（或身份证号），同时输入上述三种费用发生的时间、交易对象单位名称、交易金额等信息，此时公司智能会计信息系统就会依据这些信息标识，按照以下路径获取原始凭证。

（1）通过互联网链接铁路公司（或民航公司）的票务系统获取往返车票（或飞机票）电子版。

（2）通过互联网链接华伟超在外地住宿酒店的票务系统获取住宿发票电子版。

（3）通过互联网链接华伟超参加会议组织单位的票务系统获取会议发票电子版。

扩展阅读5-1
智能化会计信息系统

（4）同时自动链接国家税务发票查验系统验证上述发票的真伪。

然后系统自动生成报销单并加附这些原始凭证电子版，提交给华伟超所在的技术部门领导在系统中进行审批，再由系统自动提交给财务会计部门的工作人员进行审核处理。

二、原始凭证的内容要素

原始凭证的内容要素至少应包括：①原始凭证的名称；②填制日期；③编号（含二维码）；④接受原始凭证的单位名称和相关信息；⑤交易或事项的内容（含交易或事项的名称、规格型号、数量、单价和金额）；⑥填制或出具原始凭证的单位（盖章）和相关信息；⑦经办人员签名签章，有的原始凭证还有：⑧多联凭证控制信息（一式多联的用途）和⑨备注等，对于可以在不同单位之间通用的原始凭证，往往还需要有⑩批准印制原始凭证的单位名称、防伪或安全标识等。具体参见表5-1和表5-2的示例。

[①] 智能会计信息系统是指利用计算机智能化技术自动处理会计业务的信息系统。目前会计电算信息系统已经发展到可以不同程度地利用网络技术、大数据技术、智能化技术、区块链技术、移动技术、云计算技术进行会计核算和会计分析的信息处理。

表 5-1 通用于不同单位的原始凭证结构

三、原始凭证的填制要求

（一）原始凭证的书写规范

会计书写格式规范的基本要求是：业务记录正确、用语简明扼要；账目条理清晰、结构安排合理；书写工整清楚、字迹流畅美观。其中的阿拉伯数字、货币符号、文字的具体规范要求如下。

1. **阿拉伯数字的书写规范**

阿拉伯数字书写总体要求是不得连笔，数字应具有一定的高度、斜度、间距，有竖划的数字的写法要有明显的区别。具体要求如下：

（1）阿拉伯数字应逐个书写，不得连笔。特别是在连着写几个"0"时，一定要单个而不能连笔书写"0"。印有数位分隔线的每一格只能写一个数字。数字的排列要整齐、间隔均匀，不能过大过小。

（2）阿拉伯数字书写应紧贴底线书写，保持70°～80°倾斜。数字的书写高度约占行高的1/2～2/3，每行上方留出一定空位，这样既美观，又可以在需要更正时书将正确数字写到上方空白位置。按照习惯，其中的"6"的竖划可比其他数字高出伸出1/4，"7"和"9"的竖划可比其他数字下拉出格1/4，如图5-4所示。

图5-4　阿拉伯数字书写规范格式图例

（3）为了防止涂改，对有竖划的数字写法应有明显的区别，如"6"的竖划应偏左，"4""7""9"的竖划应偏右，"1"应写在中间。

2. **货币符号的书写规范**

（1）表示金额的阿拉伯数字前面应当书写货币币种符号或者货币名称的简写。如：人民币简写为"￥"、美元简写为"$"、英镑简写为"￡"、港币简写为"HK$"等。

（2）货币币种符号与金额数字之间不得留有空白。阿拉伯金额数字前面写有货币币种符号的，数字后面不再写货币计量单位。例如：把500元写成"￥500.00"是正确的，而写成"￥500.00 元"是错误的。

（3）金额数字有角分的，一律填写到角、分；有角无分的，分位应当写"0"，不得用符号"—"代替；同时无角无分的，角位和分位可以写"00"，也可以用"—"代替。例如：把500元写成"￥500.00"或"￥500.—"是正确的，而写成"￥500""￥500.--""￥500.0""￥500.0-"都是错误的。

3. **文字及数字大写的书写规范**

（1）文字书写规范。总体要求是叙述准确、简明扼要、工整清晰，文字以不超栏目宽度为限。需注意会计科目要写全称；字体使用正楷或行书体，不能用草书；字号不要过大或过小，字距大小均匀一致，文字保持占横格高度的1/2～2/3；不得自造简化字等。

（2）数字大写书写规范。要求对合计金额用汉字进行大写。阿拉伯数字大写为：零、壹、贰、叁、肆、伍、陆、柒、捌、玖、拾、佰、仟、万、亿、元、角、分、整（或正）。具体书写规范见表5-3所示。

表 5-3 阿拉伯数字大写的书写规范

序	小写数字示例								对应的大写数字示例	注意事项
	百	十万	千	百	十	元	角	分	零壹贰叁肆伍陆柒捌玖拾佰仟万亿元角分整	大写金额的汉字之间不能有空格
1	¥	5	4	3	7	6	0	0	人民币（大写）伍万肆仟叁佰柒拾陆元整	中文大写金额数字到"元"为止的，在"元"之后，应写"整"或"正"字，在"角"之后则不加
2	¥	5	4	3	7	6	5	0	人民币（大写）伍万肆仟叁佰柒拾陆元伍角	
3	¥	5	4	3	7	6	5	7	人民币（大写）伍万肆仟叁佰柒拾陆元伍角柒分	
4	¥	5	4	3	7	6	0	7	人民币（大写）伍万肆仟叁佰柒拾陆元零柒分	
5	¥		5	0	3	7	6	0	0	人民币（大写）伍万零叁佰柒拾陆元整	如小写金额中间有一个0或中间连续有若干个"0"时，大写金额中间只写一个"零"字
6	¥		5	0	0	7	6	0	0	人民币（大写）伍万零柒拾陆元整	
7	¥		5	0	0	0	6	5	7	人民币（大写）伍万零陆元伍角柒分	

大写中不要使用不规范汉字和口语化的文字，例如：不要以"另"或"0"代替"零"，以"毛"代替"角"，以"弍"代替"壹"，以"两""弍"或"弍"代替"贰"，以"弎"代替"叁"，以"廿""卄"或"廿"代替"贰拾"，以"卅"代替"叁拾"等，也不得用"一二三四五六七八九十百千"等简化字代替"壹贰叁肆伍陆柒捌玖拾佰仟"等。

（二）原始凭证的填制要求

（1）信息真实可靠。如实填制交易或事项内容，不得弄虚作假。

（2）内容要素齐全。各项目要逐项填写齐全。其中时间要按填制原始凭证的实际日期填写；接收单位名称要写全称，不能简化；品名或用途要填写准确；有关人员的签名签章及单位印章必须齐全。

（3）及时填制凭证。在交易或事项发生、完成时立即填制原始凭证，不积压、不误时、不事后补填。

（4）准确计算数额。填制原始凭证中各项交易和事项的数量、金额要计算准确。为了防止经办人篡改原始凭证，对于可以记录多项业务的原始凭证一般会专门设计"合计金额"行，用于建立凭证内单项业务金额与合计数的一致性控制关系，同时做到大写金额要和小写金额合计数一致。

（5）明确经办责任。交易或事项的经办人需要在原始凭证相应栏目上签名和加盖单位公章，明确经办该交易或事项过程中应承担的责任。

（6）顺序启用凭证。收付款项或实物的凭证要顺序或分类编号，在填制时按照编号的次序使用，跳号的凭证、因填制错误导致作废的原始凭证要加盖"作废"戳记，不得撕毁。

（7）采用安全控制。为了保证原始凭证真实和安全，对原始凭证可以采用连续编号（可附加二维码）、一式多联套写、填写密码等方式进行安全控制。其中：一式多联的原始凭证，应当注明各联的用途，只能以其中一联作为报销凭证，同时用双面复写纸进行套写（发票和收据具备复写纸功能的除外）。

【案例 5-2】 远东飞机工业有限公司准备新印制一批公司"领料单"，计划采用一式五联方式控制凭证各联的使用，分别用于仓库存根备查、仓库记账、领用单位存留备查、领用单位记账、公司会计记账。请分析该公司"领料单"采用多联控制方式的合理性。

分析： 公司"领料单"采用多联控制是非常有必要的，但是内部凭证控制要尽可能注意有利于提高管理效率，采用一式三联控制就可以满足需要，其中：第一联为存根联，作为材料仓库保管备查使用；第二联为记账联，由领料人（执行人）获取并提交会计人员核算和记账使用，一般地，应将执行人持有原始凭证那一联设计为中间联，这样能够受到上下各联套写信息的一致性控制，不易被篡改；第三联保管联，作为材料仓库保管员记录明细账使用。

通常可以采用以下方式控制凭证的安全可靠。

（1）大小写金额控制：对原始凭证要求同时填写数据一致的大写和小写金额。

（2）编号控制：对原始凭证采用唯一的凭证编号。

（3）二维码控制：在原始凭证上印制凭证二维码用于身份识别。

（4）套写控制：对原始凭证采用一式多联并套写，防止持有人修改。

（5）密码控制：对原始凭证设置密码识别，以便识别真伪。

（6）签章控制：要求经办人员在原始凭证上签名或盖章，以及出具单位加盖公章。

（7）防伪技术控制：采用防伪印刷技术。

（8）查验控制：将票号信息输入国家税务平台查验。

（8）获取补充凭证。对于一些特殊交易或事项，除填制交易或事项的原始凭证之外，还需要获取与之相关联的其他原始凭证，这样可以共同印证该交易或事项在内容、过程、金额方面的完整性和详尽性。补充凭证包括以下几种。

①获取在内容上相互印证的关联凭证。例如：购买实物的原始凭证，必须有购货清单为补充证明；发生销货退回交易时，须有退货发票加上退货验收证明；支付款项时，须有交易发票加上收款人的收款证明为补充；支付商品退款时，须有退货发票加上对方的收款收据或者汇款银行的凭证。

②获取在金额上相互印证的关联凭证。例如：职工因公出差向单位借款的凭据，必须附在记账凭证之后。收回借款时，应当另开收据或者退还借据副本，不得退还原借款收据。

③获取在源头上相互印证的关联凭证。例如：企业经上级有关部门批准发生某项交易或事项，须有该交易或事项发生时的原始凭证，加上上级的批准文件作为原始凭证附件。如果该批准文件需要单独归档的，应当在那张原始凭证上注明该文件的批准机关、日期和字号。

扩展阅读5-2

我国《会计基础工作规范》对填制会计凭证的要求

四、原始凭证的填制方法

（一）收料单的填制

收料单（或验收单）是在材料物资验收入库时填制的凭证，要求"一料一单"，填制一式3联，其中的一联由验收人员留底备查，另一联交仓库保管人员据以登记仓库材料明细账，还有一联连同发货票由经办人交财会部门办理结算。其一般格式及填制方法见表5-4。

表5-4　远东飞机工业有限公司收料单

202X年08月12日　　　　　　　　　　　　　　　　编号：41201

供货单位： 武汉钢铁集团有限公司						到货日期：202X年08月11日										
材料编号	材料名称	规格型号	送验数量	实收数量	单位	单价	金额									备注
							百	十	万	千	百	十	元	角	分	
05008	钛合金	Ti6A-120mm	2000	2000	千克	260		5	2	0	0	0	0	0	0	
附单据：贰张						合计 ¥		5	2	0	0	0	0	0	0	

第2联　记账联

主管 朱关民　　复核 周紫涵　　会计 李融融　　交验 郑功达　　验收 王伟业

（二）领料单的填制

领料单是企业内部的领料单位由于生产经营需要向企业物资保管仓库领用材料物资验时填制的凭证，要求"一料一单"，填制一式3联，分别用于仓库备查、仓库记录材料明细账、财会部门办理结算。领用原材料需经用料单位负责人和相关部门负责人批准后，方可填制领料单，领料单位负责人、收料人、仓库管理员和发料人均需在领料单中签章。其一般格式及填制方法见表5-5。

表5-5　远东飞机工业有限公司领料单

领料单位：起落架分公司　生产通知单号：00108　制单日期：202X年08月15日　　编号：60209

领料用途：生产轻型飞行器			制造数量：30个			制品名称：轻型A系飞机起落架 QX-A701										
材料编号	材料名称	规格型号	请领数量	实发数量	单位	单价	金额									备注
							百	十	万	千	百	十	元	角	分	
05008	钛合金	Ti120mm	1800	1800	千克	260		4	6	8	0	0	0	0	0	
附单据　壹张						合计 ¥		4	6	8	0	0	0	0	0	

第2联　记账联

领料单位负责人 张天飞　会计 李融融　发料 王伟业　领料 王海　制单 周涛	领讫日期	月	日
		8	15

（三）限额领料单的填制

限额领料单是一种可以一次开设、多次使用领料并填制、领用限额已定的累计金额凭证。在有效期（最长 1 个月）内，只要领用数量累计不超过事先核定的限额就可以连续使用。限额领料单经生产计划部门和供应部门负责人审核签章后可以使用，填制一式 2 联，其中一联送交仓库据以发料并登记材料明细账，另一联送交领料单位据以领料。每次在限额内发料时，同时在两联内套写实发数，并由发料人和领料人同时签章，月末结出实发数量和金额，交财会部门据以记账。其一般格式及填制方法见表 5-6。

表 5-6　远东飞机工业有限公司限额领料单

领料单位：第一锻造分公司　　　　202×年 8 月　日　　　　凭证编号：XE006
材料用途：铸造轻型 B 系飞行器尾部桁梁（QX-B907）　　　发料仓库：第 3 号仓库

材料类别	材料编号	材料名称	材料规格	计量单位	全月领用限额	全月实领			备注
						数量	单价	金额	
型钢	120120	圆钢	φ30mm	kg	2 500	2 400	20.30	48 720.00	

领料日期	请领数量		实发数量			退库数量		限额结余
	数量	领料部门负责人签章	数量	领料人（签章）	发料人（签章）	数量	退料单 编号	
5	500	钱顺铭	500	钟致远	梁晓冬			2 000
11	400	钱顺铭	400	钟致远	梁晓冬			1 600
19	400	钱顺铭	400	钟致远	梁晓冬			1 200
25	800	钱顺铭	800	李路遥	梁晓冬			400
27	400	钱顺铭	400	李路遥	梁晓冬			0
31						100	略	100
合计	2 500		2 500			100		100

供应部门负责人：朱关民　　生产部门负责人：季节　　仓库管理员：李晓霞　　会计：李融融

（四）发货票的填制

发货票即日常所称的发票，分为增值税普通发票和增值税专用发票两种。

增值税普通发票印有"增值税普通发票"字样，普通发票的格式和要素可参见表 5-1，普通发票以一式两联式为主，也有一式 3 联及以上的。

增值税专用发票是一般纳税人于销售货物时开具的销货发票，而且可以用作购买方扣除增值税的凭证。目前，全国各省、区、市都统一使用计算机开具增值税专用发票，并可通过"国家税务总局全国增值税发票查验平台"查验增值税专用发票的真实性。增值税专用发票一式 3 联，第一联是抵扣联、第二联是发票联（这两联均给购货方）、第三联是记账联（开票方作为填制记账凭证的依据）。

开具增值税专用发票时，要求内容准确、字迹清楚、不得涂改、要素齐全、各联一致。需特别注意以下几点。

（1）如填写有误时注明"误填作废"字样。

（2）发票开具后因购货方未索取成为废票的也按填写有误处理。

（3）票、物相符且票面金额与实际收取的金额相符。

（4）上下联的内容、金额、税额一致。

（5）发票联和抵扣联加盖发票专用章。

（6）不得开具伪造的专用发票，不得拆本使用专用发票，不得超面额开具专用发票，要用中文开具专用发票等。

发票格式、要素和填制技术示例见表5-7。

表5-7 发票示例

一般纳税人发生下列交易事项不得开具增值税专用发票：①向消费者销售应税项目；②销售免税货物；③销售报关出口的货物、在境外销售应税劳务；④将货物用于非应税项目；⑤将货物用于集体福利或个人消费；⑥提供非应税劳务（应当征收增值税的除外）、转让无形资产或销售不动产。另外向小规模纳税人销售应税项目，可以不开具专用发票。

（五）发料凭证汇总表的填制

对收发料比较频繁的制造企业，为了简化核算手续，可以编制发料凭证汇总表，根据收料单原始凭证分别按材料存放地点及材料类别定期汇总而成，这是一种典型的汇总原始凭证。企业可以根据收发材料业务量的大小，选择每5天、10天、15天或1个月汇总编制一次。其一般格式及填制方法见表5-8。

表 5-8　发料凭证示例

远东飞机工业有限公司收料凭证汇总表

202×年 08 月　　　　　　　　　　　　　　　　　单位：元

收料地点	收料单张数	材料类别			合计
		原料及主要材料	辅助材料	燃料	
第 1 号物资仓库	10	9 600	5 700	4 500	19 800
第 2 号物资仓库	15	10 700	10 500	8 100	29 300
第 3 号物资仓库	18	12 500	2 100	9 800	24 400
合　计	43	32 800	18 300	22 400	73 500

会计主管　何雅明　　收料人　钟致远　　记账　李融融　　稽核　崔璐璐　　制单　郑功达

（六）商品验收单的填制

商品验收单是购进商品提交验收入库填制的凭证单据。采购部门在商品到达后，将发货票与经济合同进行核对，无误后再填制商品验收单，共一式 4 联，交仓库管理员验收商品。商品验收后，应在商品验收单上加盖收货戳记，然后分送业务、财会、统计等部门据以办理货款结算、记账和登记等手续。

（七）银行支票的填制

除定额支票外，银行支票一律记名并由财会部门的出纳员保管和签发，支票分为现金支票和转账支票两种，现金支票是签发后持有人可以据此到签发人开户银行直接提取现金的支票，转账支票是签发后持有人可以到签发人开户银行办理款项划转到持有人银行户头的支票，但不可以提取现金。

支票应用碳素墨水填写，内容齐全。签发时存根联应一并填写，且内容与支票完全一致。支票大写、小写金额以及日期（大写，且 1—10 月、1—10 日、20 日、30 日前加"零"，11—12 月、11—19 日前加"壹"）、文字要正确并不得有任何更改，同时填写支票密码、加盖预留银行印鉴。签发支票应符合银行规定的金额起点（目前为 100 元）。企业将收入现金（含超过库存的多余现金）和支票送存银行时，应将填制的"现金交款单"和"银行进账单"一并送交银行，凭银行退回的"回单联"入账。转账支票一般格式及填制方法见表 5-9。

表 5-9　转账支票的格式与填制示例

五、原始凭证的错误更正

填制原始凭证出现错误时，应当由填制或出具单位重新开具或者按照规定更正，更正后应在更正处加盖出具单位的公章。具体要求如下。

（1）原始凭证所记载的各项内容均不得随意涂改、挖补。随意涂改的原始凭证为无效凭证，不得作为填制记账凭证或登记会计账簿的依据。

（2）原始凭证记账内容有错误的，应当由出具单位重开或更正，并在更正处加盖出具凭证的单位印章。

（3）原始凭证金额出现错误的，应当由原始凭证出具单位重新开具，不得在错误凭证上直接更正。在原错误凭证上加盖"作废"印戳并保留存档备查。

六、原始凭证的审核要求

原始凭证审核是对原始凭证及其所记载交易或事项的真实性、合法性、合理性进行审查和核对。这是进行会计确认的重要步骤和要求，是保证会计核算和会计信息质量的重要措施。

审核原始凭证是一项政策性、业务性很强、十分细致的工作，因此，要求会计人员既要熟悉有关财经政策、法规、制度，又要了解本单位生产经营情况，同时，还要求会计人员认真、细致、逐项进行审核。审核内容包括以下几类。

（一）真实性审核

审核原始凭证本身是否虚假，以及记载反映内容是否符合已经发生交易或事项的实际情况，数据、文字有无伪造、涂改、重复使用和大头小尾、相关各联之间数额不符情况。

（二）完整性审核

审核凭证的编制是否符合要求，各个项目内容是否填写齐全、数字是否正确，查看其凭证的各项指标是否完整；名称、商品规格、计量单位、数量、单价、大小写金额和填制日期的填写是否清晰，计算是否正确；要求统一使用的发货票，应检查是否存在伪造、挪用或用已作废的发票代替，发货票的存根联有无空白缺页；凭证手续是否完备，凭证中应有的签章是否齐全；自制原始凭证附有原始单据的，金额是否相符，无原始单据的是否有部门负责人的批准、签章；原始凭证汇总表的起止期限是否准确，附件是否完整，交易或事项是否相同等。

（三）合法性审核

审核外来原始凭证的交易或事项是否符合国家有关法规，是否符合财经纪律和财会制度，是否经过税务机关批准印制（是否有发票监制章）；收购由本企业代完税或依法抵扣增值税的农副产品收购单、付款单，是否有出售人姓名住址以及产品名称、数量、单价、金额，是否有本企业采购（经手人）、验收、付款（出纳）等有关人员签章。

（四）遵循性审核

审核交易或事项的发生是否符合事先制订的有关交易或事项计划、预算等的要求，有无不讲经济效益、脱离目标的现象，是否符合费用开支标准，有无铺张浪费的行为等。

（五）技术性审核

技术性审核就是对原始凭证格式、要素和内容的规范程度进行审核。首先，审核原始凭证的各构成要素是否齐全；其次，审核各要素内容填制是否正确、完整、清晰，特别是对凭证中所记录的数量、金额的正确性要进行认真审核，检查金额计算有无差错，大小写金额是否一致等；最后，审核各经办单位和人员签章是否齐全。

会计人员对审核发现不真实、不合法的原始凭证，不予受理；对记载不明确、不完整的原始凭证，应予以回绝并要求更正、补充。

第二节　记　账　凭　证

一、记账凭证的概念

记账凭证是会计人员初步加工信息的载体，是指根据审核无误后的原始凭证填制的，用来确定应借应贷账户名称及其金额、表明业务处理或发生日期、简要说明交易或事项发生或完成等情况，并由有关会计人员签章、直接作为登记账簿依据的会计凭证。由于记账凭证在用来登记账簿时涉及的不只是一个账簿，可能需要在多个记账人员之间传递登记，所以，也将其称为"传票"。填制记账凭证的核心过程就是根据原始交易或事项编制会计分录的过程，因此记账凭证是会计分录的载体。

二、记账凭证的种类

（一）按适用的交易或事项不同，可分为通用记账凭证和专用记账凭证

（1）通用记账凭证。通用记账凭证是对所有的交易或事项均采用相同格式的记账凭证，即格式上的通用。

（2）专用记账凭证。专用记账凭证是对不同类型的交易或事项采用不同格式的记账凭证，即格式上的分类专用。按其记录的交易或事项与货币资金收付的关系分为收款凭证、付款凭证和转账凭证。其中：

①收款凭证是指格式上专门用来反映现金、银行存款收入业务的记账凭证。具体可分为现金收款凭证和银行存款收款凭证。

②付款凭证是指格式上专门用来反映现金、银行存款支付业务的记账凭证。具体可分为现金付款凭证和银行存款付款凭证。

③转账凭证是指格式上专门用来反映与现金、银行存款收付无关的交易或事项（转账业务）的记账凭证。

将记账凭证分为通用记账凭证和专用记账凭证，包括后面阐述的分类汇总记账凭证和综合汇总记账凭证，都是手工会计处理时代的产物。因为手工核算出现大量交易或事项时，会计人员利用长期的工作经验和智慧，设计出适用于不同类型交易或事项的不同格式甚至不同颜色的记账凭证，易于快速识别、正确区分，同时也易于快速记账，从而提高效率。进入电算化会计以后，计算机在自动填制记账凭证这种简单而有大量的数据转换计算、利用记账凭证登记账簿数据的机械转移时，具有天然的准确快捷优势，不需要将会计凭证进行分类，只要一种通用格式的记账凭证即可，但事实上当前仍有不少会计电算化系统仍然简单模拟手工会计区分收付转专用记账凭证的做法。

（二）按填制的方式不同，可分为单式记账凭证和复式记账凭证

（1）单式记账凭证。单式记账凭证是指把一项交易或事项所涉及的借贷双方会计科目及金额分别填列在不同的记账凭证中，每张凭证只填列一个会计科目及相应金额的记账凭证。这种凭证目前极少采用。

（2）复式记账凭证。复式记账凭证是指把一项交易或事项所涉及的借贷双方会计科目及金额逐项填列在一张凭证中的记账凭证。

（三）按汇总方式不同，可分为分类汇总记账凭证和综合汇总记账凭证

（1）分类汇总记账凭证。分类汇总记账凭证是指分别对收款凭证、付款凭证、转账凭证定期进行汇总的记账凭证，分别称为汇总收款凭证、汇总付款凭证、汇总转账凭证。

（2）综合汇总记账凭证。综合汇总记账凭证是指定期对全部记账凭证按照相同会计科目进行汇总的记账凭证，又称为科目汇总表或记账凭证汇总表。

三、记账凭证的构成要素

企业可以根据自身经营特点或管理需要设计不同格式的记账凭证，但都必须保证记账凭证具备填制会计分录并用于记账的基本内容和要素。记账凭证都需具备以下内容要素。

（1）凭证名称：用通用记账凭证或专用记账凭证的分类名称进行命名。

（2）填制时间：用于填列填制记账凭证的日期。

（3）凭证字号：用于填列本记账凭证类别（即"字"）和产生本记账凭证的顺序号数（即"号"，可以按年，可也按月统一从第 1 号开始编号），是连接记账凭证与会计账簿的依据代码，作为后续检查核对的索引依据。

（4）内容摘要：用于简明扼要描述交易或事项的概况。

（5）应借应贷总账账户及其所属的相关明细账户名称和金额：用于填列根据所附交易或事项原始凭证编制会计分录中的借方、贷方总账科目和明细科目名称及其相应的金额。

（6）附件张数：用于填列记账凭证所附的全部原始凭证张数。

（7）经办签名：用于记账凭证编制过程中所有经办人员签名或盖章，以明确责任。如记账凭证记载的是收款、付款业务，还需要由出纳人员签名或盖章。

（8）过账标识（或记账标识）：用于记账员根据该记账凭证登记账簿之后，在已登账科目和金额后面做出的记账标识，以防遗漏或重复记账。

四、记账凭证的传递程序

第一步，审核收到的原始凭证，根据交易或事项确认并编制会计分录。

第二步，根据会计分录填入记账凭证。

第三步，提交有关人员审核填制完毕的记账凭证和所附原始凭证。

第四步，提交有关会计人员登记账簿。

第五步，期末装订存档保管。

以上程序中，每一个经手的制证、审核、记账、主管、出纳等经办人员，都需在记账凭证下方相应的栏目中签名签章，以明确各自履行相应职责的责任。

五、记账凭证的填制要求

（一）原始凭证应审核无误

首先要在对原始凭证审核无误的基础上填制记账凭证，并要在记账凭证右侧的"附单据（ ）张"的栏目内，用大写数字统计填写原始凭证的实际张数。需特别注意以下几点。

（1）会计人员如果根据经手人提交分散杂乱的原始凭证进行整理汇总，并填制有"原始凭证汇总表"或"原始票据整理单"的，也需要统计在记账凭证所附单据的张数内。

（2）记账凭证可以根据每一张原始凭证填制，也可根据若干张同类原始凭证汇总填制，还可以根据原始凭证汇总表填制。但不得将不同内容和类别的原始凭证汇总填制在一张记账凭证上。

（3）如果依据同一张或同一批原始凭证编制了多个会计分录的，则需要填制不同的记账凭证，此时的原始凭证仅可附在其中的一张记账凭证后面，填制其他会计分录的记账凭证时则需要在"摘要"栏内注明"所附单据××张，见×字×号记账凭证"等字样或者附上该原始凭证的复印件。

（4）如果某个交易或事项是由两个或两个以上会计主体单位共同发生或负担的，常见于共同负担支出，此时的原始凭证只可以由其中的一个单位接收持有，用于填制记账凭证。而另外一个单位则需要从持有单位那里获取"原始凭证分割单"作为填制记账凭证的依据。"原始凭证分割单"的格式和内容要素见表 5-10。

表 5-10 原始凭证分割单示例

原始凭证分割单

年　月　日　　　　　　　　　　　　　　　　　　　编号：××××

原始凭证	原始凭证名称		出具单位		数量	单价	金额
	原始凭证编号		填制日期	交易或事项			
	归入的记账凭证名称		记账凭证填制日期	记账凭证编号			
分割事项	分割原因						
	接收单位						
	分割单位	（签名盖章）					
制单		审核		主管	分出的金额大写：		
备注							

（二）内容要素应填制完整

即记账凭证的内容要素要逐一填列齐全、正确。以自制的原始凭证或者原始凭证汇总表代替记账凭证的，也必须具备记账凭证应有的内容要素。各要素填制要求如下。

1.填制日期应及时准确

记账凭证的"日期"应为填制当天的时间，按权责发生制原则计算收益、分配费用、结转成本利润等调整分录和结账分录的记账凭证，虽然需要到下月才能编制，仍应填写当月月末的日期，以便在当月的账内进行登记并结账。需特别注意以下几点。

（1）现金的收付款凭证，应以出纳人员实际收付款的日期为编制日期。

（2）银行存款的收付款凭证，应按银行的盖章日期填写，以便于与银行对账。

（3）转账凭证按交易或事项发生或完成日期填写。

（4）调整账目、成本计算、财产清查、结账等，在结账期间均按月终（或年终）日期填写。

记账凭证应按日期顺序填制，前后日期不可颠倒。

（5）采用专用记账凭证的，同一天同时出现与现金和银行存款相关收款、付款业务的，应先填收款凭证，后填付款凭证，以免登账时出现红字余额。

2. 凭证字号应连续编列

记账凭证应当连续编号、顺序编号、及时编号，不得漏号、重号、错号。如有漏号，应补编 1 张漏号的空白记账凭证插入，摘要写明编号，金额划销；如有重号，只能作为某一号的副号。其中：

（1）记账凭证"字号"中的"字"，是记账凭证反映交易或事项类型的简称，对于使用通用记账凭证的单位而言，一般不区分交易或事项的业务类型，可以不用编写凭证的"字"。对于采用专用凭证的单位而言，记账凭证的"字"按照货币资金收入、货币资金付出、非货币资金交易或事项的类型，分别命名为"收""付""转"字；也可以更为详细地按照现金收入、现金支付、银行存款收入、银行存款支付和转账业务五种类型，分别命名为"现收""现付""银收""银付""转"五种字。

（2）记账凭证"字号"中的"号"，是指编制某一记账凭证在当期的出现的顺序号。一般可以从年初（或月初）第一笔交易或事项编为 1 号起，顺序编至年末（或月末）。如果出现一笔交易或事项的会计分录借方或贷方科目太多，一张记账凭证行数不够填写这些科目，需要填制两张及以上记账凭证的，应当采用分数法进行编号。例如：第 51 号转账业务的会计分录需要填制 3 张记账凭证，可以依次分别编成转字 $51^1/_3$ 号、转字 $51^2/_3$ 号、转字 $51^3/_3$ 号。

3. 摘要内容应简明扼要

简要概括原始凭证记载的交易或事项内容，使用规范汉字。

4. 科目金额应规范准确

（1）根据原始凭证反映的交易或事项内容，根据国家统一会计准则和制度的规定与交易或事项的内容，正确使用会计科目和编制会计分录。

（2）将会计分录填入记账凭证时，总账科目、明细科目应按相关会计准则和制度的规定填写中文全称，并不得改变其核算内容；先写借方科目，后写贷方科目；按记账凭证格式顺序填写，科目之间不留空格，上下行会计科目相同时要逐个填写科目全称，下一行不得用点点点（"…"）代替，使用会计科目图章的，要与横格底线平行盖正。

（3）记账凭证借方、贷方的金额必须相等，合计数必须计算正确。在金额栏最后一行至合计数之间存在空行的，应画直线或"S"线将空行覆盖注销，以防事后被恶意添加科目和金额。

5. 经办人员应逐一签名

记账凭证编制完毕后，交稽核员审核并签名，然后交会计主管签章，记账员登记账簿并签章。会计凭证应及时传递，不得积压。

出纳人员在办理收款或付款业务后，应在凭证上加盖"现金（或银行）收讫"或"现金（或银行）付讫"的戳记，并签名，避免重收重付。

（三）发生错误应重新填制

已经登记入账的记账凭证在事后发现错误的，应采用规定的办法进行更正，详见本章第三节的错账更正。

（四）凭证附件应整理保管

利用记账凭证完成记账后，应定期整理各种会计凭证，装订成册并妥善保管。需注意：整理时按册订本，确保记账凭证和所附原始凭证完整；将格式不同、大小不一的原始凭证按照相同尺寸折叠且易于翻阅；经常查阅的原始凭证（如工资表）可填写一式2份，其中一份单独装订和保管；某些需要单独保管的重要凭证可将复印件附入记账凭证；个别交易或事项内容和经过比较复杂的，应抄录收发文号及简要内容作为附件。

（五）专用凭证的特别事项

如果企业使用分类的专用记账凭证，对于涉及现金和银行存款之间相互划转的交易或事项，主要是从银行提取现金或把现金存入银行，此时借方和贷方科目只涉及现金和银行存款，为避免重复记账，只填制付款凭证而不填制收款凭证。

六、记账凭证的格式及填制方法

（一）通用记账凭证格式及填制

通用记账凭证的名称是"记账凭证"或"记账凭单"，格式参见表5-11，填制方法如下。

表 5-11　记账凭证示例

记 账 凭 证

202×年08月12日　　　　　　　　　　字第08061号

摘要	总账科目	明细科目	借方金额 百十万千百十元角分	贷方金额 百十万千百十元角分	过账
赊购钛合金 2000千克	原材料	钛合金	5 2 0 0 0 0 0		√
	应交税费	增值税进项税	6 7 6 0 0 0 0		√
	应付账款	武汉钢铁公司		5 8 7 6 0 0 0 0	√
	金额合计		¥ 5 8 7 6 0 0 0 0	¥ 5 8 7 6 0 0 0 0	

附单据　柒张

会计主管：王继法　　记账：章雨　　复核：施珂　　出纳：李海存　　制证：肖娅

（1）填制借方贷方科目及其金额。将交易或事项编制会计分录的借方科目和金额、贷方科目和金额逐行填列到记账凭证中"总账科目"和"明细科目"、"借方金额"和"贷方金额"栏目中；先填借方科目与金额，后贷方科目与金额；一行限填列一个科目及其发生金额；各行借方金额合计数与各行的贷方金额合计数必须一致。

（2）填写凭证字号。通用记账凭证页面右上方的"字号"仅按照业务发生的先后顺序编号即可，不需要填写凭证"字"（不需对凭证进行分类）。

（3）填写"摘要"。简明扼要描述交易或事项的内容或过程。

（4）填写空行覆盖线。在借方金额栏和贷方金额栏的空行中画直线或"S"线以示覆盖注销。

（5）填写附件张数。按照原始凭证的实际数量用大写数字填写到凭证右侧"附单据"张数中。

（6）填写"过账标志"。记账员根据收款凭证登记有关账簿后画"√"，作为该科目和金额已经记账的记号或标志，以避免重复或遗漏记账。

通用记账凭证的系列实例可参见表 6-3 ～表 6-29。

（二）专用记账凭证格式及填制

1. 收款凭证格式及填制

收款凭证是专门用来填制交易或事项中涉及现金和银行存款收款业务的记账凭证，其格式和填制内容可参照表 5-12，具体填制方法如下。

（1）填制借方和贷方科目。收款凭证左上方的"借方科目（或账户）"，填写根据交易或事项编制会计分录借方的"库存现金"或"银行存款"；会计分录中的贷方总账（一级）科目及其所属明细（二级）科目填入凭证中的"贷方科目（或账户）"栏内。

（2）填制交易或事项的发生金额。收款凭证的金额栏仅有一栏，根据对应的贷方科目逐一填写发生的金额，各行的金额之和应与合计数栏的金额一致，合计数必须是实际收到的现金或银行存款数额。

（3）填写凭证字号。收款凭证右上方的字号按"现收字××号"和"银收字××号"分类填列，业务量少的单位可以仅按收款业务发生的先后顺序统一编号为"收字××号"。

表 5-12　收款凭证示例

收 款 凭 证

借方科目：银行存款　　　　　202×年 08 月 10 日　　　　　银收字第 08004 号

摘要	贷方科目		金额									过账
	总账科目	明细科目	千	百	十	万	千	百	十	元	角	分	
销售测绘无人机3架	主营业务收入	测绘无人机收入			1	5	0	0	0	0	0	0	
	应交税费	增值税销项税				1	9	5	0	0	0	0	
		银行付讫											
金额合计			¥		1	6	9	5	0	0	0	0	

附单据　叁　张

会计主管：王继法　记账：章雨　复核：施珂　出纳：李海存　制证：肖娅

2. 付款凭证格式及填制

收款凭证是专门用来填制交易或事项中涉及现金和银行存款付款业务的记账凭证，其格式和填制内容可参照表 5-13。付款凭证的填制方法和要求与收款凭证基本相同，不同的只是在付款凭证的左上方应填列贷方科目（或账户）"库存现金"或"银行存款"，付款凭证的"借方科目（或账户）"栏目用于填写会计分录中的借方总账（一级）科目和明细（二级）科目。

表5-13 付款凭证示例

付 款 凭 证

贷方科目：银行存款　　　　202×年09月12日　　　　银付字第08012号

摘要	借方科目		金额									过账
	总账科目	明细科目	千	百	十	万	千	百	十	元	角	分	
支付前欠武钢货款	应付账款	武汉钢铁集团			5	8	7	6	0	0	0	0	
							银行付讫						
金额合计			¥		5	8	7	6	0	0	0	0	

附单据 柒 张

会计主管：王继法　　记账：章雨　　复核：施珂　　出纳：李海存　　制证：肖娅

3. 转账凭证格式及填制

转账凭证是专门用来填制交易或事项中不涉及现金、银行存款收款和付款的其他业务的记账凭证，其格式和填制内容可参照表5-14。转账凭证的填制方法与通用记账凭证基本一致，差别是转账凭证的"字号"是按照"转"字命名和发生业务的顺序号进行填写的。另外，转账凭证由于与现金、银行存款收付款业务无关，经办人员中不需要出纳经手和签名。

表5-14 转账凭证示例

转 账 凭 证

202×年08月12日　　　　　转 字第2053号

摘要	总账科目	明细科目	借方金额									贷方金额									过账
			百	十	万	千	百	十	元	角	分	百	十	万	千	百	十	元	角	分	
赊购钛合金	原材料	钛合金			5	2	0	0	0	0	0										
	应交税费	增值税进项税					6	7	6	0	0										
	应付账款	武汉钢铁集团												5	8	7	6	0	0	0	0	
		金额合计	¥		5	8	7	6	0	0	0	0	¥	5	8	7	6	0	0	0	0

附单据 柒 张

会计主管：王继法　　记账：章雨 李武静　　复核：施珂　　制证：肖娅

以上收款、付款、转账凭证的系列实例可参见表6-59～表6-86。

(三)汇总记账凭证格式及填制

明细分类账是由不同的会计人员依据记账凭证逐一登记的,但是总分类账往往就是一个人负责登记。如果交易或事项频繁,逐一按照记账凭证登记总分类账自然也就非常频繁,因此为了简化登记总账的工作量,可以先填制记账凭证汇总表——科目汇总表,然后再据以登记总账。

科目汇总表是按照所有总账科目在一定时期(5天、10天或一个月)内的借方发生额和贷方发生进行汇总,所有科目的借方发生额合计数应等于所有科目的贷方发生额合计数。也有的按照所有总账科目的期初借方余额与贷方余额、本期借方发生额和贷方发生额、期末借方余额和贷方余额设置栏目进行汇总的,这种汇总相当于进行试算平衡(参见本章第三节会计账簿中的"账账核对"有关内容)。

科目汇总表的填制方法如下:①填写记账凭证汇总表的日期、编号和会计科目名称。汇总表的编号一般按年顺序编列,汇总表上会计科目名称的排列应与总账科目的序号保持一致。②将需要汇总的记账凭证,按照相同的会计科目名称进行归类。③将相同会计科目的本期借方发生额和贷方发生额分别加总,计算出合计金额。④将每一会计科目的合计金额填入汇总表的相关栏目。⑤合计汇总表的本期借方发生额和本期贷方发生额合计数,双方合计数应该相等。其格式和内容可参见表5-15。

表5-15 科目汇总表示例

科目(发生额)汇总表

编制单位:远东飞机工业有限公司　　202×年08月31日　　编号:科汇字0801

总账科目	借方发生额	贷方发生额
库存现金	160 200	2 861 300
银行存款	55 136 890	42 672 890
应收账款	8 120 000	8 920 000
其他应收款	650 000	720 300
在途物资	802 000	802 000
原材料	26 760 000	24 985 600
生产成本	45 215 000	43 155 000
制造费用	8 565 000	8 565 000
库存商品	43 155 600	42 239 000
固定资产	12 000 000	5 000 000
无形资产	10 000 000	400 000
待处理财产损溢	386 000	
累计折旧		530 000
坏账准备		260 000
应付账款	4 147 000	3 117 000
应付职工薪酬	15 215 000	13 345 000
应交税费	2 646 400	4 356 100
实收资本		15 000 000
利润分配		16 029 900

续表

总账科目	借方发生额	贷方发生额
主营业务收入	87 234 000	87 234 000
其他业务收入	822 000	822 000
主营业务成本	42 239 000	42 239 000
其他业务支出	635 000	635 000
税金及附加	2 575 000	2 575 000
销售费用	8 620 000	8 620 000
管理费用	15 756 000	15 756 000
财务费用	420 000	420 000
所得税费用	1 781 100	1 781 100
本年利润	88 056 000	88 056 000
总计	481 097 190	481 097 190

审核：王继法　　　　　　　记账：施珂　　　　　　　制证：肖娅

（说明：可用本表与表 5-36 进行对比，本表与表 5-36 中"本期发生额"栏目一致）

（四）其他记账凭证的填制

（1）单式记账凭证的填制。把一项交易或事项所做会计分录的借方会计科目及金额、贷方会计科目及金额分别各填制一张记账凭证。以借方会计科目填制的记账凭证称借项记账凭证；以贷方会计科目填制的记账凭证称贷项记账凭证。

（2）联合记账凭证的填制。为了简化记账凭证的填制工作，对于有些转账业务，可以在印有"应借""应贷"科目专栏的原始凭证或原始凭证汇总表中进行填制。该原始凭证或原始凭证汇总表可以反映交易或事项发生情况，既起到了原始凭证的作用，又起到了据以登记账簿即记账凭证的作用，所以可称其为联合记账凭证。

（五）会计电算化系统填制记账凭证

采用电算会计核算的，各种会计软件系统中设计的记账凭证格式并不完全相同，但是机制记账凭证的内容和要素应当符合对记账凭证的要求，可以采用最简便的通用记账凭证格式，也可以模拟手工方式分为收付转三种专用记账凭证的。打印出来的机制记账凭证，同样要经审核并由制单人员、出纳人员、审核人员、记账人员和会计主管人员签名或加盖印章，以明确责任。

七、记账凭证的审核

填制完后的记账凭证，必须经由稽核人员专门认真审核。审核内容是：是否附有原始凭证，所附原始凭证的内容和张数是否与记账凭证相符；应借、应贷账户名称是否正确，对应关系是否清楚，所记金额有无错误，有关人员是否签名或盖章等。

如发现差错或遗漏，应按规定及时更正或补充；已登记入账，要按规定方法进行更正；对伪造、涂改记账凭证等现象，应严厉制止并纠正。

八、会计凭证的传递、整理与保管

（一）会计凭证的传递

会计凭证的传递，是指会计凭证从填制、审核、整理、记账、装订到归档保管为止，在有关部门和人员之间，按照规定的路线和时间进行传送、处理的过程。高效组织会计凭证的传递程序，可保证会计凭证的安全、及时、准确和完整。

（二）会计凭证的整理

会计凭证是单位重要的经济资料，是会计档案的重要组成部分。因此，登记账簿以后要定期对会计凭证进行归类整理。会计凭证整理的具体方法和要求如下。

（1）编号。会计凭证登记完毕后，应当按照分类和编号顺序整理，检查有无缺号、重复编号情况，记账凭证所附原始凭证是否齐全，是否有散乱丢失现象。分类和编号是保管会计凭证的重要方法和手段，也是方便检索的有效措施。

（2）装订。记账凭证应当连同所附的原始凭证或者原始凭证汇总表，按照编号顺序折叠整齐，按期装订成册并加具封面（表5-16），注明单位名称、年度、月份、起讫日期、凭证种类、起讫号码，由装订人在装订线封签处签名或者盖章。

表 5-16 会计凭证的档案封面

单位名称							
凭证名称	年 月		本月共 册		本册为第 册		
本册起止号码：自 字 号至 号							
本册起止日期：自 月 日起至 月 日止							
附注							

会计主管：（签字）　　会计：（签字）　　装订：（签字）

一本凭证的厚度一般以1.5～2.0cm为宜。过薄，不利于戳立放置；过厚，不便于翻阅核查。每册的厚薄应基本保持一致，但也不能把几张应属一份记账凭证附件的原始凭证拆开装订在两册之中，要做到既美观大方又便于翻阅。凭证装订的各册，一般以月份为单位，每月订成一册或若干册。凭证少的单位，可以将若干个月份的凭证合并订成一册，在封皮注明本册所含的凭证月份。

对于数量过多的原始凭证，可以单独装订保管，在封面上注明记账凭证日期、编号、种类，同时在记账凭证上注明"附件另订"和原始凭证名称及编号。

各种经济合同、存出保证金收据以及涉外文件等重要原始凭证，应当另编目录，单独登记保管，并在有关的记账凭证和原始凭证上相互注明日期与编号。

（3）归档。年度结束后，会计凭证应归入档案。

（三）会计凭证的保管

会计凭证整理后应指定专人负责保管，年度终了后，应移交档案室登记归档并严格调阅制度。

1. 复制

一般情况，原始凭证不得外借，其他单位如因特殊原因需要使用原始凭证，经本单位会计机构负责人、会计主管人员批准，可以复制。向外单位提供的原始凭证复制件，应当在专设的登记簿上登记，并由提供人员和收取人员共同签名或者盖章。

本单位人员调阅会计凭证，也应办理有关手续，如登记调阅档案名称、调阅日期、调阅人、归还时间等。

2. 遗证

从外单位取得的原始凭证如有遗失，应当取得原开出单位盖有公章的证明，并注明原来凭证的号码、金额和内容等，由经办单位会计机构负责人、会计主管人员和单位领导人批准后，才能代作原始凭证。如果确实无法取得证明的，如火车、轮船、飞机票等凭证，由当事人写出详细情况，由经办单位会计机构负责人、会计主管人员和单位领导人批准后，代作原始凭证。

扩展阅读5-3

我国《会计基础工作规范》对填制记账凭证的要求

各种会计凭证应按会计档案保管的有关规定，保存一定的年限，以便检查单位的经济活动情况。会计凭证保管期满后，应按规定进行销毁。销毁时，须开列清单，报经批准后由财会部门和档案部门会同销毁，并在销毁清单上签章，以便明确责任。

第三节　会　计　账　簿

一、会计账簿的定义和功能

（一）会计账簿的定义

会计账簿简称为账簿，是对会计信息进行分类记录载体，是由一定格式而又相互联系的账页组成，以审核无误的会计凭证为依据（主要是记账凭证），用以全面、连续、系统地记载会计主体发生的交易或事项的簿籍。各会计主体都应根据会计法规的规定设置和登记会计账簿。

（二）会计账簿与会计科目、会计账户的关系

账户是在账簿中按规定的会计科目开设的户头，用来反映某一会计科目所核算的交易或事项。每一个账户由若干张账页组成，所有的账页构成账簿。简单地说，会计科目是会计账户的名称，会计账簿是记录会计账户的实物载体。

【案例5-3】何会计看到中药店有一排排中药抽屉，抽屉里面装的是中药药材，抽屉外边贴上一个小标签写有该中药名称，他由此联想到了会计科目、会计账户和会计账簿与那些中药的抽屉、药材、标签之间有一定的类比关系。试分析这是一种什么样的类比关系？

分析： 会计账户具有实质性的信息内容，好比就是中药抽屉里面装的中药药材实物；会计科目是会计账户名称，好比就是那个抽屉所贴标签上的中药名称；会计账簿是会计账户的实物载体，好比就是用于存放中药药材的抽屉。

（三）会计账簿的种类

1.按账簿的用途分为日记账簿、分类账簿、辅助账簿

（1）日记账簿。日记账簿又称序时账簿，是按交易或事项发生时间的先后顺序，逐日逐笔登记的账簿。日记账中可以序时登记全部交易或事项的账簿，称为普通日记账；可以序时登记某类交易或事项的账簿，称为特种日记账，如"现金日记账""银行存款日记账""转账日记账"。会计主体必须设置特种日记账中的"现金日记账"和"银行存款日记账"，但可以根据需要决定是否设置普通日记账。

（2）分类账簿。分类账簿简称分类账，是区别不同账户分类登记交易或事项的账簿。按账户提供指标详细程度可分为总分类账簿和明细分类账簿。

总分类账是根据总分类账户开设的账簿，简称总账。总分类账可以集中地反映全部交易或事项的增减变化和结余情况。在手工会计方式下，总分类账是所有会计主体都必须设置的账簿。但是在电算化会计方式下，可以不需要设置总账，而用科目汇总表或试算平衡表去替代。

明细分类账是根据明细分类账户开设的账簿，简称明细账。明细分类账用以反映某类交易或事项的增减变化和结存情况，并可以提供数量、单价等明细信息。

【案例5-4】资深会计刘爱军主张公司会计软件系统设置明细分类账和总分类账。理由是会计软件系统的账簿应和手工记账的账簿设置一致，且其他公司也都是如此。试分析这种设置账簿的科学性。

分析： 由于会计软件系统对数据具有批量处理、机械准确性的天然优势，无须像手工记账那样去按总分类账和明细分类账两条路径进行平行登记，确保二者金额一致来牵制记账准确，而仅需要按照设置明细分类账一条路径记账，到了期末由软件根据明细分类账自动生成科目汇总表或试算平衡表，以此替代总分类账即可，并据以编制财务报表。目前，很多公司会计软件系统中同时登记总分类账和明细分类账，是因为会计人员对手工方式下

设置总账和明细分类账的目的和原因理解不准确，误以为计算机系统也需要像手工记账那样为了防止出错必须设置两类账簿平行记账，因此向程序编制人员提出了简单模拟手工记账方式设置两种账簿的需求而造成的。

（3）辅助账簿。辅助账簿是对某些在日记账和分类账中不能登记或记录不全的交易或事项进行补充登记的账簿，也称为备查账或会计备忘录。如"租入固定资产登记簿""商业汇票登记簿"等。

2. 按账簿的外表形式分为订本账、活页账、卡片账

（1）订本账。订本账即把印有专门格式的账页按页码的先后顺序，预先装订在一起的账簿。它由固定数量的账页顺序装订而成，不能随意抽减、更换账页。因此预留账页时不要过多而造成浪费，也不能过少导致记账不够用；另外，订本账也不便于分工记账和提高工作效率。因此，订本账适用于重要交易事项的记录，按照规定，现金日记账、银行存款日记款、总分类账应采用订本账。

（2）活页账。活页账是由若干零散具有专门格式的账页组成的账簿。可根据需要添加或抽减账页，有利于分工记账。但是，活页账容易散失或被抽换，不利于账簿资料的安全、完整。因此使用之前要进行编码并签章，平时可装置在账夹中使用，年度终了装订成册。活页账主要适用于各种明细账。

（3）卡片账。卡片账是由若干零散的、具有专门格式的卡片组成的账簿。每一卡片均需编号，登记后按顺序放置在卡片箱内以免丢失。卡片账适用于记录对象存续时间长、日常登记次数少的固定资产明细账。

（四）会计账簿的功能

会计账簿最基本的功能是综合或分类反映会计信息，为编制财务报表提供依据。会计账簿对于全面反映会计主体的经营活动，加强经济核算，明确岗位责任落实情况，保护企业财产的安全与完整，开展经济监督与检查，提高经济效益具有重要的作用。

二、会计账簿的构成

会计账簿由封面、扉页和账页等要素组成。各组成要素的内容如下。

（一）封面

封面用来表明账簿的种类和使用单位，在封面上应写明账户名称及记账单位名称，如"总分类账""原材料明细账"等。订本账将账簿的名称印刷在封面和账脊上，使用时无须填写。其格式如图 5-5 所示。

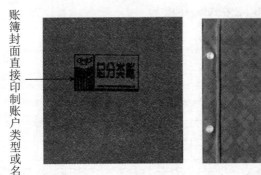

图 5-5 手工记账的会计账簿封面实例

（二）扉页

扉页是描述账簿使用与管理情况总体信息的页面，通常印制成"账簿启用及经管人员一览表"，在表中应填写账簿名称、编号、页数、启用日期、经管人员姓名及交接日期、账户目录、主管会计人员签章等，是明确账簿经管责任的重要依据。其格式和内容见表 5-17。

表 5-17 账簿启用表结构

账簿启用及经管人员一览表								
单位名称					单位公章			
账簿名称									
账簿编号		字第　号第　册共　册						
账簿页数		本账簿共计　页						
启用日期		年　月　日						
经管人员		接管人员			移交		会计主管		
姓名	盖章	年	月	日	年	月	日	姓名	盖章	印花税粘贴处

（三）账页

账页是记录交易或事项发生时间、内容、金额的载体。在账页上应列明账户名称、总页数和分户页数；账页中应分栏目设置登账日期、凭证字号、摘要、借方金额、贷方金额、余额及其借贷方向等。在实践工作中，为了更好针对不同账户的特点进行登记，可以选择不同栏目种类的账页。

1. 三栏式账户

账页上设置有用于记录借方、贷方、余额三个金额的栏目，会计核算中大多数账户都使用这种格式的账簿。其结构见表 5-18。

表 5-18　三栏式账户的结构

账户名称

年		凭证		摘要	借方	贷方	借或贷	余额
月	日	字	号		百十万千百十元角分	百十万千百十元角分		百十万千百十元角分

说明：本表账页的两条平行波纹线代表此处省缺了若干相同的行。以下各表的账页如有波纹线均同此含义。

2. 数量金额栏式账户

在账页中借方、贷方、余额三个栏目下，分别均设置有"数量""单价""金额"明细栏目，用于记录如材料、商品等具有实物数量和成本价格的账户金额。其结构见表 5-19。

表 5-19　数量金额栏式账户的结构

账户名称

年		凭证		摘要	借方			贷方			借或贷	余额		
月	日	字	号		数量	单价	金额 万千百十元角分	数量	单价	金额 万千百十元角分		数量	单价	金额 万千百十元角分

3. 多栏式账户

账页上设置有借方、贷方、余额三个金额的栏目外，还会针对借方或贷方单独增设的明细栏目，用于记录该方向下各明细项目的增减发生金额。其结构见表 5-20、表 5-21、表 5-22。

表 5-20　多栏式明细分类账户的结构（一）——既可选择借方也可选择贷方设置明细项目的多栏式账户

账户名称：管理费用

202×年		凭证		摘要	借方	贷方	借或贷	余额	（借）方金额分析				
月	日	字	号						办公费	差旅费	薪酬费	折旧	其他
				承前页	50 000		借	50 000	40 000	10 000			
2	6	付	006	支付复印费	1 500		借	51 500	1 500				
	7	付	008	支付差旅费	4 500		借	56 000		4 500			
	8	转	005	分配薪酬费	80 000		借	136 000			80 000		
	9	付	014	计提折旧费	30 000		借	166 000				30 000	
				过次页	292 500		借	292 500	67 500	67 400	80 000	30 000	47 600

说明：（1）本表账页中的"（　）方金额分析"，填入的"借"或"贷"是根据该账户的性质和下属明细项目的实际需要来确定的；（2）本表的账页由于受到排版页面宽度的限制，各金额栏未使用表 5-18、表 5-19 所示带有数位分隔线的账页格式。此外，后文中也有部分账页采用此类无数位分隔线的格式。

表 5-21 多栏式明细分类账户的结构（二）——专门针对借方多个明细项目而设置的多栏式账户

账户名称：管理费用

202×年		凭证		摘要	借方						贷方	借或贷	余额
月	日	字	号		办公费	差旅费	薪酬费	折旧	其他	合计			
				承前页	40 000	10 000				50 000		借	50 000
2	6	付	006	支付复印费	1 500					1 500		借	51 500
	7	付	008	支付差旅费		4 500				4 500		借	56 000
	8	转	005	分配薪酬费			80 000			80 000		借	136 000
	9	付	014	计提折旧费				30 000		30 000		借	166 000
				过次页	67 500	67 400	80 000	30 000	47 600	292 500		借	292 500

表 5-22 多栏式明细分类账户的结构（三）——专门针对贷方多个明细项目而设置的多栏式账户

账户名称：应收账款

202×年		凭证		摘要	借方	贷方						借或贷	余额
月	日	字	号			M公司	N公司	U公司	V公司	K公司	合计		
				承前页								贷	680 000
2	5	转	022	欠购X材料款					50 000		50 000	贷	730 000
	5	付	024	偿还前欠货款	60 000							贷	670 000
	9	转	078	欠购Y材料款		40 000					40 000	贷	710 000
	10	转	086	欠购Z材料款			80 000				80 000	贷	790 000
												贷	
				过次页	820 000	150 000	100 000	260 000	180 000	50 000	740 000	贷	600 000

三、会计账簿的建立

会计账簿的建立简称为建账，进入新的会计年度或者一个新设会计主体开始记账之前都要建账。建账时需要本着系统全面、简便实用、单不重填、账不重设的原则，结合每个账户、业务特点。具体工作如下。

（一）设置账户名称

会计主体根据新年度经营可能涉及的交易或事项，事先确定需要登记的账户名称（会计科目）及其各级明细账户。

（二）选择账簿格式

对于不同的账户根据其性质、交易或事项发生频率和特殊要求等因素，选择使用不同格式的账簿来建立簿籍。通常，总分类账、现金日记账、银行存日记账选用订本式账簿；

成本费用类明细账选择借方多栏式的活页账簿；应交增值税明细账选择专用的多栏式活页账或订本账；固定资产明细账可以选择卡片式或三栏式明细账；原材料、在途物资、库存商品等实物存货类的明细账可以选择数量金额栏式的活页或订本账簿；其他明细账均可选择三栏式活页账簿。

（三）填写账簿封面和扉页

见封面见前述的图 5-5、扉页见前述的表 5-17 所示。

（四）建立簿籍

将确定的账户名称写到账页上，即建立簿籍或落户。采用手工记账的，可以在口启纸（也叫口贴纸、口起纸、口取纸）上逐个写上会计账户名称（也可盖会计科目章），然后错位粘贴在账簿中各账页的上沿或右侧，如图 5-6 所示，这样便于快速翻阅到需要登记的账户。而对于会计电算化的企业，无需这些人工标识，仅需在系统中录入账户编号、等级和名称即可。

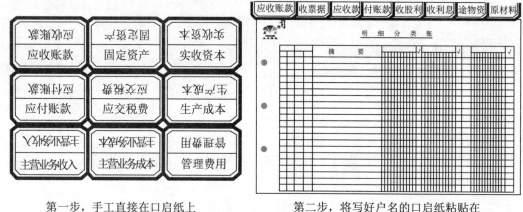

第一步，手工直接在口启纸上写上会计账户名称　　　　第二步，将写好户名的口启纸粘贴在有关账页的上沿或右侧

图 5-6　建账时使用口启纸标注账户名称的示例

（五）对账页进行编号

如果启用订本式账簿时，应从第一页到最后一页顺序编号，不得跳页、缺号；如果启用活页式账簿，应按账户顺序编号，并定期装订成册，然后再按实际使用的账页顺序编页号，另加目录记录每个账户的名称和页次；卡片式账簿在使用前应当登记卡片登记簿。

（六）办理变更手续

如遇记账人员变动时，必须办理账簿交接手续，在账簿启用表上注明交接日期，接交和监交人员姓名，并签名或盖章。

（七）过入余额

凡是启用新账簿，都需要在每一个账户的首页第一行过入上年的期末余额或老账本的最后余额，作为新账本的"期初余额"。为了保持记账的连续性和减少过入余额的烦琐，企业可以续用上年度未记满的资产类账本。

四、会计账簿的登记

（一）会计账簿的登记规则

（1）为了保证账簿记录的准确性，必须根据审核无误的会计凭证，及时登记各种账簿。登记账簿时，应将会计凭证的日期、编号、摘要、金额逐项登记入账，做到数字准确、摘要简明清楚、登记及时。

（2）账簿登记完毕，应在记账凭证的"记账"栏内注明账簿的页数或画"√"，表示已经登账。

（3）账簿中书写的文字或数字上面要留有适当空格，不要满格书写，不超过行高的2/3为宜。

（4）登记账簿要用黑色或蓝黑色水笔，不得使用圆珠笔或铅笔书写。

（5）下列特殊情况可以用红色水笔记账：冲销错误记录时；在不设借（或贷）栏的多栏式账页中，登记减少数时；在三栏式账户的余额栏前，未印明余额方向的，在余额栏内登记负数余额等。

（6）各种账簿按页次顺序连续登记，不得跳行、隔页。如果发生跳行、隔页，应当将空行、空页画线注销，或者注明"此行空白""此页空白"字样，并由记账人员签名或盖章。

7. 凡要结出余额的账户，结出余额后，应当在"借或贷"栏内写明"借"或"贷"字样，表明余额的方向。没有余额的账户，应在"借或贷"栏内写"平"字，并在余额栏"元"位上用"ϕ"表示。

8. 每一账页登记完毕结转下页时，应当结出本页合计数及余额，写在本页最后一行和下页第一行相应栏内，并分别在摘要栏内注明"过次页"和"承前页"字样。

以上依据记账凭证登记账簿的、过程和栏目关系可参见图5-7。

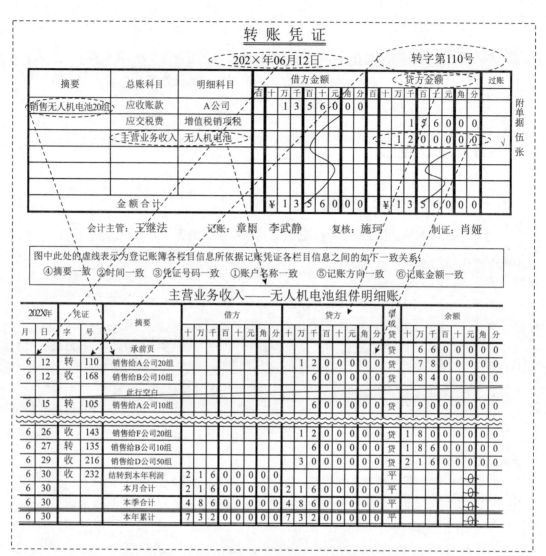

图 5-7 根据记账凭证登记账簿的要素对应关系

实行会计电算化的单位，用计算机打印的会计账页必须连续编号，经审核无误后装订成册，并由记账人员和会计机构负责人、会计主管人员签字或盖章，总账和明细账应当定期打印。发生收、付款交易或事项的，在输入收款凭证和付款凭证的当天必须打印出现金日记账和银行存款日记账，并与库存现金核对无误。

（二）日记账及其登记

1. 日记账的种类

日记账按所登记的内容不同可分为普通日记账和特种日记账。

（1）特种日记账。特种日记账是专门用来记录某类交易或事项的日记账。按其记录内容不同可分为现金日记账、银行存款日记账、销售日记账、转账日记账等。会计主体必须设置现金和银行存款两种特种日记账。

（2）普通日记账。普通日记账是依据每天发生的全部交易或事项的记账凭证（会计分录），按照发生的时间顺序逐笔进行登记的账簿。因此，普通日记账又称分录簿。

2. 现金日记账和银行存款日记账及其登记

手工会计方式下，现金日记账和银行存款日记账必须设置订本账簿，用于及时记录单位的现金、银行存款的收入、付出和结存情况。对于拥有外币现金和银行存款的单位，还需根据不同币种分别设置外币现金日记账和外币银行存款日记账。

现金日记账和银行存款日记账一般多采用三栏式账页，有时也可采用收付分页式或多栏式账页，对于外币现金及银行存款日记账需要采用复币式账页。

实行会计电算化的单位，对所发生的收款和付款业务，在输入收款凭证和付款凭证的当日必须登记并打印出现金日记账和银行存款日记账，并且确保现金日记账余额与库存现金核对无误。

1）三栏式现金日记账和银行存款日记账及其登记

典型的三栏式日记账就是用于核算的金额栏设置有"借方""贷方"和"余额"三个栏目。有的为了便于分析货币资金运动的来龙去脉，还增设有"对方科目"栏。有的银行存款日记账为了便于与银行对账单进行核对，还开设了"付款方式""票据号码"两栏。

登记三栏式现金日记账和银行存款日记账，要依据当日审核无误的收款凭证和付款凭证逐笔进行，每一笔业务之后都应计算登记其余额情况，做到"日清月结"。"日清"就是要求每天在登记最后一笔业务之后结出当天的收支金额（实际工作中结清当日收支金额的不多）和结余数额，并与现金实物核对一致，在当日登记最后一笔业务那一行通栏画红线。"月结"就是要求每个月最后一笔业务登记之后，及时统计出本月借方、贷方发生额和期末余额数，并与实物盘点核对一致。三栏式现金日记账的格式和登记方法如表 5-23 所示。

表 5-23　三栏式日记账示例

库存现金　日记账　　　　　　　　　第 43 页

202×年		凭证		摘要	借方								贷方								借或贷	余额							
月	日	字	号		百	十	万	千	百	十	元	角	分	百	十	万	千	百	十	元	角	分		百	十	万	千	百	十	元	角	分
				承前页																			借			7	5	4	2	6	3	4
6	3	付	135	付黎明购复印纸费													1	2	1	5	0	0	借			7	5	3	0	5	1	3	4
6	3	付	136	支付钟琼出差借款													5	0	0	0	0	0	借			7	4	8	0	5	1	3	4
6	4	收	048	张力元交零货款				2	3	5	6	0	0										借			7	7	1	6	1	1	3	5
	4	付	155	将现金存入银行												5	0	0	0	0	0	0	借			2	7	1	6	1	1	3	5
6	13	收	097	钟琼出差报销退款				1	0	3	4	6	0										借			2	8	8	3	9	5	9	5
				过次页																			借			2	8	8	3	9	5	9	5

注：实务工作中的三栏式账页也有用收入、支出、结余来代替借方、贷方和余额的。

2）收付分页式现金日记账和银行存款日记账及其登记

收付分页式现金日记账和银行存款日记账适用于收付比较频繁的会计主体。这种账簿是翻开订本账簿后，左方账页为收入（借）方，右方账页为付出（贷）方，收付两方账页都设置"日期""凭证""摘要""对方科目""金额"等栏。

登记收付分页式日记账时，根据有关收、付款凭证逐笔登记当日发生的全部业务，要求每日在最后一笔业务登记后要结清两个账页记录的收付双方发生额及其余额，以记入账项多者的最后一笔业务所在行为限，在左右两页通栏各画一条相平齐的红线，然后在记账项较少一页的各空白金额栏中，从左上角至右下角画一红色斜线覆盖，表明无业务登记。目前，手工方式下的收付分页式日记账使用较少。

3）复币式现金日记账和银行存款日记账及其登记

复币式现金日记账和银行存款日记账用于登记外币货币的收支，应按外币种类的不同分设不同的外币现金日记账和银行存款日记账，其账页格式在三栏式的基础上，将借方、贷方和余额三个金额栏进一步分成"外币金额""汇率（兑换率）"和"人民币金额（记账本位币）"三个小栏目，也称为"双三栏式"，其实质也是一种多栏式。

登记复币式日记账时，借方栏和贷方栏均需要登记收入或支付的外币金额、折合人民币（记账本位币）金额、记账汇率；每日终了，分别计算外币和人民币（记账本位币）余额，记入相应的余额栏，并将人民币余额和外币余额的比值作为账面汇率记入余额栏的"汇率"栏，参见表 5-24 所示。

表 5-24　复式日记账示例

外币银行存款——美元日记账

202×年		凭证		摘要	结算票据		借方			贷方			余额		
月	日	字	号		类别	编号	外币	汇率	人民币	外币	汇率	人民币	外币	汇率	人民币
2	1			年初余额									10 000	7.14	71 400
	2	收	023	销售产品取得美元	××	××	50 000	7.12					60 000	7.12	427 200
	3	付	011	进口商品支付美元	××	××				40 000	7.10		20 000	7.10	142 000

4）多栏式现金日记账和银行存款日记账

多栏式日记账的账页格式，是在三栏式账页的基础上，将借方按其全部对应科目如"其他应收款""应收账款""主营业务收入"等分别设置专栏；贷方也按其全部对应科目如"制造费用""管理费用""原材料"等分别设置专栏，从而形成多栏式日记账。

由于多栏式日记账的栏目过多，账页会因此变得非常庞大，因此实际工作中各会计主体很少采用。

3. 转账日记账及其登记

对于转账交易或事项较多的单位，可以设置转账日记账，专门核算和记录转账业务。转账日记账可以采用双栏式或多栏式账页。双栏式转账日记账的金额栏设借方和贷方两栏，用以登记资金的发生额，其账页格式和登记方法与普通日记账相同；多栏式转账日记账是按转账业务所涉及的全部会计科目分设金额栏,而每个科目之下又分设借方和贷方两栏分别记录发生额。

(三)分类账及其登记

分类账的特点是按账户分别记录和反映不同类别交易或事项的增减变动情况。

在手工记账方式下,为了保证账簿记录信息的准确性,人们将账户分为总分类账和明细分类账,要求根据同一张记账凭证同时由不同人员分别记录明细分类账和总分类账,在期末对二者进行核对,结果一致后才可以进行结账。

1. 分类账的作用

设置分类账,便于将原始、杂乱的、孤立的会计信息予以系统化,以满足经营管理的需要。

(1)通过总分类账,可以总括、完整地了解和分析企业一定时间内各会计要素反映出来的财务状况和经营成果,对加强经营管理具有十分重要的作用。

(2)通过明细分类账,可以详细了解各账户下属各类交易或事项的具体情况。

(3)分类账是编制财务报表的主要依据。财务报表按照其框架分类为六大会计要素,各要素再细分为具体项目即会计科目,依据会计科目设置会计账户,因此按照这个逻辑关系,会计账户的记录数据就成为汇总、分析编制财务报表各项目的重要数据来源。

2. 总分类账的登记

总分类账(总账)既能提供某类总括会计信息,为编制财务报表提供依据,又能统驭日记账和明细账,以保证会计账簿记录的正确性。总分类账一般采用订本式,如采用活页式,年末必须装订成册。总分类账的账页格式一般采用三栏式,也可采用多栏式或棋盘式。

1)三栏式总分类账的登记

三栏式总分类账是使用最广泛、最常见的账簿,登记方法有以下两种。

(1)逐笔登记。根据每一份记账凭证逐笔登记总分类账,这种方式适用于交易或事项较少的小型企业。如果企业仅有一名会计人员时,就没有必要设置和登记总分类账。逐笔登记方法见表 5-25。

表 5-25 应收账款总分类账——逐笔登记

202×年		凭证		摘要	借方								贷方								借或贷	余额							
月	日	字	号		十万	万	千	百	十	元	角	分	十万	万	千	百	十	元	角	分		十万	万	千	百	十	元	角	分
				承前页																	借		8	6	0	0	0	0	0
6	11	转	110	应收A公司销货款		1	5	0	0	0	0	0									借		10	1	0	0	0	0	0
6	12	收	168	B公司归还货款										2	5	0	0	0	0	0	借		7	6	0	0	0	0	0
6	13	收	172	A公司归还货款											5	0	0	0	0	0	借		2	6	0	0	0	0	0
6	15	转	143	应收B公司销货款			8	0	0	0	0	0									借		3	4	0	0	0	0	0
6	16	转	159	应收C公司销货款			6	9	0	0	0	0									借		10	3	0	0	0	0	0
6	18	收	183	C公司归还货款											6	9	0	0	0	0	借		3	4	0	0	0	0	0
6	20	转	179	应收D公司销货款			8	2	0	0	0	0									借		11	6	0	0	0	0	0

续表

202×年		凭证		摘要	借方								贷方								借或贷	余额							
月	日	字	号		十万	万	千	百	十	元	角	分	十万	万	千	百	十	元	角	分		十万	万	千	百	十	元	角	分
~	~	~	~	~	~	~	~	~	~	~	~	~	~	~	~	~	~	~	~	~	~	~	~	~	~	~	~	~	~
6	30			本月合计		3	3	5	0	0	0	0			3	1	8	0	0	0	借		1	3	7	0	0	0	0
				过次页																	借		2	1	2	0	0	0	0

（2）汇总登记。每隔若干天定期对产生的记账凭证进行一次汇总，同时编制汇总记账凭证或科目汇总表，然后据此记账。对于采用普通日记账的企业，则根据定期的日记账汇总或多栏式日记账汇总结果登记总账。这种方法适合于交易或事项较多的大中型企业。汇总登记方法见表5-26。

表5-26 应收账款总分类账——汇总登记

202×年		凭证		摘要	借方								贷方								借或贷	余额							
月	日	字	号		十万	万	千	百	十	元	角	分	十万	万	千	百	十	元	角	分		十万	万	千	百	十	元	角	分
6	1			月初余额																	借		1	2	0	0	0	0	0
6	10	汇转	16	1-10日转账汇总		1	1	0	0	0	0	0									借		2	3	0	0	0	0	0
6	10	汇收	16	1-10日收款汇总										1	4	4	0	0	0	0	借			8	6	0	0	0	0
6	20	汇转	17	11-20日转账汇总		1	7	4	0	0	0	0									借		2	6	0	0	0	0	0
6	20	汇收	17	11-20收款汇总										1	4	4	0	0	0	0	借		1	1	6	0	0	0	0
6	30	汇转	18	21-30日转账汇总			5	1	0	0	0	0									借		1	6	7	0	0	0	0
6	30	汇收	18	21-30收款汇总											3	0	0	0	0	0	借		1	3	7	0	0	0	0
6	30			本月合计		3	3	5	0	0	0	0			3	1	8	0	0	0	借		1	3	7	0	0	0	0
7	1			月初余额																	借		1	3	7	0	0	0	0
	1	汇转	19	1-10日转账汇总		1	2	6	0	0	0	0									借		2	6	3	0	0	0	0
~	~	~	~	~	~	~	~	~	~	~	~	~	~	~	~	~	~	~	~	~	~	~	~	~	~	~	~	~	~
				过次页																									

2）多栏式总分类账的登记

多栏式总分类账的账页格式为横行填写会计账户，纵栏填写该账户在一定时期的汇总发生额，这样有利于集中反映资金的增减变化和结存情况，便于分析和对账。会计人员定期根据汇总记账凭证登记多栏式总分类账。

3）棋盘式总分类账的登记

棋盘式总分类账亦称为矩阵式总分类账。登记时要根据定期按科目汇总的科目汇总表进行，对于按贷方科目所汇总的借方科目发生额，应全部记入贷方科目所处的栏内，对应的各借方科目的发生额应记入的行次与各行账页的会计科目相对应，注意不要串行和串栏。设置棋盘式总分类账便于分析资金运动的来龙去脉，但由于账页过于庞大，实际工作中很少采用。

3. 明细分类账的登记

明细分类账是根据明细分类科目开设账户而建立的账簿。明细分类账是组成总分类账的各子项目账户,是对总分类账的一种补充。设置明细分类账通常采用活页式比较方便,账页格式主要有三栏式、数量金额式和数量多栏式三种。

1）三栏式明细分类账的登记

三栏式明细分类账适用于只需要进行金额核算,不需要提供实物数量变化情况的账户。如"应收账款""应付账款""其他应收款""其他应付款""预收账款""预付账款""实收资本"等的明细分类核算。三栏式明细分类账的登记方法如表 5-27 所示。

表 5-27 三栏式明细账

应收账款——A 公司

202×年		凭证		摘要	借方	贷方	借或贷	余额
月	日	字	号		百十万千百十元角分	百十万千百十元角分		百十万千百十元角分
				承前页			借	5 5 6 0 0 0 0 0
6	09	转	85	应收销无人机款	6 8 0 0 0 0 0 0		借	1 2 3 6 0 0 0 0
6	11	转	110	应收销电池款	1 5 0 0 0 0 0 0		借	1 3 8 6 0 0 0 0
6	13	收	112	归还上月欠款		5 5 6 0 0 0 0 0	借	8 3 0 0 0 0 0 0
6	25	收	156	归还本月部分欠款		3 0 0 0 0 0 0 0	借	5 0 0 0 0 0 0 0
	30			本月合计	8 3 0 0 0 0 0 0	8 6 0 0 0 0 0 0	借	5 0 0 0 0 0 0 0
				过次页				

2）数量金额式明细分类账的登记

数量金额式明细分类账是既可以提供金额价值核算,又能够提供实物数量核算的账簿,可作为财产物资明细分类核算账簿。其账页格式是设置的"借方""贷方""余额"三栏中,每一栏下面分设"数量""单价""金额"栏目用于进行登记。由于涉及需要登记实物数量,因此应根据财产物资收入、发出的原始凭证或原始凭证汇总表分别登记"借方"栏、"贷方"栏,然后计算出"余额"栏的数量、单价、金额,如表 5-28 所示。

表 5-28 数量金额栏式明细账示例

原材料——K 型钢材

202×年		凭证		摘要	借方			贷方			余额		
月	日	字	号		数量	单价	金额	数量	单价	金额	数量	单价	金额
2	6			承前页	20		200 000	10		100 000	10	10 000	100 000
2	6	转	005	材料入库	50	10 000	500 000				60	10 000	600 000
	8	转	008	领用材料				20	10 000	200 000	40	10 000	400 000

3）多栏式明细分类账的登记

多栏式明细分类账是指在账页中除设置借方、贷方、余额三个金额栏目之外,还针对账户的借方或者贷方的核算需要增设若干细分栏目，其格式可参见表 5-20、表 5-21、表 5-22 所示。一般适用于成本、费用类账户，如"生产成本""制造费用""管理费用"等账户的明细核算，也有明细项目不多的应收应付往来账户使用这种格式账簿。其登记特点就是需要把一笔业务的发生金额登记到"借方"或"贷方"的同时，还要在所设置的明细项目中再登记一次。这种账簿非常清晰地反映了每一个账户每笔交易的总体金额及其下属细目的发生金额。

（四）总分类账和明细分类账登记的关系

（1）总分类账和明细分类账反映的经济内容相同，但提供信息的详略程度不同。总分类账提供某类交易或事项总括的信息，明细分类账则提供某类交易或事项详细的信息。

（2）总分类账对明细分类账起着控制、统驭作用。即总分类账控制着下属各明细分类账的核算内容和核算数据，明细分类账则对总分类账起着辅助和补充说明的作用。

（3）总分类账的借方（或贷方）本期发生额等于所属明细分类账借方（或贷方）本期发生额之和；总账期末余额等于所属明细分类账期末余额之和。

【案例 5-5】 远东飞机工业有限公司新来的胡会计翻开"原材料"总分类账，试图分析当期公司购入各类金属材料的供应、消耗、库存的数量和价值情况，结果一无所获。请你帮他出一个查询思路。

分析： "原材料"总分类账只能提供"期初结存""本期增加""本期减少"及"期末余额"的各项金额，反映的是原材料总体供应、消耗和库存的价值信息，但无法提供各类原材料的实物数量信息。

如果需要分析各类原材料的供应、消耗、库存的数量和价值，则需要通过查阅"原材料"总分类账下属的各类明细分类账，从中可以看到哪些金属原材料积压，哪些金属材料供应不足等信息。

（五）总分类账和明细分类账的平行登记

平行登记法是在手工会计处理方式下，对每一交易或事项，一方面要在有关总分类账中进行总括登记，另一方面要以同一时间、同一金额在其下属明细分类账的相同方向中进行详细登记。这是手工记账采用两条路线同时记账，为了保证最终记账结果准确的一种方法。平行登记方法的要点可归纳为"时间相同、方向相同、金额相同"。

（1）时间相同。即对所发生的交易或事项，登记总分类账的时间与登记所属有关明细分类账的时间相同，均是同一记账凭证的编制时间。

（2）方向相同。即对所发生的交易或事项，记入总分类账的方向（借方或贷方）与记入明细分类账的方向（借方或贷方）相同，均是同一记账凭证反映该账户的借或贷方方向。

（3）金额相同。即对所发生的交易或事项，记入总分类账的金额必须与记入下属各明细分类账金额之和相等。

采用会计电算化进行核算的会计主体所采用的会计软件一般都能按照指令自动地将记账凭证的金额登记到有关账户中，包括平行登记在内均是自动完成的。

【例 5-1】总分类账和明细分类账的平行登记应用

（1）远东飞机工业有限公司 202× 年 2 月"在途物资""应付账款"期初余额如下：

在途物资　　　　　　　　　　　150 000 元
其中：——甲材料 4 000 kg，单价 20 元，金额 80 000 元
　　　——乙材料 2 000 kg，单价 35 元，金额 70 000 元
应付账款　　　　　　　　　　　100 000 元
其中：——东方公司　　　　　　　60 000 元
　　　——中亚公司　　　　　　　40 000 元

（2）该企业 2 月发生下列材料采购业务（为简化起见，不考虑增值税进项税额）：

① 5 日，向东方公司购入甲材料 3 000 kg，单价 20 元，计 60 000 元，对方代垫运杂费 150 元，货款未付。

② 8 日，向中亚公司购入乙材料 2 500 kg，单价 32 元，计 80 000 元，货款未付。以现金支付运杂费 200 元。

③ 15 日，以银行存款偿还东方公司货款 100 000 元，偿还中亚公司 90 000 元。

④ 24 日，向中亚公司购入甲材料 2 000 kg，单价 20 元，计 40 000 元；购入乙材料 1 000 kg，单价 35 元，计 35 000 元。对方代垫运杂费 300 元，货款未付（运杂费按甲、乙材料重量进行分配）。

⑤ 27 日，以银行存款偿还中亚公司货款 100 000 元。

⑥ 28 日，上述材料已全部入库，结转其采购成本。

根据上述资料，"在途物资"和"应付账款"总账与明细账之间的平行登记如下。

首先，将每个账户的期初余额分别过入总账和明细账中。

其次，根据①~⑥的交易或事项资料编制会计分录（记账凭证）如下：

①时间：2 月 5 日，凭证字号：转字 001 号（假定为该编号，下同），会计分录如下。

借：在途物资——甲材料　　　　　60 150
　　贷：应付账款——东方公司　　　　　60 150

②时间：2 月 8 日，凭证字号：转字 002 号和付字 001 号，会计分录如下：

借：在途物资——乙材料　　　　　80 200
　　贷：应付账款——中亚公司　　　　　80 000
　　　　库存现金　　　　　　　　　　　200

③时间：2 月 15 日，凭证字号：付字 011 号，会计分录如下：

借：应付账款——东方公司　　　　100 000
　　　　　　——中亚公司　　　　　 90 000
　　贷：银行存款　　　　　　　　　　190 000

④时间：2 月 24 日，凭证字号：转字 003 号，会计分录如下：

借：在途物资——甲材料　　　　　40 200
　　　　　　——乙材料　　　　　 35 100
　　贷：应付账款——中亚公司　　　　　75 300

⑤时间：2月27日，凭证字号：付字052号，会计分录如下：

借：应付账款——中亚公司　　　100 000
　　贷：银行存款　　　　　　　　　　100 000

⑥时间：2月28日，凭证字号：转字004号，会计分录如下：

借：原材料——甲材料　　　　　180 350
　　　　——乙材料　　　　　　185 300
　　贷：在途物资——甲材料　　　　　180 350
　　　　　　　——乙材料　　　　　　185 300

再次，根据上述会计分录，采用平行登记方法，在"在途物资""应付账款"总账与其所属明细账中进行登记，如表5-29~表5-34所示。

表5-29　在途物资总分类账

202×年		凭证		摘要	借方									贷方									借或贷	余额								
月	日	字	号		百	十	万	千	百	十	元	角	分	百	十	万	千	百	十	元	角	分		百	十	万	千	百	十	元	角	分
2	1			期初余额																			借		1	5	0	0	0	0	0	0
2	5		001	购入甲材料			6	0	1	5	0	0	0										借		2	1	0	1	5	0	0	0
2	8	转付	002 001	购入乙材料			8	0	2	0	0	0	0										借		2	9	0	3	5	0	0	0
2	24	转	003	购入甲乙材料			7	5	3	0	0	0	0										借		3	6	5	6	5	0	0	0
	28	转	004	验收结转材料成本												3	6	5	6	5	0	0	平							0		

表5-30　在途物资明细分类账

明细科目：甲材料

202×年		凭证		摘　要	借方			贷方	借或贷	余额
月	日	字	号		买价	运杂费	合计			
2	1			期初余额					借	80 000
2	5	转	001	购入材料	60 000	150	60 150		借	140 150
2	24	转	003	购入材料	40 000	200	40 200		借	180 350
	28	转	004	结转入库				180 350	平	0

表5-31　在途物资明细分类账

明细科目：乙材料

202×年		凭证		摘要	借方			贷方	借或贷	余额
月	日	字	号		买价	运杂费	合计			
2	1			期初余额						70 000

续表

2	8	转付	002 001	购入材料	80 000	200	80 200		借	150 200
2	24	转	003	购入材料1	35 000	100	35 100		借	185 300
	28	转	004	结转入库材料				185300	平	0

表5-32 应付账款总分类账

202×年		凭证		摘要	借方								贷方								借或贷	余额							
月	日	字	号		百	十	万	千	百	十	元	角	分	百	十	万	千	百	十	元	角	分		百	十	万	千	百	十	元	角	分
2	1			期初余额																			贷		1	0	0	0	0	0	0	0
2	5	转	001	购甲材料未付款												6	0	1	5	0	0	0	贷		1	6	0	1	5	0	0	0
2	8	转	002	购乙材料未付款												8	0	0	0	0	0	0	贷		2	4	0	1	5	0	0	0
2	15	付	011	归还前欠货款		1	9	0	0	0	0	0	0										贷			5	0	1	5	0	0	0
2	24	转	003	购入甲乙材料												7	5	3	0	0	0	0	贷		1	2	5	4	5	0	0	0
	28	付	052	归还前欠货款		1	0	0	0	0	0	0	0										贷			2	5	4	5	0	0	0

表5-33 应付账款明细分类账

明细科目：东方公司

202×年		凭证		摘要	借方									贷方									借或贷	余额								
月	日	字	号		百	十	万	千	百	十	元	角	分	百	十	万	千	百	十	元	角	分		百	十	万	千	百	十	元	角	分
2	1			期初余额																			贷			6	0	0	0	0	0	0
2	5	转	001	购甲材料未付款												6	0	1	5	0	0	0	贷		1	2	0	1	5	0	0	0
	28	付	011	归还前欠货款		1	0	0	0	0	0	0	0										贷				2	0	1	5	0	0	0

表5-34 应付账款明细分类账

明细科目：中亚公司

202×年		凭证		摘要	借方									贷方									借或贷	余额								
月	日	字	号		百	十	万	千	百	十	元	角	分	百	十	万	千	百	十	元	角	分		百	十	万	千	百	十	元	角	分
2	1			期初余额																			贷			4	0	0	0	0	0	0
2	5	转	002	购乙材料未付款												8	0	0	0	0	0	0	贷		1	2	0	0	0	0	0	0
2	15	付	011	归还前欠货款			9	0	0	0	0	0	0										贷				3	0	0	0	0	0	0
2	24	转	003	购甲、乙材料未付款												7	5	3	0	0	0	0	贷		1	0	5	3	0	0	0	0
2	27	付	052	归还前欠货款		1	0	0	0	0	0	0	0										贷				5	3	0	0	0	0	0

五、会计账簿的核对

会计账簿的核对简称为对账,是将账簿记录同其他相关联的会计记录进行核对,以确定会计账务处理的正确性,确保会计核算工作质量的会计检查方式。对账包括账证核对、账账核对、账实核对和账表核对。

(一)账证核对

账证核对即将账簿记录同记账凭证及其所附原始凭证相核对,以保证账证相符。核对时,依次检查依据记账凭证所记入的账户、金额、记账方向及其他相关栏目记录是否一致。

(二)账账核对

账账核对即对具有应借应贷关系、总分制约关系的会计账簿记录进行核对。具体包括以下几点内容。

1. 不同总分类账之间的核对

对所有总分类账的当期借方发生额、贷方发生额和余额通过试算平衡进行核对检验。只有平衡才表明总分类账的记录可能是正确的。

试算平衡是指根据会计等式的平衡原理,按照记账规则的要求,通过汇总计算和比较,来检查账户记录的正确性、完整性。它是会计检查的重要工具方法,用途主要有两个:一是通过检查所有账户的借、贷方发生额及余额合计是否相等来检验过账是否正确;二是通过编制试算平衡表,为正式编制财务报表提供相关数据,方便检索。其基本原理如下。

第一,以借贷记账法"有借必有贷、借贷必相等"为基础形成了发生额试算平衡。由于每一笔交易或事项发生引起账户借方变动金额和贷方变动金额相等,那么将本期发生的全部交易或事项的会计处理相加总,所有账户本期借方发生额合计与所有账户本期贷方发生额合计也必定相等。发生额试算平衡公式如下:

$$\sum 各总账的本期借方发生额 = \sum 各总账的本期贷方发生额$$

第二,以会计恒等式"资产=负债+所有者权益"为基础形成了余额试算平衡。根据账户性质,资产、负债、所有者权益、成本类账户期末多数都有余额,损益类会计账户一般则无期末余额。其中,资产、成本类账户的期末余额一般在借方,负债和所有者权益类账户的余额一般在贷方。因此,会计恒等式的平衡关系可以用来推导出某一时点会计主体的全部账户余额的平衡关系。余额试算平衡公式如下:

$$\sum 各总账的期末借方余额 = \sum 各总账的期末贷方余额$$

【例 5-2】试算平衡示例(不考虑增值税问题)

(1)假如远东飞机工业有限公司 202×年 3 月 1 日有关账户余额如表 5-35 所示。

表 5-35　远东飞机工业有限公司账户余额表

202×年3月1日　　　单位：元

账户名称	期初余额	
	借方	贷方
银行存款	800 000	
固定资产	1 200 000	
短期借款		250 000
应付账款		270 000
实收资本		1 000 000
资本公积		480 000
合　计	2 000 000	2 000 000

（2）该公司202×年3月份发生下列经济业务：

①收到某企业投入的资本500 000元存入银行。

②用银行存款120 000元偿还前欠某企业账款。

③用银行存款400 000元购入一台全新机器设备。

④将资本公积金200 000元按法定程序转增资本。

⑤签发并承兑一张面额60 000元、为期两个月的商业汇票，用以抵付应付账款。

⑥购进原材料50 000元，其中30 000元货款已用银行存款付讫，其余20 000元货款尚未支付。

⑦以银行存款100 000元偿还银行短期借款80 000元和前欠某企业货款20 000元。

根据上述业务编制会计分录从略，将会计分录过入各相关账户（使用"T"型账户结构）如下。

银行存款				原材料			
期初余额	800 000			期初余额	0		
		②	120 000				
①	500 000	③	400 000	⑥	50 000		
		⑥	30 000				
		⑦	100 000				
借方合计	500 000	贷方合计	650 000	借方合计	50 000	贷方合计	0
期末余额	650 000			期末余额	50 000		

固定资产				短期借款			
期初余额	1 200 000					期初余额	250 000
③	400 000			⑦	80 000		
借方合计	400 000	贷方合计	0	借方合计	80 000	贷方合计	0
期末余额	1 600 000					期末余额	170 000

应付账款					应付票据		
		期初余额	270 000			期初余额	0
②	120 000						
⑤	60 000	⑥	20 000			⑤	60 000
⑦	20 000						
借方合计	200 000	贷方合计	20 000		借方合计 0	贷方合计	60 000
		期末余额	90 000			期末余额	60 000

实收资本					资本公积		
		期初余额	1 000 000			期初余额	480 000
		①	500 000				
		④	200 000		④ 200 000		
借方合计	0	贷方合计	700 000		借方合计 200 000	贷方合计	0
		期末余额	1 700 000			期末余额	280 000

根据以上账户记录，可编制试算平衡表，见表 5-36。

表 5-36　总分类账户发生额及余额试算平衡表

202×年3月31日　　　　　　　　　　　　　　　　　　单位：元

账户名称	期初余额		本期发生额		期末余额	
	借方	贷方	借方	贷方	借方	贷方
银行存款	800 000		500 000	650 000	650 000	
原材料	0		50 000		50 000	
固定资产	1 200 000		400 000		1 600 000	
短期借款		250 000	80 000			170 000
应付账款		270 000	200 000	20 000		90 000
应付票据		0		60 000		60 000
实收资本		1 000 000		700 000		1 700 000
资本公积		480 000	200 000			280 000
合计	2 000 000	2 000 000	1 430 000	1 430 000	2 300 000	2 300 000

说明：用本表与表 5-15 科目汇总表对比可以看出，表 5-15 的科目汇总表是本试算平衡表的组成部分，与本试算平衡表中的"本期发生额"栏目构成相同。实际工作中，很多单位的科目汇总表中设置有期初余额（分为借方栏和贷方栏）、期末余额（分为借方栏和贷方栏），这样科目汇总表结构就与试算平衡表是一致的，此时的科目汇总与后续进行的试算平衡就可以合并进行，有利于减少会计工作量。

【案例 5-6】 远东飞机工业有限公司总账记录员安会计进行月末试算平衡，他发现当月 089 号收款凭证，会计分录是"借：银行存款　60 000""贷：应收账款——A公司 60 000"，但借贷账户的记账方向记反了，即错误计入了"银行存款"的贷方 60 000 元，同时又错误计入了"应收账款"的借方 60 000 元，试算结果居然是当月各总账本期借方发生合计数等于各总账本期贷方发生合计数，通过试算平衡了。他就仔细琢磨：难道试算平衡并不是用来发现总账记录错误的有效方法？还有哪些记账错误情形是试算平衡不能检查出来的。

分析： 试算平衡是对账的重要工具方法，当借贷发生额（或余额）合计数不相等时，可以表明总账登记可能存在以下错误之一。

①依据同一记账凭证记账，借贷两个方向账户的金额均出现错误。

②依据同一记账凭证记账，仅出现借方或贷方一个账户金额均错误，表现为一方账户记录正确，另一账户的金额漏记、或重复登记、或金额错位登记。

③依据同一记账凭证记账，借贷账户的过账均没有金额错误，但是出现某个账户某一笔的余额计算错误，此时总账的发生额试算平衡是正确的，但是借方和贷方余额试算平衡不相等。

尽管可能存在记账错误，但是有的可以通过试算平衡。试算平衡不能发现的错误包括以下几种。

①漏记整笔交易或事项的会计分录，即借方和贷方金额同时漏记。

②重复记录整笔交易与事项，即借方和贷方金额同时被登记两次及以上。

③计入的账户名称正确，但是金额方向同时记反，刚好抵销（本案例题目的情形）。

④计入的账户名称正确，但是借方、贷方的金额同时错位，即同时多记或少记一个"0"。

⑤计入的账户名称错误，但是借贷金额和借贷方向均登记正确。

2. 总分类账与下属的明细分类账（或日记账）的核对

将每一个总分类账的发生额（或余额）与下属的各明细分类账（或日记账）的发生额（或余额）加总之和进行核对检验是否一致。如果相等，则表明总分类账与明细分类账（或日记账）的登记正确无误。

（三）账实核对

账实核对即将账簿记录与对应的财产实有数额进行的核对（详见第七章）。包括现金日记账的余额与库存现金实有数的核对；银行存款日记账的余额与银行对账单余额的核对；固定资产、原材料、库存商品等明细账记录与实有数量相核对，检查是否一致，做到账实相符。

（四）账表核对

会计账簿为财务报表的编制提供了资料，为保证财务报表的正确性，需要将财务报表的有关数据与账簿记录相核对，做到账表相符。

六、错账查找

（一）账簿记录产生差错的类型

如果试算不平衡，则表明总账记录有错误。依据记账凭证登记账簿出现错误往往是手工方式而不是会计电算化方式造成的。出现的手工记账错误包括记录错误和计算错误两类。

（1）记录错误。记录错误是在账簿的登记环节产生的记账错误。这些错误可参见案例 5-6 列举内容。

（2）计算错误。计算错误是由于计算过程中产生的错误而导致的记账错误。例如：利用公式计算的余额错误；计算中直接算错或漏加、重加某一金额导致账户合计数错误。

（二）查错的程序

当总账试算不平衡时，需要检查具体环节存在的错误，可以遵循以下基本步骤。

（1）检查试算平衡表的编制是否正确。如从总账抄录到试算平衡表的金额是否有误，表中的金额计算过程是否有误等。

（2）检查期末余额的计算是否正确。由于不同性质的账户的期末余额计算方法不同，因此需检查计算过程中是否将余额计算方法用错，计算过程是否存在差错。

（3）检查本期发生额的记录和计算是否正确。这需要针对每一笔业务的记账情况进行逐一检查，查找与记账凭证是否一致。

（4）检查期初余额是否正确。主要检查期初余额借贷双方是否平衡，是否有记录或计算错误等。

（三）查错的方法

检查记账错误的方法一般有全面检查法和个别检查法两种。全面检查是在错账较多或记账错误不易查找时，将一定时期的全部账目进行检查的方法，主要有顺查法和逆查法。个别检查是在错账较少或具有一定规律时，针对个别账目进行单独检查的方法，如余额复核法、二除法和九除法等。

1. 顺查法

顺查法即按照会计核算程序的顺序流程，从会计凭证到账簿进行查错。先检查记账凭证与所附原始凭证的一致性，再逐笔核对记账凭证与有关总账、日记账、明细账的一致性，以发现错误。

2. 逆查法

逆查法即按照会计核算程序的反向流程，从账簿到会计凭证进行逆向查找。首先，检查各账户余额计算是否正确；其次，将总分类账与明细分类账进行核对；再次，逐笔核对账簿记录是否与记账凭证相符；最后，逐项核对记账凭证与所附原始凭证是否相符，以便从中发现错误。

3. 余额复核法

余额复核法即分析总账余额计算过程、上下页过账、余额的异常情况、总账与明细账余额一致性等方面，以便从中发现错误。

4. 二除法

试算平衡如果出现借方和贷方合计数不一致，可以将差额数除以 2，据此查找某一账户金额是否记错方向。如果某账户金额记错了方向，如应计入借方的金额计入了贷方（或应计入贷方的金额计入了借方），则必然会出现一方合计数增多而另一方合计数减少的情况,试算平衡时该差额数就会出现,且应是记错方向金额数字的两倍,那么,用该差额数除以 2,结果即为记错的数字。然后在账簿中查找与之相同的数字,而不必逐笔查找,这样较容易找出错账所在。

5. 九除法

试算平衡如果出现借方和贷方合计数不一致,可以将差错数除以 9 来查找某个账户是否登记时出现数字错位(把金额多写零或少写零)。假如记账出现数字错位情况,如把十位数记成百位数,或把千位数记成百位数,那么,正确数与移位数之差可被 9 除尽,以此为线索,查找记账错误。如移一位,使原数扩大或缩小 9 倍,除以 9;如移两位,使原数扩大或缩小 99 倍,除以 99,以此类推。

七、错账更正

(一)手工会计的错账更正

手工会计方式下,会计人员必须认真、细致地做好记账工作。如果出现记账错误,必须遵循一定的规则进行更正,不得刮、擦、涂、挖、补、抹等。正确的错账更正方法包括划线更正法、红字更正法、补充登记法。

1. 划线更正法

划线更正法又称红线更正法,是指当记账凭证编制正确,且登记的账户正确,仅出现金额多记、少记、记反方向等错误,在错误的金额上画一条红线,以示冲销;然后将正确的金额填写在被注销金额上方,并由更正人员在更正处盖章,以便明确责任。注意:对于错误的金额应整体画线,不得只划销其中某个错误数字,并且要保留原有错误的金额能够清晰辨认出来,不得涂抹覆盖。

如果将正确的数字误认为是错误进行画线更正了,事后经检查发现,就应将错误数字注销,用红笔在正确的数字两旁各画"△"表示正确,并在错误处盖章。

【例 5-3】将"应付账款"账户的贷方 5 978.35 元误写为 5 987.35 元,使用划线更正法更正(表 5-37)。

表 5-37 应付账款明细分类账划线更正示例

202X 年		凭证		摘要	借方								贷方								借或贷	余额							
月	日	字	号		百	十	万	千	百	十	元	角	分	百	十	万	千	百	十	元	角	分		百	十	万	千	百	十	元	角	分
2	5	转	002	购乙材料未付款													刘利敏	5	9	7	8	3	5	贷									
																		5	9	8	7	3	5										

2. 红字更正法

红字更正法又称红字冲销法,或红字抵销法,即利用会计上"红字"表示金额冲销或负数的特殊含义,对错误的账目记录,重新编制一张与错误金额相同的红字记账凭证,并据此用红字登记入账,然后再按照当时的交易或事项编制一张正确的记账凭证补充登记入账。这种方法在应用时存在以下两种情况：

第一种，整体冲销存在错误的记账凭证金额，同时填制正确的会计凭证用于记账。记账凭证中会计科目或记账方向有误而造成账簿登记出现的错误。对于这种情况，需要分两步进行更正：一是应用红字填制一张内容与原错误凭证会计科目相同、金额相同的红字记账凭证并据以登记入账，以冲销错账；二是再填制一张正确的记账凭证并据此登记入账。"更正凭证的摘要栏不得写交易或事项的内容，应写"更正第××号凭证"，且更正用的凭证编号不应同原错误凭证一样，应按最新的凭证编号顺序编写。

【例5-4】若月末发现本月销售A产品给蒙华公司，未收货款8 000元，对方开出承兑汇票，原记账凭证中将应借记"应收票据"科目误记为"应收账款"科目，并已登记入账。更正过程如下：

第一步，先填制一张与原错误转账凭证内容的转账凭证，但是金额为红字，并用红色数字登记入账。这种处理表明冲销了原错误的记账凭证和原登记的账户记录。

借：应收账款　　　　　8 000

　　贷：主营业务收入　　　8 000

（注：分录中的数字加方框表示用红笔书写，即负数，下同）

第二步，根据原交易或事项的内容，填制一张正确的转账凭证，并据此登记入账。

借：应收票据　　　　　8 000

　　贷：主营业务收入　　　8 000

上述更正错账的过程可以用图5-8描述如下（账户使用"T"型账户结构登记）。

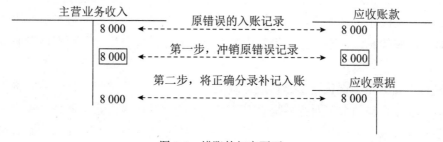

图5-8　错账的红字更正

第二种，仅冲销记账凭证的多记金额。如果记账凭证中会计科目、记账方向均正确，但所记金额大于应记金额，导致账簿登记金额出现错误。对于这种情况，只需将多记的金额，用红色数字填制一张会计科目、对应关系与原记账凭证一样的记账凭证，摘要为"冲销××号凭证多记金额"，并以红字登记入账即可。

【例5-5】若月末发现本月销售A产品给蒙华公司，未收货款8 000元，对方开出承兑汇票，原转账记账凭证借记"应收票据"、贷记"主营业务收入"，但是误将借贷方的金额均填写为80 000元，并已登记入账，导致多记72 000元的错误记录。更正如下：

按多记金额72 000元用红字填制一张如下会计分录的转账凭证并登记入账，即可更正错误记录。

借：应收票据　　　　　72 000

贷：主营业务收入　　　　　72 000

以上账户更正记录，用"T"型账户登记表示如图 5-9 所示。

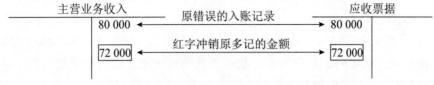

图 5-9　多记金额的红字冲销

3. 补充登记法

这种方法是针对记账凭证中会计科目、记账方向均正确，但所记金额小于应记金额，导致账簿少记金额的错误而采用的一种更正方法。具体做法是，填制一张会计科目、借贷方向与原凭证相同的记账凭证，新凭证金额为少记的金额，摘要写明"补充××号凭证少记金额"，并据以登记入账即可。

【例 5-6】假设【例 5-5】原记账凭证误将借方和贷方科目 8 000 元写为 800 元并已入账。更正时，按少记的 7 200 元填制一张如下记账凭证，并据以入账，即可将少记金额补充登记入账。

借：应收票据　　　　　　　7 200
　　贷：主营业务收入　　　　　7 200

以上账户更正记录，用"T"型账户登记表示如图 5-10 所示。

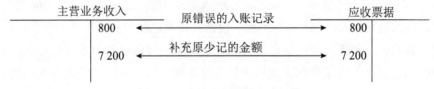

图 5-10　少记金额的补充登记法

【案例 5-7】张会计接到一张编号为"转字 023 号"的记账凭证准备用于登记"主营业务收入"明细账，他发现该凭证不仅明细科目错误，而且金额错误，他赶紧询问负责登记往来账户"应收账款"明细账的小杨是否已经记账，小杨说还没有来得及记账。此时张会计随手就把这张记账凭证撕掉了，但没有撕毁该记账凭证后附依据的原始凭证，让制单人员根据原始凭证重新做了一张正确的记账凭证，编号相同。请你分析张会计这种行为的正确性。

分析：记账凭证出现错误，在没有据此登记任何账簿之前，这张记账凭证还没有发挥它的作用，如果此时已经发现，可以填制一张正确的记账凭证抽换这张错误的记账凭证，并销毁那张错误的记账凭证。在这种情况下，张会计撕掉那张错误记账凭证并不会对记账造成任何影响，也不属于故意销毁会计资料的行为，只是更换错误凭证方式显得简单粗暴。如果那张错误凭证已经记账了，撕毁记账凭证就属于故意销毁有效会计资料的行为。

（二）电算化会计的错账更正

电算会计方式下，如果初始的原始凭证或记账凭证出现错误，则会导致会计电算化系统后续记账错误，可以采取如下方法更正。

（1）对少记金额进行补充登记。对于少记金额情形，先编制一张与原记账凭证会计科目和对应关系相同、金额为少记数额的新记账凭证，摘要栏写明"补充××号凭证少记金额"，并据此登记入账。

（2）对于多记金额进行负数登记。对于多记金额的情形，先编制一张与原记账凭证会计科目和对应关系相同、金额为多记数额负数的新记账凭证，摘要栏写明"冲销××号凭证多记金额"，并据此登记入账。

（3）对于记账金额无误，但是科目错误，实行先冲销后补登。首先编制一张与原错误记账凭证一致的记账凭证，注意借贷方科目的金额均为负数，摘要栏写明"冲销××号凭证"，然后登记入账，以示冲销原错误记录；然后再按当初交易或事项编制一张正确的记账凭证，注意借贷方科目的金额均为交易或事项发生的正确金额，摘要栏写明"补充更正××号凭证业务"，据以登记入账。

八、结账

结账是指在一定时期（月、季、半年、年）结束时，计算出账户本期发生额的合计数和余额，结束本期账簿记录的一项会计工作。所有的账簿都需要定期结账。

（一）结账前的工作要求

（1）调整事项和结转事项（见第七章）。期末需要调整、结转的账项要及时调整和结转。其中需要调整或结转的账项包括：结账前，根据权责发生制原则和配比原则，对应计收入、应计费用、预收收入和预付费用等进行转账调整，编制转账调整分录并登记入账。同时，要将各种收入、费用等虚账户的余额结转到各有关账户中，在记账凭证中编制结转分录并登记入账。

（2）资产清查（见第七章）。结账之前，要求将本会计期间内所发生的交易或事项全部登记入账，全面开展对账，进行资产清查。

（3）对账和查错。见本节前述的会计账簿的核对和错账查找。

（4）试算平衡。检查是否有漏记、重记、错记的交易或事项，对发生的记账错误要及时更正。

（二）结账的工作内容

结账时，需要计算出各账户的借方和贷方本期发生额、余额及累计余额，经核对无误后正式计入有关账簿。手工核算方式下的结账工作非常缓慢，需要加班加点、夜以继日计算各个账户的相关数据，而在采用会计电算化的单位，将结账工作交由计算机系统处理，可以在非常短的时间内快速完成，并迅速生成科目汇总表或试算平衡表。

1. 月结

每个月份终了进行的结账称为月结。各账户均要在账页中最后一笔登记的业务的下一行，登记并计算本月份借方发生额合计数、贷方发生额合计数和月末余额，摘要写明"本月合计"，并在该行下方通栏画一条单红线，不仅用来区分正常登记的业务，而且表示当期记账工作到本行截止，同时也显得醒目。月末余额的计算公式如下。

资产和成本费用类账户：月末余额＝月初余额＋本月借方发生额－本月贷方发生额

负债、所有者权益和利润分配账户：月末余额＝月初余额＋本月贷方发生额－本月借方发生额

如果资产和成本费用类账户的月初余额出现贷方余额，负债、所有者权益和利润分配账户的月初余额出现借方余额，公式中的月初余额用负数表示。下同。

2. 季结

每个季度结束进行的结账称为季结，一般是与3月、6月、9月、12月的月结工作同时进行，各账户均要在登记月结行的下一行，计算并登记本季度借方发生额合计数、贷方发生额合计数和月末余额，摘要写明"本季合计"，并在该行下方通栏画一条单红线。季末余额的计算公式如下。

资产和成本费用类账户：季末余额＝季初余额＋本季借方发生额－本季贷方发生额

负债、所有者权益和利润分配账户：季末余额＝月初余额＋本季贷方发生额－本季借方发生额

3. 半年结

每年的6月份结束需要进行半年账户登记的结清工作，而12月份结束的下半年可以不单独进行半年结账，直接进行年结。各账户均要在登记季结行的下一行计算并登记上半年的借方发生额合计数、贷方发生额合计数和月末余额，摘要写明"半年合计"，并在该行下方通栏画双红线。半年末余额的计算公式如下。

资产和成本费用类账户：半年末余额＝本半年初余额＋本半年借方发生额－本半年贷方发生额

负债、所有者权益和利润分配账户：半年末余额＝本半年初余额＋本半年贷方发生额－本半年借方发生额

4. 年结

每个会计年度终了，全部账户都需要进行年度结账，此时和12月份月结、第四季度季结可以同时进行。各账户均要在账页的第四季度季结登记行的下一行，计算并登记全年度的借方发生额合计数、贷方发生额合计数和月末余额，摘要写明"本年累计"，并在该行下方通栏画双红线。年末余额的计算公式为：

资产和成本费用类账户：年末余额＝年初余额＋本年借方发生额－本年贷方发生额

负债、所有者权益和利润分配账户：年末余额＝年初余额＋本年贷方发生额－本年借方发生额

5. 结转下年

完成年结工作以后，要把各账户的余额结转到下一会计年度，并在摘要栏注明"结转下年"字样。下一会计年度开始，在新建账簿的第一行摘要栏注明"上年结转"并过入上年末的余额。

以上关于月结、季结、半年结、年结的内容可以分别参见表 5-38、表 5-39。

表 5-38　明细分类账的月结、季结、半年结示例

应收账款——A 公司

202×年		凭证		摘要	借方	贷方	借或贷	余额
月	日	字	号		十万千百十元角分	十万千百十元角分		十万千百十元角分
6	1			月初余额			借	1 2 0 0 0 0 0
6	10	转	110	售商品 11 件未收款	1 1 0 0 0 0 0		借	2 3 0 0 0 0 0
6	20	收	168	归还部分货款		1 4 4 0 0 0 0	借	8 6 0 0 0 0
6	13	收	172	售商品 17 件未收款	1 7 4 0 0 0 0		借	2 6 0 0 0 0 0
6	15	转	143	归还部分货款		1 4 4 0 0 0 0	借	1 1 6 0 0 0 0
6	16	转	159	售商品 5 件未收款	5 1 0 0 0 0		借	1 6 7 0 0 0 0
6	18	收	183	归还部分货款		3 0 0 0 0 0	借	1 3 7 0 0 0 0
6	30			本月合计	3 3 5 0 0 0 0	3 1 8 0 0 0 0	借	1 3 7 0 0 0 0
6	30			本季合计	5 3 7 8 0 0 0	4 2 8 0 0 0 0	借	1 3 7 0 0 0 0
6	30			半年合计	8 5 2 9 0 0 0	8 6 3 4 0 0 0	借	1 3 7 0 0 0 0
7	1	转	015	售商品 12 件未收款	1 2 6 0 0 0 0		借	2 6 3 0 0 0 0
				过次页				

表 5-39　明细分类账的月结、季结、年结示例

应付账款——E 公司

202×年		凭证		摘要	借方	贷方	借或贷	余额
月	日	字	号		十万千百十元角分	十万千百十元角分		十万千百十元角分
11	30			本月合计				6 0 0 0 0 0
12	1			月初余额			贷	6 0 0 0 0 0
12	3	转	35	购 Y 料 40kg 未付款		4 0 0 0 0 0	贷	1 0 0 0 0 0 0
12	15	付	12	付部分前欠购料款	6 5 0 0 0 0		贷	3 5 0 0 0 0
12	15	转	66	购 Y 料 30kg 未付款		3 0 0 0 0 0	贷	6 5 0 0 0 0
12	18	付	47	付部分前欠购料款	5 5 0 0 0 0		贷	1 0 0 0 0 0
12	24	转	104	购 Y 料 60kg 未付款		5 8 0 0 0 0	贷	6 8 0 0 0 0
12	31	付	129	付部分前欠购料款	3 2 0 0 0 0		贷	3 6 0 0 0 0
12	31			本月合计	1 5 2 0 0 0 0	1 2 8 0 0 0 0	贷	3 6 0 0 0 0
12	31			本季合计	4 3 2 0 0 0 0	4 5 6 0 0 0 0	贷	3 6 0 0 0 0
12	31			本年累计	9 6 5 0 0 0 0	9 3 1 0 0 0 0	贷	3 6 0 0 0 0
				结转下年				

（三）结账的其他注意事项

（1）如果采用棋盘式总账和科目汇总表代替总账的单位，年终结账时应当汇编一张全年合计的棋盘式总账和科目汇总表。

（2）当月结、季结、年结重合在同一个时点。截至该时点，当月最后一笔交易或事项余额、当月月末余额、当季季末余额、当年年末余额会逐行依次出现并必须相等，但是后一个结账余额不得直接抄录前一个结账余额，均需独立使用各自的计算公式，以便从不同的角度计算、对比、确认是否得到同一结果，以检验前期连续记账与计算的准确性。

（3）如果某账户本月只发生一笔交易或事项，这笔金额就是本月发生额，为简便起见，结账时只要在此行记录下划一单红线，表示与下月的发生额分开就可以了，不需另外结出"本月合计"数。

（4）如果出现负数余额，可以用红字在"余额"栏登记。但如果余额栏前印有余额的方向（"借或贷"），则应用黑色墨水（或蓝黑墨水）书写，而不得使用红色墨水。

十、账簿保管和移交

账簿登记完后，应按照规定建立档案，妥善保管，保管期限、销毁办法等依据《会计档案管理办法》的规定进行（见第八章），不得存在伪造、变造、故意毁灭会计账簿或者账外设账行为。

扩展阅读5-4

我国《会计基础工作规范》对登记会计账簿的要求

正在使用的账簿，如遇会计人员变更，必须办清以下交接手续，否则不得调动或者离职。

（1）已经受理的经济业务尚未填制会计凭证的，应当填制完毕。

（2）尚未登记的账目，应当登记完毕，并在最后一笔余额后加盖经办人员印章。

（3）整理应该移交的各项资料，对未了事项写出书面材料。

（4）编制移交清册，列明应当移交的会计凭证、会计账簿、财务报表、印章、现金、有价证券、支票簿、发票、文件、其他会计资料和物品等内容；实行会计电算化的单位，从事该项工作的移交人员还应当在移交清册中列明会计软件及密码、会计软件数据磁盘（磁带等）及有关资料、实物等内容。

练 习 题

练习题 1

一、目的：练习对会计凭证的初步认识。

二、资料：

202×年5月27日，小宋接受办公室主任王恒委派到北京代表厂部联系业务员培训事宜，随后他到厂财务处借现金5 000元，并于当晚10点多乘坐火车（硬座）启程。28日早晨到北京后即到相关部门联系，下午谈妥事宜后再买火车票已无卧铺，随后他订购了30日晚上10点多的火车（卧铺），并于当晚在一家宾馆住下。29日及30日白天无事，于是他便一人到故宫、颐和园、长城等景点参观。31日早晨赶回厂部后刚好由于元旦放假调休,虽是星期天但仍正常上班,于是便把本次出差的票据粘贴好后报销,其中火车票 280 元(2 张)、市内交通票 365 元(12 张)、住宿发票 750 元(1 张)、旅游门票 380 元(5 张)、预交押金 3 000 元(1 张),杂支 10 元(买车票手续费 2 张),并准备把没有花完的 215 元现金退回。见了王主任第一句话就说:"到北京出差是比较好玩,但也太花钱了,半年攒的积蓄基本上花光了。"

三、要求:请到你所熟悉企业、事业行政单位了解有关人员出差的相关规定及会计处理中的实际情况,在此基础上讨论回答以下问题。

(1)小宋报销的凭据中有没有不属于原始凭证的?为什么?

(2)小宋对于出差时取得的相关凭证应注意哪些问题?

(3)小宋出差共涉及哪些会计凭证?

(4)小宋本次出差涉及的会计凭证的传递情况怎样?

(5)小宋在报销中会遇到哪些可能的问题?会计人员会如何处理?

练习题 2

一、目的:通过练习填制记账凭证、建账、记账、对账、试算平衡、结账等会计工作,熟悉会计信息核算载体的使用规则和要求。

二、资料:

1. 凌云航空机载设备公司 202× 年 9 月总账科目的期初余额如下表。

会计科目	借 方	贷 方	会计科目	借 方	贷 方
库存现金	58 000		短期借款		3 000 000
银行存款	7 500 000		应付账款		2 850 000
应收账款	3 200 000		应付职工薪酬		3 070 000
其他应收款	68 000		其他应付款		778 000
原材料	2 400 000		应交税费		57 000
生产成本	2 500 000		实收资本		10 000 000
库存商品	5 000 000		盈余公积		2 191 000
固定资产	6 000 000		利润分配		3 200 000
累计折旧		1 580 000			

2. 202× 年 9 月相关明细科目的期初余额如下表(仅设置以下 6 个)。

总账科目	明细科目	数 量	单 价	金 额
原材料	甲材料	10 吨	100 000	1 000 000
	乙材料	7 吨	200 000	1 400 000
库存商品	空速管	40 套	50 000	2 000 000
	导航仪	100 套	30 000	3 000 000
生产成本	空速管	100 套		1 000 000
	导航仪	200 套		1 500 000

3. 公司在 9 月份发生下列交易或事项(不考虑增值税)。

(1)1 日,归还银行短期借款 1 000 000 元。

（2）1日，接开户银行进账通知单，收回晨光公司前欠销货款 2 200 000 元。

（3）1日，从飞达公司购入甲材料 30 吨，单价 100 000 元，材料已验收入库，货款已用银行存款支付。

（4）4日，从正林公司购入乙材料 20 吨，单价 200 000 元，材料已验收入库，货款尚未支付。

（5）4日，以银行存款购入设备 1 台，价款 200 000 元，该设备已投入使用。

（6）6日，用银行存款支付办公费用 70 000 元，其中生产车间 30 000 元，管理部门 40 000 元。

（7）6日，计划部崔子铭借差旅费 3 000 元，以现金支付。

（8）7日，从银行提取现金 3 100 000 元准备发放工资。

（9）7日，以库存现金发放 5 月职工薪酬 3 070 000 元。

（10）8日，销售人员李明报销差旅费 1 600 元，以库存现金支付。

（11）10日，以银行存款上交 5 月应缴的城市建设维护税和教育费附加 57 000 元。

（12）10日，计划部崔子铭报销差旅费 3 200 元，冲销原借款，并支付现金 200 元补足差旅费。

（13）16日，销售空速管 30 套，单价 80 000 元，货款已通过开户银行收讫。

（14）18日，接银行通知，收回正天航空公司上月所欠货款 800 000 元。

（15）18日，向晨光公司销售导航仪 100 套，单价 50 000 元，货款尚未收回。

（16）22日，用银行存款支付销售部门产品宣传费 88 400 元。

（17）22日，用银行存款支付上月欠飞达公司材料款 2 850 000 元。

（18）25日，用银行存款支付当月水电费 125 800 元，其中：生产车间 72 000 元，厂部管理部门 53 800 元。

（19）26日，因客户蓝天公司违约，得到法院判决的违约收入 180 000 元，款项已收存银行。

（20）30日，计算归属本月的前期购买大方公司短期债券的利息收入 20 000 元。

（21）30日，用银行存款向金融投资机构支付当月筹集资金手续费 55 000 元。

（22）30日，计提本月固定资产折旧费 54 000 元，其中生产车间 34 000 元，管理部门 20 000 元。

（23）30日，根据领料凭证编制的本月发料凭证汇总表资料为：甲材料发出 30t，其中空速管耗用 24t，生产导航仪耗用 2t，生产车间一般耗用 3t，企业管理部门耗用 1t，单价均为 100 000 元；乙材料发出 25t，单价 200 000 元，其中空速管耗用 5t，生产导航仪耗用 18t，生产车间一般耗用 2t。

（24）30日，计算并分配本月应付职工薪酬 4 047 000 元，其中生产空速管工人薪酬 1 200 000 元、导航仪的工人薪酬 1 400 000 元，车间管理人员薪酬 664 000 元，企业管理人员薪酬 783 000 元。

（25）30日，按照产品生产数量分配并结转制造费用到两个产品的生产成本中。本月生产空速管 100 套、导航仪 200 套（请先编制两种产品的制造费用分配表，制造费用按照两种产品的生产套数进行分配）。

（26）30日，计算本月两种产品的生产成本，均全部完工入库，结转生产成本（请先编制两种产品的成本计算单）。

（27）30日，销售给利民飞机工业公司空速管20套和导航仪40套，单价分别为80 000元和50 000元，货款已经收存银行。

（28）30日，原材料甲材料盘亏256 500元，其中责任人张静红造成损失20 000元，长时间霉变锈蚀236 500元。经报批后进行处理，追究责任人赔偿损失和计入营业外支出。

（29）30日，结转本月已销产品成本，按先进先出法计价。

（30）30日，通过计算，本月应交城市建设维护税和教育费附加83 500元。

（31）30日，结转本月损益类的收入收益账户到本年利润。

（32）30日，结转本月损益类的费用成本支出类账户到本年利润。

（33）30日，根据本月实现的利润，按15%的税率计算应交所得税，并结转所得税费到本年利润。

（34）30日，结转本月税后净利润到利润分配中。

（35）30日，按税后净利润的10%提取盈余公积。

（36）30日，按税后净利润的20%计算分配给投资人的应付利润。

三、要求：

根据上述资料，完成下列会计核算工作。

1. 根据以上交易或事项编制会计分录。
2. 根据第1步编制完成的会计分录填制通用记账凭证，凭证的起始编号为"09001"。请提前自行购买通用记账凭证40张（含备用）用于完成该作业。
3. 根据第1步编制完成的会计分录填制包括收款凭证、付款凭证、转账凭证在内的专用记账凭证。收款、付款、转账凭证的起始编号分别为"收字001"、"付字001"、"转字001"。

请自行购买收款凭证5张、付款凭证20张、转账凭证25张（均含备用），用于完成该作业。

4. 根据第2步完成填制的通用记账凭证，逐一登记各账户的T型账户。注意：

（1）根据期初余额出现的会计科目（含明细科目）、第（2）步完成会计分录中出现的会计科目建账，用直尺逐一画成T型账户。账户与账户左右之间、上下之间至少空开两个汉字的空间；

（2）每个T型账户必须用4根横线分隔出：期初余额（1行）、本期发生额（根据本期发生业务的笔数或次数确定、可事先适当多空几行）、借方合计和贷方合计（左右，居同1行）、期末余额（1行），期末余额之下不得划横线封闭T型账户；

（3）凡是有期初余额的，必须根据资料1的金额正确过入到T型账户（注意方向、金额）中；无期初余额的，T型账户"期初余额"均写"0"。然后按照编制完成的会计分录逐笔登记；

（4）登记完成后，结出各账户的本期借方合计、贷方合计、期末余额数，如无，请写"0"。

5. 根据第3步完成填制的收付转专用记账凭证，逐一登记各实体账户。

（1）购买以下实体账簿，并完成建账和记账：

①购买三栏式账页2张，用于建"现金日记账"和"银行存款日记账"（代替订本账）。

②数量金额栏账页8张，用于建原材料——甲材料、原材料——乙材料、生产成本——空速管、生产成本——导航仪、库存商品——空速管、库存商品——导航仪6个明细账各

1张，备用2张。

③金额分析多栏明细账页2张，用于建"制造费用""管理费用"明细分类账。"制造费用"的明细项目分别为：办公费、薪酬费、材料费、水电费、折旧费、其他6个；"管理费用"的明细项目分别为：办公费、薪酬费、材料费、水电费、折旧费、其他6个。

④购买订本三栏式总分类账簿（至少40页）1本，用于建本练习涉及的每个总分类账，一个总分类账户使用一页。

⑤并购买2~3张口启纸至少供书写28个总账科目和6个明细科目，并按口启纸的用法粘贴到各账户页面上沿或右侧。

（2）注意过入各账户的期初余额，根据完成填制的收付转凭证逐笔登记本期发生的借方或贷方发生额，期末结出各账户借方与贷方发生额的合计数和期末余额。

练 习 题 3

一、**目的**：通过发现记账错误，练习并熟悉会计错账的更正规则与技巧。

二、**资料**：

某公司采用手工记账，202×年9月底进行会计账户核对，发现以下会计处理问题。

（1）发现本月5日用银行存款支付采购原材料600 000元，材料已经验收入库，当时的记账凭证为

借：在途物资　　　600 000
　　贷：银行存款　　　600 000

该记账凭证已经登记入账。经连续审阅"在途材料"明细分类账，该材料一直处于未验收状态。

（2）发现本月12日用银行存款支付水电费200 000元，当时的记账凭证为

借：制造费用　　　12 000
　　管理费用　　　 8 000
　　贷：银行存款　　　20 000

该记账凭证已经登记入账。

（3）发现本月20日销售产品300 000元，款项未收。当时的记账凭证为

借：应收账款　　　300 000
　　贷：主营业务收入　　300 000

该记账凭证已经登记入账，但是往来款核算员把300 000元登记到"应收账款"账户贷方。

（4）发现本月30日结转完工产品成本800 000元，当时的记账凭证为

借：库存商品　　　8 000 000
　　贷：生产成本　　　8 000 000

该记账凭证已经登记入账。

三、**要求**：根据上述资料逐一分析会计记账出现错误的情形或性质，并用适当的方法予以更正。

第六章
会计信息核算流程

学习提示

重点：通用记账凭证会计信息核算流程及其应用，专用记账凭证会计信息核算流程及其应用，科目汇总表会计信息核算流程及其应用，汇总记账凭证会计信息核算流程及其应用，专栏日记账会计信息核算流程及其应用，电算化会计信息核算流程。

难点：科目汇总表会计信息核算流程及其应用，汇总记账凭证会计信息核算流程及其应用，电算化会计信息核算流程。

导入案例

郑会计新接手总账会计岗位的工作，主要职责是负责每年的建账，审核每一笔交易或事项的记账凭证并据此登记总分类账，负责期末对账、试算平衡和财务报表编制工作，同时协助做好财务分析和财务管理。头两年，他仅在每月月底和下月月初加班5天（次）左右就可以完成总账会计工作。第三年公司生产经营逐步扩大，郑会计日常就需要隔三岔五加班加点才可以完成工作。到了第四年，公司原有经营业务出现爆发式的增长，日常交易或事项呈数倍增加，尽管新增招聘了4名会计人员，但郑会计几乎每天都要加班加点才能完成工作。但他很快就找到了每隔10天对日常填制的记账凭证按照会计科目进行一次汇总，然后再登记总账的办法，工作量突然猛降，并且又基本恢复到头两年那样不需要加班的状态。

分析和讨论：①郑会计采用对科目汇总后再据此记账的办法后，意味着登记总分类账的依据并不是记账凭证，而是对记账凭证进行再加工后的信息，这样是否符合记账要求，是否会影响总分类账和明细分类账之间的关系？②除了郑会计采用的那个办法以外，是否还有其他对记账凭证进行再加工然后登记总分类账的方式？③依据每一份记账凭证逐一登记总分类账和依据再加工后的信息登记总分类账各有什么好处？

第一节　会计信息核算流程设计

一、会计信息核算流程的类型

（一）会计信息核算流程的含义

会计信息核算流程，传统称为账务处理程序、会计核算形式、会计核算循环、会计核算组织模式等，是指会计信息进行输入、加工和输出的整个过程。会计信息处理的基本流程包括整理和汇总原始凭证、填制记账凭证、登记账簿、编制财务报表等一系列工作，如图 6-1 所示。

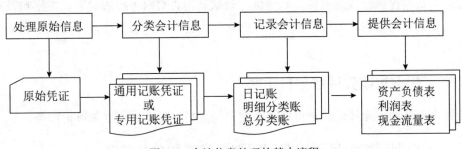

图 6-1　会计信息处理的基本流程

（二）会计信息核算流程的种类

1. 手工方式下的会计信息核算流程的种类

在手工核算方式下，为了保证记账的高效和准确，往往会采用平行登记明细分类账和总分类账的做法，通过总分两条线同时记账确保二者结果一致，也就是设置登记日记账（出纳员）、明细分类账（若干人）和总分类账（通常为1人）等不同会计核算岗位。而总分类账、明细分类账、日记账的记账依据都是记账凭证，这样相当于登记总账的那一个会计人员承担了若干个明细账和日记账记录人员加起来的工作量。因此，为了简化总账登记工作量，广大会计人员经过长期的实践积累，智慧地总结出了可以根据实际情况选择通用记账凭证、收付转专用记账凭证、汇总收付转记账凭证、科目汇总表或多栏式日记账等多种依据登记总分类账的做法，从而形成以不同依据登记总分类账的会计信息核算流程，包括通用记账凭证会计信息核算流程、专用记账凭证会计信息核算流程、科目汇总表会计信息核算流程、汇总记账凭证会计信息核算流程、多栏式日记账会计信息核算流程等。

2. 电算化方式的会计信息核算流程的种类

会计电算核算方式通过利用计算机技术、信息技术和网络技术，对会计信息进行采集、加工、处理、存储、传输，从而完成会计核算与管理工作的自动化处理。由于计算机系统具有快捷、高效、准确的数据转移和处理功能，记账凭证的生成、账簿的登记和报表的编制均由会计软件系统自动处理，无需区分收付转记账凭证的格式，也无须分别登记总分类账和明细分类账分两条线平行登记的做法，只要设置通用记账凭证即可准确无误地登记账簿，并且只需要设置日记账和明细分类账而无须总分类账，然后按照会计科目汇总生成科目汇总表，进行试算平衡，用试算平衡表替代总分类账，直接用于自动生成财务报表。按照对计算机、网络等技术的利用和依赖程度，会计电算化信息处理流程可以分为模拟手工会计的自动化处理系统流程、融入企业资源计划（enterprise resourle planning，ERP）的会计电算化信息系统核算流程和开放式（共享式）的会计电算化信息系统核算流程。

二、会计信息核算流程的步骤

（一）分析整理原始凭证，填制记账凭证

会计人员根据执行人提供的原始凭证，确认其是否对财务报表要素产生影响及对哪些财务报表要素产生影响。如果产生影响，则确认为会计交易或事项，并在记账凭证中编制会计分录。

（二）根据记账凭证登记日记账

会计人员按照记账凭证，逐日逐笔地登记现金日记账、银行存款日记账等。

（三）根据记账凭证平行登记明细分类账和总分类账

在总分类账中记录财务报表要素增减变动的过程和结果，同时根据实际需要在每一个总分类账户下设置明细分类账，用以平行登记财务报表要素各构成细目的详细情况。

（四）编制账项调整分录，并登记分类账

手工会计方式下，会计主体在调整账项之前可以编制"试算平衡表"以检查前期记账的正确性。然后应根据权责发生制原则和配比原则，对应计收入、应计费用、预收收入和预付费用等进行账项调整，编制转账调整分录并登记分类账（见第七章）。

（五）编制结账分录，并登记分类账

将各种收入、费用等虚账户的余额结转到各有关账户中，在记账凭证中编制结账分录，并予以过账，结清该类账户。计算资产、负债和所有者权益等实账户的余额，并转入下期。结账后，可编制"结账后试算平衡表"，此时的试算平衡表相当于科目汇总表的功能，以确保结账的正确性。

（六）编制财务报表

企业在某一会计期间发生的交易或事项，通过会计记录和必要的账项调整以及对账结

账后,应根据有关账表资料编制财务报表。

三、会计信息核算流程的设计原则

科学设计会计信息核算流程对于提高会计信息处理处理效率和保证质量有着关键的影响,应遵循以下几项原则。

(一)适应性原则

设计的会计信息核算流程应充分结合并适应本单位经济活动的性质、经济管理的特点、规模的大小、交易或事项的繁简以及会计机构和会计人员素质的实际,并有利于高效开展会计核算工作。

(二)成本效益原则

成本即会计信息核算流程能够提高效率,节约信息加工处理时间,减少信息处理成本;效益即满足会计核算工作需要,同时务必保证会计核算工作质量,要保证能够准确、及时和完整地提供系统而完备的会计信息资料。

(三)职责分明原则

既要有利于会计部门和会计人员的分工与合作,又要有利于明确各岗位的职责。

四、科学设计会计信息核算流程的作用

会计信息流程是否科学合理,会对整个会计核算工作产生诸多方面的影响。确定科学合理的会计信息流程,对于保证准确、及时提供系统而完整的会计信息,具有十分重要的意义。

(1)有利于规范会计核算的组织工作。设计切合自身实际的会计信息核算流程,可以科学设计会计岗位和职责分工,实现职责分明、高效合作、有序可循。

(2)有利于保证会计核算工作的质量。建立起科学合理的会计信息核算流程,形成加工和整理会计信息的正常机制,加强会计核算之间的相互控制,是提高会计核算工作质量的重要保障。

(3)有利于提高会计核算的工作效率。按照既定的会计信息核算流程,可以整合或减少会计信息处理的流转时间,节约岗位设置,提高会计核算的工作效率。

(4)有利于节约会计核算的工作成本。如果会计信息核算流程安排得科学合理,即会计信息载体选用适当、流程最佳、岗位最少等,可以直接减少会计核算工作的成本投入。

第二节 单一方式的会计信息核算流程

一、单一方式会计信息核算流程的类型

单一方式会计信息核算流程即记账凭证会计信息流程,是根据各种记账凭证直接逐笔登记总分类账,并编制财务报表的一种账务处理程序。它的特点是:登记总账直接依据记账凭证,而且该记账凭证无须后续加工处理即可直接登记总账。

单一方式会计信息核算流程分为通用记账凭证会计信息核算流程和专用记账凭证会计信息核算流程两种。它们是最基本的一种会计信息核算流程,其他核算流程都是在此基础上发展或演变形成的。

二、通用记账凭证会计信息核算流程

通用记账凭证会计信息核算流程是指根据填制的通用记账凭证登记总分类账,并编制财务报表的信息处理流程。通用记账凭证会计信息核算流程的具体步骤如图6-2所示。

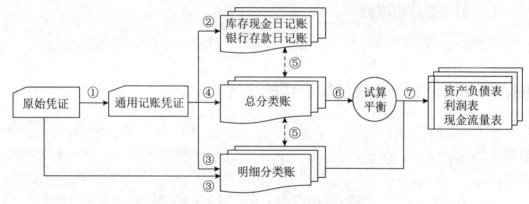

图6-2 通用记账凭证会计信息核算流程

图中步骤说明:
①根据原始凭证或原始凭证汇总表填制通用格式记账凭证;
②根据通用记账凭证逐笔序时登记库存现金日记账和银行存款日记账;
③根据通用记账凭证和相关原始凭证汇总表逐笔登记各种明细分类账;
④根据通用记账凭证逐笔登记总分类账;
⑤月末,将日记账与总分类账、明细分类账与总分类账的余额进行核对;
⑥月末,根据总分类账的期初余额、本期借方发生额和贷方发生额、期末余额进行试算平衡;
⑦月末,根据总分类账和有关明细分类账的记录编制财务报表。

该流程的特点:所有的交易和事项均填制通用格式的记账凭证,依据每一份记账凭证

登记有关的日记账和明细账,同时据此逐笔平行登记总分类账。

该流程的优点:依据记账凭证逐笔登记的总分类账可以详细地反映出每一笔交易或事项的发生情况,另外这种流程简便易理解操作。

该流程的缺点:由于总分类账依据记账凭证逐笔登记,而日记账和明细分类账也是依据记账凭证逐笔登记,这样登记出来的日记账与对应的总分类账、明细分类账与对应的总分类账几乎完全一致,是一种平行进行的重复登记。

该流程适用于:经营规模较小,且发生的交易或事项数量较少,从而填制会计凭证不多的会计主体。

【例6-1】根据以下资料采用通记账凭证会计信息核算流程核算。

1.远东飞机工业有限公司202×年4月1日有关账户余额如表6-1、表6-2所示。

表6-1 远东飞机工业有限公司202×年4月1日各总分类账期初余额表

账户名称	借方余额	贷方余额	账户名称	借方余额	贷方余额
库存现金	800		短期借款		700 000
银行存款	400 000		应付账款		82 000
应收账款	60 000		应付职工薪酬		12 000
其他应收款	4 800		应交税费		4 600
原材料	800 000		实收资本		2 000 000
库存商品	250 000		盈余公积		100 000
固定资产	1 823 000		利润分配		210 000
累计折旧		230 000			

表6-2 远东飞机工业有限公司202×年4月1日存货类明细分类账期初余额表

总分类账户	明细分类账户	数量	单价	金额
原材料	甲材料	3 000t	200	600 000
	乙材料	200t	1 000	200 000
库存商品	A产品	500件	300	150 000
	B产品	1 000件	100	100 000

2.远东飞机工业有限公司202×年4月发生的交易或事项如下(不考虑增值税):

(1)1日,为了支付3月职工薪酬和补充备用现金,从建设银行提取现金18 000元。

(2)1日,以库存现金发放3月职工薪酬12 000元。

(3)2日,公司财务部购买办公用品200元。

(4)2日,从辽阳公司购入甲材料1 000吨,单价200元,材料已验收入库,货款尚未付讫。

(5)5日,企划部李强借差旅费300元。

(6)5日,企划部张华报销差旅费700元,原借款金额为700元。

(7)5日,通过开户银行收回东方集团公司所欠货款24 000元。

（8）5日，用银行存款支付龙飞公司材料款200 000元。

（9）5日，从新龙公司购入乙材料50吨，单价1 000元，材料已验收入库，货款通过银行付讫。

（10）10日，向中正公司销售A产品200件，单价600元，货款尚未收讫。

（11）10日，以库存现金支付销售A产品的装卸费、运输费共计900元。

（12）12日，领用甲材料900t，其中A产品生产耗用300t，B产品生产耗用600t；领用乙材料60t，其中A产品生产耗用20t，B产品生产耗用40t。

（13）14日，财务部以银行存款支付税金及教育费附加4 600元。

（14）15日，以银行存款支付公司产品宣传费8 000元。

（15）19日，接银行收款通知单，收回中正公司前欠购货款100 000元。

（16）19日，向雅芳公司销售A产品100件，单价550元，货款已由银行当日收讫。

（17）30日，计算分配4月份职工薪酬，A产品生产工人薪酬6 000元，B产品生产工人薪酬8 000元；生产部门管理人员薪酬2 000元；公司管理人员薪酬3 000元。

（18）30日，计提分配固定资产折旧，其中生产车间6 000元，公司管理部门2 000元。

（19）30日，以银行存款支付4月的借款利息700元。

（20）30日，结转当月制造费用，其中A产品4 000元，B产品4 000元。

（21）30日，当月投产的A产品300件、B产品1 720件，全部完工入库，计算实际生产成本并结转。

（22）30日，按先进先出法结转本月产成品销售成本。

（23）30日，计算当月应交税金及附加1 000元。

（24）30日，计算结转本月利润。

3.根据远东飞机工业有限公司202×年4月的交易或事项资料，采用通用记账凭证会计信息核算流程，填制记账凭证，登记日记账和明细分类账及其总分类账，并编制当月的资产负债表和利润表。

第一步，根据原始凭证（交易或事项）填制通用记账凭证（表6-3至表6-29）。

表6-3　记账凭证（1）

记 账 凭 证

202×年4月2日　　　　　　　　　　　　　　字第 04001 号

摘　要	会计科目		记账	借方金额	贷方金额
	总账科目	明细科目			
从银行提取现金	库存现金		√	18 000	
	银行存款		√		18 000
合　计				18 000	18 000

记账　　　　　　　审核　　　　　　　出纳　　　　　　　制单

采用通用记账凭证不需要填制凭证类型的"字"。本表编号第一、第二位数"04"代表4月份，后面第三四五位数代表当月各交易或事项发生的自然顺序号，下同。

表 6-4　记账凭证（2）

记 账 凭 证

202×年 4 月 2 日　　　　　　　　　　　　　　　　字第 04002 号

摘　　要	会计科目		记账	借方金额	贷方金额
	总账科目	明细科目			
支付职工 3 月份职工薪酬	应付职工薪酬		√	12 000	
	库存现金		√		12 000
合　　计				12 000	12 000

记账　　　　　　审核　　　　　　出纳　　　　　　制单

表 6-5　记账凭证（3）

记 账 凭 证

202×年 4 月 2 日　　　　　　　　　　　　　　　　字第 04003 号

摘　　要	会计科目		记账	借方金额	贷方金额
	总账科目	明细科目			
财务部购买办公用品	管理费用		√	200	
	库存现金		√		200
合　　计				200	200

记账　　　　　　审核　　　　　　出纳　　　　　　制单

表 6-6　记账凭证（4）

记 账 凭 证

202×年 4 月 2 日　　　　　　　　　　　　　　　　字第 04004 号

摘　　要	会计科目		记账	借方金额	贷方金额
	总账科目	明细科目			
购入甲材料 1 000 吨	原材料	甲材料	√	200 000	
	应付账款	辽阳公司	√		200 000
合　　计				200 000	200 000

记账　　　　　　审核　　　　　　出纳　　　　　　制单

表 6-7　记账凭证（5）

记 账 凭 证

202×年 4 月 5 日　　　　　　　　　　　　　　　　字第 04005 号

摘　　要	会计科目		记账	借方金额	贷方金额
	总账科目	明细科目			
企划部李强借差旅费	其他应收款	李强	√	300	
	库存现金		√		300
合　　计				300	300

记账　　　　　　审核　　　　　　出纳　　　　　　制单

表 6-8 记账凭证（6）

记 账 凭 证

202×年4月5日　　　　　　　　　　　　　　　字第 04006 号

摘　　要	会计科目		记账	借方金额	贷方金额
	总账科目	明细科目			
企划部张华报销差旅费	管理费用		√	700	
	其他应收款	张华	√		700
合　　计				700	700

记账　　　　　审核　　　　　　出纳　　　　　　制单

表 6-9 记账凭证（7）

记 账 凭 证

202×年4月5日　　　　　　　　　　　　　　　字第 04007 号

摘　　要	会计科目		记账	借方金额	贷方金额
	总账科目	明细科目			
收回东方集团公司货款	银行存款		√	24 000	
	应收账款	东方集团	√		24 000
合　　计				24 000	24 000

记账　　　　　审核　　　　　　出纳　　　　　　制单

表 6-10 记账凭证（8）

记 账 凭 证

202×年4月5日　　　　　　　　　　　　　　　字第 04008 号

摘　　要	会计科目		记账	借方金额	贷方金额
	总账科目	明细科目			
支付龙飞公司材料款	应付账款	龙飞公司	√	200 000	
	银行存款		√		200 000
合　　计				200 000	200 000

记账　　　　　审核　　　　　　出纳　　　　　　制单

表 6-11 记账凭证（9）

记 账 凭 证

202×年4月5日　　　　　　　　　　　　　　　字第 04009 号

摘　　要	会计科目		记账	借方金额	贷方金额
	总账科目	明细科目			
支付购入乙材料50吨货款	原材料	乙材料	√	50 000	
	银行存款		√		50 000
合　　计				50 000	50 000

记账　　　　　审核　　　　　　出纳　　　　　　制单

表 6-12 记账凭证（10）

记 账 凭 证

202×年 4 月 10 日　　　　　　　　　　　　　　　____字第 04010 号

摘　　要	会计科目		记账	借方金额	贷方金额
	总账科目	明细科目			
应收销售 A 产品 200 件货款	应收账款	中正公司	√	120 000	
	主营业务收入		√		120 000
合　　计				120 000	120 000

记账　　　　　　审核　　　　　　出纳　　　　　　制单

表 6-13 记账凭证（11）

记 账 凭 证

202×年 4 月 10 日　　　　　　　　　　　　　　　____字第 04011 号

摘　　要	会计科目		记账	借方金额	贷方金额
	总账科目	明细科目			
支付销售装卸费、运输费	销售费用		√	900	
	库存现金		√		900
合　　计				900	900

记账　　　　　　审核　　　　　　出纳　　　　　　制单

表 6-14 记账凭证（12）

记 账 凭 证

202×年 4 月 12 日　　　　　　　　　　　　　　　____字第 04012 号

摘　　要	会计科目		记账	借方金额	贷方金额
	总账科目	明细科目			
生产耗用甲材料 900 吨	生产成本	A 产品	√	60 000	
	生产成本	B 产品	√	120 000	
	原材料	甲材料	√		180 000
合　　计				180 000	180 000

记账　　　　　　审核　　　　　　出纳　　　　　　制单

表 6-15 记账凭证（13）

记 账 凭 证

202×年 4 月 12 日　　　　　　　　　　　　　　　____字第 04013 号

摘　　要	会计科目		记账	借方金额	贷方金额
	总账科目	明细科目			
生产耗用乙材料 60 吨	生产成本	A 产品	√	20 000	
	生产成本	B 产品	√	40 000	
	原材料	乙材料	√		60 000
合　　计				60 000	60 000

记账　　　　　　审核　　　　　　出纳　　　　　　制单

表 6-16 记账凭证（14）

记 账 凭 证

202×年 4 月 14 日　　　　　　　　　　　　　＿＿字第 04014 号

摘　　要	会计科目		记账	借方金额	贷方金额
	总账科目	明细科目			
支付税金及教育费附加	应交税费		√	4 600	
	银行存款		√		4 600
合　　计				4 600	4 600

记账　　　　　审核　　　　　出纳　　　　　制单

表 6-17 记账凭证（15）

记 账 凭 证

202×年 4 月 15 日　　　　　　　　　　　　　＿＿字第 04015 号

摘　　要	会计科目		记账	借方金额	贷方金额
	总账科目	明细科目			
支付产品宣传费	销售费用		√	8 000	
	银行存款		√		8 000
合　　计				8 000	8 000

记账　　　　　审核　　　　　出纳　　　　　制单

表 6-18 记账凭证（16）

记 账 凭 证

202×年 4 月 19 日　　　　　　　　　　　　　＿＿字第 04016 号

摘　　要	会计科目		记账	借方金额	贷方金额
	总账科目	明细科目			
收回中正公司前欠货款	银行存款		√	100 000	
	应收账款	中正公司	√		100 000
合　　计				100 000	100 000

记账　　　　　审核　　　　　出纳　　　　　制单

表 6-19 记账凭证（17）

记 账 凭 证

202×年 4 月 19 日　　　　　　　　　　　　　＿＿字第 04017 号

摘　　要	会计科目		记账	借方金额	贷方金额
	总账科目	明细科目			
销售 A 产品 100 件	银行存款		√	55 000	
	主营业务收入		√		55 000
合　　计				55 000	55 000

记账　　　　　审核　　　　　出纳　　　　　制单

表 6-20　记账凭证（18）

记 账 凭 证
202×年 4 月 30 日　　　　　　　　　　　　　　____字第 04018 号

摘　要	会计科目		记账	借方金额	贷方金额
	总账科目	明细科目			
计算分配职工薪酬	生产成本	A 产品	√	6 000	
	生产成本	B 产品	√	8 000	
	制造费用		√	2 000	
	管理费用		√	3 000	
	应付职工薪酬		√		19 000
合　计				19 000	19 000

记账　　　　　　审核　　　　　　出纳　　　　　　制单

表 6-21　记账凭证（19）

记 账 凭 证
202×年 4 月 30 日　　　　　　　　　　　　　　____字第 04019 号

摘　要	会计科目		记账	借方金额	贷方金额
	总账科目	明细科目			
计提固定资产折旧	制造费用		√	6 000	
	管理费用		√	2 000	
	累计折旧		√		8 000
合　计				8 000	8 000

记账　　　　　　审核　　　　　　出纳　　　　　　制单

表 6-22　记账凭证（20）

记 账 凭 证
202×年 4 月 30 日　　　　　　　　　　　　　　____字第 04020 号

摘　要	会计科目		记账	借方金额	贷方金额
	总账科目	明细科目			
支付 4 月份的借款利息	财务费用		√	700	
	银行存款		√		700
合　计				700	700

记账　　　　　　审核　　　　　　出纳　　　　　　制单

表 6-23　记账凭证（21）

记 账 凭 证
202×年 4 月 30 日　　　　　　　　　　　　　　____字第 04021 号

摘　要	会计科目		记账	借方金额	贷方金额
	总账科目	明细科目			
结转 A、B 产品制造费用	生产成本	A 产品	√	4 000	
	生产成本	B 产品	√	4 000	
	制造费用		√		8 000
合　计				8 000	8 000

记账　　　　　　审核　　　　　　出纳　　　　　　制单

表 6-24　记账凭证（22）

记 账 凭 证
202×年 4 月 30 日　　　　　　　　　　　　____字第 04022 号

摘　要	会计科目		记账	借方金额	贷方金额
	总账科目	明细科目			
结转产品完工成本	库存商品	A 产品	√	90 000	
	库存商品	B 产品	√	172 000	
	生产成本	A 产品	√		90 000
	生产成本	B 产品	√		172 000
合　计				262 000	262 000

记账　　　　　审核　　　　　出纳　　　　　制单

表 6-25　记账凭证（23）

记 账 凭 证
202×年 4 月 30 日　　　　　　　　　　　　____字第 04023 号

摘　要	会计科目		记账	借方金额	贷方金额
	总账科目	明细科目			
结转产品销售成本	主营业务成本		√	90 000	
	库存商品	A 产品	√		90 000
合　计				90 000	90 000

记账　　　　　审核　　　　　出纳　　　　　制单

表 6-26　记账凭证（24）

记 账 凭 证
202×年 4 月 30 日　　　　　　　　　　　　____字第 04024 号

摘　要	会计科目		记账	借方金额	贷方金额
	总账科目	明细科目			
结转应缴税金及其附加	税金及附加		√	1 000	
	应交税费		√		1 000
合　计				1 000	1 000

记账　　　　　审核　　　　　出纳　　　　　制单

表 6-27　记账凭证（25）

记 账 凭 证
202×年 4 月 30 日　　　　　　　　　　　　____字第 04025 号

摘　要	会计科目		记账	借方金额	贷方金额
	总账科目	明细科目			
结转当月收入到本年利润	主营业务收入		√	175 000	
	本年利润		√		175 000
合　计				175 000	175 000

记账　　　　　审核　　　　　出纳　　　　　制单

表 6-28　记账凭证（26）

记 账 凭 证

202×年 4 月 30 日　　　　　　　　____字第 04026 号

摘　要	会计科目		记账	借方金额	贷方金额
	总账科目	明细科目			
结转当月费用到本年利润	本年利润		√	106 500	
	主营业务成本		√		90 000
	税金及附加				1 000
	销售费用				8 900
	管理费用				5 900
	财务费用				700
合　　计				106 500	106 500

记账　　　　　审核　　　　　出纳　　　　　制单

表 6-29　记账凭证（27）

记 账 凭 证

202×年 4 月 30 日　　　　　　　　____字第 04027 号

摘　要	会计科目		记账	借方金额	贷方金额
	总账科目	明细科目			
结转当月利润到利润分配	本年利润		√	68 500	
	利润分配	未分配利润	√		68 500
合　　计				68 500	68 500

记账　　　　　审核　　　　　出纳　　　　　制单

第二步，出纳员根据收款凭证和付款凭证登记库存现金日记账（表 6-30）和银行存款日记账（表 6-31）。

表 6-30　库存现金日记账

202×年		凭证编号	摘　要	借方	贷方	借或贷	余额
月	日						
4	1		期初余额			借	800
	1	04001	出纳员从银行提取库存现金	18 000		借	18 800
	1	04002	支付职工 3 月份职工薪酬		12 000	借	6 800
	2	04003	财务部购买办公用品		200	借	6 600
	5	04005	企划部李强借差旅费		300	借	6 300
	10	04011	支付销售装卸费、运输费		900	借	5 400
			本月合计	18 000	13 400	借	5 400

表 6-31 银行存款日记账

202×年		凭证编号	摘要	借方	贷方	余额
月	日					
4	1		期初余额			400 000
	1	04001	出纳员从银行提取库存现金		18 000	382 000
	5	04007	收回东方集团公司货款	24 000		406 000
	5	04008	支付龙飞公司材料款		200 000	206 000
	5	04009	购入乙材料 50 吨		50 000	156 000
	14	04014	支付税金及教育费附加		4 600	151 400
	15	04015	支付公司产品宣传费		8 000	143 400
	19	04016	收回中正公司货款	100 000		243 400
	19	04017	销售 A 产品 100 件	55 000		298 400
	30	04020	支付 4 月份的借款利息		700	297 700
			本月合计	179 000	281 300	297 700

第三步，根据记账凭证登记各种明细分类账（本例仅列示原材料的两个明细分类账见表 6-32 和表 6-33、库存商品的两个明细账见表 6-34 和表 6-35）。

表 6-32 原材料明细分类账（甲材料）

材料名称：甲材料

202×年		凭证编号	摘要	借方			贷方			结存		
月	日			数量	单价	金额	数量	单价	金额	数量	单价	金额
4	1		期初余额							3 000	200	600 000
	2	04004	购入	1 000	200	200 000				4 000	200	800 000
	12	04012	生产耗用				900	200	180 000	3 100	200	620 000
			本月合计	1 000	200	200 000	900	200	180 000	3 100	200	620 000

表 6-33 原材料明细分类账（乙材料）

材料名称：乙材料

202×年		凭证编号	摘要	借方			贷方			结存		
月	日			数量	单价	金额	数量	单价	金额	数量	单价	金额
4	1		期初余额							200	1 000	200 000
	5	04009	购入	50	1 000	50 000				250	1 000	250 000
	12	04013	生产耗用				60	1 000	60 000	190	1 000	190 000
			本月合计	50	1 000	50 000	60	1 000	60 000	190	1 000	190 000

表 6-34 库存商品明细分类账（A 产品）

商品名称：A 产品

202×年		凭证编号	摘要	借方			贷方			结存		
月	日			数量	单价	金额	数量	单价	金额	数量	单价	金额
4	1		期初余额							500	300	150 000
	30	04022	完工入库	300	300	90 000				800	300	240 000

续表

202×年		凭证编号	摘要	借方			贷方			结存		
月	日			数量	单价	金额	数量	单价	金额	数量	单价	金额
	30	04023	销售出库				300	300	90 000	500	300	150 000
			本月合计	300	300	90 000	300	300	90 000	500	300	150 000

表 6-35 库存商品明细分类账（B 产品）

商品名称：B 产品

202×年		凭证编号	摘要	借方			贷方			结存		
月	日			数量	单价	金额	数量	单价	金额	数量	单价	金额
4	1		期初余额							1 000	100	100 000
	30	04022	完工入库	1 720	100	172 000				2 720	100	272 000
			本月合计	1 720	100	172 000				2 720	100	272 000

第四步，根据记账凭证直接逐笔登记总分类账（表 6-36 至表 6-55）。

表 6-36 库存现金总分类账

202×年		凭证编号	摘要	借方	贷方	借或贷	余额
月	日						
4	1		期初余额			借	800
	1	04001	出纳员从银行提取库存现金	18 000		借	18 800
	1	04002	支付职工 3 月份职工薪酬		12 000	借	6 800
	2	04003	财务部购买办公用品		200	借	6 600
	5	04005	企划部李强借差旅费		300	借	6 300
	10	04011	支付销售装卸费、运输费		900	借	5 400
			本月合计	18 000	13 400	借	5 400

表 6-37 银行存款总分类账

202×年		凭证编号	摘要	借方	贷方	借或贷	余额
月	日						
4	1		期初余额			借	400 000
	1	04001	出纳员从银行提取库存现金		18 000	借	382 000
	5	04007	收回东方集团公司货款	24 000		借	406 000
	5	04008	支付龙飞公司材料款		200 000	借	206 000
	5	04009	购入乙材料 50 吨		50 000	借	156 000
	14	04014	支付税金及教育费附加		4 600	借	151 400
	15	04015	支付公司产品宣传费		8 000	借	143 400
	19	04016	收回中正公司货款	100 000		借	243 400
	19	04017	销售 A 产品 100 件	55 000		借	298 400
	30	04020	支付 4 月份的借款利息		700	借	297 700
			本月合计	179 000	281 300	借	297 700

表 6-38 应收账款总分类账

202×年 月	日	凭证编号	摘要	借方	贷方	借或贷	余额
4	1		期初余额			借	60 000
	5	04007	收回东方集团公司货款		24 000	借	36 000
	10	04010	销售A产品200件	120 000		借	156 000
	19	04016	收回中正公司货款		100 000	借	56 000
			本月合计	120 000	124 000	借	56 000

表 6-39 其他应收款总分类账

202×年 月	日	凭证编号	摘要	借方	贷方	借或贷	余额
4	1		期初余额			借	4 800
	5	04005	企划部李强借差旅费	300		借	5 100
	5	04006	企划部张华报销差旅费		700	借	4 400
			本月合计	300	700	借	4 400

表 6-40 原材料总分类账

202×年 月	日	凭证编号	摘要	借方	贷方	借或贷	余额
4	1		期初余额			借	800 000
	2	04004	购入甲材料	200 000		借	1 000 000
	5	04009	购入乙材料	50 000		借	1 050 000
	12	04012	生产耗用甲材料		180 000	借	870 000
	12	04013	生产耗用乙材料		60 000	借	810 000
			本月合计	250 000	240 000	借	810 000

表 6-41 库存商品总分类账

202×年 月	日	凭证编号	摘要	借方	贷方	借或贷	余额
4	1		期初余额			借	250 000
	30	04022	A产品完工入库	90 000		借	340 000
	30	04022	B产品完工入库	172 000		借	512 000
	30	04023	A产品销售出库		90 000	借	422 000
			本月合计	262 000	90 000	借	422 000

表6-42 累计折旧总分类账

202×年		凭证编号	摘要	借方	贷方	借或贷	余额
月	日						
4	1		期初余额			贷	230 000
	30	04019	计提固定资产折旧		8 000	贷	238 000
			本月合计		8 000	贷	238 000

表6-43 应付账款总分类账

202×年		凭证编号	摘要	借方	贷方	借或贷	余额
月	日						
8	1		期初余额			贷	82 000
	2	04004	购入甲材料1 000吨		200 000	贷	282 000
	5	04008	支付龙飞公司材料款	200 000		贷	82 000
			本月合计	200 000	200 000	贷	82 000

表6-44 应付职工薪酬总分类账

202×年		凭证编号	摘要	借方	贷方	借或贷	余额
月	日						
4	1		期初余额			贷	12 000
	1	04002	支付职工3月份职工薪酬	12 000		平	—
	30	04018	分配4月份职工薪酬		19 000	贷	19 000
			本月合计	12 000	19 000	贷	19 000

表6-45 应交税费总分类账

202×年		凭证编号	摘要	借方	贷方	借或贷	余额
月	日						
4	1		期初余额			贷	4 600
	14	04014	支付税金及教育费附加	4 600		平	—
	30	04024	结转税金及教育费附加		1 000	贷	1 000
			本月合计	4 600	1 000	贷	1 000

表6-46 生产成本总分类账

202×年		凭证编号	摘要	借方	贷方	借或贷	余额
月	日						
4	12	04012	生产耗用甲材料300t	60 000		借	60 000
	12	04012	生产耗用甲材料600t	120 000		借	180 000
	12	04013	生产耗用乙材料20t	20 000		借	200 000
	12	04013	生产耗用乙材料40t	40 000		借	240 000

续表

202×年		凭证编号	摘要	借方	贷方	借或贷	余额
月	日						
	30	04018	A车间工人薪酬	6 000		借	246 000
	30	04018	B车间工人薪酬	8 000		借	254 000
	30	04021	结转A产品制造费用	4 000		借	258 000
	30	04021	结转B产品制造费用	4 000		借	262 000
	30	04022	结转A产品完工成本		90 000	借	172 000
	30	04022	结转B产品完工成本		172 000	平	—
			本月合计	262 000	262 000	平	—

表6-47 制造费用总分类账

202×年		凭证编号	摘要	借方	贷方	借或贷	余额
月	日						
4	30	04018	车间管理人员薪酬	2 000		借	2 000
	30	04019	计提固定资产折旧	6 000		借	8 000
	30	04021	结转A产品制造费用		4 000	借	4 000
	30	04021	结转B产品制造费用		4 000	平	—
			本月合计	8 000	8 000	平	—

表6-48 主营业务收入总分类账

202×年		凭证编号	摘要	借方	贷方	借或贷	余额
月	日						
4	10	04010	销售A产品200件		120 000	贷	120 000
	19	04017	销售A产品100件		55 000	贷	55 000
	30	04025	结转当月收入	175 000		平	—
			本月合计	175 000	175 000	平	—

表6-49 主营业务成本总分类账

202×年		凭证编号	摘要	借方	贷方	借或贷	余额
月	日						
4	30	04023	结转产品销售成本	90 000		借	90 000
	30	04026	结转当月销售成本		90 000	平	—
			本月合计	90 000	90 000	平	—

表 6-50 税金及附加总分类账

202×年		凭证编号	摘要	借方	贷方	借或贷	余额
月	日						
4	30	04024	结转应缴税金及附加	1 000		借	1 000
	30	04026	结转当月应交税金及附加		1 000	平	—
			本月合计	1 000	1 000	平	—

表 6-51 销售费用总分类账

202×年		凭证编号	摘要	借方	贷方	借或贷	余额
月	日						
4	10	04011	支付销售装卸费、运输费	900		借	900
	15	04015	支付公司产品宣传费	8 000		借	8 900
	30	04026	结转当月销售费用		8 900	平	—
			本月合计	8 900	8 900	平	—

表 6-52 管理费用总分类账

202×年		凭证编号	摘要	借方	贷方	借或贷	余额
月	日						
4	2	04003	财务部购买办公用品	200		借	200
	5	04006	企划部张华报销差旅费	700		借	900
	30	04018	公司管理人员薪酬	3 000		借	3 900
	30	04019	计提固定资产折旧	2 000		借	5 900
	30	04026	结转当月管理费用		5 900	平	—
			本月合计	5 900	5 900	平	—

表 6-53 财务费用总分类账

202×年		凭证编号	摘要	借方	贷方	借或贷	余额
月	日						
4	30	04020	支付4月份借款利息	700		借	700
	30	04026	结转当月财务费用		700	平	—
			本月合计	700	700	平	—

表 6-54 本年利润总分类账

202×年		凭证编号	摘要	借方	贷方	借或贷	余额
月	日						
4	30	04025	结转当月收入		175 000	贷	175 000
	30	04026	结转当月成本费用	106 500		贷	68 500
	30	04027	结转当月利润到利润分配	68 500		平	—
			本月合计	175 000	175 000	平	—

表 6-55 利润分配总分类账

202×年		凭证编号	摘要	借方	贷方	借或贷	余额
月	日						
4	1		期初余额			贷	210 000
	30	04027	结转当月利润		68 500	贷	278 500
			本月合计		68 500	贷	278 500

第五步，将日记账与总分类账、明细分类账与总分类账的余额进行核对。

第六步，将日记账、明细分类账与总分类账进行核对并编制试算平衡表，见表 6-56。

表 6-56 试算平衡表

编制单位：远东飞机工业有限公司　　202×年4月30日　　　　　　　　单位：元

账户名称	期初余额		本期发生额		期末余额	
	借方	贷方	借方	贷方	借方	贷方
库存现金	800		18 000	13 400	5 400	
银行存款	400 000		179 000	281 300	297 700	
应收账款	60 000		120 000	124 000	56 000	
其他应收款	4 800		300	700	4 400	
原材料	800 000		250 000	240 000	810 000	
库存商品	250 000		262 000	90 000	422 000	
固定资产	1 823 000				1 823 000	
累计折旧		230 000		8 000		238 000
短期借款		700 000				700 000
应付账款		82 000	200 000	200 000		82 000
应付职工薪酬		12 000	12 000	19 000		19 000
应交税费		4 600	4 600	1 000		1 000
实收资本		2 000 000				2 000 000
盈余公积		100 000				100 000
利润分配		210 000		68 500		278 500
本年利润			175 000	175 000		
制造费用			8 000	8 000		
生产成本			262 000	262 000		
主营业务收入			175 000	175 000		
主营业务成本			90 000	90 000		
税金及附加			1 000	1 000		
销售费用			8 900	8 900		
管理费用			5 900	5 900		
财务费用			700	700		
合计	3 338 600	3 338 600	1 772 400	1 772 400	3 418 500	3 418 500

第七步，根据明细分类账和总分类账编制资产负债表（表 6-57）和利润表（表 6-58）。

表 6-57 资产负债表（简化）

编制单位：远东飞机工业有限公司　　202×年4月30日　　　　　　　　单位：元

资产	行次	期末余额	年初余额	负债和所有者权益	行次	期末余额	年初余额
流动资产：				流动负债：			
货币资金		303 100	略，下同	短期借款		700 000	略，下同

续表

资产	行次	期末余额	年初余额	负债和所有者权益	行次	期末余额	年初余额
应收账款		56 000		应付账款		82 000	
其他应收款		4 400		应付职工薪酬		19 000	
存货		1 232 000		应交税费		1 000	
其他流动资产				其他流动负债			
流动资产合计		1 595 500		流动负债合计		802 000	
非流动资产:				所有者权益:			
固定资产		1 585 000		实收资本		2 000 000	
				盈余公积		100 000	
				未分配利润		278 500	
非流动资产合计		1 585 000		所有者权益合计		2 378 500	
资产总计		3 180 500		负债和所有者权益总计		3 180 500	

表 6-58 利润表（简化）

编制单位：远东飞机工业有限公司　　202×年4月30日　　　　　　　　　　单位：元

项　目	行　次	本期金额	上期金额
一、营业收入		175 000	
减：营业成本		90 000	
税金及附加		1 000	
销售费用		8 900	
管理费用		5 900	
财务费用		700	
加：公允价值变动收益			
投资收益			
二、营业利润		68 500	
加：营业外收入			
减：营业外支出			
三、利润总额		68 500	

三、专用记账凭证会计信息核算流程

专用记账凭证会计信息核算流程是指将发生的交易或事项填制收款、付款或转账凭证，根据这些专用记账凭证逐笔登记总分类账并据以编制财务报表的信息处理流程。它仍然是一种单一式会计信息核算流程。

该流程的特点：所有的交易和事项需按照专用凭证格式区分填制收款凭证、付款凭证或转账凭证，依据收款凭证和付款凭证逐笔序时登记现金日记账和银行日记账，依据收付款凭证逐笔登记相关明细账，同时依据这些收付转专用格式记账凭证逐笔平行登记总分类账。

专用记账凭证会计信息核算流程与通用记账凭证会计信息核算流程唯一的区别就是：它把通用格式记账凭证分成了收款、付款和转账凭证三类。它的优点、缺点和适用的会计主体与通用记账凭证会计信息核算流程一致。专用记账凭证会计信息核算流程如图6-3所示。

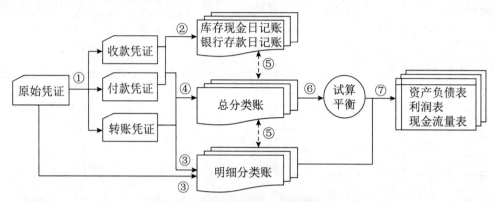

图6-3 专用记账凭证会计信息核算流程

图中步骤说明：

①根据原始凭证或原始凭证汇总表填制收款凭证、付款凭证和转账凭证；

②根据收款凭证和付款凭证逐笔序时登记库存现金日记账和银行存款日记账；

③根据收款凭证、付款凭证和转账凭证以及相关原始凭证汇总表逐笔登记各种明细分类账；

④根据收款凭证、付款凭证和转账凭证逐笔登记总分类账；

⑤月末，将日记账与总分类账、明细分类账与总分类账的余额进行核对；

⑥月末，根据总分类账的期初余额、本期借方发生额和贷方发生额、期末余额进行试算平衡；

⑦月末，根据总分类账和有关明细分类账的记录编制财务报表。

【例6-2】以例6-1所列的远东飞机工业有限公司202×年4月份有关账户的期初余额、当月发生的交易和事项为资料，采用专用记账凭证会计信息护理流程，编制相关记账凭证、登记账簿、试算平衡表和财务报表。处理步骤如下。

第一步，根据原始凭证（交易或事项）填制收付转记账凭证（表6-59至表6-86）。

表6-59 付款凭证（1）

付 款 凭 证

贷方科目：银行存款　　　　　　202×年4月1日　　　　　　付 字第 2001 号

摘　　要	借方科目		记账	金额
	总账科目	明细科目		
从银行提取现金	库存现金		√	18 000
合　　计				18 000

记账　　　　　　　审核　　　　　　　出纳　　　　　　　制单

注：凭证编号中左起第一位数表示凭证类别，其中收款凭证为1，付款凭证为2，转账凭证为3，下同。

表 6-60　付款凭证（2）

付 款 凭 证

贷方科目：库存现金　　　　　202×年 4 月 1 日　　　　　付 字第 2002 号

摘　　要	借方科目		记账	金额
	总账科目	明细科目		
支付职工 3 月份职工薪酬	应付职工薪酬		√	12 000
合　　计				12 000

　　记账　　　　　　审核　　　　　　出纳　　　　　　制单

表 6-61　付款凭证（3）

付 款 凭 证

贷方科目：库存现金　　　　　202×年 4 月 2 日　　　　　付 字第 2003 号

摘　　要	借方科目		记账	金额
	总账科目	明细科目		
财务部购买办公用品	管理费用		√	200
合　　计				200

　　记账　　　　　　审核　　　　　　出纳　　　　　　制单

表 6-62　付款凭证（4）

转 账 凭 证

　　　　　　　　　　　　　　　202×年 4 月 2 日　　　　　转 字第 3001 号

摘　　要	会计科目		记账	借方金额	贷方金额
	总账科目	明细科目			
购入甲材料 1 000t	原材料		√	200 000	
	应付账款	辽阳公司	√		200 000
合　　计				200 000	200 000

　　记账　　　　　　审核　　　　　　出纳　　　　　　制单

表 6-63　付款凭证（5）

付 款 凭 证

贷方科目：库存现金　　　　　202×年 4 月 5 日　　　　　付 字第 2004 号

摘　　要	借方科目		记账	金额
	总账科目	明细科目		
企划部李强借差旅费	其他应收款	李强	√	300
合　　计				300

　　记账　　　　　　审核　　　　　　出纳　　　　　　制单

表6-64 付款凭证（6）

转 账 凭 证

202×年4月5日　　　　　　　　　　　　　　　　　转 字第 3002 号

摘 要	会计科目		记账	借方金额	贷方金额
	总账科目	明细科目			
企划部张华报销差旅费	管理费用		√	700	
	其他应收款	张华	√		700
合　　计				700	700

记账　　　　　　　　审核　　　　　　　　出纳　　　　　　　　制单

表6-65 付款凭证（7）

收 款 凭 证

借方科目：银行存款　　　　202×年4月5日　　　　　　　　收 字第 1001 号

摘 要	贷方科目		记账	金额
	总账科目	明细科目		
收回东方集团公司货款	应收账款	东方集团公司	√	24 000
合　　计				24 000

记账　　　　　　　　审核　　　　　　　　出纳　　　　　　　　制单

表6-66 付款凭证（8）

付 款 凭 证

贷方科目：银行存款　　　　202×年4月5日　　　　　　　　付 字第 1005 号

摘 要	借方科目		记账	金额
	总账科目	明细科目		
支付龙飞公司材料款	应付账款	龙飞公司	√	200 000
合　　计				200 000

记账：　　　　　　　审核：　　　　　　　出纳：　　　　　　　制单

表6-67 付款凭证（9）

付 款 凭 证

贷方科目：银行存款　　　　202×年4月5日　　　　　　　　付 字第 1006 号

摘 要	借方科目		记账	金额
	总账科目	明细科目		
支付购入乙材料50t货款	原材料	乙材料	√	50 000
合　　计				50 000

记账：　　　　　　　审核：　　　　　　　出纳：　　　　　　　制单

表 6-68 付款凭证（10）

转 账 凭 证
202×年 4 月 10 日　　　　　　　　　　　转 字第 3003 号

摘　要	会计科目		记账	借方金额	贷方金额
	总账科目	明细科目			
应收销售 A 产品 200 件货款	应收账款	中正公司	√	120 000	
	主营业务收入		√		120 000
合　计				120 000	120 000

记账　　　　　　审核　　　　　　出纳　　　　　　制单

表 6-69 付款凭证（11）

付 款 凭 证
贷方科目：库存现金　　　202×年 4 月 10 日　　　　　付 字第 2007 号

摘　要	借方科目		记账	金额
	总账科目	明细科目		
支付销售装卸费、运输费	销售费用		√	900
合　计				900

记账　　　　　　审核　　　　　　出纳　　　　　　制单

表 6-70 付款凭证（12）

转 账 凭 证
202×年 4 月 12 日　　　　　　　　　　　转 字第 3004 号

摘　要	会计科目		记账	借方金额	贷方金额
	总账科目	明细科目			
生产耗用甲材料 900t	生产成本	A 产品	√	60 000	
	生产成本	B 产品	√	120 000	
	原材料	甲材料	√		180 000
合　计				180 000	180 000

记账　　　　　　审核　　　　　　出纳　　　　　　制单

表 6-71 付款凭证（13）

转 账 凭 证
202×年 4 月 12 日　　　　　　　　　　　转 字第 3005 号

摘　要	会计科目		记账	借方金额	贷方金额
	总账科目	明细科目			
生产耗用乙材料 60t	生产成本	A 产品	√	20 000	
	生产成本	B 产品	√	40 000	
	原材料	乙材料	√		60 000
合　计				60 000	60 000

记账　　　　　　审核　　　　　　出纳　　　　　　制单

表 6-72 付款凭证（14）

付 款 凭 证

贷方科目：银行存款　　　　　202×年 4 月 14 日　　　　　付 字第 2008 号

摘　　要	借方科目		记账	金额
	总账科目	明细科目		
支付税金及教育附加	应交税费		√	4 600
合　　计				4 600

记账：　　　　　　审核：　　　　　　出纳：　　　　　　制单

表 6-73 付款凭证（15）

付 款 凭 证

贷方科目：银行存款　　　　　202×年 8 月 15 日　　　　　付 字第 2009 号

摘　　要	借方科目		记账	金额
	总账科目	明细科目		
支付公司产品宣传费	销售费用		√	8 000
合　　计				8 000

记账：　　　　　　审核：　　　　　　出纳：　　　　　　制单

表 6-74 付款凭证（16）

收 款 凭 证

借方科目：银行存款　　　　　202×年 4 月 19 日　　　　　收 字第 1002 号

摘　　要	贷方科目		记账	金额
	总账科目	明细科目		
收回中正公司货款	应收账款	中正公司	√	100 000
合　　计				100 000

记账：　　　　　　审核：　　　　　　出纳：　　　　　　制单

表 6-75 付款凭证（17）

收 款 凭 证

借方科目：银行存款　　　　　202×年 4 月 19 日　　　　　收 字第 1003 号

摘　　要	贷方科目		记账	金额
	总账科目	明细科目		
销售A产品100件	主营业务收入		√	55 000
合　　计				55 000

记账：　　　　　　审核：　　　　　　出纳：　　　　　　制单

表 6-76 付款凭证（18）

转 账 凭 证

　　　　　　　　　　　　　　　202×年 4 月 30 日　　　　　转 字第 3006 号

摘　　要	会计科目		记账	借方金额	贷方金额
	总账科目	明细科目			
计算分配职工薪酬	生产成本	A产品	√	6 000	

续表

摘要	会计科目		记账	借方金额	贷方金额
	总账科目	明细科目			
	生产成本	B产品	√	8 000	
	制造费用		√	2 000	
	管理费用		√	3 000	
	应付职工薪酬		√		19 000
合　计				19 000	19 000

记账　　　　　审核　　　　　出纳　　　　　制单

表 6-77　付款凭证（19）

转 账 凭 证

202×年 4 月 30 日　　　　　转 字第 3007 号

摘要	会计科目		记账	借方金额	贷方金额
	总账科目	明细科目			
计提固定资产折旧	制造费用		√	6 000	
	管理费用		√	2 000	
	累计折旧		√		8 000
合　计				8 000	8 000

记账　　　　　审核　　　　　出纳　　　　　制单

表 6-78　付款凭证（20）

付 款 凭 证

贷方科目：银行存款　　202×年 4 月 30 日　　付 字第 2010 号

摘要	借方科目		记账	金额
	总账科目	明细科目		
支付 8 月份的借款利息	财务费用		√	700
合　计				700

记账：　　　　审核：　　　　出纳：　　　　制单

表 6-79　付款凭证（21）

转 账 凭 证

202×年 4 月 30 日　　　　　转 字第 3008 号

摘要	会计科目		记账	借方金额	贷方金额
	总账科目	明细科目			
结转 A 产品制造费用	生产成本	A产品	√	4 000	
结转 B 产品制造费用	生产成本	B产品		4 000	
	制造费用		√		8 000
合　计				8 000	8 000

记账　　　　　审核　　　　　出纳　　　　　制单

表6-80 付款凭证（22）

转 账 凭 证

202×年4月30日　　　　　　　　　　　转 字第 3009 号

摘　要	会计科目		记账	借方金额	贷方金额
	总账科目	明细科目			
结转A产品完工成本	库存商品	A产品	√	90 000	
	生产成本	A产品	√		90 000
合　计				90 000	90 000

记账　　　　　　　审核　　　　　　　出纳　　　　　　　制单

表6-81 付款凭证（23）

转 账 凭 证

202×年4月30日　　　　　　　　　　　转 字第 3010 号

摘　要	会计科目		记账	借方金额	贷方金额
	总账科目	明细科目			
结转B产品完工成本	库存商品	B产品	√	172 000	
	生产成本	B产品	√		172 000
合　计				172 000	172 000

记账　　　　　　　审核　　　　　　　出纳　　　　　　　制单

表6-82 付款凭证（24）

转 账 凭 证

202×年4月30日　　　　　　　　　　　转 字第 3011 号

摘　要	会计科目		记账	借方金额	贷方金额
	总账科目	明细科目			
结转产品销售成本	主营业务成本		√	90 000	
	库存商品	A产品	√		90 000
合　计				90 000	90 000

记账　　　　　　　审核　　　　　　　出纳　　　　　　　制单

表6-83 付款凭证（25）

转 账 凭 证

202×年4月30日　　　　　　　　　　　转 字第 3012 号

摘　要	会计科目		记账	借方金额	贷方金额
	总账科目	明细科目			
结转应交税金及其附加	税金及附加		√	1 000	
	应交税费		√		1 000
合　计				1 000	1 000

记账　　　　　　　审核　　　　　　　出纳　　　　　　　制单

表 6-84　付款凭证（26）

转 账 凭 证

202×年4月30日　　　　　　　　　　转字第 3013 号

摘要	会计科目		记账	借方金额	贷方金额
	总账科目	明细科目			
结转当月收入	主营业务收入		√	175 000	
	本年利润		√		175 000
合　计				175 000	175 000

记账　　　　　审核　　　　　出纳　　　　　制单

表 6-85　付款凭证（27）

转 账 凭 证

202×年4月30日　　　　　　　　　　转字第 3014 号

摘要	会计科目		记账	借方金额	贷方金额
	总账科目	明细科目			
结转当月费用	本年利润		√	106 500	
	主营业务成本		√		90 000
	税金及附加				1 000
	销售费用				8 900
	管理费用				5 900
	财务费用				700
合　计				106 500	106 500

记账　　　　　审核　　　　　出纳　　　　　制单

表 6-86　付款凭证（28）

转 账 凭 证

202×年4月30日　　　　　　　　　　转字第 3015 号

摘要	会计科目		记账	借方金额	贷方金额
	总账科目	明细科目			
结转当月利润	本年利润		√	68 500	
	利润分配	未分配利润	√		68 500
合　计				68 500	68 500

记账　　　　　审核　　　　　出纳　　　　　制单

第二步，出纳员根据收款凭证和付款凭证登记库存现金日记账（表 6-87）和银行存款日记账。

表 6-87　库存现金日记账

202×年		凭证编号	摘　　要	借　方	贷　方	借或贷	余　额
月	日						
4	1		期初余额			借	800
	1	付2001	出纳员从银行提取库存现金	18 000		借	18 800
	1	付2002	支付职工3月份职工薪酬		12 000	借	6 800
	2	付2003	财务部购买办公用品		200	借	6 600
	5	付2004	企划部李强借差旅费		300	借	6 300
	10	付2007	支付销售装卸费、运输费		900	借	5 400
			本月合计	18 000	13 400	借	5 400

对比两种流程下登记的"库存款现金日记账"（表 6-36 与表 6-87）可以发现，远东飞机工业有限公司 202×年 4 月的"库存款现金日记账"登记差异仅在于记账凭证类别编号不一致，账簿中的记账时间、摘要、借方发生额、贷方发生额、余额均一致。"银行存款日记账"和其他账簿也是如此。

第三步，根据记账凭证登记各种明细分类账。各明细分类账登记结果同例 6-1 中第二步各明细分类账的内容，但各账簿中的"凭证编号"需按照表 6-59 至表 6-86 中各收付转记账凭证编号填写。

第四步，根据记账凭证直接逐笔登记总分类账。各总分类账登记结果同例 6-1 中第二步各总分类账的内容，但各账簿中的"凭证编号"需按照表 6-59 至表 6-86 中各收付转记账凭证编号填写。

第五步，将日记账与总分类账、明细分类账与总分类账的余额进行核对，同例 6-1。

第六步，将日记账、明细分类账与总分类账进行核对并编制试算平衡表，同例 6-1。

第七步，根据明细分类账和总分类账编制资产负债表和利润表，同例 6-1。

第三节　汇总方式的会计信息核算流程

一、汇总式会计信息核算流程的原理

汇总式会计信息核算流程是为了减少总分类账登记的工作量，将已经填制的记账凭证按照凭证类别或借贷科目先定期进行汇总，根据汇总的金额登记总分类账的处理流程。因此汇总方式的会计信息核算流程包括科目汇总表会计信息核算流程和汇总记账凭证会计信息核算流程。

采用汇总式会计信息核算流程时,设置的凭证可采用一种通用的记账凭证格式,也可采用收款凭证、付款凭证和转账凭证等专用格式,同时还应设置科目汇总表。日记账通常采用三栏式;明细分类账可根据需要设置三栏式、多栏式和数量金额式;总分类账通常采用三栏式,但不设"对方科目"专栏,因为科目汇总表中不能反映各个账户之间的对应关系。

二、科目汇总表会计信息核算流程

科目汇总表会计信息核算流程是根据记账凭证记录的会计科目定期编制科目汇总表,然后根据科目汇总表登记总分类账的账务处理程序。它是在前面两种单一式流程基础上演化形成的一种汇总式处理流程。

该流程的特点:所有的交易和事项均填制记账凭证(可选择通用记账凭证,也可以选择专用记账凭证),依据记账凭证登记日记账和明细分类账;同时定期(每隔5天或10天一次均可)根据记账凭证编制科目汇总表,并据此登记总分类账。

该流程的优点:不需要逐笔登记总账,简化了工作量。这种简化对手工核算有着提高效率的重要作用,而对于会计电算化来说没有效率意义。

该流程的缺点:增加从事科目汇总的工作量,即负责总账的会计人员日常需要登记每个总账的"T"型账户,以便每一次的集中汇总,汇总后再按汇总数正式登记总账,这相当于登记两次总账。另外汇总后的科目和金额难以反映出具体的交易或事项情况。

该流程适用于:经营规模较大,且发生的交易或事项频繁,填制会计凭证较多的会计主体。

科目汇总表会计信息核算流程如图6-4和图6-5所示。

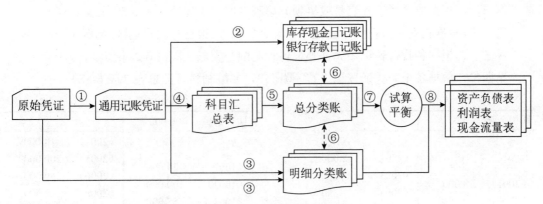

图6-4 科目汇总表会计信息核算流程(一)

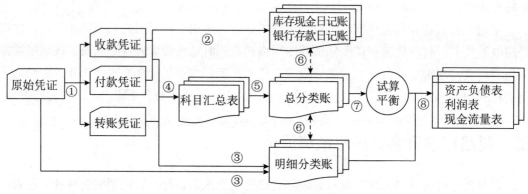

图 6-5 科目汇总表会计信息核算流程（二）

图 6-4 和图 6-5 中的步骤说明：

①根据原始凭证或原始凭证汇总表填制记账凭证（图 6-4 为通用格式、图 6-5 为专用格式）；
②根据记账凭证（图 6-4 为收款和付款凭证）逐笔序时登记库存现金日记账和银行存款日记账；
③根据所有记账凭证和相关原始凭证汇总表逐笔登记各种明细分类账；
④根据记账凭证登记"T"型账户，并编制科目汇总表（每隔 5 天或 10 天一次）；
⑤根据科目汇总表登记总分类账；
⑥月末，将日记账与总分类账、明细分类账与总分类账的余额进行核对；
⑦月末，根据总分类账的期初余额、本期借方发生额和贷方发生额、期末余额进行试算平衡；
⑧月末，根据总分类账和有关明细分类账的记录编制财务报表。

【例6-3】仍以例 6-1 所列远东飞机工业有限公司 202×年 4 月份的交易或事项为基础，编制收付转专用记账凭证，采用科目汇总表会计信息核算流程进行核算。

第一步，根据原始凭证（交易或事项）填制专用记账凭证（表 6-59 至表 6-86）。
第二步，根据收款和付款凭证登记库存现金日记账、银行存款日记账（同例 6-2 第二步）。
第三步，根据各收付转记账凭证登记各种明细分类账（同例 6-2 第三步）。
第四步，根据各记账凭证登记"T"型账户，并编制科目汇总表（表 6-88）。

库存现金				银行存款			
期初余额 800				期初余额 400 000			
（2001） 18 000	（2002） 12 000			（1001） 24 000	（2001） 18 000		
	（2003） 200			（1002） 100 000	（2005） 200 000		
	（2004） 300			（1003） 55 000	（2006） 50 000		
	（2007） 900				（2008） 4 600		
					（2009） 8 000		
					（2010） 700		
本月合计 18 000	本月合计 13 400			本月合计 179 000	本月合计 281 300		
期末余额 5 400				期末余额 297 700			

应收账款			
期初余额	60 000		
（3003）	120 000	（1001）	24 000
		（1002）	100 000
本月合计	120 000	本月合计	124 000
期末余额	56 000		

其他应收款			
期初余额	4 800		
（2004）	300	（3002）	700
本月合计	300	本月合计	700
期末余额	4 400		

原材料			
期初余额	800 000		
（3001）	200 000	（3004）	180 000
（2006）	50 000	（3005）	60 000
本月合计	250 000	本月合计	240 000
期末余额	810 000		

库存商品			
期初余额	250 000		
（3009）	90 000	（3011）	90 000
（3010）	172 000		
本月合计	262 000	本月合计	90 000
期末余额	422 000		

累计折旧			
		期初余额	230 000
		（3007）	8 000
本月合计	0	本月合计	8 000
		期末余额	238 000

应付账款			
		期初余额	82 000
（2005）	200 000	（3001）	200 000
本月合计	200 000	本月合计	82 000
		期末余额	82 000

应付职工薪酬			
		期初余额	12 000
（2002）	12 000	（3006）	19 000
本月合计	12 000	本月合计	19 000
		期末余额	19 000

应交税费			
		期初余额	4 600
（2008）	4 600	（3012）	1 000
本月合计	4 600	本月合计	1 000
		期末余额	1 000

制造费用			
期初余额	0		
（3006）	2 000	（3008）	8 000
（3007）	6 000		
本月合计	8 000	本月合计	8 000
期末余额			

销售费用			
期初余额	0		
（2007）	900	（3014）	8 900
（2009）	8 000		
本月合计	8 900	本月合计	8 900
期末余额	0		

生产成本

期初余额	0			
（3004）	60 000			
（3004）	120 000			
（3005）	20 000			
（3005）	40 000	（3009）	90 000
（3006）	6 000	（3010）	172 000
（3006）	8 000		
（3008）	4 000		
（3008）	4 000		
本月合计	262 000	本月合计	262 000
期末余额	0		

管理费用

期初余额	0			
（2003）	200			
（3002）	700	（3014）	5 900
（3006）	3 000		
（3007）	2 000		
本月合计	5 900	本月合计	5 900
期末余额	0		

税金及附加

期初余额	0			
（3012）	1 000	（3014）	1 000
本月合计	1 000	本月合计	1 000
期末余额			

财务费用

期初余额	0			
（2010）	700	（3014）	700
本月合计	700	本月合计	700
期末余额	0		

主营业务收入

		期初余额	0
（3013）	175 000	（3003）	120 000
		（1003）	55 000
本月合计	175 000	本月合计	175 000
		期末余额	0

主营业务成本

期初余额	0			
（3011）	90 000	（3014）	90 000
本月合计	90 000	本月合计	90 000
期末余额	0		

本年利润

		期初余额	0
（3014）	106 500	（3013）	175 000
（3015）	68 500		
本月合计	175 000	本月合计	175 000
		期末余额	0

利润分配

		期初余额	000
		（3015）	68 500
本月合计	0	本月合计	68 500
		期末余额	278 500

表 6-88　科目汇总表

编制单位：远东飞机工业有限公司　202×年 4 月 1 日至 30 日　　　　　单位：元

账户名称	账页	本期发生额		记账凭证起讫编号
		借方	贷方	
库存现金		18 000	13 400	
银行存款		179 000	281 300	
应收账款		120 000	124 000	
其他应收款		300	700	
原材料		250 000	240 000	
库存商品		262 000	90 000	收款凭证
累计折旧			8 000	1001 号至 1003 号
应付账款		200 000	200 000	3　张
应付职工薪酬		12 000	19 000	
应交税费		4 600	1 000	
利润分配			68 500	付款凭证
本年利润		175 000	175 000	2001 号至 2010 号
制造费用		8 000	8 000	10　张
生产成本		262 000	262 000	
主营业务收入		175 000	175 000	转账凭证
主营业务成本		90 000	90 000	3001 号至 3015 号
税金及附加		1 000	1 000	15　张
销售费用		8 900	8 900	
管理费用		5 900	5 900	
财务费用		700	700	
合计		1 772 400	1 772 400	

第五步，根据编制的科目汇总表登记总分类账。

会计人员依据科目汇总表中各账户的借方发生额合计数和贷方发生额合计数登记到总分类账中，并在摘要栏写明"汇总××号—××号凭证"，同时结出各账户的借方余额或贷方余额。本例仅列举了库存现金、银行存款、应收账款三个总分类账登记情况，分别见表 6-89、表 6-90、表 6-91。

表 6-89　库存现金总分类账

202×年		凭证编号	摘　　要	借　方	贷　方	借或贷	余　额
月	日						
4	1		期初余额			借	800
	30		汇总收款凭证 1001—1003 和付款凭证 2001—2006	18 000	13 400		
			本月合计	18 000	13 400	借	5 400

表 6-90 银行存款总分类账

202×年		凭证编号	摘要	借方	贷方	借或贷	余额
月	日						
4	1		期初余额			借	400 000
	1		汇总收款凭证1001—1003和付款凭证2001—2006	179 000	281 300	借	382 000
			本月合计	179 000	281 300	借	297 700

表 6-91 应收账款总分类账

202×年		凭证编号	摘要	借方	贷方	借或贷	余额
月	日						
4	1		期初余额			借	60 000
	5		汇总收款凭证1001—1003、付款凭证2001—2006和转账凭证3001—3015	120 000	124 000	借	5 000
			本月合计	120 000	124 000	借	56 000

第六步，将日记账与总分类账、明细分类账与总分类账的余额进行核对（同例6-2）。

第七步，将日记账、明细分类账与总分类账进行核对并编制试算平衡表（同例6-2）。

第八步，根据明细分类账和总分类账编制资产负债表和利润表（同例6-2）。

三、汇总记账凭证会计信息核算流程

汇总记账凭证会计信息核算流程在专用格式记账凭证会计信息核算流程的基础上发展演变而来的，是指根据各种专用记账凭证定期汇总编制汇总记账凭证，然后根据汇总记账凭证登记总分类账，并定期编制财务报表的一种账务处理程序。

汇总记账凭证包括汇总收款凭证、汇总付款凭证和汇总转账凭证三种，分别根据收款凭证、付款凭证、转账凭证，每隔5天或10天内定期进行一次汇总，填制汇总记账凭证。其中：

汇总收款凭证分别以"库存现金""银行存款"账户的借方设置，并按其对应的贷方账户归类汇总，定期汇总填制一次，每月编制一张。月末，根据库存现金和银行存款汇总收款凭证的合计数，分别记入总分类账"库存现金""银行存款"账户的借方，以及各个对应账户的贷方。为了便于编制汇总收款凭证，在日常填制收款凭证的会计分录最好是一借一贷、一借多贷，不宜多借一贷或多借多贷。

汇总付款凭证分别以"库存现金""银行存款"账户的贷方设置，并按其对应的借方账户归类汇总，一般5天或10天汇总填制一次，每月编制一张。月末，根据库存现金和银行存款汇总付款凭证的合计数，分别记入总分类账"库存现金""银行存款"账户的贷方，以及各个对应账户的借方。

汇总转账凭证一般按照每一账户的贷方分别设置，并根据转账凭证按对应的借方账户归类汇总，一般 5 天或 10 天汇总填制一次，每月编制一张。月末，根据汇总转账凭证的合计数，分别记入总分类账各个应借账户的借方，以及该汇总转账凭证所列的应贷账户的贷方。为了便于编制汇总转账凭证，在日常编制转账凭证的会计分录最好是一借一贷、一贷多借，不宜一借多贷或多借多贷。

该流程的特点： 按照定期编制的汇总收款凭证、汇总付款凭证、汇总转账凭证登记总分类账。

该流程的优点： 不需要逐笔登记总账，简化了工作量。另外，由于汇总记账凭证按照账户的对应关系进行归类汇总，汇总记账凭证和总分类账均能通过账户的对应关系反映所发生的经济业务内容，便于经常检查经济活动的发生情况。

该流程的缺点： 编制汇总记账凭证的工作量比较大，大部分总分类账的登记工作集中在月末，会计工作节奏不太均衡。

该流程适用于： 经营规模较大，且发生的交易或事项频繁，专用会计凭证较多的会计主体。

汇总记账凭证会计信息核算流程的具体步骤如图 6-6 所示。

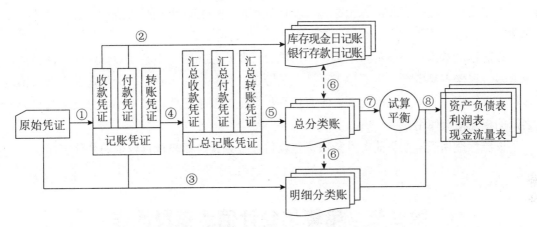

图 6-6 汇总记账凭证会计信息核算流程

图中的步骤说明：

①根据原始凭证或原始凭证汇总表填制收款、付款、转账记账凭证；

②根据收款凭证和付款凭证逐笔序时登记库存现金日记账和银行存款日记账；

③根据所有记账凭证和相关原始凭证汇总表逐笔登记各种明细分类账；

④根据收款、付款、转账凭证分别编制汇总收款、汇总付款、汇总转账凭证；

⑤根据汇总收款、汇总付款和汇总转账凭证登记总分类账；

⑥月末，将日记账与总分类账、明细分类账与总分类账的余额进行核对；

⑦月末，根据总分类账的期初余额、本期借方发生额和贷方发生额、期末余额进行试算平衡；

⑧月末，根据总分类账和有关明细分类账的记录编制财务报表。

扩展阅读6-1

用友公司简介

四、多栏式日记账会计处理流程

多栏式日记账会计处理流程是由多栏式特种日记账和科目汇总表账务处理程序相结合而形成的一种账务处理程序，是根据收款凭证、付款凭证登记多栏式库存现金日记账和多栏式银行存款日记账，根据转账凭证编制转账凭证科目汇总表，然后根据多栏式库存现金日记账、多栏式银行存款日记账和转账凭证科目汇总表登记总分类账，并定期编制财务报表的一种账务处理程序。

该流程的特点：登记时，应根据多栏式日记账收入合计栏的本月发生额，记入总分类账"库存现金""银行存款"账户的借方，并根据收入栏下各专栏对应账户的本月发生额，记入总分类账各有关账户的贷方；账户贷方的登记反之亦然。对于库存现金和银行存款之间相互划转数无须再根据有关对应账户专栏的合计数登记总分类账，以避免重复。

该流程的优点：多栏式日记账将全部账户集中在一张账页上，具有汇总收款凭证和汇总付款凭证的作用，既能反映货币资金的收入和支出合计数，可以清晰反映每一个经济业务所记录的账户对应关系和对应的各个账户发生额合计数。同时，多栏式日记账会计处理流程相比科目汇总表和汇总记账凭证会计处理流程而言，无须另行进行汇总，简化了工作量。

该流程的缺点：当业务量较大、运用的会计账户较多时，多栏式日记账的记账栏数设置太多，记账容易串行，也不便于会计人员分工；另外，由于登记总分类账的主要依据是多栏式日记账，而不是记账凭证，没有按平行登记的要求记账，影响了总分类账与日记账之间的相互稽核作用。

该流程适用于：业务简单且货币资金收付业务频繁、账户设置较少的会计主体。

第四节　电算化会计信息核算流程

一、电算化会计信息系统结构

由于手工会计核算采用了不同处理流程不可避免记账错误、计算错误、信息提供不及时、工作量大等多种缺陷。因此，为了提高会计核算效率、增强会计核算的准确性、减少会计人员工作量，目前除了极少数小微公司外，一般都采用电算化核算，有些会计主体甚至进入智能化、分布式共享会计信息处理阶段。市场上也出现了很多商品会计软件，例如用友、金蝶、浪潮、速达软件，以及国外的 SAP 和 Oracle 等，除此之外，目前市场还有很多适合小微企业的会计软件。

电算化会计信息系统通常包括财务会计信息系统（核算功能为主）和管理会计信息系

统（分析和决策功能为主），它是企业管理信息系统（management information system，MIS）的重要组成部分，如图6-7所示。

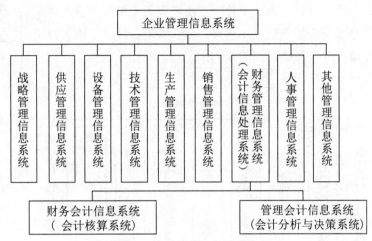

图6-7 企业管理信息系统构成

（一）财务会计电算化信息系统

财务会计电算化信息系统是指对发生的交易或事项进行确认、计量、记录和报告的信息处理系统。包括处理原始凭证，自动生成并填制记账凭证，自动登记到有关分类账簿和辅助账簿中，然后根据账簿的记录生成并编制财务报表等过程，最终可以利用该系统查询和输出会计凭证、明细分类账、日记账、其他辅助账簿、总分类账和财务报表等信息。会计核算信息系统从功能上包括会计数据准备系统、财务会计业务核算系统、会计账务处理系统、会计信息输出系统、会计信息维护系统，具体构成的各信息子系统如图6-8所示。其中核心的功能是财务会计业务核算系统中包括的工资核算、材料核算、固定资产核算、成本费用核算、往来款项核算、销售核算、财务成果核算，财务会计账务处理系统中的总账、明细账、日记账和辅助账账务处理系统，以及财务会计信息输出系统中的会计报表处理系统。

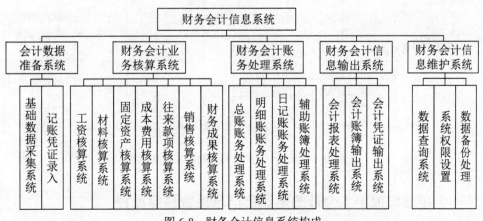

图6-8 财务会计信息系统构成

（二）管理会计电算化信息系统

管理会计电算化信息系统是指以财务会计和相关经济业务信息为基础，进行加工、分析和报告，为企业管理层决策提供支持的信息处理系统。管理会计信息系统主要包括成本管理、预算管理、绩效管理、投资管理、管理会计报告等子系统，如图6-9所示。

扩展阅读6-2

ERP会计信息系统

图 6-9　管理会计信息系统构成

二、电算化会计信息系统的基本流程

电算化会计信息核算流程主要仍然需要遵循图6-1描述的从原始凭证到填制记账凭证，再到登记会计账簿和最后编制财务报表的基本流程。只不过在这些环节的处理过程中，不需要人工的干预，而是由各业务核算人员向会计电算化系统输入指令后，系统就会自动执行各核算功能，加工并输出所需的会计信息。基本流程如图6-10所示。

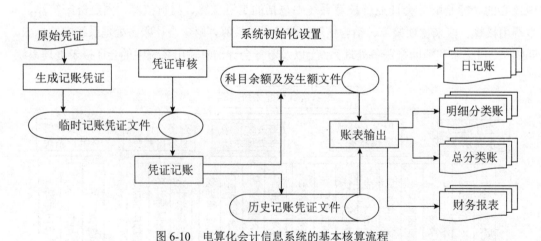

图 6-10　电算化会计信息系统的基本核算流程

（一）单纯模拟手工会计的电算化信息系统核算流程

单纯模拟手工会计的电算化信息系统核算流程即会计工作可以利用计算机技术进行自

动处理，仅仅是计算机取代手工会计的系统，它是一个独立、封闭的系统，基本不与单位内部和外部的其他管理系统交换信息。

（二）融入 ERP 的会计电算化信息系统核算流程

融入 ERP 的会计电算化信息系统核算流程在一个会计主体内部架构了完善的信息网络链接体系，实现内部信息共享，会计电算化信息系统全面融入并对接企业资源计划管理信息系统，可以直接从 ERP 系统的采购管理、库存管理、销售管理、人员管理、技术管理等子系统中自动获取相关数据，按照业务项目或业务流程为对象进行会计处理。当前人们所谓的"业财融合"模式就是以此为基础发展起来的。

（三）开放式的会计电算化信息系统核算流程

一个会计主体的会计电算化信息系统建立了对外交流沟通的接口，可以与外部会计主体进行信息交换，包括自动获取外部会计主体的数据、与外部会计主体协同处理数据、向外部会计主体输出数据等。开放式的会计电算化信息系统除需要计算机技术以外，更加需要互联网技术、大数据技术、云计算技术、智能化技术、区块链技术的支持。这种信息系统在功能上主要表现为信息开放共享型、系统开放共享型两类方式。

1. 信息开放共享型的会计信息系统核算流程

一个会计主体的会计信息系统与其他会计主体的会计信息系统可以实现原始信息和最终信息的交换与共享，在数据输入端和数据输出端实现与外部会计主体的数据开放共享，但是各会计主体会计信息系统的加工过程是独立封闭不予共享的，这样有利于保证本会计主体信息的完整性和安全性。

2. 系统开放共享型的会计信息系统核算流程

不同主体的会计信息处理系统之间不仅可以交换信息，而且可以协同、联动处理加工信息，甚至共用一个会计软件处理系统。其明显的特征是：数据共享、智能化处理等等。典型的如分布式的会计系信息处理系统，当一个会计主体启动核算时，会立即根据核算需要向整个社会网络体系中与它存在交易关系的全部会计主体发送获取原始数据或协同数据处理的请求，那些被请求的各会计主体信息系统会立即自动响应，如果这些被请求信息系统也需要其他会计主体的信息支持，被请求信息系统也会自动向与自己发生交易的其他会计主体发出数据处理请求。这样层层请求，直至逐级获取并传回全部请求数据为止。因此，系统开放共享的特征就是当一家会计主体开展核算工作时，整个社会网络中与之直接或间接关联的各会计主体信息系统都在为它提供数据支持的联动服务。其中，那些分布在整个网络系统各节点的相关会计主体信息系统没有层级之分，且最先启动处理的会计主体也无从知晓、无须知晓为之服务的各节点有多少、都是谁。由于分布式会计处理的大量原始数据和中间数据来自其他节点，任何最先启动核算的会计主体无法更改、篡改来自其他会计主体信息系统的数据，因此可以杜绝企业进行伪造凭证和账簿信息的行为。

练 习 题

一、目的：练习并掌握通用记账凭证会计信息核算流程、专用记账凭证会计信息核算流程。

二、资料：第五章练习题2的各项资料（各会计账户期初余额、本期发生的交易或事项）。

三、要求：

1. 根据第五章练习题登记完成的T型账户或实体账户，编制科目汇总表进行试算平衡。要求包含对全部账户借方期初余额合计与贷方期初余额合计的试算、全部账户的借方本期发生额合计与贷方本期发生额合计的试算、全部账户的借方期末余额合计与贷方期末余额合计的试算；

2. 根据科目汇总表各账户的借方发生额合计数、贷方发生合计数登记各账户的总分类账，然后比较该种方法与第五章练习题2根据通用记账凭证登记T型账户、根据专用记账凭证登记的各实体账户，这三种核算流程中各有何优缺点。

第七章
财产清查

> **学习提示**
>
> **重点**：财产清查的种类，财产物资的盘存制度，各种存货、货币资金和往来款项的清查方法，财产清查结果的账务处理。
>
> **难点**：永续盘存制，实地盘存制，未达账项及其调整，财产清查结果的账务处理。

> **导入案例**
>
> 2019年3月31日，上市公司中航沈飞（600760）发布公告称，其全资子公司沈阳飞机工业（集团）有限公司拟不低于1 938.25万元的价格挂牌出售闲置存货，具体包括钢管、连接器组件、电气件及零组件等。根据评估报告，该批存货的账面值1 392.41万元，评估值1 427.25万元，拟挂牌价较评估价格仍有35%的溢价。公司表示，本次挂牌出售有利于盘活低效闲置资产、减少资金占用，有利于降低公司经营风险、集中资源聚焦主业，符合公司的经营管理需求。
>
> 分析和讨论：①企业如何确定该批存货属于闲置资产？又如何将该批存货从全部存货中分离出来？②企业对账面上其他形式的资产，如货币资金、债权、固定资产等是否也应当定期核对清查？③企业对不同形态的财产物资所采用的核对清查方法是否相同？④企业对核对清查后账实不符的资产在账务上应如何处理？

第一节 财产清查的意义与分类

一、财产清查的意义

按照我国规范会计基础工作的要求，为了保证企业财产物资的安全、完整，保证会计报告信息与实物资产的一致性，企业应当建立财产清查制度，明确财产清查的范围、财产清查的组织、财产清查的期限、财产清查的方法、对财产清查中发现问题的处理办法以及对财产管理人员的奖惩办法。

财产清查又称资产清查，是指根据账簿记录，对企业的各项财产物资、货币资金及债权债务进行盘点和核对，查明其实存数与账面结存数是否相符，从而为定期编制财务报表提供准确的、完整的、系统的核算信息。财产清查不仅是会计核算的一种重要的核算方法，而且也是财产物资管理制度的一个重要组成内容，对企业具有重要的意义。

（一）确保会计信息的真实性

这是会计核算的基本原则，也是经济管理对会计核算的客观要求。在整个会计核算过程中，一定要按规范的程序和方法进行。对于财产、物资，都必须通过账簿记录来反映其增减变动和结存情况。为了保证账簿记录的正确和完整，应当定期或不定期地进行账证核对和账账核对。但是，账簿记录的正确性，还不能说明账簿记录的客观真实性。这是因为各种原因都有可能使各项财产的账面数额与实际结存数额发生差异。究其原因主要包括以下几种。

（1）收发财产物资时，由于计量、检验不准确而发生了品种、数量或质量上的差错。

（2）工作人员在登记账簿时，发生漏记、错记、重记或计算上的错误。

（3）财产物资保管过程中发生的自然损耗或升溢。

（4）结算过程中的未达账项。

（5）由于管理不善或工作人员的失职而发生的财产物资的残损、变质、短缺以及由于账目混乱造成的账实不符。

（6）由于不法分子的贪污盗窃、营私舞弊等非法行为而造成的财产损失。

（7）发生的自然灾害等非常损失。

上述造成账实不符的原因既有主观的原因，也有客观的原因，而对于客观原因又是不能完全避免的。因此，就需要通过财产清查发现问题，查明原因，分清责任，及时处理，确保在账实相符的基础上编制财务会计报告，保证会计信息的真实准确。

（二）保证财产物资的安全与完整

通过财产清查，及时发现物资管理中存在的问题，查明原因、分清责任、及时处理，促进企业不断提升财产物资管理水平，健全财产物资保管制度，确保企业财产物资的安全完整。

（三）改善企业库存结构，有效提升财产物资使用效率

通过财产清查，反馈财产物资有无低库存、积压、呆滞等储备情况，有利于企业及时补充储备不足物资，处置冗余物资，改善财产物资库存结构，加速资金周转，提高财产物资的使用效率。

（四）维护财经法纪，保证制度贯彻落实

通过对企业财产物资、货币资金、往来款项的清查，可以及时发现贪污盗窃、挪用公

款等违法行为，查明企业资金使用的合法性与合理性，督促往来款项的结算，促使企业员工自觉维护和遵守财经法纪，保证企业各项财产物资管理制度、结算制度的贯彻落实。

二、财产清查的内容

财产清查不仅包括对实物财产物资的清点盘查，而且包括对各种债权和债务等往来款项的清查核对。具体清查的内容包括以下方面。

（1）货币资金的清查，包括对现金、银行存款、其他货币资金的清查。

（2）存货的清查，包括对全部的原材料、在产品、半成品、库存商品等的清查。

（3）固定资产的清查，包括对房屋、建筑物、机器设备、工具器具、运输工具、办公设备等的清查。

（4）在建工程的清查，包括对自营工程和出包工程的清查。

（5）对金融资产投资的清查，包括对交易性金融资产、可供出售金融资产、持有至到期投资、长期股权投资等的清查。

（6）无形资产和其他资产的清查，包括对拥有的专利权、商标权、著作权、非专利技术、特许权和土地使用权等的清查。

（7）应收、应付款项的清查，包括对应收账款、其他应收款、应付账款和其他应付款等的清查。

企业进行财产清查，需要特别注意的是财产清查范围不仅包括存放于本企业的各项财产物资，以及属于本企业但是存放在其他单位的财产物资，例如委托加工材料、委托代管商品、存放在异地用于即时销售的库存商品等。另外，为了更好地区分不同所有权归属的财产物资，在进行财产清查时还可以对所有权归属于其他单位，但存放在本企业的受托加工材料物资、受托代管商品和物资、租入的设备等进行清查。

三、财产清查的分类

在实务中，由于不同企业财产清查的对象和范围各不相同，在时间上也有区别，由此就产生了财产清查的不同种类：

（一）按照清查对象的范围大小，可以分为全面清查和局部清查

全面清查是把企业的所有财产物资、货币资金和各项债权债务进行全面盘点与核对，而且还需将受其他单位委托代管的财产列入清查的范围。由于涉及面广、内容多、工作量大，全面清查一般在年终决算以前、单位合并、撤销、改变隶属关系以及清产核资时进行。

局部清查就是根据管理的需要或依据有关规定，对部分财产物资、债权债务进行盘点和核对。相对于全面清查而言，其投入的人力少，花费的时间短，清查的范围小，专业性也比较强。在日常的经营活动中，主要是对流动性较大、变现能力较强的财产与贵重物品进行盘点和核对，如对库存现金应每日盘点一次；对银行存款至少每月同银行核对一次；

对各种材料、在产品和产成品等存货除年度清查外，应有计划地每月重点抽查，尤其对贵重的财产物资应至少每月清查一次；对债权债务，应在会计年度内至少进行一次核对等。在遭受非正常损失和更换有关管理人员的时候，也要对有关财产进行局部清查。

（二）按照清查时间是否事先有计划，可分为定期清查和不定期（临时）清查

定期清查就是按事先计划安排的时间对财产物资、债权债务进行的清查。一般是在年度、季度、月份、每日结账时进行。例如，每日结账时，要对现金进行账实核对。定期清查，可以是局部清查，也可以是全面清查。

不定期清查是事先并无计划安排，而是根据实际需要所进行的临时性清查。一般在以下几种情况下，才需要进行不定期清查。

（1）更换财产物资和现金的保管人员时，要对有关人员所保管的财产物资和现金进行清查，以分清经济责任。

（2）发生自然灾害等非常损失时，要对受灾损失的有关财产物资进行清查，以查明损失情况。

（3）单位撤销、合并或改变隶属关系时，应对本单位的各项财产物资、货币资金、债权债务进行清查，以摸清家底。

不定期清查，可以是局部清查，也可以是全面清查。

（三）按执行单位的不同，可分为内部清查和外部清查

内部清查是由单位内部职工组织清查工作组来担任财产清查工作。大多数的财产清查，都是内部清查。内部清查，可以是全面清查，也可以是局部清查；可以是定期清查，也可以是不定期清查，应按照实际情况和具体要求加以确定。

外部清查是由本单位以外的上级主管部门、财税机关、审计机关、银行及有执业资格的中介机构（如会计师事务所）等根据国家的有关规定或情况的需要对本单位所进行的财产清查。外部清查必须有内部清查人员参加。如企业的清产核资、企业重组过程中的资产评估，有些就属于外部清查。外部清查一般是全面清查，可以是定期清查，也可以是不定期清查。

第二节　财产物资的盘存制度

财产物资的盘存制度，又称财产物资的盘存方法。在日常会计核算中，按照确定财产物资账面结存数量的依据不同，可分为"永续盘存制"和"实地盘存制"两种盘存制度，适用于对数量较多、收发频繁的原材料、库存商品等财产物资的清查。不同的盘存制度，在账簿中记录财产物资的方法和反映的内容是有差别的。

一、永续盘存制

永续盘存制又称"账面盘存制",是指平时对各项财产物资的增减变动都必须根据会计凭证逐日逐笔地在有关账簿中登记,并在账面上定期计算出期末结存的一种盘存制度。采用这种制度,需按财产物资的项目设置数量金额式明细账并详细记录,以便及时地反映各项财产物资的收入、发出和结存的情况。期末结存的计算方法为

期末结存(数量、金额)=期初结存(数量、金额)+本期增加(数量、金额)-本期减少(数量、金额)

永续盘存制的优点是,可以从账面上及时了解和掌握财产物资的动态情况,为财产物资的实物管理及时提供所需的信息;有利于建立财产物资的内部控制制度,加强对财产物资的牵制性管理。缺点是由于自然和人为的原因,如果出现账实不符,在账面上难以及时发现,造成会计信息失真。因此,采用永续盘存制的单位,需要建立健全财产清查制度,及时对财产物资进行实地盘点,以确定其实存数并与账面结存数核对。在实际工作中,大多数企业采用永续盘存制。

以材料为例说明永续盘存制的应用如下。

【例7-1】远东飞机工业有限公司202×年12月份原材料A连接器的购、销、存情况为

    12月1日   期初结存   100件   单价10元   合计1 000元
    12月5日   购入   200件   单价11元   合计2 200元
    12月7日   发出   150件
    12月14日 购入   400件   单价12元   合计4 800元
    12月20日 发出   200件
    12月26日 购入   150件   单价10元   合计1 500元

远东飞机工业有限公司对存货计价采用先进先出法,A连接器的原材料明细分类账的登记结果如表7-1所示。

表 7-1 原材料明细账

材料名称:A连接器

202×年		摘 要	收 入			发 出			结 存		
月	日		数量	单价	金额	数量	单价	金额	数量	单价	金额
12	1	期初结存							100	10	1 000
	5	购入	200	11	2 200				100	10	1 000
									200	11	2 200
	7	发出				100	10	1 000	150	11	1 650
						50	11	550			
	14	购入	400	12	4 800				150	11	1 650
									400	12	4 800
	20	发出				150	11	1 650	350	12	4 200
						50	12	600			

续表

202×年		摘要	收入			发出			结存		
月	日		数量	单价	金额	数量	单价	金额	数量	单价	金额
	26	购入	150	10	1 500				350 150	12 10	4 200 1 500
	31	本期合计	750		8 500	350		3 800	500		5 700

从表 7-1 可以看出，A 连接器在当月内的收、发、存业务都进行了逐项登记，期末结出账面结存数量及金额，可将实地清查的数量及金额与之进行对比，检查账实是否相符。

二、实地盘存制

实地盘存制又称"定期盘存制""以存计销制"或"以存计耗制"，是指平时只在账簿记录中登记各项财产物资的增加数，不登记减少数，期末通过实物盘点来确定其结存数并据以倒算出本期财产物资减少数的一种盘存方法。其计算公式如下：

本期减少（数量、金额）＝期初结存（数量、金额）＋本期增加（数量、金额）－期末结存（数量、金额）

其中：

期末结存金额＝期末盘点数量×单价

这一制度下期末存货的单价只能按照下列方法进行计算：

$$期末存货单价 = \frac{期初存货余额 + 本期增加的存货金额合计}{期初存货数量 + 本期增加的存货数量}$$

【例 7-2】承例 7-1，远东飞机工业有限公司采用实地盘存制 12 月份 A 连接器的原材料明细账，如表 7-2 所示。

表 7-2 原材料明细账

材料名称：A 连接器

202×年		摘要	收入			发出			结存		
月	日		数量	单价	金额	数量	单价	金额	数量	单价	金额
12	1	期初结存							100	10	1 000
	5	购入	200	11	2 200						
	7	发出									
	14	购入	400	12	4 800						
	20	发出									
	26	购入	150	10	1 500						
	31	本期合计	750		8 500	350		3 910	500	11.18	5 590

表 7-2 中，期末结存数量 500 件为实地盘点盘出的 A 连接器实存数；单价 11.18 元/件，计算方法如下：

$$\text{期末 A 连接器单价} = \frac{100+8500}{100+750} = 11.18（元/件）$$

依此倒挤计算得出本月发出 A 连接器为 350 件，金额为 3 910 元，按此计算结果一次汇总计入明细账的发出栏。

实地盘存制的优点是平时工作手续简便，省去了物资减少数及每日结存数的详细记录，直接保证了账实相符，无须再进行财产清查。其缺点是，为了计算反映本期减少信息，每期都必须进行资产的盘点清查，给实际工作增加了很大的工作负担；账簿中无法随时反映财产物资的减少数和结存数等动态情况，为平时及时结转成本及提供会计信息造成困难；倒轧出的各项财产的减少数中成分复杂，除了正常耗用外，可能存在损耗、浪费、被盗等很多非正常因素引起的减少，因而不便于施行会计监督；对财产物资进行实地盘点的结果，只能作为计算其本期减少数的依据，而不能用来核对账实是否相符。因此，它的适用范围将受到很大的限制，主要适用于商业企业的品种多、价值低、交易频繁的商品，以及数量不稳定、损耗大且难以控制的鲜活商品等。

第三节　财产清查的程序和方法

一、财产清查的程序

财产清查的程序是指清查工作的阶段划分及其先后顺序。财产清查是一项复杂而细致的工作，涉及面比较广、工作量比较大，必须有计划、有组织地按一定程序进行。不同目的的财产清查，应按不同的程序进行，但就其一般程序来说，可以分为三个阶段，即准备阶段、实施阶段、分析及处理阶段。

（一）准备阶段

财产清查的准备阶段工作包括组织准备和业务准备两个方面。

1. 组织准备

组织准备方面的主要工作成立财产清查工作组、开展培训学习、制定清查方案。具体如下。

（1）成立财产清查工作组。包括成立本单位的财产清查工作领导小组和工作实施小组，其中领导小组成员是本单位主管财务和资产工作的领导、与财产管理有关的各部门负责人和审计部门负责人；工作实施小组成员由财务部门、资产管理部门、物流管理部门、基建部门和审计部门的有关业务人员组成。

（2）组织清查人员培训学习。主要学习财产清查的规章制度和业务知识，包括培训学习国家关于财产清查的有关法律法规、对财产清查的要求和标准、财产清查的业务流程与技术、财产清查的质量要求、财产清查的结果报告与处理。

（3）制定财产清查实施方案。方案的内容包括确定财产清查的任务、目标、范围、对象、内容、每个对象的清查路径和方法、清查要求、时间进度和责任人，并将方案布置落实到每一个清查成员。

2. 业务准备

业务准备方面的主要工作包括：会计部门在财产清查前，将有关账簿登记齐全并结出余额，提供经过核实的正确资料；财产物资的保管和使用等业务部门在财产清查前将各类财产物资分类整理，并加挂标签，标明品种、规格和结存数量，以便清查时与账簿记录核对；检查校正度量衡器及有关清查登记使用的清册。

（二）实施阶段

各项准备工作结束以后，清查人员应根据清查对象的特点，分别采取与之相对应的方法对财产物资的数量、品种、类别、金额等予以盘点，同时由盘点人员做好盘点记录，并据以编制诸如"盘存单"和"实存账存对比表"等盘点单证。

盘存单是用于记录实物资产的盘点结果，据以确定实物资产实有数额的原始凭证。其格式见表7-3。

表7-3 盘 存 单

财产类别： 编号：

编号	名称	规格	单位	数量	单价	金额	备注

存放地点： 盘点日期：

根据盘存单资料和有关账簿资料填制"实存账存对比表"，检查账实是否相符，并将对比结果填入该表。实存账存对比表用于确定资产实存数与账存数的差异，是调整账面记录的依据。其格式见表7-4。

表7-4 实存账存对比表

单位名称： 年 月 日

编号	类别与名称	计量单位	实存		账存		对比结果				备注
							盘盈		盘亏		
			数量	金额	数量	金额	数量	金额	数量	金额	

盘存单和实存账存对比表等盘点单证，应由盘点人员、保管人员及相关人员签名盖章，以便明确责任。

（三）分析及处理阶段

财产清查结束，应根据"实存账存对比表"上列示的对比结果调整账簿记录，并分析盘盈、盘亏的原因和性质，针对清查中发现的问题，提出改进的意见和措施等，将结果上报有权处理的负责人。对盘盈、盘亏的财产，依据有关批复处理意见，分别做出相应的账务处理，调整有关账簿记录，同时清查单位要针对发现的问题进一步修订完善相关管理制度。

二、财产清查的方法

由于企业的各项财产物资形态不同、体积不同、重量不同、存放地点和存放方式不同，在实施清查过程中需要采用不同的方法，主要包括以下几种。

（一）实地盘点法

实地盘点法就是清产人员进入财产物资的存放地点，现场通过手工或利用工具清点、度量、过磅计量财产数量的方法。适用于能直接查清数量的财产，如对库存现金的清点，对机器设备的清查等。

（二）抽样盘点法

抽样盘点法就是对那些单位价值小、实物数量多、不便于单个逐一清点盘存的财产，采取从某类财产的总体中抽取部分样品进行盘存和分析，根据样品的数量数据去推断和计算其总体数量或特征的方法。抽样盘点法又分非统计抽样和统计抽样两类。

1. 非统计抽样

非统计抽样清查人员运用专业经验和主观判断来确定样本规模与选取样本，进而推断财产总体规模或总体特征的一种抽样方法。非统计抽样方法具有简单易行，并能够充分利用实践经验和判断能力的优点，包括任意抽样、随机抽样、等距抽样等。

任意抽样就是清查人员根据自身的专业经验任意从财产总体中抽取部分财产作为样品进行盘点，以其结果推算财产总体规模或总体特征的一种抽样方法。

随机抽样就是先对财产按照实物类型、存放形式、存放地点等标志进行编号，然后对照随机数表选取相应编号的财产作为样品进行盘点，以其结果推算财产总体规模或总体特征的一种抽样方法。

等距抽样也称机械抽样或系统抽样，就是总体单位按一定的顺序排列，根据总体单位数和样本单位数，算出抽取间隔，再按此间隔抽取样本单位进行盘点，进而推算总体财产数据的抽样方法。

2. 统计抽样

统计抽样是指清查人员运用数理统计方法确定样本及样本量，进而随机选择样本，并根据样本的审查结果来推断财产总体规模或总体特征的一种抽样方法。统计抽样包括属性抽样和变量抽样，具有抽样结论更加科学的特征，但是计算分析过程相对复杂。其中属性抽样法适合分析与财产物资有关各项管理流程和管理制度的特征，变量抽样法适合用来清查财产数量。变量法包括：均值估计抽样法、差异估计抽样法、分层抽样法等。

变量抽样中通过抽查确定样本的平均值来推断总体的平均值及总值的统计抽样技术，称为均值估计抽样法。

差异估计抽样法是利用审查样本所得到的样本平均差错额，来推断总体差错额或正确额的一种统计抽样方法。

分层抽样也称类型抽样，就是总体中各单位按某一标志分成若干类或层次，从每一类或层次的财产中抽取若干清查单位进行盘点，进而推算总体财产数据的抽样方法。

（三）技术测量法

技术测量法根据财产物资的体积、密度等某一非价值属性为依据进行技术测量，据此计算、换算得出该财产物资数量和价值的一种盘点方法。该方法适合于对储存量大、存放比较有规则但不便逐一点数的财产物资进行清查盘存，如清查储油罐中的油、地面上堆放的建筑砂石、养殖的动物原料和水产品等。

（四）判断估计法

判断估计法就是根据经验或参照同类财产的特征，对那些重量大、堆放不规则或无法确定其准确数量的财产物资估计其总体规模或总体特征的一种清查方法。判断估计法分为经验估计和比较估计。

经验估计法就是由清查人员根据自己多年的实际经验，通过对实物进行观察，而得出财产总体规模或总体特征的一种方法。

比较估计法就是根据所清查的对象先找出一种同类标准物体作为比较，然后确定财产总体规模或总体特征的一种方法。

（五）实地查询法

实地查询法就是采取发函或派人前往与本单位存在业务往来的对方企业，查核询问财产状况的一种方法。这种方法常用于清查应收应付往来款、委托加工材料、异地存放商品或材料等。

（六）函证法

函证法就是将本单位财产的账面记录金额通过发函给对方单位，由对方单位进行核对确认后反馈告知本单位结果的一种清查方法。这种方法常用于清查应收应付往来款。

（七）对账单法

对账单法是将本单位财产的账面记录数与对方出具的对账单进行核对的一种清查方法。这种方法常用于清查银行存款、应收应付往来款项。

（八）推算法

推算法就是根据已有资料，按照一定的规则或公式推算财产总体规模或特征的一种方法。

三、货币资金的清查

货币资金的清查包括对库存现金、银行存款和对其他货币资金的清查。

（一）库存现金的清查

库存现金清查的基本方法是实地盘点法。平时，由现金出纳员每日清点库存现金实有数额，并及时与现金日记账的余额相核对。定期由清查人员会同出纳人员共同清查库存现金实有数，并与现金日记账进行核对，查明盈亏。清查人员要认真审核收付款凭证和账簿记录，检查经济业务的合理和合法性。此外，清查人员还应检查企业是否以"白条"或"借据"抵充库存现金。

现金盘点结束后，应根据盘点的结果，填制"库存现金盘点报告表"。库存现金盘点报告表是重要的原始凭证，它既有实物财产清查的盘存单的作用，又有实存账存对比表的作用。库存现金盘点报告表填制完毕，应由盘点人员和出纳员共同签章方能生效。库存现金盘点报告表的格式见表 7-5。

表 7-5 库存现金盘点报告表

单位名称：　　　　　　　　　　　　　年　月　日

实存金额	账存金额	盘盈	盘亏	备注

（二）银行存款的清查

银行存款清查的基本方法是采用银行存款日记账与开户银行的"对账单"相核对。核对前，首先，应详细检查本企业银行存款日记账的登记，保证所有业务都登记入账，对发生的错账、漏账应及时查清更正；其次，将本企业银行存款日记账与银行对账单进行逐笔勾对，并核对双方余额；在双方账面已有记录正确无误的前提下，如果勾对出双方有未记录的事项，并使得双方余额不一致，则说明可能存在未达账项。

所谓未达账项，是指在企业和银行之间，由于凭证的传递时间不同，而导致了对同一收付款业务记账时间不一致，即一方已接到有关结算凭证并已经登记入账，而另一方由于未接到有关结算凭证尚未入账的收付款账项。未达账项有两大类型：一是企业已经入账而银行尚未入账的账项；二是银行已经入账而企业尚未入账的账项。具体来讲有以下四种情况。

第一，企业已收款记账，银行未收款未记账的账项。如企业收到其他单位的转账支票而未向银行办理转账手续等。

第二，企业已付款记账，银行未付款未记账的账项。如企业开出付款的转账支票，但持票人尚未到银行办理转账手续等。

第三，银行已收款记账，企业未收款未记账的账项。如银行已收到托收货款，但企业尚未收到银行通知等。

第四，银行已付款记账，企业未付款未记账的账项。如银行已代企业支付水电费，但企业尚未收到划款手续等。

上述任何一种未达账项的存在，都会使企业银行存款日记账的余额与银行对账单的余额不符。所以，在与银行对账时首先应查明是否存在未达账项，如果存在未达账项，应该编制"银行存款余额调节表"对有关的账项进行调整。银行存款余额调节表是在企业银行存款日记账余额和银行对账单余额的基础上，分别加减未达账项，确定调节后余额。其计算公式如下：

企业的银行存款日记账余额 + 企业未收款的账项 − 企业未付款的账项 = 银行对账单的余额 + 银行未收款的账项 − 银行未付款的账项

【例7-3】远东飞机工业有限公司202×年10月31日银行存款日记账账面余额为295 650元，同日从银行取回的对账单余额为330 000元。经银行存款日记账与银行对账单逐笔勾对，企业与银行均未发现记账错误，但找出以下未达账项：

（1）10月31日，远东飞机工业有限公司销售商品收到转账支票一张，金额为38 000元，将支票送存银行，但银行尚未办理入账手续。

（2）10月30日，远东飞机工业有限公司采购材料开出转账支票一张，金额为42 350元，但银行尚未收到支票而未入账。

（3）10月29日，银行代收销货款35 000元，银行已入账，但尚未通知远东飞机工业有限公司入账。

（4）10月30日，银行代付当月的水电费5 000元，银行已入账，但尚未通知远东飞机工业有限公司入账。

根据调节前的余额和查出的未达账项等内容，远东飞机工业有限公司编制10月31日的银行存款余额调节表，如表7-6所示。

表7-6 银行存款余额调节表

202×年10月31日

项目	金额	项目	金额
企业银行存款日记账余额	295 650	银行对账单余额	330 000
加：银行已收企业未收款项	35 000	加：企业已收银行未收款项	38 000
减：银行已付企业未付款项	5 000	减：企业已付银行未付款项	42 350
调节后银行存款日记账余额	325 650	调节后银行对账单余额	325 650

从表7-6中看出，调节后双方余额相符，就说明企业和银行双方记账过程基本正确（但这不是绝对的，如企业与银行发生两个差错正好相等，抵消为零的情况就无法通过余额调

节表发现）。如果调节后余额不符，企业和开户银行双方记账过程可能存在错误，属于开户银行错误，应当立即通知银行核查更正；属于企业错误，应查明错误所在，区别漏记、重记、错记或串记等情况，分别采用不同的方法进行更正。

需要注意的是，"银行存款余额调节表"的编制只是银行存款清查的方法，它只起到对账作用，不能作为调整账面余额的原始凭证。对于未达账项，应该在实际收到有关的收、付款结算凭证后，即未达账项变成"已达账项"时再进行相关的账务处理。

上述银行存款的清查方法也适用于其他货币资金的清查。

四、应收款项的清查

应收款项清查的基本方法是查询法。在保证企业应收款项账面记录正确无误的基础上，将所有的应收款项分别对方单位，编制一式两联的应收款项对账单，将应收对方款项在对账单中列示，然后函递对方单位进行核对。对方单位核对无误后应盖章退回其中一联；如核对有出入，应将不符的情况在对账单中注明，并盖章退回，以便继续查实。企业根据各对方单位反馈情况，编制"应收款项清查表"，如表7-7所示。

表7-7 应收款项清查表

总账科目： 年 月 日

明细科目	账面结存余额	对方核实数额	账实不符数额	核对不符原因				备注
				未达账项	拒付账项	争议账项	坏账	

对于"应收款项清查表"中所列账实不符情况，应分别进行处理：对于未达账项，待原始凭证到达后登记入账；对于拒付款项及有争议款项，应协商解决；对于坏账，应做坏账损失处理。

五、实物资产的清查

会计主体的实物资产主要是指各类存货及固定资产等。不同品种的实物财产，由于其实物形态、体积重量、堆放方式等方面不同，因而所采用的清查方法也有所不同。如对于机器设备、包装好的原材料、产成品和库存商品等的清查一般采用实地盘点法；对于散装的、大量成堆的化肥、饲料等物资的清查一般采用技术测量法；而对于委托外单位加工、保管的物资清查，可以采用查询法等。

为了明确经济责任，进行财产清查时，有关实物财产的保管人员必须在场，并参加盘点工作。对各项实物财产的盘点结果，应如实准确地登记在盘存单（表7-3）上，并由参加盘点人员同时签章生效。盘存单是实物财产盘点结果的书面证明，也是反映实物财产实有数额的原始凭证。盘点完毕，将盘存单中所记录的实存数与账面结存数相核对，如发现实物盘点结果与账面结存结果不相符时，应根据盘存单和有关账簿记录，填制"实存账存对比表"（表7-4），以确定实物财产的盘盈数或盘亏数。实存账存对比表是财产清查的重要报表，是调整账面记录的原始凭证，也是分析盈亏原因、明确经济责任的重要依据。

第四节　财产清查结果的账务处理

财产清查的结果只有两种：一是账实相符，一是账实不符。而账实不符也有两种情况：一是实存数大于账存数，我们称之为"盘盈"；二是实存数小于账存数，我们称之为"盘亏"。对于账实相符的情况，企业无须做任何处理。这里所说的财产清查结果的账务处理，仅指对财产清查后发现账实不符的情况进行处理。

企业实务中，财产清查发现账实不符时应以实存数为准，依据有关手续，调整账面记录，同时查明原因，按管理权限报经批准后进行后续处理。为此，就需要进行相关的账务处理。

一、财产清查账户的设置

为核算清查财产过程中查明的各种财产盘盈（实存数大于账面结存数）、盘亏（账面结存数大于实存数）和毁损的价值，应设置"待处理财产损溢"账户，其性质属于资产类。该账户的结构可表示如下：

待处理财产损溢

| ①清查时发现的盘亏数 | ①清查时发现的盘盈数 |
| ②经批准后盘盈的转销数 | ②经批准后盘亏的转销数 |

该账户应按盘盈、盘亏的资产种类和项目进行明细核算。

财产清查账务处理分批准处理前和批准处理后两个步骤进行。

第一步是根据财产物资盘盈、盘亏情况及其成因，按管理权限向有关部门和人员办理报批手续，请求批复处理意见，并将盘盈、盘亏数记入"待处理财产损溢"账户，同时调整相关资产账面记录，使账实相符。

第二步是根据有关部门的批复意见，将盘盈、盘亏财产物资由"待处理财产损溢"账户转入有关账户，对盘盈、盘亏结果进行处理。

一般来说，财产清查结果应在期末结账前处理完毕，处理后"待处理财产损溢"账户应无余额。

二、财产清查结果的具体账务处理

（一）资产盘盈的账务处理

在各项财产物资、货币资金的保管过程中，由于管理制度不健全、计量不准确等原因发生实物数额大于账面余额的情况为盘盈。

对于盘盈的各种材料、产成品、商品等，应借记"原材料""库存商品"等账户，贷记"待处理财产损溢"账户。而对于固定资产盘盈，则应作为前期差错计入"以前年度损益调整"账户。按管理权限报经批准处理时，除固定资产以外的其他盘盈资产，应按批准冲减管理费用或计入营业外收入。即借记"待处理财产损溢"账户，贷记"管理费用""营业外收入"等账户。

【例7-4】远东飞机工业有限公司期末进行财产清查，盘盈电器件材料一批，公允价值为130 000元，盘盈设备一台，公允价值为6 040 000元。根据"实存账存对比表"所列编制记账凭证，调整材料账存数。其会计分录为

　　借：原材料　　　　　　　　130 000
　　　　贷：待处理财产损溢　　　　130 000
同时，列记盘盈固定资产，其会计分录为
　　借：固定资产　　　　　　　6 040 000
　　　　贷：以前年度损益调整　　6 040 000
经有关部门批复，同意将盘盈材料冲减管理费用，其会计分录为：
　　借：待处理财产损溢　　　　　3 000
　　　　贷：管理费用　　　　　　　3 000

资产盘盈的账务处理流程如图7-1所示。

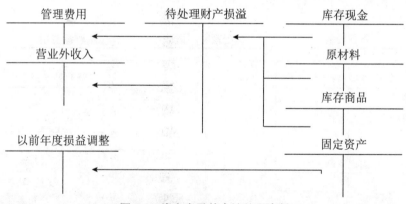

图7-1　资产盘盈的会计处理流程

（二）资产盘亏的账务处理

在财产清查过程中发现，各项财产物资由于管理不善、非常损失等原因造成账面数额大于实物余额的情况为盘亏。

对于盘亏、毁损的各种材料、产成品、商品等，以及盘亏的固定资产，应借记"待处理财产损溢"账户，贷记"原材料""库存商品""固定资产"等账户。按管理权限报经批准处理时，有残余物料价值按原材料等入库，借记"原材料"等账户，应由保险公司赔偿或由过失人赔偿的，按赔偿金额借记"其他应收款"账户，剩余的差额借记"管理费用""营业外支出"等账户。

【例7-5】远东飞机工业有限公司期末财产清查过程中发现盘亏机器一台，账面原值

1 500 000 元,已提折旧 1 000 000 元。盘亏原材料 12 000 元,盘亏库存商品 86 000 元(本例不考虑税金问题)。

在批准前,根据"实存账存对比表"所确定的盘亏数字,分别编制如下会计分录:

借:待处理财产损溢　　　　500 000
　　累计折旧　　　　　　1 000 000
　　贷:固定资产　　　　　　　　1 500 000
借:待处理财产损溢　　　　98 000
　　贷:原材料　　　　　　　　　12 000
　　　　库存商品　　　　　　　　86 000

上述盘亏的固定资产、材料和产成品经批准做如下处理:盘亏固定资产的净值 40 000 元作为营业外支出;盘亏存货中属于自然损耗产生的定额内的合理损耗 4 000 元,可转作管理费用;属于自然灾害造成的非常损失 75 000 元,可转作营业外支出;剩余部分由责任者个人赔偿。分别编制如下会计分录:

借:营业外支出　　　　　　75 000
　　管理费用　　　　　　　　4 000
　　其他应收款　　　　　　　9 000
　　贷:待处理财产损溢　　　　　98 000

资产盘亏的账务处理流程可见图 7-2 所示。

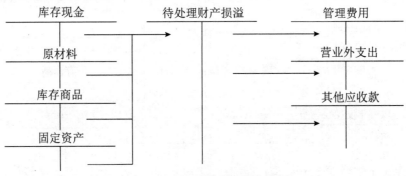

图 7-2　资产盘亏的会计处理流程

除上述财产清查的账务处理外,对于应收款项的盘盈、盘亏无须通过"待处理财产损溢"账户,而是通过"资产减值损失""坏账准备"等账户进行处理。

练 习 题

练习题 1

一、目的:学习银行存款余额调节表的编制

二、资料:

远东飞机工业有限公司 5 月末银行存款日记账余额为 830 587 元,银行对账单余额为

820 150 元。经银行存款日记账与银行对账单的逐笔勾对，企业与银行均未发现记账错误，但发现以下未达账项：

（1）28 日，企业送存客户支付货款的转账支票一张，金额 80 000 元，企业已做银行存款收入入账，但银行尚未办理入账手续。

（2）30 日，企业开出支付相关劳务费的转账支票一张，金额 35 200 元，企业已做银行存款付出入账，但持票人尚未到银行办理转账手续。

（3）31 日，企业委托银行代收的销货款 48 000 元，银行已收妥并登记入账，但企业未收到收款通知，尚未记账。

（4）31 日，银行代扣缴企业本月水电费 5 137 元，已登记企业银行存款减少，但企业未收到银行付款通知，尚未记账。

（5）31 日，银行扣除企业本月贷款利息 8 500 元，已登记企业银行存款减少，但企业未收到银行付款通知，尚未记账。

（6）31 日，银行计算应付企业本月存款利息 2 371 元，已登记企业银行存款增加，但企业未收到银行收款通知，尚未记账。

三、**要求**：根据以上资料，编制银行存款余额调节表。

练习题 2

一、**目的**：学习财产清查结果的账务处理

二、**资料**：

南方公司 12 月末进行财产清查后，依据"库存现金盘点表""实存账存对比表"反映如下情况。

（1）库存现金短缺 300 元。经查系出纳人员责任，由出纳进行赔偿。

（2）甲材料盘亏 90g，每克 100 元，共计 9 000 元。经查，其中 20g 属于定额内损耗，经上级批准核销，计入管理费用，剩余 70g 系由仓库突发停电事故导致部分甲材料氧化变质，经上级批准核销，计入营业外支出。

（3）乙材料盘盈 18 件，每件公允价值 90 元。经上级批准冲减管理费用。

（4）盘亏办公电脑一台，账面原值 12 500 元，已计提折旧 7 000 元。经上级批准核销，计入营业外支出。

（5）盘盈机器设备一台，经评估公允价值为 16 000 元。目前仍等待上级主管部门批复意见。

三、**要求**：根据以上资料，编制财产清查后以及经批复后的会计分录。

第八章
会计信息列报与披露

学习提示

重点：会计信息列报与披露的方法及要求，资产负债表、利润表、现金流量表及所有者权益变动表的结构和编制原理。

难点：资产负债表的结构和编制方法，利润表的结构和编制方法，现金流量表的结构和编制方法。

导入案例

2018年10月，多家微信公众号在自媒体公开发文，认为康美药业（股票代码：600518）财务报告中货币资金的真实性存疑，质疑其涉嫌财务造假。多篇自媒体文章引起了巨大的市场反应和舆论关注，并引发了监管部门的介入。2018年12月28日，证监会向康美药业发布了《调查通知书》，正式对其开展相关调查。经调查认定，康美药业2016年至2018年期间共累计虚增货币资金886.8亿元，累计虚增营业收入291.28亿元，累计虚增营业利润41.01亿元，累计多计利息收入5.1亿元，涉案金额之高，使其成了A股历史上规模最大的财务造假案。此外，康美药业还成为新《证券法》实施以来全国首单"证券集体诉讼案"和首单"特别代表人诉讼案"。2021年11月12日，广东中院做出一审判决，责令康美药业因年报等虚假陈述侵权，赔偿5.2万余名证券投资者损失共计24.59亿元。

分析和讨论：①上市公司为何要披露其财务报告？康美药业又为何要对披露的财务报告进行造假？②哪些人需要通过财务报告了解企业的相关信息？案例中的自媒体和公司有何种关系？③财务报告是如何编制的？其中的各个数据之间存在哪些内在联系？④财务报告包括哪些内容？为什么案例中的自媒体能看到公司客户这样会计报表里没有显示的信息？⑤我们真的能够通过财务报告了解一家企业的好坏么？

第一节　财务会计报告

一、会计信息列报与披露概述

（一）会计信息列报与披露的定义

对于会计信息列报与披露有着广义和狭义的不同理解与定义。

广义上讲，会计信息列报与披露是指企业依据相关的法律法规及会计准则，按照一定的程序与规范的报告格式，通过适当的方式向会计信息使用者传达与企业财务状况、经营成果及现金流量等相关的会计信息的行为。如前所述，会计活动的结果表现为一系列有机构成的以货币反映的价值信息，即会计信息。各种与单位有利害关系的利益阶层作为使用者将利用这些会计信息进行有效决策，最终使之效益和财富能够实现最大化。这就需要采用适当的形式将会计信息传递到信息使用者手中，而整个信息的传送过程就是会计信息列报与披露。

狭义上讲，会计信息列报通常是指财务报表的列报，即指交易和事项在财务报表中的列示与在附注中的披露。其中，"列示"通常反映资产负债表、利润表、现金流量表和所有者权益（或股东权益，下同）变动表等报表中的信息，"披露"通常反映附注中的信息。

本章中涉及的会计信息范围不仅局限于财务报表，因此按广义概念理解会计信息列报与披露更为合适。

（二）会计信息列报与披露的意义

如果你有兴趣投资一家公司，你如何判断这家公司是否值得投资？如何将该公司与其他你感兴趣的公司进行比较？你如何知道你的投资决策是否正确？当你要做重要经济决策时，哪些信息是你更需要了解的？

在做出这些经济决策时，会计信息是最重要的信息。图8-1中显示了经济活动是如何遵循会计程序产生了会计信息，会计信息列报与披露给信息使用者，帮助其做出经济决策，由其采取一定的行动引发相关的经济活动，并进行不断循环。在这一循环过程中，会计信息列报与披露是联系企业与信息使用者的桥梁和纽带。

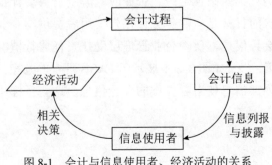

图8-1　会计与信息使用者、经济活动的关系

具体来说，通过会计信息列报与披露能够使国家经济管理部门及时汇总并掌握国民经济的发展动态，并以此为依据制定宏观经济管理政策和经济决策；使投资者、债权人和潜在投资者了解企业的经营现状，全面认识企业的财务状况及经营成果，帮助其确定投资和贷款决策，降低其投资风险；使企业管理人员更好地对企业经营活动进行分析判断，以便正确进行经营决策，提高企业经济效益；最终通过会计信息的列报与披露实现促进企业会计信息使用者做出合理有效的经济决策，使我们有限的社会资源得以合理配置和充分利用。

（三）会计信息列报与披露的方法

信息的传递需要适当的方法或手段，也就是说需要选择合适的载体。从古代的烽火狼烟、书信到今天的报纸杂志、电信互联网等都是信息的载体。从本书前面章节的学习中不难总结出这样的结论：会计信息被"生产者"（即企业）按照一定的标准和要求生产出来之后，以其最后的表现形式——财务报表，经过"检验员"（企业会计人员及外部审计人员）检验合格之后才能提供给需求者。因此我们可以说：会计信息主要是借助于财务会计报告的形式进行披露的。在这里，财务会计报告就是会计信息披露的载体。之所以选择财务报告作为会计信息列报与披露方式，主要基于以下原因。

首先，这是满足企业会计信息使用者需求的必然选择。我们知道，不同的信息使用者需要了解企业会计信息的具体目的各不相同。目前，还无法确切地了解各使用者在特定时间、特定情况下的具体信息需求。为此，会计信息披露方法的选择应首先以能够满足不同信息使用者共同需要为出发点。就目前来看，能够提供企业总括性财务状况、经营成果及现金流量等信息的财务报告成为首选的会计信息披露方法。2010 年 9 月国际会计准则理事会（IASB）与美国会计准则委员会（FASB）联合发布的财务报告概念框架第一章《通用目的财务报告的目标》中就明确指出："通用目的财务报告的目标是提供报告主体的财务信息，而且所提供的财务信息应有助于现实的和潜在的投资者、贷款人和其他债权人做出是否向主体提供资源的决策。""主要使用者中的不同个体，其信息需求和期望并不相同，甚至还可能存在冲突。本委员会在制定财务报告准则过程中，将致力提供能够满足最大多数主要使用者需求的信息集。"此外，财务报告的编制目的也能反映出主要为会计信息外部使用者服务。"报告主体管理层也关心主体的财务信息。但是，管理层不必依赖通用目的财务报告，因为管理层能够在内部获得所需要的财务信息。"我国《基本准则》第四条规定："企业应当编制财务会计报告（又称财务报告，下同）。财务会计报告的目标是向财务会计报告使用者提供与企业财务状况、经营成果和现金流量等有关的会计信息，反映企业管理层受托责任履行情况，有助于财务会计报告使用者做出经济决策。"又如图 8-2 中展示了 FASB 规定的几个外部财务报告的目标，以用于改善和提高向外部信息使用者提供的会计信息，这些目标从下往上的顺序为普通目标到特殊目标。

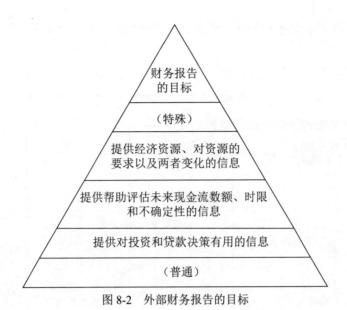

图 8-2 外部财务报告的目标

其次,这是会计核算体系和信息流程的必然结果。如前所述,形成会计信息时需要有一系列的专门方法和程序,即遵循凭证→账簿→报表的核算过程。与凭证、账簿等输出形式相比,财务报告中所包含的是经过浓缩、提炼的具有高度概括性的会计信息,其优势体现在:系统、综合与简洁。系统是指不同报表分别反映企业财务状况、经营成果与现金流量,体系完整;综合是指报告反映了企业全部业务的来龙去脉,完整准确且便于保护有关商业机密;简洁是指会计信息输出格式简明扼要,重要信息一目了然。由此可见,在现有条件下采用财务报告形式传递会计信息,能够极大地提高会计信息的输出质量,同时又减少信息载体的数量,更适合于外部信息使用者。

既然选择了财务报告作为企业会计信息披露的方法,那么这里的财务报告与我们常说的财务报表是否相同呢?它们之间又是什么关系呢?

财务报告(我国实务中习惯称其为财务报表)是依据日常账簿资料,按照预先设计的指标体系,运用表格形式,对会计主体某一时点的财务状况及其变动和一定时期的经营成果、现金流量等进行综合反映并对外报送的表格。国际通行的基本财务报表主要包括资产负债表、利润表、现金流量表等。

我国《企业会计准则第 30 号——财务报表列报》(以下简称《财务报表列报准则》)中指出,财务报表是对企业财务状况、经营成果和现金流量的结构性表述。财务报表至少应当包括下列组成部分:资产负债表;利润表;所有者权益(或股东权益)变动表;现金流量表及附注。

财务报告这一概念是由西方国家引进的。FASB 在其发布的《财务会计概念公告》(SFAC)中提出:"财务报告不仅包括财务报表,而且包括传递直接或间接地与会计系统所提供的信息(即有关企业的资源、债务、盈利等方面的信息)有关的各种信息的其他手段。"FASB 的第 5 号概念公告中列示了财务信息构架和关系图(图 8-3),从中我们可以看出 FASB 所描述的:

财务报告 = 基本财务报表 + 补充信息 + 财务报告的其他手段 + 其他信息

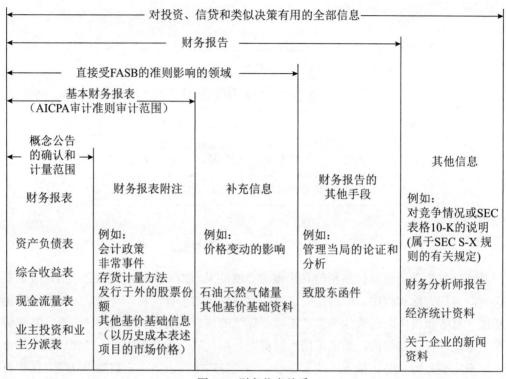

图 8-3　财务信息关系

我国《企业会计准则》也应用了财务会计报告这一概念,其内涵与 FASB 所描述的相近似。我国《基本准则》第四十四条规定:"财务会计报告是指企业对外提供的反映企业某一特定日期的财务状况和某一会计期间的经营成果、现金流量等会计信息的文件。财务会计报告包括会计报表及其附注和其他应当在财务会计报告中披露的相关信息和资料。"

综上所述,财务报告作为企业会计信息列报与披露方法,可以看作是观察一个企业的望远镜。望远镜既帮助你观察一定距离外的物体,又帮助你关注物体的某个特殊方面。财务报告,特别是财务报表,能帮助你了解企业整体经济状况,并关注某个财务方面的情况,以便做出重要的经济决策。其中:财务报表是财务报告的主要部分,是企业会计信息来源之一;财务报告是在财务报表的基础上逐步拓展形成的,涵盖财务报表,能提供较财务报表更为广泛的企业信息。

(四)会计信息列报与披露的分类

会计信息列报与披露可以按照不同的标准进行分类。

1. 按照编报的会计信息服务领域,可以分为财务会计报告和管理会计报告

财务会计报告是指企业对外提供的反映企业某一特定日期的财务状况和某一会计期间的经营成果、现金流量等会计信息的文件。由于其服务对象和领域主要为企业外部的各类会计信息使用者，包括投资人（潜在投资人）、债权人、相关行业协会、国家主管部门等，其也被称为"对外报表"。关于财务会计报告在本书相关章节中做了较为详细的讲解，此处不再赘述。

管理会计报告是指企业运用管理会计方法，根据财务和业务的基础信息加工整理形成的，满足企业价值管理和决策支持需要的内部报告。由于其服务对象和领域主要为企业内部管理层，即对管理会计信息有需求的各个层级、各个环节的管理者，其也被称为"对内报表"。

管理会计报告这种列报和披露的形式具备以下几个基本特点。

（1）相关性。财政部发布的《管理会计应用指引第801号——企业管理会计报告》中明确指出："企业管理会计报告的目标是为企业各层级进行规划、决策、控制和评价等管理活动提供有用信息。"因此，管理会计报告提供的信息必须是和企业的经营决策相关的，是有利于企业做出正确决策的。

（2）层级性。与财务会计报告侧重反映会计主体的整体会计信息不同，管理会计报告依据其服务的企业各个层级管理者的不同需求进行列报与披露。具体表现为，管理会计报告可以按照企业内部使用者所处的管理层级分为战略层管理会计报告、经营层管理会计报告和业务层管理会计报告，分别进行不同层级的列报与披露。

（3）预见性。财务会计报告侧重于对交易和事项的事后反映，某种意义上是一种"面向过去的报告"。但企业管理会计报告体系应根据管理活动全过程进行设计，在管理活动各环节形成基于因果关系链的结果报告和原因报告。具体表现为，管理会计报告可以按照管理会计功能分为管理规划报告、管理决策报告、管理控制报告和管理评价报告进行列报与披露。管理会计报告很多部分都是建立在财务会计报告的基础之上。出于企业业务规划与经营决策的需要，列报管理会计报告过程中需要对相关会计账户数据进行细化和调整，同时参考与借鉴必要的非会计信息，实现对财务会计报告信息的深度加工，从而形成一种"面向未来的报告"。

（4）灵活性。财务会计报告遵循一般公认会计原则进行编制，因此，其列报与披露必须以国家或行业组织制定的会计法规、准则、制度及有关规定为准绳与规范，遵循相对固定的方法体系、工作程序，具备统一的格式。管理会计报告则是遵循问题导向，以企业管理需求为目的，以企业实际情况为出发点，灵活进行列报和披露。首先，从内容上，企业管理会计报告的内容应根据管理需要和报告目标而定，易于理解并具有一定灵活性。也就是说，既可以按整个企业和各部门的角度，也可以按不同产品和项目的角度，甚至可以按特殊事项或者某个员工的角度提供不同维度的分析报告。所披露的管理会计报告也没有法定格式要求，只要满足企业内部管理需求即可，形式可以不固定。其次，从工作流程上，企业管理会计报告的编制、审批、报送、使用等应与企业组织架构相适应。即适应企业自身的管理要求是关键。最后，从列报与披露的时间上，企业可根据管理的需要和管理会计活动的性质设定报告期间。一般应以日历期间（月度、季度、年度）作为企业管理会计报告期间，也可根据特定需要，按周甚至天设定企业管理会计报告期间。

2. 按编报经济组织类型，可以分为企业财务报告、政府财务报告和非营利组织财务报告

企业财务报告是指企业作为编报主体进行列报与披露的财务报告。企业是一种广泛存在的，从事生产、流通与服务等经济活动的营利性经济组织。其特点在本书第一章已有相关论述。本书中涉及的"财务会计报告"均为企业财务报告。在此不再赘述。

政府财务报告是指政府会计主体作为编报主体进行列报与披露的财务报告。政府是接受人民的委托治理国家的政治主体，其主要职责是履行社会公共事务管理，行使行政管理的职能，是为其"辖区"公众和经济组织承担受托责任的政权组织。政府会计主体是指与本级政府财政部门直接或者间接发生预算拨款关系的国家机关、军队、政党组织、社会团体、事业单位和其他单位。

我国《政府会计准则——基本准则》中指出："政府会计由预算会计和财务会计构成。"其中：预算会计实行收付实现制，预算会计要素包括预算收入、预算支出与预算结余。财务会计实行权责发生制。财务会计要素包括资产、负债、净资产、收入和费用。

政府会计主体应当对其自身发生的经济业务或者事项进行会计核算。政府会计核算应当以政府会计主体持续运行为前提，采用借贷记账法记账，划分会计期间，分期结算账目，按规定编制决算报告和财务报告。其中：会计期间至少分为年度和月度。会计年度、月度等会计期间的起讫日期采用公历日期。

政府决算报告是综合反映政府会计主体年度预算收支执行结果的文件。政府决算报告的编制主要以收付实现制为基础，以预算会计核算生成的数据为准。决算报告的目标是向决算报告使用者提供与政府预算执行情况有关的信息，综合反映政府会计主体预算收支的年度执行结果，有助于决算报告使用者进行监督和管理，并为编制后续年度预算提供参考和依据。政府决算报告使用者包括各级人民代表大会及其常务委员会、各级政府及其有关部门、政府会计主体自身、社会公众和其他利益相关者。

政府财务报告是反映政府会计主体某一特定日期的财务状况和某一会计期间的运行情况和现金流量等信息的文件，包括政府综合财务报告和政府部门财务报告。政府财务报告的编制主要以权责发生制为基础，以财务会计核算生成的数据为准。政府财务报告应当包括财务报表和其他应当在财务报告中披露的相关信息和资料。财务报表至少应当包括资产负债表、收入费用表和现金流量表和附注。财务报告的目标是向财务报告使用者提供与政府的财务状况、运行情况（含运行成本）和现金流量等有关信息，反映政府会计主体公共受托责任履行情况，有助于财务报告使用者做出决策或者进行监督和管理。政府财务报告使用者包括各级人民代表大会常务委员会、债权人、各级政府及其有关部门、政府会计主体自身和其他利益相关者。

非营利组织财务报告是指非营利组织作为编报主体进行列报与披露的财务报告。非营利组织是指不具有物质产品生产和国家事务管理职能，主要以精神产品和各种劳务形式向社会提供公共服务，不以盈利为目的，以实现社会效益为宗旨的各类组织机构。从资金来源划分，又可分为公立非营利组织（在我国称为事业单位）和民间非营利组织。其中，公立非营利组织包括教科文卫等科学文化事业单位、水利环保气象等公益事业单位、养老院孤儿院等社会福利事业单位，资金来源主要是财政拨款；民间非营利组织包括依照国家法律法规登记的社会团体、基金会、民办非事业单位、寺院、清真寺和教堂等，资金来源主要是民间投资或捐赠。

目前我国非营利组织会计规范主要有《政府会计准则》和"民间非营利组织会计制度"。其中：事业单位会计核算一般采用收付实现制和权责发生制双核算基础；民间非营利组织会计核算采用权责发生制。非营利组织的会计要素包括资产、负债、净资产、收入和费用（或支出）。

非营利组织会计主体应当对其自身发生的经济业务或者事项进行会计核算。非营利组织会计核算应当以非营利组织会计主体持续运行为前提，采用借贷记账法记账，划分会计期间，分期结算账目，按规定编制财务报告。其中：会计期间至少分为年度和月度。会计年度、月度等会计期间的起讫日期采用公历日期。

事业单位财务会计报告是反映事业单位某一特定日期的财务状况和某一会计期间的事业成果、预算执行等会计信息的文件，报告包括财务报表和其他应当在财务会计报告中披露的相关信息与资料。其中：财务报表是对事业单位财务状况、事业成果、预算执行情况等的结构性表述。财务报表由会计报表及其附注构成。会计报表至少应当包括资产负债表、收入支出表或者收入费用表、财政补助收入支出表。事业单位财务报告的目标是向会计信息使用者提供与事业单位财务状况、事业成果、预算执行等有关的会计信息，反映事业单位受托责任的履行情况，有助于会计信息使用者进行社会管理、做出经济决策。事业单位会计信息使用者包括政府及其有关部门、举办（上级）单位、债权人、事业单位自身和其他利益相关者。

民间非营利组织财务报告是反映民间非营利组织财务状况、业务活动情况和现金流量等的书面报告，由会计报表、会计报表附注和财务情况说明书组成。其中的会计报表至少应当包括资产负债表、业务活动表、现金流量表。

3. 按编报和报送的时间，可分为中期财务报告和年度财务报告

中期财务报告，是指以中期为基础编制的财务报告。中期，是指短于一个完整的会计年度的报告期间，包括月份、季度和半年期。中期财务报表包括月份、季度、半年期财务报告。中期财务报告至少应当包括资产负债表、利润表、现金流量表和附注。

年度财务报告是全面反映企业整个会计年度的经营成果、现金流量情况及年末财务状况的财务报表。企业每年年底必须编制并报送年度财务报表。年度财务会计报告包括会计报表、会计报表附注和财务情况说明书，其中，会计报表应包括资产负债表、利润表、现金流量表、所有者权益变动表（股东权益变动表）、利润分配表、资产减值准备明细表、应交增值税明细表、分部报告以及其他有关附表。上市公司的年度财务会计报告还包括注册会计师出具的审计报告，应当于年度终了后 4 个月内对外提供。年度财务会计报告作为企业列报与披露的最重要的会计信息，在企业与会计信息使用者之间起着十分重要的沟通桥梁作用。

4. 按编报的主体，可分为个别财务报告和合并财务报告

个别财务会计报告是由企业在自身会计核算基础上对账簿记录进行加工而编制的财务

会计报告，它主要用以反映企业自身的财务状况、经营成果和现金流量情况。合并财务会计报告是以母公司和子公司组成的企业集团为会计主体，根据母公司和所属子公司的财务会计报告，由母公司编制的综合反映企业集团财务状况、经营成果和现金流量的财务会计报告。个别财务会计报告是由独立的法人企业编制，所有的企业都需要编制个别财务会计报告，但并不是所有的企业都需要编制合并财务会计报告。

二、财务会计报告的构成

如前所述，企业财务会计报告由一系列反映企业报告期财务状况、经营成果、现金流量等会计信息的文件所构成，包括财务报表、财务情况说明书以及有关的其他报告。其中，财务报表包括资产负债表、利润表、现金流量表、所有者权益变动表（或股东权益变动表）和财务报表附注。

（一）资产负债表

资产负债表又称财务状况表，是反映企业在某一特定日期（如月末、季末、年末）全部资产、负债和所有者权益等财务状况的会计报表。从资金运动形态上看，资产负债表反映出报告期内特定时点静止的财务状况，是一张"静态报表"。

（二）利润表

利润表又称损益表、综合收益表，是反映企业在报告期内的收入、费用和利润情况的会计报表，它揭示了企业在一定时期（如年度、季度、月份）内的经营成果。从资金运动形态上看，利润表反映出企业报告期内累计的收支并计算最终的收益，是一张"动态报表"。

（三）现金流量表

现金流量表是反映企业在报告期内现金流量增减变动情况的会计报表，它揭示企业在一定时期（通常是年度）内现金及现金等价物的流入与流出的原因及金额。

（四）所有者权益变动表

所有者权益变动表是反映企业构成所有者权益的各组成部分在报告期内的增减变动情况的报表，它揭示了企业在一定期间（通常是年度）内所有者权益变动的原因及金额。

（五）财务报表附注

报表附注是对资产负债表、利润表、现金流量表、所有者权益变动表等报表中列示项目的文字描述或明细资料，以及未能在这些报表中列示项目的说明等。它是企业财务报表的组成部分。

编制财务报表附注，其作用主要在于补充说明和解释财务报表内确认的项目。附注既可以用文字来定性分析财务报表内的项目，也可以用数字来补充说明表内项目的计量结果。

企业的一般情况介绍、理财安排上的限制以及一系列的重要合同协议等也可以在报表附注中进行说明。报表附注的技术性能够帮助会计信息使用者充分理解和使用财务报表信息。

我国《企业会计准则》规定,企业应当按照具体会计准则要求在附注中至少披露下列内容(非重要项目除外)。

(1) 企业的基本情况,主要包括:企业注册地、组织形式和总部地址;企业的业务性质和主要经营活动;母公司以及集团最终母公司的名称;财务报告的批准报出者和财务报告批准报出日等。

(2) 财务报表的编制基础,主要包括:会计年度;记账本位币;会计计量所运用的计量基础;现金和现金等价物的构成等。

(3) 遵循《企业会计准则》的声明。企业应当声明编制的财务报表符合《企业会计准则》的要求,真实、完整地反映了企业的财务状况、经营成果和现金流量。

(4) 重要会计政策和会计估计。企业应当披露重要的会计政策和会计估计,不重要的会计政策和会计估计可以不披露。判断会计政策和会计估计是否重要,应当考虑与会计政策或会计估计相关项目的性质和金额。具体包括:企业应当披露会计政策的确定依据;企业应当披露会计估计中所采用的关键假设和不确定因素的确定依据;企业应当披露的重要会计政策和会计估计涉及诸多会计要素确认与计量等内容。

(5) 会计政策和会计估计变更以及差错更正的说明。主要包括:会计政策变更的性质、内容、原因以及当期和各个列报前期财务报表中受影响的项目名称和调整金额;会计估计变更的内容、原因以及对当期和未来期间的影响金额;前期差错的性质及对当期和各个列报前期财务报表中受影响的项目名称和更正金额等。

(6) 重要报表项目的说明。企业对于财务报表重要项目的说明,应当按照资产负债表、利润表、现金流量表等财务报表及其项目列示的顺序,采用文字和数字描述相结合的方式进行披露。财务报表重要项目的明细金额合计,应当与报表项目金额相衔接。不同的报表项目,其说明的方式和内容也不相同。以应收账款为例,除了在上述第 4 项"重要会计政策和会计估计"说明中披露坏账的确认标准,以及坏账准备的计提方法和计提比例等内容外,还应分别按账龄结构和客户类别进行结构性披露,以便财务报表使用者更好地分析判断企业的应收账款质量。

(7) 或有和承诺事项、资产负债表日后非调整事项、关联方关系及其交易等需要说明的事项。

(8) 有助于财务报表使用者评价企业管理资本的目标、政策及程序的信息。

(六)财务情况说明书

财务情况说明书是企业对一定时期内(通常为一年)财务状况、成本费用等情况进行分析、总结所做的书面文字说明,它是对企业会计报表的补充,是企业财务会计报告的重要组成部分。

财务报告说明书全面提供企业生产经营、业务活动情况,分析总结经营业绩和经营中存在问题及不足,是企业财务会计报告使用者,特别是单位负责人和国家宏观管理部门了解和考核各单位生产经营与业务活动开展情况的重要资料。其主要内容包括以下几类。

（1）企业生产经营的基本情况。主要包括：企业主营业务范围和附属其他业务，纳入年度财务决算报表合并范围内企业从事业务的行业分布情况；企业从业人员、职工数量和专业素质的情况；报告年度主要产品的产量、业务营业量、销售量（出口额、进口额）及同比增减量；企业在所处行业中的地位；新产品、新技术、新工艺开发及投入情况；对企业业务有影响的知识产权的有关情况；开发、在建项目的预期进度及工程竣工决算情况等。

（2）企业利润实现、分配及亏损情况。主要包括：主营业务收入的同比增减额及其主要影响因素，以及影响销售量的滞销产品种类、库存数量等；成本费用变动的主要因素，如原材料费用、能源费用、工资性支出等；借款利率调整对利润增减的影响；其他业务收入、支出的增减变化；同比影响其他收益的主要事项，包括投资收益；补贴收入各款项来源、金额，以及扣除补贴收入的利润情况；影响营业外收支的主要事项、金额；利润分配情况；税赋调整对净利润的影响；会计政策变更的原因及其对利润总额的影响数额；会计估计变更对利润总额的影响数额；亏损总额及其同比增减额；亏损原因分析等。

（3）资金增减和周转情况。主要包括：各项资产所占比重、合理性、增减原因等；长期投资占所有者权益的比率及同比增减情况、原因，购买和处置子公司及其他营业单位的情况；不良资产情况及成因分析；不良资产比率；流动负债与长期负债的比重；企业偿还债务的能力和财务风险状况；逾期借款本金和未还利息情况；企业从事证券买卖、期货交易、房地产开发等业务占用资金和效益情况；企业债务重组事项及对本期损益的影响。

（4）所有者权益（或股东权益）增减变动及国有资本保值增值情况。

（5）对企业财务状况、经营成果和现金流量有重大影响的其他事项。

（6）针对本年度企业经营管理中存在的问题，新年度拟采取的改进管理和提高经营业绩的具体措施，以及业务发展计划等。

（七）与财务会计报告有关的其他报告

其他报告包括辅助资料和财务报告的其他手段，主要向会计信息使用者提供某些相关的但不符合全部确认标准的信息，其中有财务的和非财务的，有历史的，也有预测的。其他财务报告可以不受会计准则的限制，也不需要审计，但必须符合三个条件：第一，企业根据会计准则法规要求或自愿提供；第二，要有助于理解财务报表信息，不应误导使用者的决策；第三，要求经注册会计师或企业以外的专家审阅。

其他财务报告的种类很多，主要的形式有管理当局讨论和分析、中期报告、内部控制自我评价报告、社会责任报告、财务预测报告、审计报告等。

1. 内部控制自我评价报告

根据我国有关法律法规、《企业内部控制基本规范》及企业内部控制配套指引的要求，我国上市公司和非上市大中型企业，应当对内部控制的有效性进行自我评价，并以每年的12月31日作为年度内部控制评价报告的基准日，披露年度内部控制自我评价报告（以下简称"自我评价报告"）。

企业应当根据《企业内部控制基本规范》及配套指引，设计自我评价报告的种类、格式和内容，明确自我评价报告编制程序和要求，按照规定的权限报经批准后对外报出。其中，自我评价报告至少应当披露以下内容。

（1）董事会对内部控制报告真实性的声明。
（2）内部控制评价工作的总体情况。
（3）内部控制评价的依据。
（4）内部控制评价的范围。
（5）内部控制评价的程序和方法。
（6）内部控制缺陷及其认定情况。
（7）内部控制缺陷的整改情况及重大缺陷拟采取的整改措施。
（8）内部控制有效性的结论。

自我评价报告应当报经企业董事会或类似权力机构批准后对外披露或报送相关部门。

内部控制评价报告应于基准日后4个月内报出。

2. 社会责任报告

当前企业面临的经营环境越来越复杂，企业的雇员福利问题、环境污染问题、产品质量问题等越来越引起社会各方面的关注，由此带来的压力要求企业对除股东之外的更广大利益相关方负责，以实现可持续发展。而传统的以货币的方式对企业的历史经营活动进行计量的财务信息无法将企业面临的上述机会和风险充分反映出来，也不能将企业的价值充分体现出来。企业社会责任报告所披露的非财务信息弥补了这一不足，两者的结合可以更好地反映企业未来的财务状况。因此，越来越多的企业在投资者、消费者等利益相关方的压力下，并从企业内部运营的需要出发，选择了发布企业社会责任报告。

企业社会责任报告指的是企业将其履行社会责任的理念、战略、方式方法，其经营活动对经济、环境、社会等领域造成的直接和间接影响、取得的成绩及不足等信息，进行系统的梳理和总结，并向利益相关方进行披露的方式。企业社会责任报告是企业非财务信息披露的重要载体，是企业与利益相关方沟通的重要桥梁。

以反映程度是否全面为标准，社会责任报告可以划分为广义和狭义的两类。广义的企业社会责任报告包括以正式形式反映企业承担社会责任的某一个方面或某几个方面的所有报告类型，即包括了雇员报告、环境报告、环境健康安全报告、慈善报告等单项报告，以及囊括经济、环境、社会责任的综合性报告。狭义的企业社会责任报告，一般特指以正式形式全面反映企业对社会承担的所有责任的报告，即综合社会责任报告。

我国相关管理机构如证券监督管理委员会，就在其颁布的相关文件中明确："鼓励公司披露社会责任报告。社会责任报告应经公司董事会审议通过，并以单独报告的形式在披露年度报告的同时在指定网站披露。"根据不完全统计，2020年1月1日至6月30日，中国境内企业共发布1 467份社会责任报告（包括社会责任报告，可持续发展报告，环境、社会及管治报告，环境专项报告等）。

目前，我国并未出台明确规范企业社会责任报告的种类、格式、内容以及编制程序和要求的相关法规与制度，大多数企业按照《深圳证券交易所上市公司社会责任指引》自行编制社会责任报告。其披露内容上大致包括以下方面。

(1) 企业承担社会责任的内容。主要包括：从企业的角色定位出发确定的责任或义务；对利益相关方（包括股东、用户、雇员、供应商、社区等）的具体责任；按不同性质划分的具体责任，如经济责任、法律责任、道德责任等。

(2) 企业履行社会责任的动力。主要包括：企业的价值取向的推动；企业成功的客观需要等。

(3) 企业履行社会责任的方式。这是企业社会责任报告信息披露的最重要内容，一般包括企业价值观与企业文化的保障、企业战略保障、企业治理机制、利益相关方参与机制、企业社会责任指标和业绩考核等。

(4) 企业履行社会责任的绩效。通常情况下，企业履行社会责任的业绩表现在经济、社会和环境三个方面，既可以定性描述，也可以定量描述，但业绩的披露要有利于利益相关方对企业履行社会责任的情况进行纵向和横向的对比，即报告期间的业绩与企业过去表现的可比性，报告企业的业绩与其他企业或行业标杆的可比性。

(5) 企业履行社会责任的未来计划。一个带有中长期企业社会责任发展计划，并配之以可测性目标的企业社会责任年度计划以及实施情况的报告，能较好地体现企业履行社会责任程度。它能较综合地反映出企业将社会责任融入其战略、组织、绩效管理及日常运营的水平和程度。

3. 审计报告和意见

审计报告是上市公司年度财务报告的重要组成部分，但其并不构成财务报表的一部分，因为它是企业外部独立的注册会计师出具的。但是仔细阅读审计报告对于会计信息使用者的决策分析至关重要，因为审计报告可以说明财务报表的可靠程度，所以，在国内外上市公司的年度财务报告中，审计报告往往放在年度报告之前。注册会计师在审计过程中，应根据公认审计准则对企业的会计制度、会计记录及财务报表进行审查，并根据审查结果，就财务报表在遵守公认会计原则方面发表意见。注册会计师出具的审计报告应包括以下内容。

(1) 应说明财务报表的编制是否遵从了公认会计原则。

(2) 应说明在前期发生而在本期未发生的情况。

(3) 财务报表的信息披露是否充分，如果不是，应加以说明。

(4) 应表述对财务报表整体的意见，或者解释不能对财务报表整体发表意见的原因。

在特定的情况下，注册会计师可能出具四种基本类型的审计报告：无保留意见、保留意见、否定意见和无法表示意见。我国《公开发行股票公司信息披露的内容与格式准则第二号〈年度报告的内容与格式〉》规定，如果注册会计师出具的审计意见为无保留意见，且在审计报告中无其他说明，则在年度报告摘要中，可不刊登全文，但应明确陈述注册会计师出具"无保留意见的审计报告"字样；若为保留意见或解释性说明的审计报告，则应全文刊登。

三、财务会计报告编制的总体要求

会计信息主要是借助于财务报告的形式进行列报与披露,为了保证财务报告所提供的信息能够及时、准确、完整地反映企业的财务状况、经营成果和现金流量,满足信息使用者的需要,企业在编制财务报告时,必须符合相关的法律法规、会计准则和制度,遵循一定的程序与规范,使之符合会计信息披露的要求。

会计信息披露的要求主要体现在对披露内容的要求及对披露手段的要求两方面。首先,对披露内容的要求,即会计信息本身的质量要求。财务报告披露的主要内容是企业的会计信息,因此,从内容上看,财务报告首先应满足会计信息质量特征方面的要求。关于IASB 与 FASB 联合发布的《财务报告概念框架》第二章"有用财务信息的质量特征"中提出的财务报告的质量特征、FASB 以及我国《基本准则》提出的会计信息质量要求等相关内容已在本书第一章中进行了相关论述,此处不再赘述。其次,对披露手段的要求,即对财务报告列报的要求。财务报告,尤其是财务报表是特定的会计行为和会计方法的结果与产物,对于财务报表列报的前提、依据及方法等的规范将直接影响到会计信息的输出质量。为此,国际会计准则及各国的会计准则中除提出会计信息质量特征方面的要求外,通常会进一步对财务报表的编制与列报提出要求。

国际会计准则委员会理事会 2004 年修订后的"国际会计准则第 1 号(简称 IAS1)"《财务报表的列报》中,明确提出了对财务报表列报的总体要求,主要包括以下内容。

(1)公允列报和遵循国际财务报告准则(IFRS)。

(2)持续经营,即在编制财务报表时,管理层应对主体是否仍能持续经营进行评估。

(3)权责发生制会计,即除现金流量表外,应按权责发生制会计编制其财务报表。

(4)列报的一致性,即财务报表中项目的列报和分类,应在上下期间保持一致。

(5)重要性和汇总,即重要项目在表内单独列报,不重要的金额汇总列报。

(6)抵销,即除非要求或允许抵销,否则资产和负债、收益和费用不能相互抵销。

(7)比较信息,即应披露表内报告的所有金额的前期比较信息。

与国际会计准则的要求相似,我国《财务报表列报准则》中的第二章也提出了对财务报表的编制与列报的基本要求,主要包括以下内容。

①列报基础。a. 企业应当以持续经营为基础,根据实际发生的交易和事项,按照《基本准则》和其他各项会计准则的规定进行确认和计量,在此基础上编制财务报表。企业不应以附注披露代替确认和计量。在编制财务报表的过程中,企业管理层应当利用所有可获得信息来评价企业自报告期末起至少 12 个月的持续经营能力。评价结果表明对持续经营能力产生重大怀疑的,企业应当在附注中披露导致对持续经营能力产生重大怀疑的影响因素。若以持续经营为基础编制财务报表不再合理的,企业应当采用其他基础编制财务报表,并在附注中披露这一事实。b. 除现金流量信息外,企业应当按照权责发生制会计编制财务报表。

②一致性要求。财务报表项目的列报应当在各个会计期间保持一致,不得随意变更。但下列情况除外。a. 会计准则要求改变财务报表项目的列报;b. 企业经营业务的性质发生

重大变化或对企业经营影响较大的交易或事项发生后，变更财务报表项目的列报能够提供更可靠、更相关的会计信息。

③项目列报要求。性质或功能不同的项目，应当在财务报表中单独列报，但不具有重要性的项目除外。性质或功能类似的项目，其所属类别具有重要性的，应当按其类别在财务报表中单独列报。

④重要性要求。在合理预期下，财务报表某项目的省略或错报会影响使用者据此做出经济决策的，该项目具有重要性。重要性应当根据企业所处的具体环境，从项目的性质和金额大小两方面予以判断。判断项目性质的重要性，应当考虑该项目在性质上是否属于企业日常活动、是否显著影响企业的财务状况、经营成果和现金流量等因素加以确定；判断项目金额大小的重要性，应当通过该项目金额占资产总额、负债总额、所有者权益总额、营业收入总额、营业成本总额、净利润、综合收益总额等直接相关或所属报表单列项目金额的比重加以确定。

⑤总额列报。资产项目和负债项目的金额、收入项目和费用项目的金额不得相互抵销，但另有规定的除外。需要指出的是，资产项目按扣除减值准备后的净额列示，不属于抵销。非日常活动产生的损益，以同一交易或一组类似交易形成的利得扣减损失后的净额列示的，也不属于抵销。

⑥比较列报。企业当期财务报表的列报，至少应提供所有列报项目上一可比会计期间的比较数据，以及与理解当期财务报表相关的说明，但其他会计准则另有规定的除外。

⑦期间限定。至少应当按年编制财务报表。年度财务报表涵盖的期间短于一年的，应当披露年度财务报表的涵盖期间，以及短于一年的原因。如企业于年度中期成立等。

第二节 资产负债表

一、资产负债表概述

【案例8-1】银行信贷员小李202×年1月收到远东飞机工业有限公司的200万元的流动资金贷款申请。从银行的角度出发，小李首先考虑的是如何减少债务风险，即能否保证按时收回贷款本息，避免以后追债的麻烦。为此，小李查询了该公司的情况：该公司成立于2011年，截至202×年年初，该公司拥有货币资金200万元，实物资产600万元，全部为投资人投入，企业尚无对外债务。

分析：202×年期初该公司拥有货币资金200万元，实物资产600万元，全部为投资人投入，企业尚无对外债务。这就是远东飞机工业有限公司的基本财务状况。

如第二章所述，财务状况是指会计主体为了保证正常生产经营的需要而在一定日期拥有的资产及权益（投资者的投资及借款等各种债务）情况。上述对远东飞机工业有限公司财务状况的描述还不足以作为小李批准其贷款申请的全部依据,因为财务状况的好坏,不仅包括各项资产的分布是否合理,是否存在不良资产,如无法使用的商品、难以收回的债权等,还包括企业举借债务规模是否适度,债务偿还期分布是否均匀等。这就需要小李进一步研究远东飞机工业有限公司详细反映其全面财务状况的财务报表——资产负债表。

资产负债表又称财务状况表,是反映企业某一特定日期财务状况的财务报表。它是根据会计恒等式"资产＝负债＋所有者权益",按照一定的分类标准和一定的顺序,把企业在一定日期的资产、负债、所有者权益各项目予以适当的排列,并对日常工作中形成的大量数据进行高度浓缩整理后编制而成的。

企业的财务状况会随着企业经济业务的开展而不断变化,而资产负债表只反映会计期末或编报日等特定时点的财务状况,同一企业不同日期的资产负债表反映的财务状况也各不相同,因此,该表属于静态报表,有人把它形象地比喻成企业财务状况的一张"照片"。

资产负债表能够提供"拍照时"资产、负债和所有者权益的全貌。我国在制定会计准则体系时,对规范交易或事项的确认、计量与报告采用了资产负债观,以便使其更加适合于决策有用性的会计目标,因此,资产负债表自然成为财务报表体系中的第一主表对会计信息使用者发挥重要作用。通过该表,可以提供某一日期资产的总额,表明企业拥有的经济资源及其分布情况、资产的质量、资产结构安排的合理性等,是分析企业生产经营能力的重要资料;可以反映某一日期的负债总额、举债程度、债务结构安排的合理性、财务风险大小等,是分析企业偿债风险的重要资料;可以反映所有者权益的构成情况、投资者及其投资比例构成等,是分析所有者权益结构情况的重要资料;可以反映负债和所有者权益之间的权益结构情况及其合理性;可以为资产结构、偿债能力、营运能力等财务分析、预测、评价提供所需的基本资料。

二、资产负债表的设计原理

如前所述,资产负债表的基本理论依据是会计恒等式"资产＝负债＋所有者权益"。在这一等式中,负债和所有者权益都是对企业总资产的一种要求权,并且在要求权的行使上,单就索偿来说,负债总是优先于所有者权益。因此,在设计资产负债表时,资产是负债和所有者权益要求权的基本条件,总应先予以分类排列,然后再按对资产要求权的顺序先排列负债,后排列所有者权益。不论采取何种形式,这种排序应始终给予保持,从而使资产、负债和所有者权益的相互关系能在资产负债表中得到充分体现。

三、资产负债表的列报方式

任何财务报表一般都有表首、正表两部分组成。其中,表首概括地说明报表名称、编制单位、编制日期、报表编号、货币名称、计量单位等;正表反映报表各个项目和计算过程,以下主要围绕正表的相关内容进行阐述。

（一）资产负债表的内容排列规律

根据资产负债表的设计原理，结合会计信息使用者对资产负债表各项目内容需求的重要性，以及各项目内容的变化特性，对资产、负债和所有者权益三部分中的各项目排列要求分别如下。

1. 资产项目的排列

资产根据流动性的强弱、周转运动的快慢以及变现能力的强弱，可分为流动资产和非流动资产。企业在正常经营中，根据需要，一旦非流动资产形成以后，其效益的好坏在很大程度上就取决于流动资产周转的快慢，因此，无论是企业的经营者，还是外部的有关利害关系者，首先关心的是流动资产，根据这一基本原理，在资产排列上，应是先排列流动资产，后排列非流动资产。在每部分资产中，人们进一步关心的具体项目，则应按其变现能力的强弱来排顺序。例如，在流动资产中，"现金""银行存款"等货币资金，流动性最强，且无须变现，可在生产经营中随时支用，所以，货币资金总是排列在资产类的最前面。

2. 负债项目的排列

负债根据偿还期限的长短，有流动负债和非流动负债之分，在还款顺序上也是先还流动负债，后还非流动负债，因此，负债项目的排列也应是流动负债在前，非流动负债在后，并且每部分还应按偿还的先后顺序具体排列各项目。例如，流动负债中"短期借款"始终都是最先要求偿还的，因此，总是排在负债的最前面。

3. 所有者权益项目的排列

所有者权益有实收资本、资本公积、盈余公积、未分配利润之分，这些权益中起根本性作用的是实收资本，因此，所有者权益各项目应按其作用大小排列顺序。

（二）资产负债表的列报方式

将上述资产负债表各项目内容加以汇总后，就可形成资产负债表的基本列报格式。这些格式根据编制和使用者的爱好，可采用账户式和报告式两种。

1. 账户式资产负债表

账户式资产负债表就是根据"资产＝负债＋所有者权益"这一会计等式，以等号为界，将资产项目列在表的左方，负债和所有者权益列在表的右方，且资产项目的余额一般在借方，负债和所有者权益的余额一般在贷方，从而就形成了借贷记账法下"T"型账户的基本格式，并且通过左右两方"资产总计"和"负债及所有者权益总计"应相等来检验资产负债表编制的逻辑准确性。账户式资产负债表的基本格式如表 8-1 所示。

表 8-1　账户式资产负债表（简化）

资产：		负债：	
流动资产	×××	流动负债	×××
		非流动负债	×××
非流动资产	×××	负债合计	×××
		所有者权益：	

续表

资产:		负债:	
		股本	×××
		留存收益	×××
		所有者权益合计	×××
资产总计	×××	负债和所有者权益总计	×××

采用账户式资产负债表，可以充分展现"资产"与"负债和所有者权益"的等量关系，使之一目了然，也便于检验编制过程的正确性。所以，在世界各国，包括中国，一般都习惯于采用这种格式。

2. 报告式资产负债表

报告式资产负债表是按照资产、负债和所有者权益的顺序将其垂直排列在一张表格中，如同向有关方面报告事项一样进行报告的一种格式。报告式资产负债表的基本格式如表8-2所示。

表 8-2　报告式资产负债表（简化）

资产：	
流动资产	×××
非流动资产	×××
资产总计	×××
负债：	
流动负债	×××
非流动负债	×××
负债合计	×××
所有者权益：	
股本	×××
留存收益	×××
所有者权益合计	×××

采用报告式，虽然便于按顺序阅读，也便于根据需要将各部分的内容进行组合排列，但是，在内容较多的情况下，报表将会显得过长，不便于存放。所以，这种格式我国已不采用。上述资产负债表的基本结构中的金额栏，可根据实际需要区分为"年初数""期末数"等。

四、资产负债表的数据产生依据及编制方法

为了保证财务报表指标口径的统一，便于会计信息利用者对此进行汇总分析，我国《企业会计准则》中对财务报表主要指标都是统一设计的，资产负债表也是如此。就资产负债表来说，尽管它是依据全部总分类账户和有关明细分类账户的余额填列，但是，其内容主要是为会计信息使用者阅读资产负债表，理解、分析企业财务状况服务的，所以，其内容指标的设计上并不是各个账户的如实罗列；再者，受不同行业特点、企业具体情况的影响，

在其账户的名称、核算内容等方面将存在许多差别。根据资产负债表的一般内容规律，其编制原理可概括为以下几点。

（一）真正理解各项目属性，正确选择会计账户内容

由于资产负债表的各项目与会计账户并非存在固定的一一对应关系，绝大部分项目可能与某一会计账户完全一致，少部分项目则可能与两个或两个以上的会计账户的内容一致，有的项目还可能视会计账户的余额方向而与其对应。这样，必须在认真理解各项目归属位置进行填列。

（1）根据总账账户的余额直接填列。当报表项目与会计账户名称完全一致时，有的可用账簿余额直接填写报表项目。包括"应收票据""长期股权投资""长期待摊费用""短期借款""应付票据""预计负债""实收资本""资本公积""盈余公积"等项目。

（2）根据总账账户余额计算填列。当报表项目与会计账户名称完全不一致时，则应根据项目性质和有关账户的相互关系，按照其相关账户的余额合计数填列。如"货币资金"项目是根据"现金""银行存款""其他货币资金"账户的余额合计数填列，"存货"项目是根据"原材料""生产成本""库存商品"等账户余额合计数填列。

（3）根据明细账户余额计算填列。当报表项目与会计账户名称完全一致，但报表项目有特殊要求，应根据明细账户余额分析计算填列。如"应收账款"项目是根据"应收账款""预收账款"所属明细账户借方余额合计数减去"坏账准备"余额后填列；"应付账款"项目是根据"应付账款""预付账款"明细账户贷方余额合计数填列；"预收款项"项目是根据"预收账款""应收账款"明细账户贷方余额合计数填列；"预付款项"项目是根据"预付账款""应付账款"明细账户借方余额合计数填列等。

（4）根据总账账户和明细账户的余额计算填列。当报表项目与会计账户名称完全一致，但报表项目有特殊要求，应根据总账账户和明细账户的余额计算填列。

（5）根据账户余额减去其备抵项目后的净额填列。当存在有备抵调整关系、需要按净额反映的项目时，就应按被调整账户余额减去调整账户余额后的净额计算填列，主要涉及计提资产减值准备、计提折旧和摊销等资产项目。如"固定资产"项目是根据"固定资产"账户借方余额减去"累计折旧"账户和"固定资产减值准备"账户贷方余额后的金额，以及"固定资产清理"科目的期末余额填列。

（二）准确运用数字符号，反映项目性质

为了使资产负债表的使用者能准确理解资产负债表的内容，在填列该表时，对各数字的正负号要正确选用，以充分体现各项目的性质。其中，若需用正号的，在数字前面不需要加注明；若需用负号的，则要在数字前面加上"－"号表示，以反映各项目相反方向的变化记录。对此的处理，主要有两种不同的方法。

第一种方法是，凡没有对应项目反映相反方向记录的，出现相反方向时，以"－"号填列。如表中的"应付职工薪酬""应交税费""其他应付款"等项目，一般都是以其对应会计账户贷方余额填列的，但若出现借方金额时，表中又无对应项目，则应以"－"号

表示余额。

第二种方法是，凡有对应项目可反映相反方向记录的，则可在对应项目中仍以正号表示余额，不必用"－"号。例如，"应收账款""预收账款""应付账款""预付账款"等项目是根据有关账户余额的方向，在相对应的项目中直接用"＋"号表示。

（三）根据对应勾稽关系进行核对

编制完毕后，要根据资产负债表中有关项目的对应勾稽关系进行核对，以检验编制内容的正确性这些对应勾稽关系主要有："资产总计"应等于"负债及所有者权益总计"；资产负债表中的"未分配利润"项目的数额应等于所有者权益变动表中"未分配利润"项目的"本年年末余额"数。

除上述之外，在我国，资产负债表"年初数"各项目数字，应根据上年末资产负债表"期末数"栏内数字填列。

关于资产负债表的具体编制方法，则将在本系列教材《财务会计学》中详细说明，在此不予多述。《企业会计准则第30号——财务报表列报应用指南》（以下简称《财务报表列报准则应用指南》）中对一般企业资产负债表的内容格式规范如表8-3所示。

表8-3　资产负债表

会企01表

编制单位：　　　　　　　　　　　年　月　　　　　　　　　　　单位：元

资产	行次	期末余额	年初余额	负债和所有者权益（或股东权益）	行次	期末余额	年初余额
流动资产：				流动负债：			
货币资金				短期借款			
交易性金融资产				交易性金融负债			
衍生金融资产				衍生金融负债			
应收票据				应付票据			
应收账款				应付账款			
应收款项融资				预收款项			
预付款项				合同负债			
其他应收款				应付职工薪酬			
存货				应交税费			
合同资产				其他应付款			
持有待售资产				持有待售负债			
一年内到期的非流动资产				一年内到期的非流动负债			
其他流动资产				其他流动负债			
流动资产合计				流动负债合计			
非流动资产：				非流动负债：			
债权投资				长期借款			

续表

资产	行次	期末余额	年初余额	负债和所有者权益（或股东权益）	行次	期末余额	年初余额
其他债权投资				应付债券			
长期应收款				其中：优先股			
长期股权投资				永续债			
其他权益工具投资				租赁负债			
其他非流动金融资产				长期应付款			
投资性房地产				预计负债			
固定资产				递延收益			
在建工程				递延所得税负债			
生产性生物资产				其他非流动负债			
油气资产				非流动负债合计			
使用权资产				负债合计			
无形资产				所有者权益（或股东权益）：			
开发支出				实收资本（或股本）			
商誉				其他权益工具			
长期待摊费用				其中：优先股			
递延所得税资产				永续债			
其他非流动资产				资本公积			
非流动资产合计				减：库存股			
				其他综合收益			
				专项储备			
				盈余公积			
				未分配利润			
				所有者权益（或股东权益）合计			
资产总计				负债和所有者权益（或股东权益）总计			

第三节 利 润 表

一、利润表概述

据查尔斯·吉布森1996年在一项对美国500家最大公司的总会计师进行的调查，

企业财务报告中所提供的各项财务指标，重要等级居前三位的分别是每股收益、税后权益收益率和税后净利润率。这三个指标均是与企业经营成果相关联的获利能力指标。企业经营成果是几乎所有会计信息使用者所共同关心的内容，因为它关系到投资者的投资回报、债权人的债务偿还、管理者的经营水平、政府的税收、职工的薪酬待遇等诸多方面的问题。那么企业的经营成果应如何计算呢？它又是如何在企业财务报告中反映出来的呢？

企业的经营成果也称经营业绩，是指企业在一个会计期间内从事生产经营活动所取得的最终成果，是资金运动显著变动状态的主要体现。它在会计上的体现就是综合收益。

企业一定期间的经营成果主要通过编制利润表来反映。

利润表是反映企业在一定期间的经营成果的报表，在西方国家，也称为"收益表"或"利润表"。它反映的是企业在一定时期内的收入、费用及直接计入利润的利得和损失，以及通过收入与费用的配比而计算出来的这一会计期间的综合收益总额。

企业的收入、费用是随着企业的经济活动而不断发生的，利润表就是对一定期间企业经营成果的总括反映，这与资产负债表只反映某一时点的财务状况是不相同的。因此，利润表属于动态报表。如果把资产负债表比喻成企业财务状况的一张"照片"，那么利润表则是反映企业一段时期经营成果的一段"录像"。

通过利润表，可以了解企业在一定期间内获取经营业绩的大小，借以考察企业的经营管理水平和获利能力；通过利润表中利润计算过程及利润总额同目标利润对比后，借以评价企业目标利润规划的实现情况；通过利润表，可使投资者及时了解对企业的投资前景，和应得的投资报酬率的大小，为其进一步进行决策提供所需的信息；通过利润表的纵向和横向的对比分析，可以了解利润升降的水平和原因，为未来经营期的目标利润规划提供信息。将利润表信息和资产负债表信息相结合，还可以进行如资产利润率、资本利润率等更多的财务分析，这在其他的会计学专业教材中还将会详细阐述。

二、利润表的设计原理

利润表的设计，是以权责发生制为基本前提，在资产负债观下，根据交易或事项所引起的资产、负债要素的变化结果在收入、费用上的反映，以"收入－费用＝利润"这一反映经营成果的会计等式为理论基础，结合会计信息使用者的要求，充分考虑重要性原则，通过分类反映各种利润信息的形式进行设计。

基于此设计原理，"IAS 1"中指出，利润表内至少应包括反映下列收入和费用金额的项目：收入；经营活动的成果；融资成本；用权益法核算的联营企业和合营企业投资的利润与亏损份额；所得税费用；正常活动损益；非常项目；少数股东权益和当期净损益。

三、利润表的列报方式

遵循上述利润表的设计原理，国际上普遍的利润表列报均按"收入－费用＝利润"

这一公式进行列报。但由于各国对费用制定的列报原则有所不同，利润表列报方式被分为单步式利润表和多步式利润表两种，在不同的格式下形成了不同的项目排列方式。现分述如下。

（一）费用的列报原则

IASB 在"IAS 1"中鼓励企业在利润表中采用一种分类对费用进行分析，该分类以"企业范围内收益和费用的性质或其功能为基础"。这就是目前国际上常见的两种费用列报原则"费用性质法"和"费用功能法"。

费用性质法，就是将费用按照其性质（例如折旧、原材料购买成本、运输费用、工资和薪水、广告费用等）在收益表内以总额反映，无须在企业范围内不同的功能单位之间进行分摊。这里所谓的费用的"性质"，其实质就是说明：费用是什么，钱花到哪里了。

费用功能法，就是将费用按照其功能进行分类并加以列报。通常费用按其功能划分为营业成本、销售费用和管理费用等。这种分析列报原则，需要将性质法下归集的各性质费用总额按一定的方法分配到不同功能的单位。

两种列报原则主要的区别在于对费用具体分类标准不同，实际对利润的计算结果不会产生影响，只是计算过程和报表格式的差异。例如，按费用性质列示企业本月工资薪酬支出 5 万元，原材料费用 3 万元，折旧 0.8 万元，费用总计为 8.8 万元。按费用功能则需把上述金额按实际费用的功能进行计算分摊，其中工资薪酬支出的 5 万元分摊到营业成本 3 万元，管理费用 2 万元；原材料费用 3 万元分摊到营业成本 2.8 万元，销售费用 0.2 万元。折旧费用 0.8 万元分摊到营业成本 0.5 万元，销售费用 0.2 万元，管理费用 0.1 万元。最终费用功能法下，费用列报为：营业成本 6.3 万元，销售费用 0.4 万元，管理费用 2.1 万元。费用总计仍为 8.8 万元。

目前，在欧洲国家和地区，费用性质法得到广泛应用。而我国、美国和日本等国主要采用的是费用功能法。我国《财务报表列报准则》中规定，企业在利润表中应当对费用按照功能分类，分为从事经营业务发生的成本、管理费用、销售费用和财务费用等。

（二）利润表的列报格式

基于上述两种不同的费用列报原则，利润表对应采用了不同的列报格式。即基于费用性质法的单步式利润表和基于费用功能法的多步式利润表。

1. 基于费用性质法的单步式利润表

单步式利润表，是将本期所有收入加在一起然后再把所有费用支出加在一起，两者相减，一次计算出损益，所以也称一步式利润表。在项目排列上，按照经营成果的计算原理，并考虑各项内容的重要性进行排序。基于费用性质法的单步式利润表（简化表），如表 8-4 所示。

表 8-4 利润表（简表）

年　　月

项目	上期金额	本期金额
收入		
其他经营收益		
产成品和在产品的变动		
耗用的原材料和易耗品		
雇员成本		
折旧和摊销费用		
其他经营费用		
经营费用总额		
经营活动形成的利润		

表中各项费用直接按其性质列报总额，其中当期产成品和在产品的变动表示对生产费用的调整，以反映生产使存货增加或超过生产量的销售使存货减少的情况。但是，所采用的列报方式并不意味着该金额代表收益。

这种单步式利润表的优点是较为直观、简单，编制也方便；同时也减少了将费用分摊给各功能单位时可能的随意性和人为因素；但缺点是没有揭示出收入与费用之间的联系，满足不了报表使用者进行具体分析的需要，也不利于同行业之间的报表进行比较评价。

2. 基于费用功能法的多步式利润表

所谓多步式利润表，是指根据各种收入与费用的配比关系、各种利润的构成以及净利润的计算过程，分步列示出净损益的一种格式。所以，利润表也可以称为利润计算表，各步骤中各项目排列仍然遵循经营成果的计算原理以及各项内容的重要性的排序原则。其步骤主要如下。

第一步，以营业收入为起点，减去营业成本、税金及附加，再减去销售费用、管理费用、财务费用、研发费用、信用减值损失、资产减值损失，加上投资收益、公允价值变动收益和资产处置收益，求得营业利润。

第二步，在营业利润的基础上，加上营业外收入，减去营业外支出，求得利润总额。

第三步，在利润总额的基础上，减去所得税费用，求得净利润。

如果企业为股份公司，应列示基本每股收益与稀释每股收益。

采用多步式利润表，可以将损益的构成分项列示，并对收入、费用按其功能进行归类，充分反映了营业利润、利润总额、净利润等指标，可以用来较为准确地评价企业管理部门的管理效能。但是，将收入和费用人为地安排了配比关系和层次之分，缺乏充足的事实根据。我国企业利润表采用多步式格式，我国《财务报表列报准则应用指南》中对一般企业利润表的格式规范如表 8-5 所示。

表 8-5 利 润 表

会企 02 表

编制单位： ＿＿＿＿年＿月　　　　　　　　　　　　　单位：元

项　目	本期金额	上期金额
一、营业收入		
减：营业成本		
税金及附加		
销售费用		
管理费用		
研发费用		
财务费用		
其中：利息费用		
利息收入		
加：其他收益		
投资收益（损失以"－"号填列）		
其中：对联营企业和合营企业的投资收益		
以摊余成本计量的金融资产终止确认收益（损失以"－"填列）		
净敞口套期收益（损失以"－"填列）		
公允价值变动收益（损失以"－"号填列）		
信用减值损失（损失以"－"号填列）		
资产减值损失（损失以"－"号填列）		
资产处置收益（损失以"－"号填列）		
二、营业利润（亏损以"－"号填列）		
加：营业外收入		
减：营业外支出		
三、利润总额（亏损总额以"－"号填列）		
减：所得税费用		
四、净利润（净亏损以"－"号填列）		
（一）持续经营净利润（净亏损以"－"号填列）		
（二）终止经营净利润（净亏损以"－"号填列）		
五、其他综合收益的税后净额		
（一）不能重分类进损益的其他综合收益		
1.重新计量设定受益计划变动额		
2.权益法下不能转损益的其他综合收益		
3.其他权益工具投资公允价值变动		
4.企业自身信用风险公允价值变动		
……		

续表

项目	本期金额	上期金额
（二）将重分类进损益的其他综合收益		
1.权益法下可转损益的其他综合收益		
2.其他债权投资公允价值变动损益		
3.金融资产重分类计入其他综合收益的金额		
4.其他债权投资信用减值准备		
5.现金流量套期损益		
6.外币财务报表折算差额		
……		
六、综合收益总额		
七、每股收益		
（一）基本每股收益		
（二）稀释每股收益		

3. 关于其他综合收益的列报。

IASB 于 2007 年 9 月发布了对国际列报准则的修订，引入了"综合收益"的概念。2011 年 6 月 16 日，IASB 正式发布了《对〈国际会计准则第 1 号——财务报表列报〉的修改——其他综合收益项目的列报》，将其他综合收益项目划分为"满足特定条件时后续将重分类计入损益的项目"和"不能重分类计入损益的项目"两类区别列报，并指出当企业选择以税前为基础列报其他综合收益项目时，要求将相关税收影响在上述两类项目之间分配。为此，2012 年我国在对《财务报表列报准则》的修订中做出了相应调整。

我国《财务报表列报准则》中关于综合收益的解释为："是指企业在某一期间除与所有者以其所有者身份进行的交易之外的其他交易或事项所引起的所有者权益变动。综合收益总额项目反映净利润和其他综合收益相加后的合计金额。"即

$$综合收益总额＝净利润＋其他综合收益$$

其中：

$$利润＝（收入－费用）＋直接计入利润的利得－直接计入利润的损失$$

我国《基本准则》第三十七条规定："利润是指企业在一定会计期间的经营成果，利润包括收入减去费用后的净额、直接计入当期利润的利得和损失等。"

我国《财务报表列报准则》中指出，"其他综合收益"是指企业根据《企业会计准则》规定未在当期损益中确认的各项利得和损失。并将其分为下列两类列报：①以后会计期间不能重分类进损益的其他综合收益项目，主要包括重新计量设定受益计划变动额、权益法下不能转损益的其他综合收益等项目。②以后会计期间在满足规定条件时将重分类进损益的其他综合收益项目，主要包括权益法下可转损益的其他综合收益、其他债权投资和其他权益工具投资公允价值变动损益、债权投资重分类其他债权投资或其他权益工具投资损益、现金流量套期损益的有效部分、外币财务报表折算差额等项目。

四、利润表的数据产生依据及编制方法

由于利润表的各项目与损益类账户基本一致，并且是利润计算表，因此，在其编制原理比较简单，主要应注意以下几个方面。

（1）利润表中"上期金额"栏内各项数字，应根据上年度利润表"本期金额"栏内所列数字填列。如果上年度利润表规定的各个项目的名称和内容同本年度不相一致，应对上年度利润表各项目的名称和数字按本年度的规定进行调整，填入本表"上期金额"栏内。

（2）利润表中各主要项目的"本期金额"栏内各项数字，应根据各有关账户发生额分析填列。具体分为以下三种类型。

第一种，依据对应账户发生额分析填列的项目。主要包括："税金及附加"项目、"销售费用"项目、"管理费用"项目、"财务费用"项目、"资产减值损失"项目、"营业外收入"项目、"营业外支出"项目和"所得税费用"项目等。其中，"营业外支出"项目下的"非流动资产处置损失"项目是依据"营业外支出"账户的明细账发生额分析填列。

第二种，依据相关账户发生额分析计算填列的项目。主要包括以下内容。

①"营业收入"项目，反映企业经营主要业务和其他业务所确认的收入总额，是依据"主营业务收入"和"其他业务收入"账户的贷方发生额计算填列；但若有销货退回时（即借方发生额），则要从中扣减后再予填列。

②"营业成本"项目，反映企业经营主要业务和其他业务发生的实际成本总额，依据"主营业务成本"和"其他业务成本"账户的借方发生额计算填列。

③"公允价值变动收益"项目，反映企业按照相关准则规定应当计入当期损益的资产或负债公允价值变动净收益，如交易性金融资产当期公允价值的变动额。依据"公允价值变动损益"账户的发生额分析填列。如为净损失，以"—"号填列。

④"投资收益"项目，反映企业以各种方式对外投资所取得的收益，是依据"投资收益"账户的发生额分析填列。如为净损失，以"—"号填列。若企业持有的交易性金融资产处置和出售时，处置收益部分应当自"公允价值变动损益"项目转出，列入本项目。其中，"对联营企业和合营企业的投资收益"项目是依据"投资收益"账户的明细分类账发生额分析填列。

第三种，直接计算填列项目。主要包括以下内容。

①"营业利润"项目、"利润总额"项目和"净利润"项目，是依据利润表内计算公式直接计算填列。如为亏损数，以"—"号填列。

②"基本每股收益"和"稀释每股收益"项目，应当依据《企业会计准则第34号——每股收益》的相关规定计算填列。

第四节 现金流量信息的披露

一、现金流量表概述

（一）现金流量的含义

1975年10月，美国最大的商业企业之一W.T.Grant公司宣告破产引起人们的广泛注意。令人不解的是，W.T.Grant公司在破产的前一年，即1974年，其营业净利润近1 000万美元，经营活动提供的营运资金2 000多万美元，银行扩大贷款总额达6亿美元。而在1973年年末，公司股票价格仍按其收益20倍的价格出售。为什么净利润和营运资金都为正数的公司会在一年后宣告破产？为什么投资者会购买一个濒临破产公司的股票而银行也乐于为其发放贷款，问题就出在投资者和债权人未对该公司的现金流动状况做深入的了解和分析。如果分析一下该公司的现金流量，就会发现早在破产前5年，即1970年，该公司的现金净流量就已出现负数。若如此，投资者就不会对一个现金严重短缺、毫无偿债能力的公司进行投资。这一事件使投资者认识到，简单地分析资产负债表、利润表已不能完全满足投资决策的需要。他们需要了解企业的现金流动状况，需要知道为什么盈利企业会走向破产？为什么亏损企业会发放股利？为什么经营净利润与经营现金净流量不相等？这类问题均可通过分析现金流量得以解答。

现金流量是指企业某一期间内的现金流入和流出的数量。例如：销售商品、提供劳务、出售固定资产、收回投资、借入资金等，形成企业的现金流入；购买商品、接受劳务、购建固定资产、现金投资、偿还债务等，形成企业的现金流出。现金净流量即企业某一时期现金流入流出的差额。现金就好比是企业的"血液"，现金流量显示的是一个企业的"造血机能"。当一个企业的现金净流量处于正值，即现金流入量大于流出量，说明企业"供血"正常；如果现金净流量长期处于负值，即现金流入量小于流出量，则说明企业处于"贫血"状态，如不及时改变这种情况，企业就会陷入因"失血"过多而"死亡"（破产）的危险。上例中的W.T.Grant公司就是一个典型的"失血死亡"案例。

那么如何能让关心现金流量的会计信息使用者得到有关的信息？企业通过编制现金流量表将其一定期间的现金流量信息反映在财务报告中。

（二）现金流量表的定义及作用

现金流量表是继资产负债表和利润表之后于20世纪80年代末期产生的一张财务报表，其前身是财务状况变动表。一出现其就立即引起了会计界乃至整个经济界的高度关注，其产生是与资产负债表和利润表存在先天不足、难于满足日益发展的社会经济的现实需要分不开的。1987年11月，美国财务会计准则委员会正式发布《财务会计准则公告第95号——现金流量表》，在国际上首次采用了现金流量表，之后，很快被世界各国效仿，现在已经正式成为国际通用的第三大报表。

现金流量表是反映企业在一定会计期间现金和现金等价物流入与流出的财务报表。现金流量表中的"现金"概念与"库存现金"不同，它是一个广义的概念，包括了现金及现金等价物。其中：现金是指企业的库存现金以及可以随时用于支付的存款（不能随时用于支付的存款不属于现金）；现金等价物是指企业持有期限短（一般指从购买之日起3个月内到期）、流动性强、易于转换为已知金额现金、价值变动风险很小的投资。现金等价物虽然不是现金，但其支付能力与现金的差别不大，可视为现金。如企业拥有的、可在证券市场上流通的3个月内到期的债券投资等。本节中提及现金时，除非同时提及现金等价物，均包括现金和现金等价物。

现金流量表的作用主要表现为：可以为会计信息使用者提供详尽的现金流入、流出及现金净流量等信息，以便于其了解和评价获取现金的能力，并据以预测未来的现金流量；通过将权责发生制下的财务状况信息转换为现金制下反映，可以弥补资产负债表和利润表的不足之处，使之成为连接资产负债表和利润表的"桥梁"；有助于会计信息使用者评价企业净资产变动情况、财务资源的大小、财务结构优劣（包括资产流动性和偿债能力）、应付财务风险的能力以及收益质量的高低等。

二、现金流量表的设计原理与基本结构

（一）现金流量表的基本内容

为了满足会计信息使用者阅读和利用现金流量表的需要，现金流量表不仅要反映现金流入、流出的信息，而且还应结合企业的各类活动，分类予以反映各类活动对现金流量的影响及现金流量过程。因此，结合企业活动类别，可以将现金流量的内容分为以下三大类。

1. 经营活动产生的现金流量

经营活动包括企业投资活动和筹资活动以外的所有交易与事项。由于行业特点不同，不同类别的企业，对经营活动范围的认定不尽相同。就制造业企业来说，经营活动主要包括：销售商品、提供劳务、购买商品、支付职工薪酬、缴纳税费等。由经营活动而取得的现金收入和发生的现金支出构成经营活动产生的现金流量。

2. 投资活动产生的现金流量

投资活动是指企业非流动资产的购建和不包括在现金等价物范围内的投资及其处置活动。它主要包括：取得和收回投资、购建和处置固定资产、购买和处置无形资产及其他非流动资产等。由投资活动而取得的现金收入或发生的现金支出构成投资活动产生的现金流量。

3. 筹资活动产生的现金流量

筹资活动是指导致企业资本及债务规模和构成发生变化的活动。它主要包括：吸收投资、举借和偿还各种债务、分配利润、支付利息等。由筹资活动而取得的现金收入和发生

的现金支出构成筹资活动产生的现金流量。

（二）现金流量表的设计原理

现金流量表的设计，是以现金制为基本前提，以"现金流入－现金流出＝现金净流量"为理论基础，按照现金流量在企业各类活动中产生的原因，分别按经营活动、投资活动和筹资活动以及每类活动下的现金流入、现金流出及其结果情况进行分类反映，最后汇总列示出本期现金净增加（减少）额。另外，还应结合资产负债表和利润表，提供本期现金净增加（减少）额与现金期初、期末余额静态情况以及将净利润调节转换为经营活动现金流量情况，从而实现现金流量表与资产负债表和利润表的有机结合。

（三）现金流量表的格式与项目排列

根据我国《企业会计准则第31号——现金流量表》及其应用指南的规定，现金流量表主要分为正表和包含补充资料在内的报表附注两大部分。

现金流量表的正表由六项内容组成：一是经营活动产生的现金流量；二是投资活动产生的现金流量；三是筹资活动产生的现金流量；四是汇率变动对现金及现金等价物的影响；五是现金及现金等价物净增加额；六是期末现金及现金等价物余额。依据重要性原则以及各类活动中现金流入流出情况，分别按上述顺序进行项目排列。

报表附注中的补充资料主要有三项内容：一是将净利润调节为经营活动产生的现金流量；二是不涉及现金收支的重大投资和筹资活动；三是现金及现金等价物净变动情况。

就企业来说，由于日常的会计核算以权责发生制为基本前提，并未直接提供现金流量表编制所需的账簿资料，这是与资产负债表和利润表在资料基础上的明显区别，并为现金流量表的编制增加了很大难度。但会计信息使用者一方面需要了解现金流量的形成情况，另一方面还要了解现金流量在财务状况和经营成果形成中的具体表现，这就为现金流量信息的提供提出了特殊的要求，由此形成了直接按照现金流量形成情况进行编制和报告的方法，会计上称为"直接法"；同时，采用一定的方法将权责发生制下形成的净利润转换为现金制下的经营活动现金净流量进行编制和报告的方法，会计上称为"间接法"。这种转换之所以成为可能，主要是因为权责发生制下计算利润的原理（收入－费用＝利润）与现金制下计算现金净流量的原理（现金流入－现金流出＝现金净流量），从抽象为"收"和"支"或"进"和"出"的角度是相同的，不同之处在于是否为现金的收与支，而这种差别又反映在资产、负债各项目的变化中。而通过这种转换，正好可以将现金流量表信息与利润表和资产负债表信息进行有效的结合，进一步满足会计信息使用者对会计信息的多种需求。

我国《〈企业会计准则第31号——现金流量表〉应用指南》中对一般企业现金流量表正表的格式和项目排列规范如表8-6所示。

而现金流量表补充资料格式规范如表8-7所示。

表 8-6 现金流量表

会企 03 表

编制单位：　　　　　　　　　　　　　年　月　　　　　　　　　　单位：元

项　目	本期金额	上期金额
一、经营活动产生的现金流量：		
销售商品、提供劳务收到的现金		
收到的税费返还		
收到其他与经营活动有关的现金		
经营活动现金流入小计		
购买商品、接受劳务支付的现金		
支付给职工以及为职工支付的现金		
支付的各项税费		
支付其他与经营活动有关的现金		
经营活动现金流出小计		
经营活动产生的现金流量净额		
二、投资活动产生的现金流量：		
收回投资收到的现金		
取得投资收益收到的现金		
处置固定资产、无形资产和其他非流动资产收回的现金净额		
处置子公司及其他营业单位收到的现金净额		
收到其他与投资活动有关的现金		
投资活动现金流入小计		
购建固定资产、无形资产和其他非流动资产支付的现金		
投资支付的现金		
取得子公司及其他营业单位支付的现金净额		
支付其他与投资活动有关的现金		
投资活动现金流出小计		
投资活动产生的现金流量净额		
三、筹资活动产生的现金流量：		
吸收投资收到的现金		
取得借款收到的现金		
收到其他与筹资活动有关的现金		
筹资活动现金流入小计		
偿还债务支付的现金		
分配股利、利润或偿付利息支付的现金		
支付其他与筹资活动有关的现金		
筹资活动现金流出小计		
筹资活动产生的现金流量净额		
四、汇率变动对现金及现金等价物的影响		
五、现金及现金等价物净增加额		
六、期末现金及现金等价物余额		

表 8-7 现金流量表补充资料

补充资料	本期金额	上期金额
1. 将净利润调节为经营活动现金流量：		
净利润		
加：资产减值准备		
固定资产折旧、油气资产折耗、生产性生物资产折旧		
无形资产摊销		
长期待摊费用摊销		
处置固定资产、无形资产和其他非流动资产的损失（收益以"－"号填列）		
固定资产报废损失（收益以"－"号填列）		
公允价值变动损失（收益以"－"号填列）		
财务费用（收益以"－"号填列）		
投资损失（收益以"－"号填列）		
递延所得税资产减少（增加以"－"号填列）		
递延所得税负债增加（减少以"－"号填列）		
存货的减少（增加以"－"号填列）		
经营性应收项目的减少（增加以"－"号填列）		
经营性应付项目的增加（减少以"－"号填列）		
其他		
经营活动产生的现金流量净额		
2. 不涉及现金收支的重大投资和筹资活动：		
债务转为资本		
一年内到期的可转换公司债券		
融资租入固定资产		
3. 现金及现金等价物净变动情况：		
现金的期末余额		
减：现金的期初余额		
加：现金等价物的期末余额		
减：现金等价物的期初余额		
现金及现金等价物净增加额		

由于现金流量表的编制主要是依据资产负债表和利润表的资料，采用专门的方法，通过将权责发生制转换为现金制来实现的，编制过程比资产负债表和利润表复杂得多，所以，本教材不再详细讲述，具体编制方法可以参考《财务会计学》的相关内容。

练 习 题

练习题 1

一、目的： 初步练习资产负债表和利润表的编制。
二、资料：
远东飞机工业有限公司 202×年 4 月份的相关会计资料如下。

1. 远东飞机工业公司202×年4月1日有关账户余额如下表所示。

账户名称	借 方	贷 方	账户名称	借 方	贷 方
库存现金	3 000		短期借款		350 000
银行存款	300 000		应付账款		107 600
应收账款	30 000		应付职工薪酬		42 000
其他应收款	2 400		应交税费		2 300
原材料	400 000		实收资本		1 000 000
库存商品	125 000		盈余公积		50 000
固定资产	911 500		利润分配		105 000
累计折旧		115 000			

2. 远东飞机工业公司202×年4月发生的交易或事项如下。

（1）1日，从银行提取库存现金42 000元。

（2）1日，以库存现金发放3月份职工薪酬42 000元。

（3）1日，从银行借入短期借款100 000元。

（4）2日，公司财务部购买办公用品200元，以库存现金支付。

（5）2日，从海通公司购入原材料100 000元，材料已验收入库，但材料款尚未付讫。

（6）5日，办公室李强借差旅费1 500元，以库存现金支付。

（7）5日，通过开户银行收回东方集团公司所欠货款24 000元。

（8）5日，用银行存款支付海通公司原材料款100 000元。

（9）5日，购入原材料50 000元，材料已验收入库，材料款以银行存款付讫。

（10）10日，摩根公司购买产品180 000元，货款尚未收讫。

（11）10日，以库存现金支付销售A产品的装卸费、运输费共计900元。

（12）12日，发出原材料90 000元，用于产品生产。

（13）14日，财务部以银行存款支付3月应缴税费2 300元。

（14）15日，李强报销差旅费1 300元，余款以现金退回。

（15）15日，以银行存款支付公司产品宣传费18 000元。

（16）19日，接银行收款通知单，收回摩根公司购货款180 000元。

（17）19日，雅芳公司购买产品65 000元，货款已由银行当日收讫。

（18）30日，提取4月职工薪酬，车间工人薪酬16 000元，管理人员薪酬12 000元；公司管理人员薪酬20 000元。

（19）30日，计提固定资产折旧，车间提取8 000元，公司管理部门提取2 000元。

（20）30日，以银行存款支付4月的借款利息700元。

（21）30日，全月投产产品全部完工入库，结转制造费用，并结转实际生产成本126 000元。

（22）30日，结转本月产成品销售成本150 000元。

（23）30日，计算当月应计提税金及其教育费附加2 000元。

（24）30日，结转计算本月利润，并按10%比例计提盈余公积金。

三、要求：根据远东飞机工业公司202×年4月的交易或事项资料，采用单一式会计信息流程，编制记账凭证，登记日记账和明细分类账及其总分类账，并编制202×年4月的利润表和资产负债表。

练习题 2

一、目的：初步认识现金流量表的相关内容。

二、资料：

某企业在某一会计期间内发生下列业务。

（1）向商品供应商支付 96 000 元现金。

（2）发行普通股，收到 200 000 元现金。

（3）本期销售活动共产生 49 200 元的现金收入。

（4）从上期赊购商品的客户获得 22 700 元现金。

（5）收到客户预付 1 800 元商品款，商品将在下期交付。

（6）支付债务利息，动用现金 16 000 元。

（7）购置土地，花费 40 000 元现金。

（8）支付 25 300 元的现金，支付员工的劳务报酬。

（9）支付 7 600 元现金，用以支付员工属于上期的劳务报酬。

（10）开出应付票据以购置一套设备。

（11）向股东支付 100 000 元现金股利。

（12）动用 50 000 元现金偿还到期债务。

（13）动用 6 5000 元现金购买 ABC 公司股票。

（14）收到 ABC 公司支付的 3 000 元股利。

三、要求：根据上述资料，区分哪项交易或事项应列入现金流量表以及应列入现金流量表中的哪类活动？如果某项交易不出现在现金流量表中，试说明原因。

练习题 3

一、目的：初步认识财务报表附注及其披露方式的相关内容。

二、资料：

下列五种情况可能需要在财务报表附注中予以披露。

（1）ABC 公司利用加速折旧法计提固定资产折旧，这是适用于此类项目的会计方法的一种。

（2）Matrix 设计公司中最著名的设计师 Henry 离开了公司，去了竞争对手那里工作。

（3）在资产负债表日后，财务报表发布前，某食品公司两个加工厂的一个毁于火灾，将至少 3 个月无法开工。

（4）软件系统公司的管理层认为公司开发出一套能够淘汰现有 Windows 操作系统的新系统软件，如果他们是正确的，公司的利润将增长 10 倍。

（5）学校管理公司没收了学生交纳的 500 元抵押金，由于这些学生违反校规，擅自在宿舍使用电炉。这些学生正在对公司进行起诉。

三、要求：根据每种情况，解释其中哪些是需要披露的会计信息，并说明披露的原因。

第九章
会计工作的组织保障

学习提示

重点：会计工作组织架构的设计与会计工作分工，会计人员的配备与管理，会计信息档案管理。

难点：会计工作组织架构的设计与会计工作分工，会计人员的配备与管理。

导入案例

简·金伯森是布朗·摩尔经纪公司在哥伦比亚的密苏里办事处的出纳。当阑尾炎使她不得不休假时，其业务主任布鲁斯·里奇发现了她的问题——有顾客抱怨没有收到他们存款的信用卡。由此里奇发现了一个她经过精心策划长达5年的贪污公款行为。

法庭发现金伯森在这一"拆东墙、补西墙"的诡计中共盗窃现金610 934美元。她不断地把顾客的存款转入到她个人的账户，并把其他客户的钱转过来以隐瞒自己的贪污行为。用这种方法，只要她出面回答顾客的质询——简单地解释为账户的暂时不平衡，就可把该顾客的账户转平。但当金伯森住院后其继任不能解释这种顾客账户的异常现象，最后所有的调查证据都证明了金伯森的罪行，她被判入狱，而里奇也明白了金伯森以前从未休假的原因。

分析和讨论：①布朗·摩尔公司的问题出在哪儿？②怎样能够避免简·金伯森的贪污行为？③类似布朗·摩尔公司的这种贪污问题能否彻底消除？④怎样能避免类似的工作失误？

第一节 会计工作组织架构设计

一、会计工作组织及作用

（一）会计工作组织的定义

会计工作组织是指按照国家有关规定，结合本单位经营具体情况，把会计主体的各项会计工作科学合理地组织起来，以确保与其他管理工作分工协调，相互配合，共同完成相应的工作任务。

会计工作组织一般包括设置会计机构、配备会计人员、会计法规的制定与执行和会计档案的管理。会计机构是直接从事和组织领导会计工作的职能部门，是加强会计工作保证会计工作顺利进行的重要条件。在会计机构内部要合理地配备会计人员，按照会计工作内容分工，建立健全岗位责任制度，促进会计人员努力提高业务技术能力，做好会计工作。在组建会计工作组织时，必须按照国家统一规定，结合本单位的具体情况进行，并与各种经营和管理工作密切配合，相互促进分工协作，共同完成工作任务。会计档案的管理也是会计组织的一项重要内容。正确组织会计工作，是完成会计任务、发挥会计作用的重要前提。

由于会计工作的组织形式不同，财务会计机构的具体工作范围也有所不同。会计工作的组织形式有独立核算和非独立核算、集中核算和非集中核算、专业核算和群众核算几种组织形式。

1. 独立核算和非独立核算

独立核算是指对本单位的业务经营过程及其结果，进行全面的、系统的会计核算。实行独立核算的单位称为独立核算单位，它的特点是具有一定的资金，在银行单独开户，独立经营、计算盈亏，具有完整的账簿系统，定期编制报表。独立核算单位应单独设置会计机构，配备必要的会计人员，如果会计业务不多，也可只设专职会计人员。

非独立核算又称报账制。实行非独立核算的单位称为报账单位。它是由上级拨给一定的备用金和物资，平时进行原始凭证的填制和整理，以及备用金账和实物账的登记，定期将收入、支出向上级报销，由上级汇总，它本身不独立计算盈亏，也不编制报表。如商业企业所属的分销店就属于非独立核算单位。非独立核算单位一般不设置专门的会计机构，但需配备专职会计人员，负责处理日常的会计事务。

2. 集中核算和非集中核算

集中核算就是将企业的主要会计工作都集中在企业会计机构内进行。企业内部的各部门、各单位一般不进行单独核算，只是对所发生的经济业务进行原始记录，办理原始凭证的取得、填制、审核和汇总工作，并定期将这些资料报送企业会计部门进行总分类核算和明细分类核算。实行集中核算，可以减少核算层次，精简会计人员，但是企业各部门和各单位不便于及时利用核算资料进行日常的考核和分析。

非集中核算又称为分散核算。就是企业的内部单位要对本身所发生的经济业务进行比较全面的会计核算。如在工业企业里，车间设置成本明细账，登记本车间发生的生产成本并计算出所完成产品的车间成本，厂部会计部门只根据车间报送的资料进行产品成本的总分类核算。

又如在商业企业里，把库存商品的明细核算和某些费用的核算等，分散在各业务部门进行，至于会计报表的编制以及不宜分散核算的工作，如物资供销、现金收支、银行存款收支、对外往来结算等，仍由企业会计部门集中办理。实行非集中核算，使企业内部各部门、各单位能够及时了解本部门，本单位的经济活动情况，有利于及时分析、解决问题；但这种组织形式会增加核算手续和核算层次。

3. 专业核算和群众核算

专业核算是由专职会计人员进行核算。群众核算是由职工群众参加进行的经济核算，如工业企业的班组核算和商业企业的柜组核算等。其具体做法是，确定核算单位，制定核算指标，推选群众核算员，定期计算各项经济指标的实绩和得失以及开展劳动竞赛等。群众核算可以使群众及时了解班组或柜组完成的业绩，激发广大职工群众的生产积极性和主动性。

（二）会计工作组织的作用

科学地组织会计工作对于完成会计职能、实现会计目标、发挥会计在经济管理中的作用具有十分重要的意义，其具体表现在以下几个方面。

1. 有利于提高会计工作的质量和效率

科学合理地开展会计组织工作，可以根据企业和经济组织自身的特点，制定适应于自身的会计制度，对会计机构的设置和会计人员的配备做出切合实际的安排，并力求科学合理，避免机构重设、人浮于事的现象。这都将会有利于会计工作的质量和效率。

2. 有利于结合单位实际实现各项管理工作的协同效应

每个会计主体的经济活动的特点、业务性质、业务内容和范围有所不同，在管理上对会计信息的具体要求也有一定的差别。合理组织会计工作，既要遵循国家的统一要求，又要在会计机构的设置、会计人员的分工以及会计信息流程的确定等方面结合本单位的具体情况和要求，做出切合实际的安排并采取具体的实施办法，达到会计各项工作之间以及与会计其他经济管理工作之间的协同效应。

3. 有利于加强内部控制与经济责任制

在组织会计工作时要求遵循内部控制和经济责任制，一方面要求遵循内部控制的原则，另一方面要求建立和完善会计工作自身的责任制。而内部控制的核心是在会计工作的过程中形成相互牵制的机制，防止会计工作中的失误和弊端。对会计工作进行合理分工，不同岗位会计人员各司其职，使得会计工作和会计处理程序达到规范化、制度化和条理化。显然，合理的会计工作组织有利于加强内部控制与经济责任制。

二、会计工作组织的构成要素

（一）基本要素

会计工作组织的基本构成要素是具有专业技能的会计人员。开展会计工作要根据单位的业务实际设置会计机构，配备会计人员；不具备设置条件的，应当委托经批准设立从事会计代理记账业务的中介机构代理记账。开展会计组织工作需要具有专业技能的会计人员，而会计人员无论是数量上还是能力素质方面都要符合一定的要求：其中包括按照工作特性和有关内部控制制度的要求，设定会计人员可以实行一人多岗或者一岗多人，在分工合理的同时，对于不同的会计工作岗位的会计人员做出技能素质的要求。

（二）前提要素

会计工作组织的前提要素是要实现会计的目标，即提供有用的会计信息。会计工作要实现会计提供信息的基本功能和目标，在开展会计工作组织过程中就需要把发挥会计的职能作用作为一个重要的考虑因素，包括会计部门设立的繁简、人员配备的多少都要围绕着会计提供有用高效的会计信息的这个前提来展开组织和管理。

（三）载体要素

开展会计组织工作需要具体对会计分工、岗位设置及职责权限和工作的交接做出明确规定，而这些都构成了会计工作组织的载体要素。会计工作的分工要遵循合规合法、高效、合理的原则；会计岗位的设置及权限是实现会计工作高效合理的保障；在工作过程中会计工作的轮换与交接也必须做出规范。

（四）环境要素

会计工作组织与其他组织一样具有开放性、系统性、目的性和协作性的特征，组织的开放性和系统性决定了组织的一个重要要素就是组织环境，它包括外部环境和内部环境。任何组织都处于一定的外部环境中，会计工作组织外部环境涉及有关会计信息的外部需求者的各个方面，包括会计信息处理所影响的各种外部的环境；会计工作组织的内部环境主要是指会计工作组织内部的成员或群体之间的关系模式所构成的环境，包括组织对会计管理的要求、会计管理的模式和影响会计信息加工处理的内部环境等方面。也正是由于会计工作组织的环境因素的存在，会计工作组织的管理必须对环境做出反应，并以权变的思维来开展会计组织工作的管理。

（五）维持要素

会计工作组织的正常运转离不开协同管理，协同管理构成了会计工作组织的维持要素。会计工作组织的维持要通过一定的规范和制度来加以约束而实现。在会计工作组织管理过程中的主要约束制度和规范包括：会计基础工作规范、单位内部会计制度、会计内部控制制度和会计信息档案管理的规范等。

三、会计工作组织的设计要求

（一）合法性要求

会计工作组织的设计要符合相关法律的规定，做到合法性。随着我国法治化建设的进一步推进，企业、事业、机关和团体等单位的经济管理活动不仅受市场规律的制约和作用，而且还受法律的制约，会计工作组织也不例外，尤其在许多重要的会计工作方面国家都通过法律的形式做了统一的规定和要求。如《中华人民共和国会计法》，它以法律形式确定了会计工作的地位、任务和作用，它是正确组织会计工作的依据和准绳；规范全国的会计管理，是国家确定方针、政策，进行国民经济宏观调控的重要保证。会计工作组织受到各种法规、制度的制约，除了《会计法》外，还包括《中华人民共和国总会计师条例》《会计基础工作规范》《会计专业职务试行条例》《会计档案管理办法》和《会计电算化管理办法》等。遵循相关法规制度的要求是会计工作组织设计的一个最基本的要求。

扩展阅读9-1

《中华人民共和国会计法》（2020年修订草案）

（二）权变性要求

会计工作组织的设计要结合企业的内外部环境和自身的管理需求而展开。由于不同的会计主体的经济活动特性不同，所处的环境也不同，因地制宜地结合自身实际进行会计工作的组织设计是十分有必要的；而随着企业组织个体的不断发展变化，其所处的环境也会发生变化，原来的会计工作组织设计很可能会出现这样或那样的不合理性，这就需要会计工作组织在设计中遵循权变性要求，不断地以变革的思维去应对各种自身和环境的变化。

（三）效率性要求

在会计工作组织设计时，首先在保证会计工作质量的前提下，根据本单位的实际情况，力求精简节约，在会计机构的设置和会计人员的配备上，力求科学合理，避免机构重设、人浮于事；在会计凭证、账簿及报表的设计使用和各种会计处理程序的规定上，都要尽量简化。目前，会计的处理已全面实现电算化和网络资源共享，这更要求会计工作的组织逐步适应形势发展的需要，以提高工作效率。

（四）安全性要求

随着信息社会的发展，越来越多的信息实现了网络共享。会计信息由于其适用性强，涉及的业务广泛的原因，给会计信息的安全性带来了威胁，这就要求会计工作组织在设计过程中要具有一定的信息保护意识，防止网络黑客和不法分子的恶意破坏与信息的泄露，以免由于会计工作组织设计的安全性达不到要求而给单位组织带来不必要的损失。

（五）成本效益性要求

会计信息的处理和传递需要遵循成本效益原则。会计工作组织设计的目的就是要为会计提供有用会计信息，基于此会计工作组织的设计就更应该在成本和效益之间取得均衡，既不能为了降低成本而忽略效益的发挥，更不能为了效益而置成本于不顾。

四、会计工作组织的基本架构

会计工作组织是由相应的功能机构或科室构成，会计部门内部设置哪些机构是由会计的职能、管理的需求、会计信息处理的流程等多种因素决定的。例如：一个企业可以根据会计部门负有的资金管理、账务管理、工资管理、税务管理、成本管理、资产管理、成果管理、稽核管理、档案管理等职能,设置相应的科室和班组:资金室、税务室、成本室、资产室、稽核室、档案室等。

会计作为一种核算工具,随着科学技术的发展而不断地发展,先后经历了手工处理阶段和电算化处理阶段,当进入信息技术飞速发展的21世纪,会计信息共享化已成为必然趋势。

合理的会计工作组织架构和会计工作岗位是会计核算与监督工作的重要组成部分,明确的岗位职责,是强化会计管理职能、发挥会计工作作用的重要理念。

(一)手工会计模式的组织架构

1. 组织架构设计

对手工(或传统)会计模式下的组织架构进行设计或设置,主要是在财务会计部门内设置与会计有关的工作机构或组群。首先需要调查和明确一个会计主体需要开展的会计核算与会计监督的工作内容,主要包括主管、出纳、财产物资核算、工资核算、成本费用核算与管理、财务成果核算与管理、资金核算与管理、往来结算核算与管理、总账报表与管理、稽核、档案管理等工作,然后按照这些工作内容的相近性、工作性质的同质性、工作关系的相容性、工作流程的效率性、工作人员的充足性、工作任务的均衡性等要求,科学规划和设置相应会计工作科室(或会计工作班组),作为财务会计部门的各组成分支机构。

必要时,可以在单位内部的主要业务部门、生产部门设置独立核算的会计工作室(组),分散从事重要业务的明细核算,业务上归单位财务会计部门领导。

2. 组织架构设计图

手工模式下的企业会计岗位组织架构如图9-1所示。

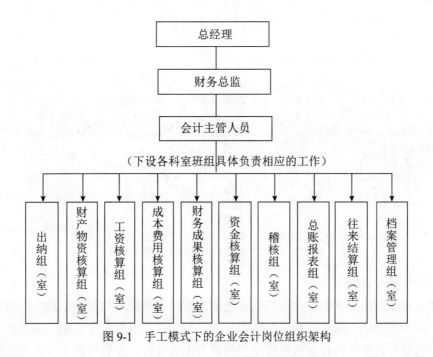

图9-1 手工模式下的企业会计岗位组织架构

3. 组织架构设计特点

传统手工模式虽对会计工作的划分比较明确，岗位的职责、权限也比较完善，但是岗位设计的复杂而繁重也会使其在会计工作处理中缺乏一定的应变能力。并且传统的会计组织在精细分工上没有与各部门信息集成，在一定程度上形成了会计的"信息孤岛"，对企业的资金流、信息流和物流无法进行全面、系统的集成，导致企业的信息传递流程受阻，管理效益相对减弱。

（二）电算化模式的组织架构

会计电算化是信息时代的必然产物，计算机技术被运用到了会计工作中，贯穿了从核算、管理到决策和控制的各个阶段。现代化的会计工作，电算化是其主要标志，电算化会计岗位设置是以手工会计组织结构为基础，运用计算机技术重新设计组织流程和岗位。

1. 组织架构设计

实施电算化后的会计工作流程发生了一定的变化，原有的手工会计组织分工已不能完全适应电算化工作的要求。根据电算会计工作的流程和特点，企业的会计组织分工应由传统的以账务报表为中心转变为以系统管理岗位为核心的组织架构。具体地说，电算会计工作组织主要包括：系统管理部、系统操作部、数据审核部、数据分析部和会计档案管理部，而这些部门下面会设置相应的科室对具体工作进行细化。

2. 组织架构设计图

电算化模式下的会计岗位组织架如图9-2所示。

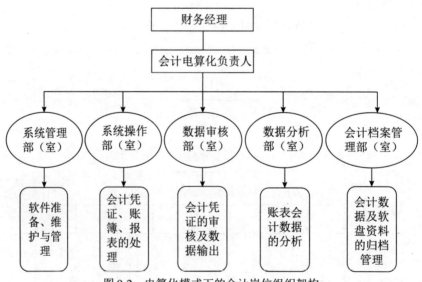

图9-2　电算化模式下的会计岗位组织架构

3. 组织架构设计特点

现代化带来的电算化会计，在职能和基本数据的来源渠道与方法以及操作形式等方面都发生了很大的变化，因而，相应的组织分工、权责分工也就发生了相应的变化。会计工作的组织划分和职责，在科学规范的原则指导下正常进行，不仅加强了企业内部的管理力度，保障了各岗位的资金财产安全，也大大提高了会计工作的工作效率。

（三）信息共享模式下的组织架构

现代社会已逐步进入"互联网+"的时代，财务信息化以无纸化、自动化、云端化为基本特征，实现多语言、多业务的财务服务能力。作为一种新的集中式财务管理模式，会计信息共享服务中心的应用为"互联网+"下会计工作的信息化奠定了坚实的数据基础，为传统行业的转型优化升级创造了条件，也为新常态下经济业务与财务的有机融合提供了途径。

1. 组织架构设计

财务共享服务使得财务工作进一步细化，那些标准化、规范化、重复性强的工作以更低的成本和时间进行自动化处理，财务人员将更多的精力投入业务支持、战略决策支持、绩效评价等工作中，实现了财务组织架构的深度变革。

2. 组织架构设计图

信息共享模式下的会计岗位组织架构如图9-3所示。

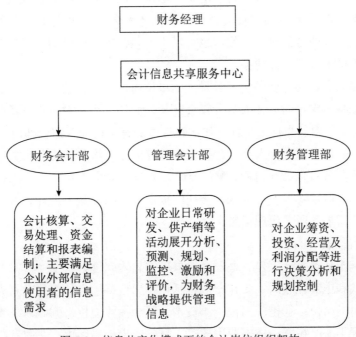

图9-3 信息共享化模式下的会计岗位组织架构

3. 组织架构设计特点

信息共享模式下的会计工作通过数字化、影像化的票据处理系统提高后台处理效率、提升产能，控制财务人员数量，形成结构性成本下降，建立成本竞争优势；通过规则统一、流程统一的财务共享服务平台，集中进行审核与监督，随时获得最直接的财务数据和信息，规范会计处理行为，强化事中、事后的管理控制，提高了业务的执行力。

五、会计工作分工、部门及岗位设置与回避轮岗制度

（一）会计工作分工

社会的劳动分工促进了人类社会的快速发展。会计工作分工可以更好地发挥会计工作组织的作用，提高各个部门与会计人员的工作效率。无论是传统的会计手工模式和会计电算化模式，还是信息共享模式的会计工作组织架构，合理的会计工作分工对提高会计工作效率，机构和人员之间的优势互补都有着重大的意义。会计工作分工需要结合会计部门和岗位的设置来进行。

（二）部门及岗位设置

1. 部门设置

在会计工作分工的基础上，会计工作组织需要根据单位的实际设置相应的部门和岗位。

一般说来，为了保证会计工作的顺利进行和充分发挥其职能作用，凡是具有法人资格、实行独立核算的企业和实行企业化管理的事业单位，以及财务收支数额较大，会计业务较多的机关、团体，都需要单独设置会计机构，称之为会计（财务）处、科、股、组等；在一些规模小、会计业务简单的单位，也可以不单独设置会计机构，但要在有关机构中设置专职的会计人员来办理会计业务。

在一些规模较大、会计业务复杂且量大的单位内部，会计的职能部门还要分成若干个职能组，每组配备一定量的会计人员分管会计某方面的工作。对于不具备单独设置会计机构的单位，可在单位内部与财务会计工作比较接近的有关机构或综合部门，如计划、统计、办公室等部门，配备专职会计人员，并指定对财务会计工作负责的会计主管人员。

对于那些不具备设置会计机构、配备会计人员的小型经济组织，为了解决它们的记账、算账、报账问题，可以实行代理记账，委托经批准设立的、从事会计咨询、服务的社会中介机构（如会计师事务所）代理记账。

2. 岗位设置

会计岗位是指从事会计工作、办理会计事项的具体职位。

在手工模式和电算化模式下工作一般包括以下岗位：①会计机构负责人（会计主管人员）岗位；②出纳岗位；③稽核岗位；④资本、基金核算岗位；⑤收入、支出、债权债务核算岗位；⑥职工薪酬核算、成本费用核算、财务成果核算岗位；⑦财产物资的收发、增减核算岗位；⑧总账岗位；⑨对外财务会计报告编制岗位；⑩会计电算化岗位；⑪会计档案管理岗位等。

在信息共享模式下，更多的信息处理和传递具有了更大的"共享"性，尤其是"互联网+"的模式下，会计岗位是更多的信息数据合成与转换的层级设置，并形成一定的数据模块而实现共享。会计岗位的设置也只是从大的数据模块中分别设置财务会计岗位、管理会计岗位和财务管理岗位。

【案例9-1】远东飞机工业有限公司作为一个大型航空工业公司设置了资金结算中心、

财务部、审计部、投资部等部门，各个部又设置了相应的处及科室，该公司配备了财务总监、部门经理、处长和各科室主任或负责人，以及其他会计人员共23人。其下辖的子公司远东飞机科技有限公司均设置独立的财务部、职能科室和相关的资产、负债、所有者权益、收入、费用、成本等核算管理岗位。

分析： 本案例中，远东飞机工业有限公司由于规模较大，会计机构采用了分级管理，层层负责，并根据具体情况设置会计岗位，配备会计人员，充分考虑到了管理的实际需求，是较好的一个案例。相反，在实际工作中，有一些规模小、业务少的单位或部门设置了过多的会计岗位，配备了过多的无用的会计人员，既影响了会计工作的效率，又造成了人员的浪费，是不符合会计的成本效益性原则的。因此，企业应根据实际情况展开会计工作组织架构和岗位的设置。

（三）回避制度

回避是指国家机关、国有企事业单位会计人员与关键会计岗位存在利害关系的，应退出、避开从事该岗位的工作。单位对关键会计岗位聘用会计人员实行回避制度的情形包括：单位领导人的直系亲属不得担任本单位的会计机构负责人、会计主管人员；会计机构负责人、会计主管人员的直系亲属不得在本单位会计机构中担任出纳工作。需要回避的直系亲属为：夫妻关系、直系血亲关系、三代以内旁系血亲以及配偶亲属关系。

（四）轮岗制度

轮岗就是岗位轮换，一般在会计机构内，同级别会计人员应实行会计工作岗位轮换制度，会计人员工作岗位的轮换应当有计划地进行。这样做不仅可以激励会计人员不断进取，改进工作，而且也在一定程度上有助于防止违法乱纪，保护会计人员；有利于会计人员全面熟悉业务，不断提高业务素质。

六、会计工作交接

会计人员工作交接，是会计工作中的一项重要内容。会计人员调动工作或者离职时，与接管人员办清交接手续，是会计人员应尽的职责，也是做好会计工作的要求。做好会计交接工作，是保证会计工作连续进行的必要措施；可以防止因会计人员的更换出现账目不清、财务混乱等现象；也是分清移交人员和接管人员责任的有效措施。

（一）办理会计交接的情况

根据有关法规的规定，下列情况需要办理交接。

（1）临时离职或因病不能工作、需要接替或代理的，会计机构负责人（会计主管人员）或单位负责人必须指定专人接替或者代理，并办理会计工作交接手续。

（2）临时离职或因病不能工作的会计人员，恢复工作时，应当与接替、代理人员办理交接手续。

（3）移交人员因病或其他特殊原因不能亲自办理移交手续的，经单位负责人批准，可由移交人委托他人代办交接，但委托人应当对所移交的有关会计资料的真实性、完整性承担法律责任。

会计人员工作调动或者因故离职，必须将本人所经管的会计工作全部移交给接替人员。没有办清交接手续的，不能调动或者离职。接替人员应当认真接管移交工作。

（二）会计工作交接的程序

会计工作交接应按如下程序办理。

1. 办理会计工作交接前的各项准备工作

准备工作具体包括以下内容。

（1）已经受理的交易或事项尚未填制会计凭证的应当填制完毕。

（2）尚未登记的账目应当登记完毕，结出余额，并在最后一笔余额后加盖经办人印章。

（3）整理好应该移交的各项资料，对未了事项和遗留问题要写出书面材料。

（4）编制移交清册，列明应该移交的会计凭证、会计账簿、财务会计报告、公章、现金、有价证券、支票簿、发票、文件、其他会计资料和物品等内容；实行会计电算化的单位，从事该项工作的移交人员应在移交清册上列明会计软件及密码、会计软件数据磁盘等内容。

（5）会计机构负责人（会计主管人员）移交时，应将财务会计工作、重大财务收支问题和会计人员的情况等向接替人员介绍清楚。

2. 实施移交点收

移交人员离职前，必须将本人经管的会计工作，在规定期限内全部向接管人员移交清楚。接管人员应按照移交清册认真逐项点收。实行会计电算化的单位，交接双方应在电子计算机上对有关数据进行实际操作，确认数字正确无误后，方可交接。

3. 专人负责监交

通常情况下，会计人员办理交接手续，由会计机构负责人（会计主管人员）监交；会计机构负责人（会计主管人员）办理交接手续，由单位负责人监交，必要时主管单位可以派人会同监交。移交清册应当经过监交人员审查和签名、盖章，作为交接双方明确责任的证件。

4. 会计交接后的有关事宜

会计工作交接完毕后，交接双方和监交人员在移交清册上签名或盖章，并应在移交清册上注明单位名称、交接日期、交接人和监交人、移交清册页数以及需要说明的问题和意见等。接管人员应继续使用移交前的账簿，不能擅自另立账簿，以保证会计记录前后衔接、内容完整。移交清册一般应填制一式三份，交接双方各执一份，存档一份。

单位撤销、合并、分立时，必须留有必要的会计人员，会同有关人员办理清理工作，编制决算。未移交前，不能离职。接收单位和移交日期由主管部门确定。

移交人员对所移交的会计凭证、会计账簿、财务报表和其他有关资料的合法性、真实性承担法律责任。

七、会计内部控制

（一）会计内部控制的定义

会计内部控制是企业为了确保会计信息的真实性和完整性，维护企业资产安全，确保对相关法律法规的遵守而设计和执行的一系列科学系统的程序与方法。企业的会计内部控制贯穿企业生产经营活动的各个环节，是企业内部控制的重要组成部分。因此，设计并执行一套规范、完整的会计内部控制程序和方法，对企业的经营管理来说十分重要。

（二）会计内部控制的目标

企业内部控制的目标是：合理保证企业经营管理合法合规、资产安全、财务报告及相关信息真实完整，提高经营效率和效果，促进企业实现发展战略。

结合会计的工作范围，我们可以将会计内部控制的目标总结为以下三点：规范企业会计行为，确保会计资料的真实性和完整性；防止并及时发现、纠正错误和舞弊行为，保护资产安全；确保企业贯彻执行国家相关法律法规。会计的内部控制就是实现以上控制目标的过程。

（三）会计内部控制的对象

会计内部控制的对象是企业所有的会计活动。

会计部门是企业组织框架的重要部分。根据《企业内部控制应用指引第1号——组织架构》规定，企业在确定职权和岗位分工过程中，应当体现不相容职务相互分离的要求。其中，不相容职务是指那些必须由两个及两个以上部门或人员来处理的岗位工作。不相容职务通常包括：负责人、业务经办、会计记录、档案管理、财产保管等职务。

另外，根据有关《企业内部控制应用指引》的规定，除了组织框架中要求的不相容职务相互分离，会计活动还包括：组织资金活动、组织采购业务、加强资产管理、组织研究与开发、开展工程项目、编制财务报告等。以上会计活动均为会计内部控制的对象，例如在采购付款业务中，企业应加强会计系统控制，详细记录采购合同、验收证明、入库凭证等情况，确保会计记录、采购记录与仓储记录核对的一致性。

（四）会计内部控制的措施

企业会计内部控制必须包含以下五个要素，分别是：控制环境、风险评估、控制活动、信息与沟通、内部监督。根据这五个要素，结合会计内部控制的目标和对象，我们可以采取以下几种具体措施来确保会计内部控制运行的有效性。

1. 职责分离

职责分离控制的核心是"内部牵制"，是为了解决不相容职务的问题。由于同一部门中存在不同的职务，而这些职务之间既相互联系又相互制约。我们可以利用各职务之间这种相互联系，使会计工作中可能发生错误和舞弊的职务由不同的人员来担任，实现职责分离,从而更好地发挥会计内部控制的有效性。

在会计工作中,常见的职责分离有:①现金、有价证券和重要空白凭证的保管与账务处理;②贷款审查与核准发放;③会计与出纳;④印鉴管理与密押管理;⑤资金交易业务的前台交易与后台结算;⑥损失的确认与核销等。

2. 授权与批准

授权批准控制指会计人员必须得到批准或授权后,才能在授权范围之内执行和办理有关经济业务。授权与批准控制又包含:一般授权和特殊授权。一般授权是授予会计人员处理正常业务范围内经济业务的权限。特殊授权是授予会计人员处理超出一般授权范围之外的特殊业务的权限。授权批准控制可以使经济业务在发生前就得到控制,在一定程度上可以减少企业事后纠正的损失。

3. 复核

复核是对已完成的业务进行再次计算和检查。会计的复核工作主要包括:对凭证进行逐笔逐项的复核,仔细核对凭证日期、金额、收款人等重要部分是否存在错误或涂改;对财务报表进行复核,确保各项金额的准确性。在复核完成后,会计人员还需要在凭证或财务报表的"复核"处盖章或确认表示复核完成,方便日后识别责任人。如在日常的账务处理中,会计人员需要对记账凭证和各种报表重新检查核算,确保会计科目、核算的方法及金额的准确性。

4. 稽核

稽核是稽查与复核,与复核相比除了检查还包含对经济活动的监督。稽核工作可以分为账务稽核、业务稽核和财务稽核。在会计工作中,稽核通常包括:审核各项收入与支出凭证,判断其是否符合财务收支计划;对各部门执行预算的情况予以稽核;监督相关部门的合同执行状况;定期执行成品入库的统计与核对工作等。如会计人员在盘点存货时需要将记账余额与仓库实存数量进行核对,这种核对就是稽核。稽核与复核都能够在很大程度上减少会计工作中的错误,提高会计资料的质量。

5. 审计

内部审计是一个能够持续对企业会计内部控制整体运行过程有效性进行评价和监督的重要机制,可以及时发现、纠正会计内部控制存在的缺陷,从而达到促进会计内部控制发挥作用的目的。

第二节 会计队伍建设

一、会计人员及其类型

(一)会计人员的定义

会计人员是指根据《中华人民共和国会计法》的规定,在国家机关、社会团体、企业、事业单位和其他组织(以下统称单位)中从事会计核算、实行会计监督等会计工作的人员。

我国会计法规对会计人员的配备与管理提出了相关的要求。

（二）会计人员的类别

在我国，会计人员按职权划分主要有总会计师、会计机构负责人、会计主管人员、一般会计人员；会计人员按照专业技术职务划分为高级会计师、中级会计师、初级会计师。

（三）会计专业技术资格

会计专业技术资格，是指担任会计专业职务的任职资格，是从事会计专业技术工作的必备条件。获得会计专业技术资格的途径是参加财政部、人力资源和社会保障部共同组织的全国统一考试，并且成绩合格。会计专业技术资格的取得除了考试外，还会一些相应的评审环节。

二、会计人员的素质要求

（一）一般会计人员的要求

1. 应持有会计专业技术资格证书

会计专业技术资格证书是会计人员从事专业资格和能力的证明文件，不得涂改、转让。会计专业技术资格证书在全国范围内有效。按财政部《会计人员管理办法》的规定，单位从事会计工作的人员，必须取得和持有相应的会计专业技术资格证书。

2. 应掌握基本的会计基础知识和业务技能

会计人员应当具备必要的专业知识和专业技能，熟悉国家有关法律、法规、规章和国家统一会计制度，遵守职业道德。这是对会计人员最基本的要求。因为会计工作不但专业技术性很强，而且政策性、法律意识也很强，并且还需要一定的职业道德水准。

3. 应能够独立处理基本会计业务

对于一般会计人员来说，在日常会计工作当中需要自己及时处理相应的会计工作流程，比如记账、制证等，所以应自己结合所学习的会计知识，运用自身具备的会计工作处理能力，独立处理基本会计业务，将自己处理的会计工作做好，才能更加方便他人继续处理相关的会计业务，也方便会计领导对整个会计工作进行把握和管控，防止会计工做出现失误。

4. 遵守会计职业道德规范

会计人员在会计工作中应当遵守职业道德，树立良好的职业品质、严谨的工作作风，严守工作纪律，努力提高工作效率和工作质量。具体会计职业道德的规范包括：遵纪守法、爱岗敬业、廉洁自律、诚实守信、保守秘密，不断提高技术能力和素养，服务管理水平等方面。

（二）会计机构负责人及会计主管人员的素质要求

会计机构负责人（会计主管人员）是指在一个单位内具体负责会计工作的中层领导人

员。在公司制企业中，他通常是由单位负责人提名并报董事会或其他权力机构批准，开展组织、领导会计机构或会计人员依法进行会计核算，实行会计监督的负责人。根据有关规定，担任单位会计机构负责人（会计主管人员）的，应当具备会计师以上专业技术职务资格或者从事会计工作3年以上经历。除此之外，会计机构负责人（会计主管人员）还应具备下列基本条件。

（1）坚持原则，廉洁奉公。

（2）熟悉国家财经法律、法规、规章和方针、政策，掌握本行业业务管理的有关知识。

（3）有较强的组织能力。

（4）身体状况能够适应本职工作要求。

（5）能较好服务公司组织和人员。

（三）总会计师的素质要求

总会计师是在单位主要领导人领导下，主管经济核算和财务会计工作的负责人。在一些大、中型国有企业实行总会计师制度，有利于加强经济核算和会计管理。1990年12月，国务院发布了《总会计师条例》，该条例结合我国改革的新形势、新要求，对总会计师的地位、职责、权限、任免与奖惩做了完整、全面、系统、具体的规定，使我国总会计师制度进入一个全新的发展时期。大、中型企业、事业单位和业务主管部门可以设置总会计师。总会计师由具有会计师以上专业技术任职资格的人员担任。国有或国有资产占控股地位或者主导地位的大、中型企业必须设置总会计师。

扩展阅读9-3

《总会计师条例》

总会计师是单位领导成员，不同于单位内部财会机构负责人，更不同于一般的会计人员，必须具备一定的任职条件。《总会计师条例》规定，总会计师的任职条件具体包括以下几个方面。

（1）坚持社会主义方向，积极为社会主义市场经济建设和改革开放服务。

（2）坚持原则、廉洁奉公。

（3）取得会计师专业技术资格后，主管一个单位或者单位内部一个重要方面的财务会计工作的时间不少于3年。

（4）要有较高的理论政策水平，熟悉国家财经纪律、法规、方针和政策，掌握现代化管理的有关知识。

（5）具备本行业的基本业务知识，熟悉行业情况，有较强的组织领导能力。

（6）身体健康，胜任本职工作。

三、会计人员配备及管理要求

（一）会计人员配备要求

1.具体会计工作人员的配备要求

一个单位的会计人员的配备，既有数量问题，也有质量问题。就数量问题而言，一个单位到底配备多少会计人员为宜,是一个需要因行业、因单位而做出具体选择的问题。因为会计人员的配备数量,同单位的大小、业务量的多少、资产的规模、经营管理的要求、核算的组织形式以及采用什么样的核算手段等,都有密切的关系,《会计基础工作规范》对会计工作人员的配备提出了相应的要求:根据本单位会计业务的需要;符合内部牵制制度的要求;有利于会计人员全面熟悉业务,提高业务素质;有利于建立岗位责任制。

2. 会计机构负责人的配备要求

《会计基础工作规范》第六条规定:"设置会计机构,应当配备会计机构负责人;在有关机构中配备专职会计人员,应当在专职会计人员中指定会计主管人员。"会计机构负责人或会计主管人员,是在一个单位内具体负责会计工作的中层领导人员。在单位领导人的领导下,会计机构负责人或会计主管人员负有组织、管理包括会计基础工作在内的所有会计工作的责任。

会计机构负责人必须符合基本素质要求,各单位在选配会计机构负责人或会计主管人员时,应该坚持《会计基础工作规范》的标准,严格把关,才有利于把本单位的财务会计工作做好,从而为把本单位的整个经营管理工作做好起到积极的作用。

3. 总会计师的配备要求

总会计师是主管本单位财务会计工作的行政领导。总会计师协助单位主要行政领导人工作,直接对单位主要行政领导人负责。大、中型企业、事业单位和业务主管部门可以设置总会计师。总会计师由具有会计师以上专业技术任职资格的人员担任。国有或国有资产占控股地位或者主导地位的大、中型企业必须设置总会计师。总会计师不是一种专业技术职务,也不是会计机构的负责人或会计主管人员,而是一种行政职务。根据《会计法》和《总会计师条例》《会计基础工作规范》对总会计师的任职资格要求做出素质要求的同时,按规定程序可任命为总会计师。企业的总会计师应由本单位主要行政领导人提名,政府主管部门任命或者聘任,免职或者解聘程序与任命或者聘任程序相同;事业单位和业务主管部门的总会计师任免按照干部管理权限进行。

(二)会计人员管理要求

1. 责权规范管理

各单位会计人员管理过程中需要对于会计人员的职责和权限给予约定。按照责任分明、责权对等原则开展管理。企业通常可以按照所需的会计岗位配备会计人员,可以一人一岗、一人多岗或者一岗多人。实行会计电算化的单位,可以根据需要设置相应工作岗位,也可以与其他工作岗位相结合。按岗负责的核心是建立岗位责任制,明确职责分工、提高工作效率。会计人员的权限是国家相关法规赋予会计人员的工作权限,其目的是保障会计人员顺利地履行其职责、更好地完成会计管理的任务。

2. 统一领导管理

设置会计机构,应当配备会计机构负责人,统一领导本单位的会计工作。在有关机构中配备专职会计人员的,应当在专职会计人员中指定

扩展阅读9-4

会计人员的主要
权限与职责

会计主管人员负责本单位的会计工作。单位会计人员接受单位会计机构负责人（会计主管人员）的统一领导，相互分工合作，共同完成所有会计工作。

3. 内部控制管理

会计工作内部控制管理对于会计工作而言的重要性不言而喻，而会计内部控制主要体现在回避、牵制、岗位轮换等，而这些内部控制措施必须通过制度规定下来，以使内部控制管理有章可循，落实到实际工作中。

4. 奖惩激励管理

各单位领导人应当支持会计机构、会计人员依法行使职权。对忠于职守、坚持原则、做出显著成绩的会计机构、会计人员，应当给予精神的和物质的奖励。另外，《会计法》规定应依法成立会计人员、会计中介服务机构的自律组织，应当切实维护行业利益和会员合法权益，建立健全守信激励与失信惩戒相结合的会员执业诚信管理制度，引导和督促会员遵照本法和国家统一的会计制度开展会计工作。

【案例9-2】远东飞机工业有限公司在202×年1月新领导班子上任后，做出了精简机构的决定，将会计部撤并到公司办公室（以下简称"公司办"），同时任命原公司办主任王吏兼任会计主管人员。会计科撤并到公司办后，会计工作分工如下：原会计部会计继续担任会计；原公司办主任王吏的女儿担任出纳工作。公司办主任王吏自参加工作后一直从事文秘工作，为了使王吏尽快胜任会计主管工作岗位，公司同意王吏脱产半年参加会计培训班，并参加202×年会计专业技术资格考试。

分析：本案例中主要存在两方面的问题：

第一，企业任命会计主管人员不符合《会计法》规定的"担任单位会计机构负责人（会计主管人员）的，还应当具备会计师以上专业技术职务资格或者从事会计工作三年以上经历"。而王吏既无会计专业技术资格证书，又无会计工作经验，显然让王吏担任会计主管是不可以的。

第二，王吏的女儿担任出纳工作不符合规定。根据我国有关法规的规定：国家机关、国有企业、事业单位任用会计人员应当实行回避制度，会计机构负责人、会计主管人员的直系亲属不得在本单位会计机构中担任出纳工作。

值得注意的是：很多民营企业负责人聘任自己的亲属担任财务部经理或会计负责人是可以的，因为民营企业的单位负责人比较而言更加信任自己的亲属，同时避免了企业会计信息的外泄。但是聘任的亲属必须具备会计人员任职所要求的条件。

四、会计人才队伍建设与素质提升

（一）会计人才队伍建设与素质提升的必要性

会计人员队伍是经济社会发展的主力军，全球经济不断融合，知识经济空前发展，对会计人员管理提出新的要求。但是从我国目前的会计人员队伍来看，还存在诸多制约因素：从学历结构看，总体学历结构偏低，高学历人才缺乏；从职称结构看，会计人员的高层次专业技术资格人员所占比重过小,高层次人才的比例过小,这势必会制约我国经济的快速发展。加强会计人才队伍建设,提升会计人才队伍的整体素质成为必然。

(二)我国会计人才培养及队伍建设的侧重点

我国会计人才培养和队伍建设的侧重点主要围绕以下两个方面。

1. 努力提高会计队伍的职业道德素质

会计人员要肩负起管理财务的职责,要把不断提升自身业务素质和道德素养作为一生的追求。财务人员必须坚持弘扬诚实守信、爱岗敬业等基本道德标准,重视道德修养,坚持财经政策、法规制度的双向约束,树立财务管理防患于未然的思想,始终保持清醒头脑,拒腐蚀永不沾,自觉提升应该具备的道德素质,自觉地维护财政经济秩序。同时会计人员要发扬顾全大局、团结同志、互相协作、相互沟通的精神。

2. 努力提高财务人员的综合业务素质

会计人员除了具备必备的、扎实的会计专业知识与技能之外,还要不断学习和掌握雄厚的管理理论、经济理论知识,这是开阔会计人员专业眼界的重要基础,也是塑造会计人员全局管理格局的重要支撑。此外,会计人员应不断适应时代发展,熟练掌握计算机技术、大数据技术、网络技术、云计算技术、信息化技术等知识,充分利用现代科技成果高效率开展会计工作。只有不断提升自己的综合业务素质,才能更好地发挥会计的职能和作用。

(三)我国会计人才培养结构

我国越来越重视会计人才的培养,并不断建立和完善会计人才培养机制,通过制订有效的人才培养与开发计划,合理地挖掘、开发、培养战略后备人才队伍,建立会计人才梯队,为会计人才培养的可持续发展提供智力资本支持。

而在人才培养结构选择中,始终坚持"专业培养和综合培养同步进行"的人才培养政策,即培养专家型的技术人才和综合型的管理人才。专家型的技术人才是指在某一工作领域内掌握较高技术水平的人才;综合型的管理人才是指在本单位或本部门工作领域具备全面知识、有较高管理水平的人才。

为此,国家在会计管理机构的统筹谋划下,制定会计人才建设战略发展规划。通过建立和完善会计人员的管理机制,从会计人员表彰、会计人才保障、会计人才评级、规范岗位分类和职业标准等方面入手建立会计人才评估指标体系和会计人员职业能力框架,对提升会计人员综合政治业务能力、终身学习能力、职业判断能力、综合管理能力和创新能力五个方面做出了部署和规划。

(四)会计人员继续教育

会计人员继续教育是会计管理工作的一个重要组成部分,是财务队伍建设的重要内容。会计人员一是要严格按照《会计人员继续教育规定》的有关内容,每年进行会计人员继续教育的培训和学习,切实提高素质、积累经验、更新知识;二是要充分运用网络等现代媒体手段,进行会计人员继续教育的自主学习,提高会计人员的理论水平和实际管理技能。

会计人员应当具备必要的专业知识和专业技能，熟悉国家有关法律、法规、规章和国家统一会计制度，遵守职业道德，取得会计专业技术资格证书；已经取得会计专业技术资格证书的在岗会计人员应当按照国家有关规定参加会计业务的培训。各单位应当合理安排会计人员的培训，保证会计人员每年有一定时间用于学习和参加培训。

第三节　会计信息档案管理

一、会计信息档案管理概述

（一）会计信息档案管理的定义

会计信息档案是指会计凭证、会计账簿、会计报表以及财务报告等会计核算的原始专业性材料，是记录和反映单位经济业务的重要历史资料与证据，也是档案管理系统中专业性较强的一个领域。

会计信息是指通过会计核算实际记录或科学预测，反映会计主体过去、现在、将来有关资金运动状况的各种可为人们接受和理解的消息、数据、资料等的总称。

（二）会计信息档案管理的制度依据

《会计档案管理办法》制定的主要法律依据是《中华人民共和国会计法》和《中华人民共和国档案法》（以下简称《档案法》）。

《会计法》第二十三条规定，"各单位对会计凭证、会计账簿、财务会计报告和其他会计资料应当建立档案，妥善保管。会计档案的保管期限和销毁办法，由国务院财政部门会同有关部门制定。"

《档案法》第二条规定："本法所称的档案，是指过去和现在的国家机构、社会组织以及个人从事政治、军事、经济、科学、技术、文化、宗教等活动直接形成的对国家和社会有保存价值的各种文字、图表、声像等不同形式的历史记录。"第三条规定："一切国家机关、武装力量、政党、社会团体、企业事业单位和公民都有保护档案的义务。"第四条规定："各级人民政府应当加强对档案工作的领导，把档案事业的建设列入国民经济和社会发展计划。"

扩展阅读9-5

《会计档案管理办法》

（三）会计信息档案管理的作用

一个单位的财务会计信息档案是记录和反映单位内部经济活动的证据与资料，也是单位内部财务管理工作的一个重要内容。在财务管理的所有环节里，财务会计信息档案的形成和管理作为最后的环节，其收集整理和立卷归档工作也是财务管理工作不容忽视的重要部分。会计信息档案管理的重要作用可概括为三点：其一，会计信息档案是总结经验、揭露责任事故、打击经济领域犯罪、分析和判断事故原因的重要依据；其二，利用会计信息档案提供的过去经济活动的史料，有助于各单位进行经济前景的预测和经营决策，编制财务、成本计划；其三，利用会计信息档案资料，可以解决经济纠纷，为处理遗留的经济事务提供依据。

二、会计信息档案的构成内容

（一）凭证类

会计机构、会计人员应当依据《会计法》和国家统一的会计制度的规定，审核原始凭证和相关资料，或者在会计核算系统中设置必要的审核程序，并根据经过审核的原始凭证及有关资料编制记账凭证。会计凭证是所有会计信息的信息源，加强会计凭证档案管理是保证会计账簿和会计报告档案质量的关键。

（二）账簿类

会计账簿应该按照相关规定设立，不允许私设会计账簿。单位应当定期将会计账簿记录与实物、款项及有关资料相互核对，保证会计账簿记录与实物及款项的实有数额相符、会计账簿记录与会计凭证的有关内容相符、会计账簿之间相对应的记录相符、会计账簿记录与财务会计报告的有关内容相符。会计账簿档案的管理起到了连接会计凭证档案财务会计报告档案的作用。

（三）财务会计报告类

财务会计报告应当根据经过审核的会计账簿和有关资料编制，并符合《会计法》和国家统一的会计制度关于财务会计报告的编制要求、提供对象和提供期限的规定。向不同的会计资料使用者提供的同一会计期间的财务会计报告，其编制依据应当一致。财务会计报告是会计信息系统的输出结果，加强财务会计报告的管理就是对输出信息的一种保护和管理。

（四）其他会计核算资料

其他会计核算资料属于经济业务范畴，与会计核算、会计监督紧密相关的，由会计部门负责办理的有关数据资料，如经济合同、财务数据统计资料、财务清查汇总资料、核定资金定额的数据资料、会计档案移交清册、会计档案保管清册、会计档案销毁清册等。实行会计电算化单位存储在磁性介质上的会计数据、程序文件及其他会计核算资料均应视同会计档案一并管理。

（五）电子会计档案

电子档案是指具有凭证、查考和保存价值并归档保存的电子文件。电子文件是企业在履行其法定职责或处理事务过程中，通过计算机等电子设备形成、办理、传输和存储的数字格式的各种信息记录。因此，电子会计档案具有如下特征：第一，电子会计档案的来源是计算机等电子设备，即电子会计档案是以计算机等电子信息设备为载体形成和处理的电子会计信息；第二，电子会计档案的形成、办理、传输等环节是通过计算机等电子设备为载体进行的；第三，电子会计档案最终可以存储、保管在本地计算机等电子设备、设施上，也可以存储在第三方提供的云存储空间中。随着科技的发展，电子会计档案的管理要求将越来越规范。

三、会计信息档案管理要求

（一）总体要求

单位应当加强会计档案管理工作，建立和完善会计档案的收集、整理、保管、利用和鉴定、销毁等管理制度，采取可靠的安全防护技术和措施，保证会计档案的真实、完整、可用、安全。单位的档案机构或者档案工作人员所属机构（以下统称单位档案管理机构）负责管理本单位的会计档案。单位也可以委托具备档案管理条件的机构代为管理会计档案。

（二）档案管理机构设置要求

财政部和国家档案局主管全国会计档案工作，共同制定全国统一的会计档案工作制度，对全国会计档案工作实行监督和指导。县级以上地方人民政府财政部门和档案行政管理部门管理本行政区域内的会计档案工作，并对本行政区域内会计档案工作实行监督和指导。

不具备设立档案机构或配备档案工作人员条件的单位和依法建账的个体工商户，其会计档案的收集、整理、保管、利用和鉴定、销毁等参照相关办法执行。

（三）归档要求

单位的会计机构或会计人员所属机构（以下统称单位会计管理机构）按照归档范围和归档要求，负责定期将应当归档的会计资料整理立卷，编制会计档案保管清册。当年形成的会计档案，在会计年度终了后，可由单位会计管理机构临时保管1年，再移交单位档案管理机构保管。因工作需要确需推迟移交的，应当经单位档案管理机构同意。单位会计管理机构临时保管会计档案最长不超过3年。临时保管期间，会计档案的保管应当符合国家档案管理的有关规定，且出纳人员不得兼管会计档案。

（四）移交要求

单位会计管理机构在办理会计档案移交时，应当编制会计档案移交清册，并按照国家档案管理的有关规定办理移交手续。纸质会计档案移交时应当保持原卷的封装。电子会计档案移交时应当将电子会计档案及其元数据一并移交，且文件格式应当符合国家档案管理的有关规定。特殊格式的电子会计档案应当与其读取平台一并移交。档案接收单位接收电子会计档案时，应当对电子会计档案的准确性、完整性、可用性、安全性进行检测，符合要求的才能接收。

建设单位在项目建设期间形成的会计档案，需要移交给建设项目接收单位的，应当在办理竣工财务决算后及时移交，并按照规定办理交接手续。

单位之间交接会计档案时，交接双方应当办理会计档案交接手续。移交会计档案的单位，应当编制会计档案移交清册，列明应当移交的会计档案名称、卷号、册数、起止年度、档案编号、应保管期限和已保管期限等内容。交接会计档案时，交接双方应当按照会计档案移交清册所列内容逐项交接，并由交接双方的单位有关负责人负责监督。交接完毕后，交接双方经办人和监督人应当在会计档案移交清册上签名或盖章。电子会计档案应当与其元数据一并移交，特殊格式的电子会计档案应当与其读取平台一并移交。档案接收单位应当对保存电子会计档案的载体及其技术环境进行检验，确保所接收电子会计档案的准确、完整、可用和安全。

（五）使用要求

单位应当严格按照相关制度利用会计档案，在进行会计档案查阅、复制、借出时履行登记手续，严禁篡改和损坏。单位保存的会计档案一般不得对外借出。确因工作需要且根据国家有关规定必须借出的，应当严格按照规定办理相关手续。会计档案借用单位应当妥善保管和利用借入的会计档案，确保借入会计档案的安全完整，并在规定时间内归还。单位的会计档案及其复制件需要携带、寄运或者传输至境外的，应当按照国家有关规定执行。

（六）保管期限要求

单位合并后原各单位解散或者一方存续其他方解散的，原各单位的会计档案应当由合并后的单位统一保管。单位合并后原各单位仍存续的，其会计档案仍应当由原各单位保管。单位分立后原单位存续的，其会计档案应当由分立后的存续方统一保管，其他方可以查阅、复制与其业务相关的会计档案。单位分立后原单位解散的，其会计档案应当经各方协商后由其中一方代管或按照国家档案管理的有关规定处置，各方可以查阅、复制与其业务相关的会计档案。单位分立中未结清的会计事项所涉及的会计凭证，应当单独抽出由业务相关方保存，并按照规定办理交接手续。单位因业务移交其他单位办理所涉及的会计档案，应当由原单位保管，承接业务单位可以查阅、复制与其业务相关的会计档案。对其中未结清的会计事项所涉及的会计凭证，应当单独抽出由承接业务单位保存，并按照规定办理交接手续。

企业会计档案保管期限见表 9-1。

表 9-1　企业会计档案保管期限表

序号	档案名称	保管期限	备注
一	会计凭证类		
1	原始凭证	30 年	
2	记账凭证	30 年	
3	汇总凭证	30 年	

续表

序号	档案名称	保管期限	备注
二	会计账簿类		
4	总账	30年	包括日记总账
5	明细账	30年	
6	日记账	30年	
7	固定资产卡片		固定资产报废清理后保管5年
8	辅助账簿	30年	
三	财务报告类		包括各级主管部门汇总财务报告
9	月、季度财务报告	10年	包括文字分析
10	年度财务报告（决算）	永久	包括文字分析
四	其他类		
11	会计档案移交清册	30年	
12	会计档案保管清册	永久	
13	会计档案销毁清册	永久	
14	会计档案鉴定意见书	永久	
15	银行余额调节表	10年	
16	银行对账单	10年	
17	纳税申报表	10年	

注：依据2015年12月11日修订的《会计档案管理办法》。

（七）定期鉴定要求

单位应当定期对已到保管期限的会计档案进行鉴定，并形成会计档案鉴定意见书。经鉴定，仍需继续保存的会计档案，应当重新划定保管期限；对保管期满，确无保存价值的会计档案，可以销毁。会计档案鉴定工作应当由单位档案管理机构牵头，组织单位会计、审计、纪检监察等机构或人员共同进行。

（八）销毁要求

经鉴定可以销毁的会计档案，应当按照以下程序销毁：单位档案管理机构编制会计档案销毁清册，列明拟销毁会计档案的名称、卷号、册数、起止年度、档案编号、应保管期限、已保管期限和销毁时间等内容。单位负责人、档案管理机构负责人、会计管理机构负责人、档案管理机构经办人、会计管理机构经办人在会计档案销毁清册上签署意见。单位档案管理机构负责组织会计档案销毁工作，并与会计管理机构共同派员监销。监销人在会计档案销毁前，应当按照会计档案销毁清册所列内容进行清点核对；在会计档案销毁后，应当在会计档案销毁清册上签名或盖章。电子会计档案的销毁还应当符合国家有关电子档案的规定，并由单位档案管理机构、会计管理机构和信息系统管理机构共同派员监销。

保管期满但未结清的债权债务会计凭证和涉及其他未了事项的会计凭证不得销毁，纸质会计档案应当单独抽出立卷，电子会计档案单独转存，保管到未了事项完结时为止。单独抽出立卷或转存的会计档案，应当在会计档案鉴定意见书、会计档案销毁清册和会计档案保管清册中列明。

（九）其他管理要求

随着科学技术的发展，大数据为会计档案管理工作的开展提供了新的渠道和途径，会计信息的管理要求也越来越高，对于会计信息系统的处理信息将实现更广泛的共享，对于会计信息的保密与系统维护也显得格外重要。在大数据背景下，会计档案管理工作也要紧跟时代发展步伐，与时俱进，充分与信息化融合，不断利用大数据特点，整合信息资源，实现会计档案管理工作的不断进步与发展，构建高效的会计档案管理工作模式，促进大数据背景下会计档案管理工作的不断进步和提高。对于会计档案的管理，在加强会计信息的利用与共享的同时还要考虑防止恶意侵入和破坏会计信息系统事件的发生。

【案例9-3】杨××原是浙江××造纸厂厂长，曾先后两次召集该造纸厂的有关负责人共同销毁会计资料，20××年3月销毁了审核过的上一年度该厂劳动服务公司的财务支出流水账、凭证等会计资料，20××年4月5日，销毁了审核过的上一年度的该厂劳动服务公司的财务支出流水账、凭证等会计资料，共涉及金额567 952.52元。因此，构成了严重的违法行为。法院考虑到杨××有悔罪表现，从轻处罚，判决结果为：犯销毁会计资料罪，判处有期徒刑一年，缓刑一年，并处罚金5万元。

分析：该案例中，杨××没按规定年限销毁会计资料，同时触犯《会计法》和《中华人民共和国刑法》的规定，受到了应有的惩罚。在现实当中，出于隐瞒会计造假或非法交易行为的销毁会计资料的行为更是错上加错。例如美国最大的能源贸易商安然公司由于造假破产倒闭，承担其会计业务的国际五大会计师事务所之一的安达信公司被牵连其中，由于安达信被揭露为造假蓄意销毁会计资料而使丑闻升级并最终破产。这个案例说明对会计档案需要实施依法管理，更不允许私自销毁会计资料。

练 习 题

一、**目的**：练习实际工作中如何更好地管理和组织会计工作。

二、**资料**：

立明眼镜公司成立于1997年，是一家主要从事眼镜零售业务的外资公司。公司董事长兼总经理李先生在国外长期从事商品零售服务的管理及研究工作，有着丰富的实践经验。在他的管理下，公司飞速成长，由原来的一个店已发展成为具有8个大型眼镜连锁店，跃居当地眼镜行业的龙头老大。虽然业务量急剧扩大，但财务人员始终没有增加。为了能按时结账和出报表，财务人员不得不将所有的分店统一核算。李先生显然对此很不满意，财务报表只能反映整个公司的经营情况，无法知道每个连锁店的经营情况，从而无法考核各店长的经营业绩。由于"商品销售成本"没有按商品种类设置明细账，李先生无法知道各商品确切的毛利，也就无法对商品销售组合进行准确的决策。

前一段时间公司连续发生几起内部人员舞弊事件，使得李先生不能不加紧内部管理。

具体的舞弊事件是：①公司出纳私自将巨额公款存入其男友所在的银行；②分店里的几个营业员共同将一些销售收入私分。为了加紧内部控制，李先生收回了一切财务收支审批权，规定公司的费用支出不论金额大小一律由其审批后方可支付。由于李先生经常出差在外，员工只得通过电子邮件方式进行资金使用申请。李先生自认为一直都在及时地审批每一项支出，但员工依然抱怨很大。还有四件事李先生始终不明白：第一，在"管理费用"明细账中，"其他"项目的金额大得惊人，既然金额如此之大，为何放在"其他"项目里？第二，公司一直在盈利，为何老是缺钱用？第三，各店已经对库存商品进行了详细分析，为何经常出现一部分商品积压，而另一部分商品缺货？第四，为何每年做的计划和预算实际总是完成不了？事实上，这些计划和预算并不是高不可攀。最近，李先生到国外寻求新的供货商，三个月后李先生满载而归，可是回来后的第一天就让李先生大为恼火：首先，上午接到一名老顾客的投诉，该顾客订货已经一个月过去了，但公司却迟迟没有回复；其次，公司开会时没有人知道进口的数码相机放在何处，而这样的数码相机公司一共有6部；再次，开票员重复给顾客开具销售发票；最后，日终盘点之前，李先生故意趁人不注意时拿走两副贵重眼镜，但该店交上来的盘点报告表却显示正常。

　　三、要求： 请结合上面所述的事实，结合会计工作组织与管理的学习内容，对该公司存在的问题向李先生提供一套有效的解决方案。

第十章
会计行为约束体系

学习提示

重点：会计法律法规、企业核算规范、会计管理规范的构成内容和会计职业道德规范的基本内容。

难点：会计规范约束体系的分类，我国会计标准体系体系的框架。

导入案例

在财政部发布的2017年会计信息质量检查报告中显示，通过对电力、煤炭、航空、金融、粮食等重点行业的检查，发现随着财政部门会计监督力度的不断加大，各单位财务会计工作规范化程度逐步提高，会计核算和内部控制水平进一步提升，较好地执行了会计制度和国家财税政策。

但也发现，部分国有企业重业绩考核、轻财务管理，部分金融机构表外业务增长迅速、风险管理亟待加强，部分上市公司为了融资违规调节利润，部分外资、民营企业存在偷逃税款等问题，比如在对福建凤竹纺织科技股份有限公司检查时发现，该公司存在少计收入173万元、少计利润141万元等问题；对焦作万方铝业股份有限公司的检查发现，该公司存在会计科目使用不当、少计手续费收入等问题。

分析和讨论：①会计信息质量检查的目的是什么？②规范会计信息质量的依据是什么？③我国目前的建设情况如何？

第一节　会计规范体系构成

一、会计规范约束体系的定义

在市场经济条件下，由于会计行为的结果具有明显的经济后果，即在其他条件不变情况下，会计行为产生的信息一旦公布，将会引起社会资源的重新配置和社会财富的重新分配，因而影响会计信息使用者的决策行动。所以，对会计行为必须进行规范，这已成为国际通行的惯例。

规范是指通过约束限制使之符合某种标准的要求，也可指这种标准或要求的本身。会计规范简单来说就是指约束或限制会计行为的标准。由于会计规范实质上是对会计行为所提出的标准，所以，会计规范实质上是指会计行为规范，即对会计行为主体（会计机构和会计人员）运用一定的会计行为方式（会计确认、计量、记录与报告等），作用于会计行为客体（会计主体所发生的交易或事项所引起的财务报表要素的变化），最终形成就会计信息的全部行为过程所制定的一系列法规、准则以及惯例。

会计规范约束体系是指国家权力机关或者其他授权机构制定的，用于指导和约束会计行为与会计责任规范性文件的总和。会计规范约束体系由会计法律、会计法规、会计制度、会计准则、会计职业道德、会计文化等一系列规范组成。

二、会计规范约束体系的分类

会计规范约束体系是由存在内在联系，既相互制约又相辅相成的各项会计规范所构成的有机整体，是由若干层次的会计行为规范（子系统）构成的集合系统。在这个系统中，作为子系统的各项会计行为规范都有其特定的作用，分别用来解决某一方面或某几方面的会计行为问题，但它们之间又具有一定的结构层次和内在联系（图10-1）。

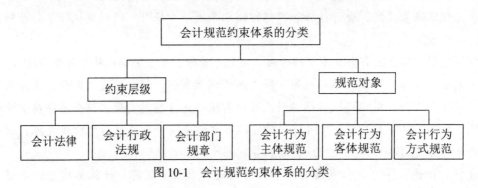

图10-1　会计规范约束体系的分类

（一）按约束层级分类及其构成内容

会计规范约束体系按照各规范所处的约束层级不同可分为会计法律、会计行政法规和会计部门规章三个层级。

1. 会计法律

会计法律是指由国家最高权力机关——全国人民代表大会及其常务委员会制定颁布，用来调整经济生活中会计关系的法律总规范。这是会计法律规范的最高层次，在我国，属于这个层次的有《中华人民共和国会计法》（以下简称《会计法》）《中华人民共和国预算法》（以下简称《预算法》）和《中华人民共和国注册会计师法》。其中《会计法》是会计规范约束体系中权威性最高、最具法律效力的规范，是制定其他各层次会计规范的依据，是会计工作的根本大法。

2. 会计行政法规

行政法规由国家最高行政机关——国务院制定发布。会计行政法规是由国务院制定或国务院有关部门拟订经国务院批准发布，用来调整经济生活中某些方面会计关系的法律规范，其制定依据是《中华人民共和国会计法》。我国与会计有关的行政法规主要是国务院颁布的各种条例。如《企业财务会计报告条例》《总会计师条例》等。

3. 会计部门规章

会计部门规章是由国家主管会计工作的行政部门——财政部以及其他部委制定发布的有关会计工作的某些具体方面的规范。制定会计部门规章必须依据会计法律和行政法规的规定。在会计规范约束体系中，这一层级的规范数量庞大，涉及面最广，是会计规范体系的主体部分。主要包括国家统一的会计核算制度、国家统一的会计监督制度、国家统一的会计机构和会计人员制度、国家统一的会计工作管理制度等。

国家统一的会计核算制度是有关会计确认、计量和报告的标准、范围、程序和方法等方面规则的组合，具体包括会计准则和会计制度两个方面。会计准则是对交易或事项引起的财务报表要素变化进行会计确认、计量、报告等会计行为的规范，保证会计信息质量。企业的会计准则包括基本准则、具体准则、应用指南和解释四个层次。会计制度是关于企业会计核算的制度规范。会计准则和会计制度具有法规性与强制性，体现中国特色。目前，随着我国会计制度模式的改革，已经形成以会计准则为核心内容的模式，具体的会计核算制度越来越少，主要是针对一些特殊的业务而制定的。

国家统一的会计监督制度是在会计部门规章中有关会计监督的规定，如《会计基础工作规范》中对于会计监督的规定。

国家统一的会计机构和会计人员制度包括《会计从业资格管理办法》和《会计人员继续教育规定》等。

国家统一的会计工作管理制度包括《会计档案管理办法》《会计电算化管理办法》等。

（二）按规范对象分类及其构成内容

会计规范的对象就是指会计规范的标的物。由于会计行为包括会计行为主体、会计行为客体和会计行为方式，所以，按会计规范的对象可分为会计行为主体规范、会计行为客体规范和会计行为方式规范三类。

1. 会计行为主体规范

会计行为主体规范是指对会计机构和会计人员所构成的"会计人"所进行的规范。主要包括会计机构设置、会计人员配备、会计人员从业资格、会计人员职业道德、会计人员继续教育等的规范。例如我国《会计法》和《会计基础工作规范》中有关会计机构和会计人员的法律、制度的约定，《中华人民共和国总会计师条例》《会计从业资格管理办法》《中国注册会计师职业道德规范指导意见》《会计人员继续教育规定》《代理记账管理办法》等。

2. 会计行为客体规范

会计行为客体规范是指对会计主体所发生的交易或事项引起的财务报表要素的变化及

其形成的会计信息进行的规范。主要包括财务会计概念框架以及各种财务报表要素具体内容的确认、计量和报告的规定。例如我国现行的《企业财务会计报告条例》《企业会计准则》《政府会计准则》《会计档案管理办法》《会计电算化管理办法》等。

3. 会计行为方式规范

会计行为方式规范是指对会计确认、计量、记录、报告等会计行为方式及其选择所进行的规范。主要包括对交易或事项所引起的财务报表要素具体内容的变化进行会计确认的标准、会计计量的属性及计量方法的选择、会计政策选择、会计记录中有关会计凭证和账簿等会计信息载体的设计与运用、会计报告中会计信息披露等的规范。由于这些内容都与会计行为主体和客体密切相关，是会计行为主体作用于会计行为客体过程中体现出来的，难以独立存在，因此，会计行为方式的规范内容都具体体现在上述两类规范之中。

三、会计规范约束体系的作用

（一）为会计行为主体从事会计活动提供了应共同遵守、执行的标准

会计行为规范确立了对单位会计行为进行评价、监督的依据，减少了对会计行为后果评价、制裁的不确定性，降低了监督评价的交易成本，提供了优化会计行为的一种机制，弥补了在会计信息生成过程中的制度缺陷，为会计信息质量控制设置了必要的防线。

（二）有利于宏观调控的实施

会计规范的制定和实施，一定要有利于政府对经济实施宏观调控，这是我国制定会计规范的目标。政府可以通过对统一会计核算制度的制定施加影响来促使会计规范朝着有利于宏观调控的方向发展。

（三）实现会计信息生产的标准化

不同的信息使用者对信息的数量、质量、形式等的需求是不同的，由于外界的会计信息使用者与企业之间的信息不对称，会危害在会计信息占有上处于劣势的一方以至违反公平原则。而可靠、全面和及时的会计信息披露直接关系到市场经济公开、公平和公正原则的体现与维护，从而能为企业营造一个良好的市场竞争环境。因此，会计规范的主要作用是实现会计信息生产的标准化。

（四）有利加强经济监督，维护财经法纪

会计规范的实施应当有利于严肃财经纪律，惩治腐败，扼制腐败现象的滋生蔓延；有利于统一考评，完善管理和监督；有利于保障社会公平公正，促进以法治国，维护社会安定团结。会计规范也是独立审计的依据，对于促进我国经济监督制度，尤其是独立审计事业的发展有积极意义。

（五）符合国际资本流动和企业国际经济交往的需要

一个国家的经济要国际化，要开展吸引外资、对外投资以及国际贸易、国际经济技术合作等国际经济交往活动都离不开会计。这就要求制定会计规范，走国际化的道路，建立适应中国市场经济发展特点、与国际会计惯例相协调的会计规范约束体系。

另外，会计规范在推动资本市场、保证会计信息在资源配置方面的正确导向、促进收入分配的合理化等方面也有直接或间接的作用。

第二节　会计法律法规

会计法律是指由全国人民代表大会及其常务委员会经过一定立法程序制定并发布的、调整我国经济生活中会计行为关系的法律法规的总称。目前，在我国的法律中与会计领域有关的主要有《预算法》《会计法》以及其他对会计行为有相关规定的法律法规等。其中《会计法》是会计规范体系中权威性最高、最具法律效力的规范，是制定其他各层级会计规范的依据，是会计工作的根本大法。《预算法》是我国政府在市场经济体制下依法科学合理从事政府收支行为、保证政府得以顺利运行的法律依据，被称为国家的经济宪法，也是政府会计所应遵循的首要法规（图10-2）。

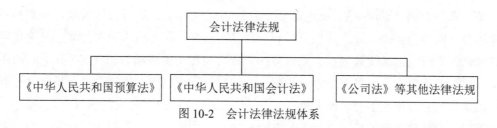

图10-2　会计法律法规体系

一、《预算法》

预算是指经法定程序审核批准的国家年度集中性财政收支计划，规定国家财政收入的来源和数量、财政支出的各项用途和数量，反映着整个国家政策、政府活动的范围和方向。预算是财政的核心，现代预算制度是现代财政制度的基础。预算法是预算收入和预算支出、预算管理的法律规范，属于财政领域的基本法律制度。

（一）《预算法》的立法过程及立法目的

1994年3月22日《预算法》在第八届全国人民代表大会第二次会议上通过，1995年1月1日正式实施。随着我国社会主义市场经济体制和公共财政体制的逐步建立，2014年8月31日，第十二届全国人大常委会第十次会议通过了《全国人民代表大会常务委员会关于修改〈中华人民共和国预算法〉的决定》，重新颁布了修订后的《预算法》，从 2015 年 1 月 1 日开始实施。2018 年 12 月 29 日，第十三届全国人民代表大会常务委员会第七次会议通过了《关于修改〈中华人民共和国产品质量法〉等五部法律的决定》，对《预算法》进行第二次修正。

制定《预算法》的目的是规范政府收支行为，强化预算约束，加强对预算的管理和监督，建立健全全面规范、公开透明的预算制度，保障经济社会的健康发展。

（二）《预算法》的作用

《预算法》是我国政府在市场经济体制下依法科学合理从事政府收支行为、保证政府得以顺利运行的法律依据，被称为国家的"经济宪法"，也是政府会计所应遵循的首要法规。

（三）《预算法》的约束对象

《预算法》的约束对象是各级政府预算、决算的编制、审查、批准、监督，以及预算的执行和调整。

（四）《预算法》的主要内容

扩展阅读10-1

《中华人民共和国预算法》

《预算法》共 11 章，101 条，包括总则、预算管理职权、预算收支范围、预算编制、预算审查和批准、预算执行、预算调整、决算、监督、法律责任、附则。其中前 10 章是核心内容。

第一章　总则（共 19 条）：包括制定目的、规范对象、政府预算层级、预算构成、内容体系（四类预算：一般公共预算、政府性基金预算、国有资本经营预算、社会保险基金预算）、管理原则（统筹兼顾、勤俭节约、量力而行、讲求绩效和收支平衡）、批准程序、执行与公开要求、中央和地方分税制、财政转移支付制度、编制与执行机制（相互制约、相互协调）、预算年度、计量单位。

第二章　预算管理职权（共 7 条）：分别规定了中央及地方各级人民代表大会及其常务委员会关于预决算草案及预算执行情况的审批、监督权限及履行程序；国务院及地方各级政府编制、上报预决算草案及组织执行、调整、执行情况报告的职责权限。

第三章　预算收支范围（共 4 条）：一般公共预算收入、支出（区分功能、经济性质）的内容；政府性基金、国有资本经营和社会保险基金预算的收支范围、中央与地方预算有关收支项目的划分及管理权限界定。

第四章　预算编制（共 12 条）：国务院、地方政府在编制预算中的职责、编制依据、编制要求、编制原则（量入为出、收支平衡）、编制方法。

第五章　预算审查和批准（共 10 条）：中央预算和地方预算的审查报告程序，全国人民代表大会和地方各级人民代表大会对预算草案及其报告、预算执行情况的报告重点审查内容、审查结果报告，批准预算的备案程序、批复程序。

第六章　预算执行（共 14 条）：各级政府组织预算执行及其职责，预算批复前的支出安排，预算收入征收单位、征收要求、上缴要求、预算支出划拨要求，预算收支的处理基础

（收付实现制），国库收支管理，各级政府对预算执行的领导，各部门、各单位的预算收支管理要求，预备费、周转金、超收收入管理。

第七章　预算调整（共 7 条）：预算调整范围、调整要求、调整审批程序、不得调整的内容、预算调剂的要求。

第八章　决算（共 9 条）：决算草案的编制者、编制时间、编制要求，决算审计及审计后决算草案的上报，决算草案的审查批准程序，重点审查内容，决算草案的批复备案要求。

第九章　监督（共 9 条）：全国及地方人代会及其常委会对预决算的监督审查权限、国务院和地方政府每年六月至九月期间向人代会报告预算执行情况、预算执行情况的上报、预决算的审计监督要求、政府各部门对所属单位的监督、接受社会公众监督。

第十章　法律责任（共 5 条）：各级政府及有关部门的法律责任追究内容及相应的处分等级（除责令改正外，将分别承担行政责任、降级、撤职、开除，直至追究刑事责任）。

二、《会计法》

（一）《会计法》的立法过程及立法目的

我国的第一部《会计法》是 1985 年 1 月 21 日经第六届全国人民代表大会常务委员会第九次会议通过，并于 1985 年 5 月 1 日实施。此后，历经多次修订，目前生效的是 2017 年 11 月 4 日修订实施的《会计法》，2019 年 10 月 21 日我国又提出了《中华人民共和国会计法修改草案》（讨论稿），目前正在向全社会公开征求意见中。

《会计法》的制定目的是规范会计行为，保障会计资料真实、完整，加强经济管理和财务管理，提高经济效益，维护社会主义市场经济秩序。

（二）《会计法》的作用

《会计法》是会计机构、会计人员开展会计工作，进行会计核算，实施会计监督的基本依据，也是各级有关管理部门进行会计管理和监督的基本依据。

《会计法》用法律形式确定了会计工作的地位、作用；确立了会计工作的管理体制是统一领导和分级管理；明确了单位负责人对本单位会计工作和会计资料真实性与完整性的责任，突出了公司、企业会计核算的特别规定，强化了国家、社会和单位内部"三位一体"的会计监督体系，规定了会计机构和会计人员的主要职责是进行会计核算与实行会计监督，并对会计核算和会计监督的内容、原则与程序，以及与此相联系的会计机构设置、会计人员的配备和要求做了比较具体的规定；明确了会计人员的职权和行使职权的法律保障。对规范和加强会计工作，保障会计人员依法行使职权，发挥会计工作在维护社会主义市场经济秩序、加强经济管理、提高经济效益中的作用有重大意义。

（三）《会计法》的约束对象

《会计法》第二条明确要求国家机关、社会团体、公司、企业、事业单位和其他组织（以下统称单位)必须依照本法办理会计事务。因此其约束对象是国家机关、社会团体、公司、企业、事业单位和其他组织所办理的一切会计事务。

扩展阅读10-2

《中华人民共和国会计法》

(四)《会计法》的主要内容

《会计法》共7章,52条,包括总则,会计核算,公司、企业会计核算的特别规定,会计监督,会计机构和会计人员,法律责任和附则。其中前6章是核心内容。

第一章 总则(共8条):立法宗旨、适用范围、单位账簿设置要求、会计工作第一责任人、会计机构和会计人员履行会计职能及其独立性和法律保护、会计人员表彰奖励、主管和管理会计工作的部门、会计制度统一性要求。

第二章 会计核算(共15条):会计核算的真实性要求;会计核算的主要内容;会计年度;记账本位币选择;会计信息载体及使用的合规性;会计凭证的内容及使用要求;会计账簿的内容及使用要求;账实、账证、账账、账表核对要求;会计方法应用的一致性要求;担保、未决诉讼等或有事项的处理要求;财务报告编制、报送、签章要求;会计所用文字规定;会计档案管理规定。

第三章 公司、企业会计核算的特别规定(共3条):会计确认、计量、记录的真实性规定;会计核算的禁止性行为。

第四章 会计监督(共9条):内部会计监督制度建立要求;会计机构和会计人员依法履行职责及其法律保护;会计机构、会计人员监督中发现问题的处理程序;违反本法及会计制度的检举与处理;接受审计要求及对审计的监督;财政部门监督的内容;财政、审计、税务、人民银行、证券监管、保险监管等部门的监督检查与保密要求;单位接受监督检查的要求。

第五章 会计机构和会计人员(共6条):会计机构、会计人员设置要求、代理记账、总会计师设置要求;稽核制度;会计人员专业能力、职业道德、业务素质提高要求;会计工作禁入要求;会计交接手续。

第六章 法律责任(共8条):违法事项及相关责任处理;伪造、变造会计凭证、会计账簿及编制虚假财务会计报告、隐匿或者故意销毁依法应当保存的会计档案等需依法追究刑事责任的内容及处理;授意、指使、强令发生上述行为需依法追究刑事责任的内容及处理;单位负责人有关违法事项的处理;财政及其他有关行政部门人员违法监督的处理;泄露检举的处理。

【案例 10-1】远东飞机工业有限公司的董事长兼总经理张某认为会计是专业性很强的工作,自己不懂会计,每次在财务报告上签字盖章都是在履行程序,没有什么实质意义。一次在公司召开的董事会上提出建议,以后公司的财务报告由财务部门负责人签字盖章即可对外报出。请分析他这种建议是否合法。

分析: 张某的建议不符合《会计法》的规定。根据《会计法》第二十一条的规定,财务会计报告应当由单位负责人和主管会计工作的负责人、会计机构负责人(会计主管人员)签名并盖章;设置总会计师的单位,还须由总会计师签名并盖章。单位负责人应当保证财务会计报告真实、完整。

董事长张某作为企业法人代表，应当依法保证本单位财务会计报告真实、完整，也应当依法在本单位对外报送的财务报告上签字盖章。

三、其他相关法律

除了《预算法》和《会计法》外，其他有关法律中对会计核算、财务会计报告编制、信息披露等方面的规定，也为会计核算与监督提供了法律支持。例如，在《中华人民共和国刑法》中对提供虚假财务会计报告和其他会计违法行为应负的刑事责任做了规定；在《中华人民共和国公司法》中，对公司财务、会计制度的建立、财务报告的编制、审计等做了规范，在《中华人民共和国证券法》（以下简称《证券法》）中，对公开发行股票和债券公司的财务会计报告信息披露做了规范。这些法律法规同样是会计法规体系的组成部分。

（一）《中华人民共和国刑法》中涉及的会计方面的相关内容

《中华人民共和国刑法》于1979年7月1日第五届全国人民代表大会第二次会议通过，此后经过了多次修正或修订，2017年11月4日第十二届人大常委会第三十次会议通过《中华人民共和国刑法修正案》中涉及的与会计相关的部分主要内容如下。

第一百五十八条　虚报注册资本罪。申请公司登记使用虚假证明文件或者采取其他欺诈手段虚报注册资本，欺骗公司登记主管部门，取得公司登记，虚报注册资本数额巨大、后果严重或者有其他严重情节的，处三年以下有期徒刑或者拘役，并处或者单处虚报注册资本金额百分之一以上百分之五以下罚金。单位犯前款罪的，对单位判处罚金，并对其直接负责的主管人员和其他直接责任人员，处三年以下有期徒刑或者拘役。

第一百五十九条　虚假出资、抽逃出资罪。公司发起人、股东违反公司法的规定未交付货币、实物或者未转移财产权，虚假出资，或者在公司成立后又抽逃其出资，数额巨大、后果严重或者有其他严重情节的，处五年以下有期徒刑或者拘役，并处或者单处虚假出资金额或者抽逃出资金额百分之二以上百分之十以下罚金。单位犯前款罪的，对单位判处罚金，并对其直接负责的主管人员和其他直接责任人员，处五年以下有期徒刑或者拘役。

第一百六十一条　违规披露、不披露重要信息罪。依法负有信息披露义务的公司、企业向股东和社会公众提供虚假的或者隐瞒重要事实的财务会计报告，或者对依法应当披露的其他重要信息不按照规定披露，严重损害股东或者其他人利益，或者有其他严重情节的，对其直接负责的主管人员和其他直接责任人员，处三年以下有期徒刑或者拘役，并处或者单处二万元以上二十万元以下罚金。

第一百六十二条　妨害清算罪。公司、企业进行清算时，隐匿财产，对资产负债表或者财产清单做虚伪记载或者在未清偿债务前分配公司、企业财产，严重损害债权人或者其他人利益的，对其直接负责的主管人员和其他直接责任人员，处五年以下有期徒刑或者拘役，并处或者单处二万元以上二十万元以下罚金。

第一百六十二条第一款　隐匿、故意销毁会计凭证、会计账簿、财务会计报告罪。隐匿或者故意销毁依法应当保存的会计凭证、会计账簿、财务会计报告，情节严重的，处五年以下有期徒刑或者拘役,并处或者单处二万元以上二十万元以下罚金。单位犯前款罪的,对单位判处罚金,并对其直接负责的主管人员和其他直接责任人员,依照前款的规定处罚。

第一百六十二条第二款 虚假破产罪。公司、企业通过隐匿财产、承担虚构的债务或者以其他方法转移、处分财产,实施虚假破产,严重损害债权人或者其他人利益的,对其直接负责的主管人员和其他直接责任人员,处五年以下有期徒刑或者拘役,并处或者单处二万元以上二十万元以下罚金。

第二百零一条 逃税罪。纳税人采取欺骗、隐瞒手段进行虚假纳税申报或者不申报,逃避缴纳税款数额较大并且占应纳税额百分之十以上的,处三年以下有期徒刑或者拘役,并处罚金;数额巨大并且占应纳税额百分之三十以上的,处三年以上七年以下有期徒刑,并处罚金。扣缴义务人采取前款所列手段,不缴或者少缴已扣、已收税款,数额较大的,依照前款的规定处罚。对多次实施前两款行为,未经处理的,按照累计数额计算。有第一款行为,经税务机关依法下达追缴通知后,补缴应纳税款,缴纳滞纳金,已受行政处罚的,不予追究刑事责任;但是,五年内因逃避缴纳税款受过刑事处罚或者被税务机关给予二次以上行政处罚的除外。

(二)《中华人民共和国公司法》中涉及的会计方面的相关内容

《中华人民共和国公司法》于1993年12月29日第八届全国人民代表大会常务委员会第五次会议通过,经过了1999年、2004年、2005年、2013年、2018年多次修正修订,2018年10月26日第十三届全国人民代表大会常务委员会第六次会议《关于修改〈中华人民共和国公司法〉的决定》第四次修正中涉及的与会计相关的部分主要内容如下:

第一百三十四条 公司经国务院证券监督管理机构核准公开发行新股时,必须公告新股招股说明书和财务会计报告,并制作认股书。

第一百四十五条 上市公司必须依照法律、行政法规的规定,公开其财务状况、经营情况及重大诉讼,在每会计年度内半年公布一次财务会计报告。

此外在第八章"公司财务、会计",从第一百六十三条到一百七十一条对公司会计事项有具体的规定。

第三节 会计核算规范

一、我国的会计标准体系

(一)会计标准体系的含义

我国会计核算规范主要是由会计准则和会计制度组成的会计标准。标准是对重复性事物和概念所做的统一规定,会计标准是约束或限制会计信息及其形成过程的标准,会计标准也称为会计准则,是会计人员从事会计工作即进行会计确认、计量、记录与报告等必须遵循的基本原则,是约束会计行为的规范化要求。

标准体系是一定范围内的标准按其内在联系形成的科学有机整体。会计标准体系就由若干相互联系的会计标准按照一定的逻辑关系构成的有机整体,包括各项会计准则、指南、解释公告和会计制度。可以用来指导会计实务工作,即对会计核算工作的规范。

(二)新中国会计标准体系改革历程简介

会计准则是随着社会经济发展的需要而发展起来的,会计准则乃至整个会计理论在产生与发展过程中,始终贯穿着强烈的经济色彩。经济发展对会计的影响,不仅仅体现于会计方法的发展上,更体现在会计准则的发展上。

我国会计准则的研究起步于1987年,2006年2月15日,财政部正式发布了包括1项基本准则和38项具体准则在内的完整的企业会计准则体系,并于2006年10月31日发布了32项会计准则的应用指南以及会计科目和主要账务处理,标志着我国会计制度模式转变为准则模式。2015年10月23日,财政部发布了《政府会计准则——基本准则》。2016年,政府会计的各具体准则、应用指南和会计制度陆续发布。发展到现在,我国会计准则体系基本覆盖了所有经济组织的各类经济业务,建立了一整套比较科学完善的会计要素确认、计量、记录、报告的会计标准体系。

(三)当前我国的会计标准体系框架

我国会计标准体系分为企业会计标准体系和政府会计标准体系两大类,分别由会计准则、会计制度构成。

会计准则包括基本准则、具体准则和应用指南和解释公告(图9-3)。

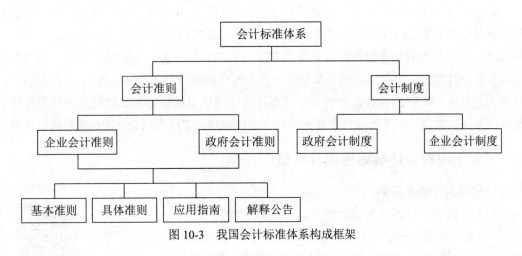

图 10-3 我国会计标准体系构成框架

1. 会计准则

1)基本准则

基本准则是指导性会计准则,概括性强、适应面广。基本准则在整个准则体系中起统驭和指导作用，是具体准则的制定依据，主要规范了财务报告目标、会计基础、会计基本假设、会计信息质量要求、会计要素及其确认与计量原则、财务报告等内容。

2）具体准则

具体准则是在基本准则的规范下，对交易或事项引起的财务报表要素中某一特定内容进行的具体规范，属于针对性、可操作性、具体应用性会计准则。主要规范发生的具体交易或者事项的会计确认、计量与报告，为处理会计实务问题提供具体而统一的标准。

3）应用指南

应用指南是根据基本准则和具体准则制定的，帮助理解会计准则的有关内容，并用来指导会计实务操作的细则。

4）解释

解释主要对会计准则执行过程中出现的情况和发现的、具体会计准则条款规定不清楚或者尚未规定的问题做出必要解释和补充说明，加强统一理解，避免出现误解。

2. 会计制度

会计制度是从事会计工作的具体行为规范，主要规定各类组织应用的会计科目及其使用说明、会计报表格式及其编制说明等，以便会计人员进行日常核算。

二、政府会计准则概述

（一）政府会计准则及其目的

政府会计准则是指在政府会计基本概念框架下，对发生的具体经济业务或事项规定会计处理原则以及引起的会计要素变动进行确认、计量、分类记录和报告等实际应用提供操作性指引。制定此准则的目的是满足党的十八届三中全会决定提出的"建立权责发生制的政府综合财务报告制度"的重要战略部署和新《预算法》对各级政府财政部门按年度编制以权责发生制为基础的政府综合财务报告的要求；完成2014年12月国务院批转财政部制定的《权责发生制政府综合财务报告制度改革方案》的目标任务；实现由传统单一的收付实现制预算会计模式向收付实现制预算会计与权责发生制综合财务会计并行的会计模式转变，从而为充分发挥在财政资金运行管理和宏观经济决策的基础性作用、客观反映政府家底和运行成本、加强资产负债管理、客观评价政府运行绩效、实现政府会计国际化等提供保障。

（二）政府会计准则的内容体系

1. 政府会计基本准则

基本准则用于规范政府会计核算。财政部于2015年10月23日颁布了《政府会计准则——基本准则》，自2017年1月1日起施行，属于我国政府会计的概念框架，在我国政府会计改革进程中具有重要的里程碑意义。

2. 政府会计具体准则

2016年7月6日财政部颁布了《政府会计准则第1号——存货》、

扩展阅读10-3

政府会计准则——
基本准则

《政府会计准则第 2 号——投资》《政府会计准则第 3 号——固定资产》《政府会计准则第 4 号——无形资产》等 4 项具体准则后,至今已发布 10 项(表 10-1)。

表 10-1　我国已发布的政府会计具体准则

政府会计具体准则	政府会计准则第 1 号——存货
	政府会计准则第 2 号——投资
	政府会计准则第 3 号——固定资产
	政府会计准则第 4 号——无形资产
	政府会计准则第 5 号——公共基础设施
	政府会计准则第 6 号——政府储备物资
	政府会计准则第 7 号——会计调整
	政府会计准则第 8 号——负债
	政府会计准则第 9 号——财务报表编制和列报
	政府会计准则第 10 号——政府和社会资本合作项目合同

3. 政府会计具体准则的应用指南

目前,政府会计具体准则的应用指南仅发布 2 项,财政部于 2017 年 2 月 21 日制定发布《〈政府会计准则第 3 号——固定资产〉应用指南》和 2020 年 12 月 17 日制定发布的《〈政府会计准则第 10 号——政府和社会资本合作项目合同〉应用指南》。

4. 政府会计准则的制度解释

为了进一步完善政府会计准则制度,确保政府会计准则制度的有效实施,自 2019 年至今财政部已印发 5 项政府会计准则制度解释。

(三)政府会计准则的作用

(1)有利于规范各级政府、各部门、各单位的会计核算,提高政府会计信息质量。

(2)有利于夯实财政管理基础,全面反映政府财务状况,进一步加强政府的资产管理和控制债务风险,健全预算管理基础,建立全面规范、公开透明的现代预算制度,促进财政可持续发展。

(3)有利于准确反映政府运行成本,合理归集、反映政府的运行费用和履职成本,科学评价政府、部门、单位等耗费公共资源、成本边际等政府绩效,有效实施预算绩效评价制度。

(4)有利于全面、清晰反映政府预算执行信息和财务状况,显著提升财政透明度,满足权力机关、社会公众等对政府财政财务信息全面性、准确性和及时性的需求,进一步规范政府行为和提高政府决策能力,促进国家治理能力的现代化。

三、企业会计准则概述

(一)企业会计准则及其制定目的

企业会计准则是指在企业会计基本概念框架下,对发生的具体经济业务或事项规定会计处理原则以及引起的财务报表要素变动进行确认、计量、分类记录和报告等实际应用提供操作性指引。会计准则以《会计法》为指导，同时又指导会计制度，是会计制度的制定依据。制定会计准则的目的是为了满足社会主义市场经济发展和经济全球化的需要，促进企业在日益变化的环境中公平竞争多样化发展，使资本市场能健康有效运转，可以实现会计准则国际趋同，保证统一会计信息标准和会计信息质量。

（二）企业会计准则的内容体系

1. 企业会计基本准则

1992年11月30日，中国第一个会计准则《企业会计准则——基本准则》和《企业财务通则》同时发布，1993年13个行业的会计制度、财务制度发布，自此开启了中国企业会计由计划经济下的单一会计制度模式向会计准则与会计制度并行、会计准则为主并辅以会计制度的市场经济下会计标准体系模式的艰难的改革转型。2006年2月15日正式发布《基本准则》，2014年7月23日又进行修订，2011年10月18日发布《小企业会计准则》。

扩展阅读10-4

企业会计准则——基本准则

2. 企业会计具体准则

1994年4月21日、1995年7月12日和9月27日财政部分别发布了31项《具体会计准则征求意见稿》的白皮书；1997年5月22日，第1个具体准则——《关联方关系及其交易的披露》正式发布，之后又陆续发布了15项；2006年2月15日一次正式发布38项，近几年不断出台新的准则，并适时修订完善原有准则，目前共发布了42项（表10-2）。

表10-2 我国目前已发布的企业会计具体准则

企业会计具体准则	企业会计准则第1号——存货
	企业会计准则第2号——长期股权投资（2014年修订）
	企业会计准则第3号——投资性房地产
	企业会计准则第4号——固定资产
	企业会计准则第5号——生物资产
	企业会计准则第6号——无形资产
	企业会计准则第7号——非货币性资产交换（2019年修订）
	企业会计准则第8号——资产减值
	企业会计准则第9号——职工薪酬（2014年修订）
	企业会计准则第10号——企业年金基金
	企业会计准则第11号——股份支付
	企业会计准则第12号——债务重组（2019年修订）
	企业会计准则第13号——或有事项
	企业会计准则第14号——收入（2017年修订）
	企业会计准则第16号——政府补助（2017年修订）
	企业会计准则第17号——借款费用
	企业会计准则第18号——所得税
	企业会计准则第19号——外币折算

续表

企业会计具体准则	企业会计准则第 20 号——企业合并
	企业会计准则第 21 号——租赁（2018 年修订）
	企业会计准则第 22 号——金融工具确认和计量（2017 年修订）
	企业会计准则第 23 号——金融资产转移（2017 年修订）
	企业会计准则第 24 号——套期会计（2017 年修订）
	企业会计准则第 25 号——保险合同（2020 年修订）
	企业会计准则第 27 号——石油天然气开采
	企业会计准则第 28 号——会计政策、会计估计变更和差错更正
	企业会计准则第 29 号——资产负债表日后事项
	企业会计准则第 30 号——财务报表列报（2014 年修订）
	企业会计准则第 31 号——现金流量表
	企业会计准则第 32 号——中期财务报告
	企业会计准则第 33 号——合并财务报表（2014 年修订）
	企业会计准则第 34 号——每股收益
	企业会计准则第 35 号——分部报告
	企业会计准则第 36 号——关联方及其交易的披露
	企业会计准则第 37 号——金融工具列报（2017 年修订）
	企业会计准则第 38 号——首次执行企业会计准则
	企业会计准则第 39 号——公允价值计量（2014 年修订）
	企业会计准则第 40 号——合营安排
	企业会计准则第 41 号——其他会计主体中权益的披露
	企业会计准则第 42 号——持有待售的非流动资产、处置组和终止经营

3. 企业会计具体准则的应用指南

2006 年 10 月 30 日，随着具体准则一并发布了相关应用指南，目前已发布 40 项。

4. 企业会计准则的解释

为了深入贯彻落实企业会计准则，解决执行中出现的问题，同时，实现企业会计准则持续趋同和等效，自 2007 年至今财政部已印发 15 项企业会计准则的解释。

（三）企业会计准则的作用

（1）基本准则是统驭具体准则的制定，并为会计实务中出现的、具体准则尚未规范的新问题提供会计处理依据。

（2）具体准则是对交易或事项引起的各项财务报表要素变化进行确认、计量分类记录和报告进行规范。

（3）应用指南是对具体会计准则涉及的交易或事项规定会计科目及主要账务处理，为指导会计实务提供业务指导。

四、会计制度

会计制度是从事会计工作的具体行为规范。我国的会计制度分为企业会计制度和政府及非营利组织会计制度两部分。

1993年以前，我国的会计制度按照行业和所有制形式来制定。1992年发布了13个行业的会计制度，取代了原来的会计制度。2000年2月29日财政部发布全国统一的《企业会计制度》（2007年1月1日开始执行）；2001年财政部还发布了《金融企业会计制度》（2011年已废止）；2004年财政部发布了《小企业会计制度》（2013年废止）。自2006年起随着会计准则体系日臻完善，在每个具体准则应用指南中规定会计科目和主要账务处理，并根据现实变化实时发布最新财务报表格式及编制方法，如2018年6月15日发布的《关于修订印发2018年度一般企业财务报表格式的通知》、2019年1月18日发布的《关于修订印发2018年度合并财务报表格式的通知》。如遇特殊会计处理情况的，再发布相关会计处理规定，如2019年1月28日发布的《永续债相关会计处理的规定》。

随着政府会计准则的发布，2015年10月10日国库司发布《财政总预算会计制度》，2017年10月24日会计司发布《政府会计制度——行政事业单位会计科目和报表》，2019年1月1日起实施。

同时，为了完善事业单位财务制度，规范事业单位财务行为，保障事业单位健康发展。财政部2022年3月1日起修订发布《事业单位财务规则》。依据此规则财政部在2022年先后修订印发了《中小学财务制度》《科学事业单位财务制度》《文化事业单位财务制度》《广播电视事业单位财务制度》《文物事业单位财务制度》《体育事业单位财务制度》等，细化和提高了有关经济组织的财务行为。

第四节 会计管理规范

一、会计管理规范及体系构成

（一）会计管理规范及目的

会计管理规范是指对内部会计基础与信息化工作、成本核算与管理、管理会计应用、内部控制等科学、有效、规范地开展而提出的一系列标准及其约束要求。

会计管理规范的制定目的是保证会计工作质量，提高工作效率；遵守各项法律法规，维护财经纪律；加强财务管理，防范风险；提高组织内部的经营管理水平。

（二）会计管理规范的内容体系

目前，我国的会计管理规范主要分为会计基础及信息化工作规范、成本核算与管理规范、内部控制规范和管理会计指引等内容（图10-4）。

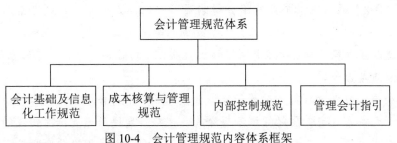

图 10-4 会计管理规范内容体系框架

（三）会计管理规范的作用

会计管理规范的制定是为贯彻执行会计法规制度，建立有效的内部运行机制；为规范会计工作秩序提供标准；为规范内部管理及风险防范提供制度依据；为提升组织内部的经营管理水平提供指引。

二、会计基础及信息化工作规范

（一）会计基础工作规范

会计基础工作规范是指对各类经济组织的会计机构和会计人员配备及要求、会计核算、会计监督、内部会计管理制度建设等会计基础工作进行的基本规范。

为了加强会计基础工作，建立规范的会计工作秩序，提高会计工作水平，财政部于 1984 年 4 月 24 日制定发布了《会计人员工作规则》，1996 年 6 月 17 日制定《会计基础工作规范》予以取代，2017 年 11 月 20 日进行了第一次修订，2019 年 3 月 14 日又进行了修改。

扩展阅读10-5

财政部《会计基础工作规范》（2019年修订）

《会计基础工作规范》一共 6 章 100 条，其核心内容是前 5 章 96 条，包括总则、会计机构和会计人员、会计核算、会计监督、内部会计管理制度等（表 10-3）。

表 10-3 《会计基础工作规范》的主要内容

章　　节	主　要　内　容
总则（5 条）	制定目的及依据、适用范围（一切经济组织）、基本要求、单位领导对会计基础工作的责任（领导责任）、会计基础工作管理部门（各省、自治区、直辖市财政厅、局）
会计机构和会计人员（30 条）	会计机构的设置要求，会计人员应在专业素质方面具备的条件，代理记账的相关规定
会计核算（36 条）	会计核算一般要求，填制会计凭证、登记会计账簿、编制财务报告的相关具体要求
会计监督（11 条）	对经济活动的监督主体界定（会计机构和会计人员）、监督依据、监督的内容及发现问题的处理、对单位接受外部监督及审计的要求
内部会计管理制度（14 条）	制度建设要求、建设原则、内部会计管理体系建设、会计人员岗位责任、账务处理程序、内部牵制、内部稽核、原始记录管理、定额管理、计量验收、财产清查、财务收支审批、成本核算、会计分析等制度建设要求

【案例 10-2】远东飞机工业有限公司购买了一批办公用品,收到发票后,在核对时发现发票金额与实际款项不一致,经办人员是新入职的员工,没有处理问题的经验,就自行在发票上更改了金额,加盖印章并写了情况说明,交到财务部门打算作为原始证据报账。请分析这种做法是否合适。

分析: 公司经办人员自行更改原始凭证金额的做法不符合规定。根据《会计基础工作规范》第四十九条的规定,原始凭证不得涂改、挖补。发现原始凭证有错误的,应当由开出单位重开或者更正,更正处应当加盖开出单位的公章。本案例发票金额错误,经办人员应该当找到销售方重新开具发票。

(二)会计信息化工作规范

扩展阅读10-6

《企业会计信息化工作规范》

随着计算机在我国会计工作中的普及使用,为了推动各单位会计信息化,节约社会资源,提高会计软件和相关服务质量,规范信息化环境下的会计工作,1994年财政部制定发布《会计核算软件基本功能规范》《商品化会计核算软件评审规则》《会计电算化管理办法》,1996年发布《会计电算化工作规范》,2013年12月6日又全新制定发布了《企业会计信息化工作规范》。但此规范目前不适用于政府和非营利组织。

会计信息化工作规范是指对企业利用计算机、网络通信等现代信息技术手段开展会计核算,以及利用上述技术手段将会计核算与其他经营管理活动有机结合的过程进行的规范。

《企业会计信息化工作规范》共有五章49条,核心内容是前4章46条,包括总则、会计软件和服务、企业会计信息化、监督等(表10-4)。

表10-4 《企业会计信息化工作规范》的主要内容

章 节	主 要 内 容
总则(5条)	包括制定目的及依据、会计信息化、会计软件和会计信息系统的定义、适用范围、财政部主管此项工作的职责、县级以上财政部门负责管理指导监督
会计软件和服务(15条)	包括设计依据、使用文字、科目分类编码依据、会计凭证、账簿和报表的显示和打印、禁止修改删除、XBRL功能、数据接口、归档功能、用户操作日志、远程访问及云计算的保密及资料所有权、软件服务及质量等要求
企业会计信息化(13条)	应用及岗位设置、信息化建设及环境集成、软件配置方式、信息共享、外部信息互联、内部建设参与互通、会计凭证生成审核、其他相关信息化、财务共享服务中心、外商投资企业使用境外软件、数据服务器的部署、会计资料文字使用、会计资料备份、会计资料生成、外部电子资料、归档、XBRL报告
监督(3条)	对软件及其供应商的检查及不符合要求的整改

三、成本核算与管理规范

(一)成本核算与管理规范及目的

成本核算与管理规范是指对企业产品成本核算与管理工作进行的规范。其中产品即企业日常生产经营活动中持有以备出售的产成品、商品以及提供的劳务或服务。成本核算，即根据成本核算对象，按照国家统一的会计制度和企业管理要求，对营运过程中实际发生的各种耗费按照规定的成本项目进行归集、分配和结转，取得不同成本核算对象的总成本和单位成本，向有关使用者提供成本信息的成本管理活动。成本管理，即企业在营运过程中实施成本预测、成本决策、成本计划、成本控制、成本核算、成本分析和成本考核等一系列管理活动的总称。

成本核算与管理规范的建立是为了加强企业产品成本核算与管理工作，保证产品成本信息真实、完整，不断提高成本管理水平，提升企业的整体实力和竞争能力，促进企业和经济社会的可持续发展。

（二）成本核算与管理规范的法规依据及主要内容

1. 法规依据

（1）成本核算的法规依据。财政部于 1986 年制定发布《国营工业企业成本核算办法》，2013 年 8 月 16 日重新制定发布《企业产品成本核算制度（试行）》，2016 年 9 月 30 日、2018 年 1 月 5 日又分别发布了煤炭、电网经营行业成本核算制度。

（2）成本管理的法规依据。为适应成本管理的个性化及其不断创新要求，财政部在管理会计应用指引中专门做出了指引性的规范，2017 年 9 月 29 日发布了《管理会计应用指引第 300 号——成本管理》《管理会计应用指引第 301 号——目标成本法》《管理会计应用指引第 302 号——标准成本法》《管理会计应用指引第 303 号——变动成本法》《管理会计应用指引第 304 号——作业成本法》。

2. 主要内容

目前，我国的成本核算与管理规范由《企业产品成本核算制度》和成本管理指引两部分构成（图 10-5）。

图 10-5 我国成本核算与管理规范框架

《企业产品成本核算制度》分为 5 章 53 条，分别是总则，产品成本核算对象，产品成本核算项目和范围，产品成本归集、分配和结转，附则。核心内容是前 4 章共 50 条。规范了产品成本范围、成本归集、成本分配、成本结转、成本报告各环节的核算。适用于除金融保险业以外的大中型企业，并鼓励其他企业执行。

成本管理指引是管理会计指引体系的构成内容，包括一个概括性指引和四个工具方法指引。《管理会计应用指引第 300 号——成本管理》是概括性指引。包括总则、应用环境、应用程序和附则。《管理会计应用指引第 301 号——目标成本法》《管理会计应用指引第 302 号——标准成本法》，《管理会计应用指引第 303 号——变动成本法》《管理会计应用指引第 304 号——作业成本法》是成本控制的工具方法论指引，分别就目标成本法、标准成本法、变动成本法、作业成本法的定义、适用范围、应用环境要求、应用程序、优缺点等做出了指引性规定。

四、内部控制规范

（一）内部控制规范及目的

内部控制规范是指为实现控制目标，通过制定制度、实施措施和执行程序，对经济活动的风险进行防范和管控而开展的内部控制进行的规范。

制定内部控制规范的目的是加强和规范内部控制，提高管理水平和风险防范能力，促进可持续发展，维护社会主义市场经济秩序和社会公众利益，加强廉政风险防控机制建设。

（二）我国内部控制规范的法规依据及主要内容

1. 内部控制规范的法规依据

我国有关内部控制的法规建设始于 20 世纪 80 年代，1986 年财政部颁发的《会计基础工作规范》是我国第一个使用内部控制概念、明确提出单位要制定内部控制制度等内部会计管理制度的法规，1996 年财政部发布的《独立审计具体准则第 9 号——内部控制与审计风险》是我国第一个体现内部控制要求的法规。2008 年 5 月 22 日财政部、证监会、审计署、银监会、保监会联合发布《企业内部控制基本规范》，其后又于 2010 年 4 月 15 日联合发布 18 项《企业内部控制应用指引》《企业内部控制评价指引》和《企业内部控制审计指引》等内部控制配套指引；2012 年 11 月 29 日财政部发布《行政事业单位内部控制规范》，2016 年 4 月 26 日教育部发布《教育部直属高校经济活动内部控制指南（试行）》。

2. 内部控制规范的基本要素

1992 年，在 COSO（美国反虚假财务报告委员会下属的发起人委员会）发布的《内部控制——整体框架》中提出了内部控制的五要素，即内部环境、风险评估、控制活动、信息与沟通、内部审计与监督，建立了内部控制的基本框架，成为内部控制设计和评价的主要依据。我国的《企业内部控制基本规范》也沿用了五要素的观点，在第五条中明确了五要素的内容。

（1）内部环境。内部环境是企业实施内部控制的基础，一般包括治理结构、机构设置及权责分配、内部审计、人力资源政策、企业文化等。

（2）风险评估。风险评估是企业及时识别、系统分析经营活动中与实现内部控制目标相关的风险，合理确定风险应对策略。

(3) 控制活动。控制活动是企业根据风险评估结果，采用相应的控制措施，将风险控制在可承受度之内。

(4) 信息与沟通。信息与沟通是企业及时、准确地收集、传递与内部控制相关的信息，确保信息在企业内部、企业与外部之间进行有效沟通。

(5) 内部监督。内部监督是企业对内部控制建立与实施情况进行监督检查，评价内部控制的有效性，发现内部控制缺陷，应当及时加以改进。

2013 年 5 月，COSO 委员会发布了新版《内部控制整合框架》，保留了五要素的结构，进行了更为清晰的阐述，并从这些要素中提炼出了 17 项原则（表 10-5）。

表 10-5 内部控制整合框架内容

要　素	有 效 内 控 的 原 则
内部环境	1. 任何组织都应对诚信和道德等价值观做出承诺 2. 董事会独立于管理层，履行监督职责 3. 管理层应建立健全组织架构和报告体系，进行合理的授权与责任划分 4. 任何组织对认同其目标的人才在吸引、培养和保留等方面应做出承诺 5. 组织应根据其目标，使员工各自担负起内部控制的相关责任
风险评估	6. 风险评估以组织目标为依据，因此需要对组织目标做出清晰的设定，据此识别和评估相关的风险 7. 组织应对影响其目标实现的风险进行全范围的识别和分析，并以此为基础来决定应如何进行管理 8. 组织在风险评估过程中，应考虑潜在的舞弊行为 9. 组织识别和评估对内部控制体系可能造成较大影响的改变
控制活动	10. 任何组织必须通过开展控制活动将风险对其目标实现的影响降到可接受水平 11. 任何组织对以信息技术为基础的信息系统都应实施一般控制以支持其目标的实现 12. 任何组织实施控制活动都应通过合理的政策和制度做保证，这些政策和制度都应通过切实可行的流程和程序来做保证
信息与沟通	13. 任何组织都应获取或生产并使用相关的、有质量的信息来支持内部控制发挥作用 14. 任何组织都应在其内部通过信息系统传递包括内部控制的目标和责任在内的必要信息，以支持内部控制发挥作用 15. 组织应与外部相关方就影响内部控制发挥作用的事宜进行沟通
监督活动	16. 组织应选择、建立并实施持续且独立的评估机制以确认内部控制是存在且正常运转的 17. 组织应在适当的时间范围内对内部控制缺陷做出评价，并根据具体情况与那些能够采取正确行动的相关方（如管理层、治理层）进行沟通

（三）我国内部控制规范体系的构成

我国内部控制规范体系主要由内部控制基本规范、应用指引、评价指引和审计指引构成。其中基本规范是总纲，对我国内部控制规范体系的建立起引领作用；应用指引是核心，是整个体系的主体部分；评价指引和审计指引分别从企业内部与外部两个方面对内控控制体系的有效性展开自我评价和审计评价。应用指引、评价指引和审计指引三者之间既相互独立又相互联系，和基本规范一起构成一个有机整体（图 10-6）。

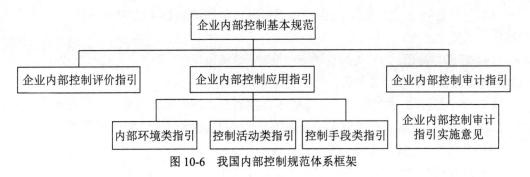

图 10-6 我国内部控制规范体系框架

五、管理会计指引体系

（一）管理会计指引体系及目的

管理会计是会计的重要分支，主要服务于单位内部管理需要，管理会计工作也是会计工作的重要组成部分，主要是为单位内部管理人员服务，提供有效经营和最优化决策的各种财务与管理信息，被称为"对内报告会计"。

管理会计指引体系是在管理会计理论研究成果的基础上，形成的可操作性的系列标准。包括基本指引、应用指引和案例库（图 10-7）。

扩展阅读10-8

《管理会计基本指引》

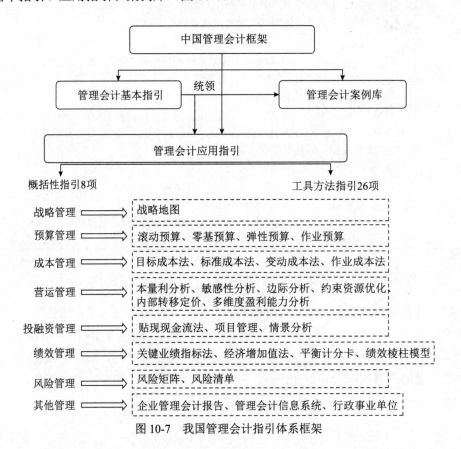

图 10-7 我国管理会计指引体系框架

建立管理会计指引体系的目的是在管理会计理论系统的基础上为管理会计体系建立一个保障，与时俱进地拓展和开发管理会计工具方法，为管理会计的实务应用提供指导示范。

（二）管理会计指引体系涉及的管理领域

管理会计指引体系涉及的管理领域就是管理会计工具方法应用的领域。在企业中主要应用于战略管理、预算管理、成本管理、营运管理、投融资管理、绩效管理、风险管理等。

（1）战略管理领域。应用的管理会计工具方法包括但不限于战略地图、价值链管理等。

（2）预算管理领域。应用的管理会计工具方法包括但不限于全面预算管理、滚动预算管理、作业预算管理、零基预算管理、弹性预算管理等。

（3）成本管理领域。应用的管理会计工具方法包括但不限于目标成本管理、标准成本管理、变动成本管理、作业成本管理、生命周期成本管理等。

（4）营运管理领域。应用的管理会计工具方法包括但不限于本量利分析、敏感性分析、边际分析、标杆管理等。

（5）投融资管理领域。应用的管理会计工具方法包括但不限于贴现现金流法、项目管理、资本成本分析等。

（6）绩效管理领域。应用的管理会计工具方法包括但不限于关键业绩指标法、经济增加值法、平衡计分卡等。

（7）风险管理领域。应用的管理会计工具方法包括但不限于单位风险管理框架、风险矩阵模型等。

行政事业单位主要是战略管理、预算管理、成本管理、绩效管理、风险管理。但在进行规划、决策、控制、评价活动中，可以结合实际情况，参照企业相关应用指引，综合运用相关工具方法。

（三）管理会计指引体系的法律依据及主要内容

1. 管理会计指引体系的法律依据

2014年10月27日财政部正式发布《关于全面推进管理会计体系建设的指导意见》，明确将管理会计指引体系设计为：基本指引为统领、应用指引为具体指导、案例库为补充。

2. 管理会计指引体系的主要内容

（1）管理会计基本指引。基本指引在管理会计指引体系中起统领作用，是制定应用指引和建设案例库的基础。基本指引的内容包括对管理会计基本概念、基本原则、基本方法和基本目标等内容总结和提炼，但是不对应用指引中未做出描述的新问题提供处理依据。

（2）管理会计应用指引。应用指引在管理会计指引体系中居于主体地位，是对单位管理会计工作的具体指导。目前发布了34项应用指引的管理会计指引体系，分为概括性指引和工具方法论指引（表10-6）。

表 10-6　我国已发布的管理会计应用指引

名　　称	类　　别
管理会计应用指引第 100 号——战略管理	概括性指引
管理会计应用指引第 101 号——战略地图	工具方法论指引
管理会计应用指引第 200 号——预算管理	概括性指引
管理会计应用指引第 201 号——滚动预算	工具方法论指引
管理会计应用指引第 202 号——零基预算	工具方法论指引
管理会计应用指引第 203 号——弹性预算	工具方法论指引
管理会计应用指引第 204 号——作业预算	工具方法论指引
管理会计应用指引第 300 号——成本管理	概括性指引
管理会计应用指引第 301 号——目标成本法	工具方法论指引
管理会计应用指引第 302 号——标准成本法	工具方法论指引
管理会计应用指引第 303 号——变动成本法	工具方法论指引
管理会计应用指引第 304 号——作业成本法	工具方法论指引
管理会计应用指引第 400 号——营运管理	概括性指引
管理会计应用指引第 401 号——本量利分析	工具方法论指引
管理会计应用指引第 402 号——敏感性分析	工具方法论指引
管理会计应用指引第 403 号——边际分析	工具方法论指引
管理会计应用指引第 404 号——内部转移定价	工具方法论指引
管理会计应用指引第 405 号——多维度盈利能力分析	工具方法论指引
管理会计应用指引第 500 号——投融资管理	概括性指引
管理会计应用指引第 501 号——贴现现金流法	工具方法论指引
管理会计应用指引第 502 号——项目管理	工具方法论指引
管理会计应用指引第 503 号——情景分析	工具方法论指引
管理会计应用指引第 504 号——约束资源优化	工具方法论指引
管理会计应用指引第 600 号——绩效管理	概括性指引
管理会计应用指引第 601 号——关键绩效指标	工具方法论指引
管理会计应用指引第 602 号——经济增加值法	工具方法论指引
管理会计应用指引第 603 号——平衡计分卡	工具方法论指引
管理会计应用指引第 604 号——绩效棱柱模型	工具方法论指引
管理会计应用指引第 700 号——风险管理	概括性指引
管理会计应用指引第 701 号——风险矩阵	工具方法论指引
管理会计应用指引第 702 号——风险清单	工具方法论指引
管理会计应用指引第 801 号——企业管理会计报告	概括性指引
管理会计应用指引第 802 号——管理会计信息系统	工具方法论指引
管理会计应用指引第 803 号——行政事业单位	工具方法论指引

（3）管理会计案例库。案例库是归纳全球管理会计经验和使用管理会计应用指引的实例。它不仅是管理会计指引体系践行的主要内容和有效途径，而且是管理会计体系建设的一个主要特点。不同于企业会计准则体系，管理会计案例研究可以对案例进行总结。目前，案例库尚在建设中。

第五节 会计职业道德规范

一、会计职业道德及其性质

（一）会计职业道德的定义

道德是社会调节人际关系的行为规范的总和。广义的职业道德是指从业人员在职业生活中应当遵循的行为准则，涵盖了从业人员与服务对象、职业与职工、职业与职业的关系。狭义的职业道德是指在一定的职业活动中应遵循的、体现一定职业特征的、调整一定职业关系的职业行为准则和规范。即一般社会道德在职业生活中的具体体现，是职业品德、职业纪律、专业胜任能力以及职业责任等的总称，属于自律范畴，它通过公约、守则等对职业生活中的某些方面加以规范。职业道德既是本行业人员在职业活动中的行为规范，又是行业对社会所负的道德责任和义务。

会计职业道德是指在会计职业活动中应当遵循的、体现会计职业特征的、调整会计职业关系的职业行为准则和规范。会计职业道德作为意识形态范畴其影响因素是多方面的，如民族文化、传统习俗、价值标准等，因此会计职业道德规范的作用也是其他会计规范所不能取代的。我国素有"礼仪之邦"的美称，有悠久漫长的历史和辉煌灿烂的文化，"仁、义、礼、智、信"已经成为我国人民普遍遵循、崇尚的行为准则。

会计职业道德规范和其他会计规范相互补充、相互联系，共同构成会计规范约束体系。

（二）会计职业道德的内容

会计职业道德的内容是对会计人员有关职业道德方面所提出的具体要求。这里的会计人员是指在企业从事会计工作以及相关工作的人员。会计人员的职业道德，应该说在不同的历史时期，其内涵有所不同。但其基本要求都是忠于职守，所有从事会计工作的人员在其会计岗位上，应当遵守职业道德，树立良好的职业品质、严谨的工作作风，严守工作纪律，努力提高工作效率和工作质量。

我国会计界老前辈潘序伦先生创办了立信会计学校，造就了立信精神，构造了立信会计模式，"信以立志，信以守身，信以处世，信以待人，毋忘立信，当必有成"。"立信"乃会计之本，没有信用就没有会计。一些国际会计组织和国家对会计职业道德都有比较明确的规定，如1980年7月，国际会计师联合会职业道德委员会拟订并经国际会计师联合会理事会批准，公布了《国际会计职业道德准则》，规定了正直、客观、独立、保密、技术标准、业务能力、道德自律七个方面的职业道德内容。1983年6月1日，美国管理会计师协会的管理会计事务委员会发表一份公告，概括了管理会计师的职业道德行为准则，包括：正直、客观、独立、遵从、保密、披露相关性、职业的胜任能力。2001年秋，我国前任国务院总理朱镕基为新成立的北京国家会计学院做了四句庄严题词："诚信为本，操守为重，坚持准则，不做假账。"

（三）会计职业道德的作用

1. 会计职业道德能够规范会计行为

人的行为往往是由内心的动机和信念支配的，会计行为也不例外，会计职业道德可以帮助会计人员确立正确的职业观念，建立良好的职业品行，从而使会计行为达到合法化、合规化的要求。

2. 会计职业道德可以帮助实现会计目标

从会计职业角度，会计目标就是为各利益相关的服务对象提供有用的会计信息，在会计职业道德的约束下，会计人员能够严格遵循准则，正确运用职业判断，实现提供有用的会计信息的目标。

3. 会计职业道德是会计法律制度的重要补充

法律规定了人在特定行为活动中的行为下限的标准，职业道德的作用是法律所不能替代的，在会计工作中，一些工作热情和心态是源于内在的道德约束而非由法律所强制得来，因此会计职业道德是对法律的重要补充。

4. 会计职业道德可以促进会计人员提高职业素质

经济的发展对会计人员的要求越来越高，会计职业道德促进会计人员不断加强学习，提升和更新自身的专业能力，有利于会计队伍素质的提高，也有利于提供更高水准的会计服务。

二、会计职业道德规范

（一）相关法规依据

我国 2017 年 11 月 4 日修订实施的《会计法》第三十九条规定：会计人员应当遵守职业道德，提高业务素质；《会计基础工作规范》第二章第二节专门规范了"会计人员职业道德"的内容；2018 年 12 月 6 日财政部首次发布的《会计人员管理办法》第三条第二款对此也提出了要求；2018 年 4 月 19 日财政部首次专门发布了《关于加强会计人员诚信建设的指导意见》。2022 年财政部印发《关于加强新时代注册会计师行业人才工作的指导意见》，"基本原则"部分指出：坚持以德为先。始终把推动诚信建设作为行业人才工作的核心价值导向，坚持诚信为本、诚以力行、信以修身，将诚信建设贯穿行业人才工作的各环节，完善行业诚信建设体系，夯实行业诚信文化基础，加强常态化诚信教育和失信惩戒，全面提升行业职业道德水平。

（二）会计职业道德规范的内容体系

按照财政部发布的《会计基础工作规范》，会计职业道德规范的内容被归纳为"爱岗敬业，诚实守信，廉洁自律，客观公正，坚持准则，提高技能，参与管理和强化服务"等几个方面。

（1）爱岗敬业。会计人员应当热爱本职工作，努力钻研业务，使自己的知识和技能适应所从事工作的要求。爱岗敬业是做好一切工作的出发点。因此会计人员要树立良好的职业荣誉感和责任感，以高度的事业心做好本职工作。

（2）诚实守信。要求会计人员实事求是，严格按照会计准则、会计制度进行记账、算账和报账，做到手续完整、账目清楚、数字准确、不伪造账目，不弄虚作假，如实反映企业经济业务的事项。同时，还要依法保守本单位的商业秘密，除法律规定和本单位领导人同意外，不能私自向外界提供或泄露本单位的会计信息。

（3）廉洁自律。要求会计人员树立正确的人生观和价值观，公私分明、不贪不占、遵纪守法、清正廉洁。正确处理会计职业的权利和义务关系，抵制不正之风。

（4）客观公正。要求会计人员在处理会计业务工作中依法办事，实事求是，不偏不倚，保持应有的独立性。

（5）坚持准则。要求会计人员熟悉国家法律、法规和国家统一的会计制度，始终坚持按法律、法规和国家统一的会计制度的要求进行会计核算，实施会计监督。

（6）提高技能。要求会计人员增强提高专业技能的自觉性和紧迫感，勤学苦练，刻苦钻研，不断进取，提高业务水平。这是会计人员的义务，也是在职业活动中做到客观公正、坚守准则的基础，也是参与管理的前提。

（7）参与管理。要求会计人员在做好本职工作的同时，全面熟悉本单位经营活动和业务流程，努力钻研业务，熟悉财经法规和相关制度，主动提出合理化建议，协助领导决策，积极参与管理。

（8）强化服务。要求会计人员树立服务意识，提高服务质量，努力维护和提升会计职业的良好社会形象。强化服务的结果就是奉献社会，是职业道德的归宿。

三、会计职业相关惩戒

（一）会计职业惩戒的定义

惩戒的含义是通过惩罚使人警戒。会计职业惩戒是指相关监管机构依照法律法规对违反《会计法》、资本市场相关法规的行为采取的处罚性手段。进行惩戒的目的是增强会计人员职业责任感，不断提升职业道德素质，坚持实事求是的原则，客观、准确处理多方面经济利益关系，确保各项会计工作有序开展，保证会计信息的质量，避免造成严重的经济损失。

（二）会计职业惩戒的相关规定

1.《会计基础工作规范》中惩戒的相关内容

第二十四条规定：财政部门、业务主管部门和各单位应当定期检查会计人员遵守职业道德的情况，并作为会计人员晋升、晋级、聘任专业职务、表彰奖励的重要考核依据。会计人员违反职业道德的，由所在单位进行处理。

2.《关于加强会计人员诚信建设的指导意见》中惩戒的相关内容

将会计职业道德作为会计人员继续教育的必修内容，大力弘扬会计诚信理念，不断提升会计人员诚信素养。

将会计人员遵守会计职业道德情况作为考核评价、岗位聘用的重要依据，强化会计人员诚信责任。

建立严重失信会计人员"黑名单"制度、信用信息管理制度和信用信息管理系统，将有提供虚假财务会计报告，做假账，隐匿或者故意销毁会计凭证、会计账簿、财务会计报告，贪污，挪用公款，职务侵占等与会计职务有关违法行为的会计人员，作为严重失信会计人员列入"黑名单"，纳入全国信用信息共享平台，依法通过"信用中国"网站等途径，向社会公开披露相关信息。

健全会计人员守信联合激励机制和失信联合惩戒机制：对于严重失信会计人员，依法取消其已经取得的会计专业技术资格；被依法追究刑事责任的，不得再从事会计工作。支持用人单位根据会计人员失信的具体情况，对其进行降职撤职或解聘。加强与有关部门合作，建立失信会计人员联合惩戒机制，实现信息的互换、互通和共享。

3.《关于对会计领域违法失信相关责任主体实施联合惩戒的合作备忘录》中惩戒的相关内容

这个备忘录是国家发改委、中国人民银行、财政部、中央组织部、中央宣传部、中央编办、中央文明办、中央网信办、最高人民法院、科技部、工业和信息化部、民政部、人力资源和社会保障部、国资委、税务总局、市场监管总局、银保监会、证监会、全国总工会、共青团中央、全国妇联、全国工商联22家单位，于2018年12月1日联合签署发布的。主要内容如下。

（1）联合惩戒对象。联合惩戒对象主要指在会计工作中违反《会计法》《公司法》《证券法》以及其他法律、法规、规章和规范性文件，违背诚实信用原则，经财政部门及相关部门依法认定的存在严重违法失信行为的会计人员。

（2）实施方式。通过全国信用信息共享平台实行信息共享与联合惩戒。即由认定联合惩戒对象名单的相关部门和单位通过全国信用信息共享平台将会计领域违法失信当事人的相关信息推送给财政部，并及时更新。财政部定期梳理汇总后通过全国信用信息共享平台向签署本备忘录的其他部门和单位提供会计领域违法失信当事人信息。相关部门和单位按照本备忘录约定内容，依法依规对会计领域违法失信当事人实施惩戒。建立惩戒效果定期通报机制，有关单位定期将联合惩戒实施情况通过全国信用信息共享平台反馈至国家发展改革委和财政部。

（3）联合惩戒措施。根据会计人员不同的违法行为采取不同的惩戒方式（表10-7）。

表10-7 联合惩戒措施的具体内容

联合惩戒措施	被惩戒行为	实施单位
1. 罚款、限制从事会计工作、追究刑事责任等惩戒措施	会计人员有违反《会计法》《公司法》《证券法》等违法会计行为，依法给予罚款、限制从事会计工作等惩戒措施；属于国家工作人员的，还应当由其所在单位或者有关单位依法给予撤职直至开除的行政处分；构成犯罪的，依法追究刑事责任	最高人民法院、财政部、证监会等
2. 记入会计从业人员信用档案	对会计领域违法失信当事人，将其违法失信记录记入会计人员信用档案	财政部、国家发展改革委

续表

联合惩戒措施	被惩戒行为	实 施 单 位
3.通过财政部网站、"信用中国"网站及其他主要新闻网站向社会公布	将会计领域违法失信当事人信息通过财政部网站、"信用中国"网站予以发布，同时协调相关互联网新闻信息服务单位向社会公布	国家发改委、财政部、中央网信办
4.实行行业惩戒	支持行业协会商会按照行业标准、行规、行约等，视情节轻重对失信会员实行警告、行业内通报批评、公开谴责、不予接纳、劝退等惩戒措施	财政部、国家发改委、民政部、税务总局、全国工商联等主管单位和会计行业组织
5.限制取得相关从业任职资格，限制获得认证证书	对会计领域违法失信当事人，限制其取得相关从业任职资格，限制获得认证证书。对其在证券、基金、期货从业资格申请中予以从严审核，对已成为证券、基金、期货从业人员的相关主体予以重点关注	证监会、市场监管总局
6.依法限制参与评先、评优或取得荣誉称号	对会计领域违法失信当事人，限制其参与评先、评优或取得各类荣誉称号；已获得相关荣誉称号的予以撤销	中央宣传部、中央文明办、民政部、全国总工会、共青团中央、全国妇联、全国工商联等
7.依法限制担任金融机构董事、监事、高级管理人员	对会计领域违法失信当事人，依法限制其担任银行业金融机构、保险公司、保险资产管理公司、融资性担保公司等的董事、监事、高级管理人员，以及保险专业代理机构、保险经纪人的高级管理人员及相关分支机构主要负责人、保险公估机构董事长、执行董事和高级管理人员；将其违法失信记录作为担任证券公司、基金管理公司、期货公司的董事、监事和高级管理人员及分支机构负责人任职审批或备案的参考。已担任相关职务的，依法提出其不再担任相关职务的意见	中央组织部、银保监会、证监会、财政部、市场监管总局等
8.依法限制其担任国有企业法定代表人、董事、监事	对会计领域违法失信当事人，依法限制其担任国有企业法定代表人、董事、监事；已担任相关职务的，依法提出其不再担任相关职务的意见	中央组织部、国资委、财政部、市场监管总局等
9.限制登记为事业单位法定代表人	对会计领域违法失信当事人，限制登记为事业单位法定代表人	中央编办
10.招录（聘）为公务员或事业单位工作人员参考	对会计领域违法失信当事人，将其违法失信记录作为其被招录（聘）为公务员或事业单位工作人员的重要参考	中央组织部、人力资源和社会保障部
11.作为业绩考核、干部选任的参考	对会计领域违法失信当事人，将其违法失信记录作为业绩考核、干部选拔任用的参考	中央组织部、国资委
12.金融机构融资授信参考	对会计领域违法失信当事人，将其违法失信记录作为对其评级授信、信贷融资、管理和退出等的重要参考。将会计领域违法失信当事人信息纳入金融信用信息基础数据库	人民银行、银保监会
13.保险机构厘定财产保险费率参考	对会计领域违法失信当事人，将其违法失信记录作为保险机构厘定财产保险费率的参考	银保监会
14.设立保险公司的审批参考	依法将会计领域违法失信当事人的违法失信记录作为保险公司设立及股权或实际控制人变更审批或备案的参考	银保监会

续表

联合惩戒措施	被惩戒行为	实施单位
15. 纳税信用管理参考	在对会计领域违法失信当事人纳税信用管理中，将其失信状况作为信用信息采集和评价的审慎性参考依据	税务总局
16. 设立证券公司、基金管理公司、期货公司等审批参考	对会计领域违法失信当事人，依法将失信责任主体的违法失信记录作为证券公司、基金管理公司及期货公司的设立及股权或实际控制人变更审批或备案，私募投资基金管理人登记、重大事项变更以及基金备案的参考	证监会
17. 作为境内上市公司实行股权激励计划或相关人员成为股权激励对象事中事后监管的参考	对会计领域违法失信当事人，将其违法失信记录作为境内上市公司实行股权激励计划或相关人员成为股权激励对象事中事后监管的参考	证监会
18. 申请从事互联网信息服务审批参考	对会计领域违法失信当事人，将其违法失信记录作为申请从事互联网信息服务的审批参考	工业和信息化部
19. 限制获取政府补贴性资金和社会保障资金支持	对会计领域违法失信当事人，限制其申请政府补贴性资金和社会保障资金支持	国家发改委、财政部、人力资源和社会保障部、国资委等
20. 限制参与国家科技项目研究或管理工作	对会计领域违法失信当事人，限制其参与国家科技项目研究或管理工作	科技部
21. 加强日常监管检查	将会计领域违法失信当事人，作为重点监管对象，加大日常监管力度，提高随机抽查的比例和频次，并可依据相关法律法规对其采取行政监管措施	各相关单位

练 习 题

练习题 1

一、目的：通过练习熟悉会计法的规定。

二、资料：因为今年的效益不是太稳定，远东飞机工业有限公司的董事长兼总经理张三让公司财务部门将公司财务报表中的经营成果由亏损变成盈利，会计人员不得不虚拟了几笔销售收入，让报表数据看起来"漂亮"了，报表经当地的亚信会计师事务所审计通过并出具了无保留意见的审计报告。但这一造假行为被当地财政部门在执法检查中发现，拟依法对该公司进行处罚，下达了行政处罚通知书。公司董事长张三认为公司对外披露的财务报告通过了亚信会计师事务所的审计，该所还出具了无保留意见的审计报告，理应对财务报告的真实性、完整性负责并承担由此带来的一切风险。

三、要求：请根据《会计法》的有关规定分析张三的观点是否正确。

练习题 2

一、目的：通过练习熟悉会计基础工作规范的规定。

二、资料：远东飞机工业有限公司的会计人员宋某参加继续教育培训，需要脱产学习一周。财务部长让出纳小周暂时兼职负责小宋的工作,但未办理会计工作交接手续。

三、要求:请按照《会计基础工作规范》的要求分析上述事件的处理是否存在问题。

练习题 3

一、目的:通过练习熟悉会计职业道德的内容。

二、资料:小胡代表远东飞机工业有限公司财务部参加了本系统举办的会计职业道德培训,在学习讨论时,他认为会计职业道德是在会计职业活动中应当遵循的、体现会计职业特征的、调整会计职业关系的职业行为准则和规范,内容主要就是要廉洁自律、强化服务。

三、要求:分析小胡对会计职业道德的理解是否妥当。

练习题 4

一、目的:通过分析和讨论熟悉会计精神与会计文化。

二、资料:

潘序伦(1893—1985)是我国杰出的会计学家、教育家,是发展我国会计事业和培养我国会计人才的先驱,是提倡和遵循会计职业道德的楷模。

1919年,潘序伦破格就读于上海圣约翰大学。1924年哈佛大学企业管理硕士和哥伦比亚大学经济学博士学成回国,先后在国立暨南大学、上海商科大学等学校任教,致力于引进和传授西方先进的会计知识和技术。1927年,是潘序伦创办了中国第一家具备现代意义的会计师事务所,并以《论语》中"民无信不立"之意,取名"立信"。他先后创立两家著名的会计师事务所:立信会计师事务所和上海会计师事务所。创建了事务所、学校、出版社"三位一体"的立信会计事业。

潘序伦先生在开创会计事业过程中,非常重视会计职业道德建设,他将"诚信"这一中国传统的道德规范,引入会计职业道德建设中。他指出:"立信,乃会计之本。没有信用,也就没有会计。""'会计诚信'是'诚信'在会计领域的具体反映,会计诚信表达了会计行业对社会的一种职业承诺,作为一名会计人,守诚信,不做假账是必须要遵守的职业道德。"

1933年,潘序伦先生在《中国之会计师职业》中指出:"夫学识经验及才能,在会计师固一项可缺,然根本上究不若道德之重要性。因社会环境,千变万化,利诱威胁;无数不极。会计师苟无强固人道德观念,则在执行职务之际,存在可以代人舞弊,存在可以为己舞弊。然会计师之为职业,实为工商企业保障信用而设,苟有不道德行为,而自丧其信用,则此项职业,即失去根本存在之理由,违背国家社会期望之愿意,可不慎哉。"在《谈谈会计人员的职业道德》一文中他阐述了会计人员职业道德的具体内容,其中就有"遵纪守法,以身作则;坚持原则,廉洁奉公;忠诚老实,毋忘立信"。在《敬告国内有志于会计职业之青年》一文中,他指出:"夫会计师职业之作用,小而言之,则为各个企业信用之凭借,大而言之,则为整个社会信用之保障,初非为保全个人私立之计也。"而在会计职业道德中,诚信尤其重要。他说:"是以诚信一端,实为各业所倚赖,岂独会计师职业为然哉。虽然,会计师职业之发展,其有赖于诚信之一端,实较其他百业为尤要。盖会计师职业之所以成为一业，其唯一之目的，即为建立社会各界财政上之信用。盖本身不能以绝对诚信自期，更焉能为他人之信用做证明耶？"

潘序伦先生将自己毕生的精力奉献给了我国的会计事业和会计教育事业，对现代会计在我国的传播、普及和发展做出了不可磨灭的贡献。会计职业道德也是潘序伦先生毕生都十分关注的问题，他认为会计人员必须树立职业道德。会计职业道德应该集品德、责任和业务技术三方面于一体，品德方面应做到守纪守法，以身作则，坚持原则，廉洁奉公，忠诚老实，毋忘立信；责任方面要求会计工作要按政策办事，按计划办事；业务技术方面要求记账、算账、报账都做到百分之百的正确。他特别强调在品德、责任和业务技术三个方面其中品德是第一重要的。在新形势下，讲究会计人员职业道德，更具有特殊重要的意义。

三、要求：请分析和讨论我们应该从中学习潘序伦先生哪些会计精神与会计文化。

参考文献

[1] [美] 约翰·怀尔德. 会计学原理 [M]. 崔学刚, 译. 北京: 中国人民大学出版社, 2015.
[2] [美] 威廉·斯科特. 财务会计理论 [M]. 陈汉文, 译. 北京: 中国人民大学出版社, 2018.
[3] [美] 约翰·怀尔德, 肯·肖, 芭芭拉·基亚佩塔. 会计学原理 [M]. 崔学刚改编. 北京: 中国人民大学出版社, 2019.
[4] [美] 杰里·韦安特, 保罗·基梅尔, 唐纳德·基索. 会计学原理 [M]. 陈宋生, 译. 北京: 中国人民大学出版社, 2012.
[5] 财政部. 企业会计准则（2020 版）[M]. 上海: 立信会计出版社, 2020.
[6] 财政部. 政府会计准则 [M]. 上海: 立信会计出版社, 2020.
[7] 财政部. 管理会计应用指引（2019 版）[M]. 上海: 立信会计出版社, 2020.
[8] 财政部会计资格评价中心. 初级会计学 [M]. 北京: 经济科学出版社, 2019.
[9] 财政部, 等. 企业内部控制基本规范 企业内部控制配套指引（2020 年版）[M]. 上海: 立信会计出版社, 2020.
[10] 陈沉, 张军波, 等. 会计学原理及教学案例 [M]. 广州: 华南理工大学出版社, 2020.
[11] 陈国辉, 迟旭升. 基础会计学 [M]. 大连: 东北财经大学出版社, 2018.
[12] 陈汉文, 韩洪灵. 商业伦理与会计职业道德 [M]. 北京: 中国人民大学出版社, 2020.
[13] 葛家澍, 杜兴强. 会计理论 [M]. 上海: 复旦大学出版社, 2015.
[14] 葛家澍, 刘峰. 会计学导论 [M]. 上海: 立信会计出版社, 1999.
[15] 龚翔, 施先旺. 会计学原理 [M]. 大连: 东北财经大学出版社, 2019.
[16] 李现宗, 叶忠明. 基础会计学 [M]. 北京: 清华大学出版社, 2012.
[17] 刘永泽, 陈立军. 中级财务会计 [M]. 大连: 东北财经大学出版社, 2018.
[18] 罗云芳, 赵利, 张华英. 会计学原理 [M]. 北京: 清华大学出版社, 2018.
[19] 唐国平. 会计学原理 [M]. 北京: 中国财政经济出版社, 2020.
[20] 王秀芬, 李现宗. 财务会计学 [M]. 北京: 清华大学出版社, 2019.
[21] 吴水澎. 会计学原理 [M]. 北京: 经济科学出版社, 2015.
[22] 谢万健, 邹香, 时钰. 会计规范专题 [M]. 北京: 北京大学出版社, 2014.
[23] 杨明, 晋晓琴, 卢凤娟. 政府与非营利组织会计 [M]. 北京: 中国财政经济出版社, 2020.
[24] 张捷, 刘英明. 基础会计 [M]. 北京: 中国人民大学出版社, 2019.
[25] 张蕊. 会计学原理 [M]. 北京: 中国财政经济出版社, 2019.
[26] 朱小平, 周华, 秦玉熙. 初级会计学 [M]. 北京: 中国人民大学出版社, 2019.

教师服务

感谢您选用清华大学出版社的教材！为了更好地服务教学，我们为授课教师提供本书的教学辅助资源，以及本学科重点教材信息。请您扫码获取。

➢ 教辅获取

本书教辅资源，授课教师扫码获取

➢ 样书赠送

会计学类重点教材，教师扫码获取样书

 清华大学出版社

E-mail: tupfuwu@163.com
电话：010-83470332 / 83470142
地址：北京市海淀区双清路学研大厦 B 座 509

网址：http://www.tup.com.cn/
传真：8610-83470107
邮编：100084